立法前沿

（第三辑）

主编◎郑　磊　田梦海

ZHEJIANG UNIVERSITY PRESS
浙江大学出版社

图书在版编目（CIP）数据

立法前沿．第三辑 / 郑磊，田梦海主编．— 杭州：浙江大学出版社，2020.7

ISBN 978-7-308-20262-6

Ⅰ．①立… Ⅱ．①郑… ②田… Ⅲ．①地方法规－立法－研究－中国 Ⅳ．①D927

中国版本图书馆CIP数据核字(2020)第095989号

立法前沿（第三辑）

郑　磊　田梦海　主编

责任编辑　钱济平　陈佩钰
责任校对　黄梦瑶　杨利军
封面设计　周　灵
出版发行　浙江大学出版社
（杭州市天目山路148号　邮政编码310007）
（网址：http://www.zjupress.com）
排　　版　杭州兴邦电子印务有限公司
印　　刷　杭州高腾印务有限公司
开　　本　787mm×1092mm　1/16
印　　张　19.75
字　　数　330千
版 印 次　2020年7月第1版　2020年7月第1次印刷
书　　号　ISBN 978-7-308-20262-6
定　　价　58.00元

序　言

2019年，对于地方立法来说，是一个周年意义交叠的年份。

首先是40，地方立法40周年。改革开放之后全国人大的首次全体会议，即五届全国人大二次会议，在1979年7月1日通过《地方组织法》，明确授权省级人大及其常委会“可以制订和颁布地方性法规”，由此**与改革开放同步开启地方立法时代。**

其次是1，设区的市地方性法规入宪1周年。2015年修改《立法法》，设区的市扩容立法，2018年宪法修正案进一步为设区的市地方性法规制定权提供了明示的宪法依据，“省—设区的市”地方立法二级主体的宪法结构得以形成，由此，**伴随全面深化改革开放开启了大规模地方立法时代，地方治理妥善处理改革与法治的关系进入新时期。**

《立法前沿》(第三辑)聚焦2019年地方立法主题应时出版。全书以“立法理论与实践”为主题，尤其侧重地方立法的理论与实践。在此主题基础上，第三辑聚焦**“设区的市扩容立法”**与**“备案审查”**展开约稿、选稿、组稿。

“立法专论”关注立法学理论的最新发展，是专门展示近年来以立法学为选题的优秀博硕士学位论文的专栏平台。本辑遴选四篇硕士学位论文组成两个主题：“设区的市扩容立法研究”包括三篇，王凤的《**地方立法主体扩容原理研究**》(吉林大学2018年硕士学位论文，姚建宗教授指导)，黄宇的《**新〈立法法〉实施背景下设区的市地方环境立法研究**》(湖南大学2017年硕士学位论文，易骆之副教授指导)，游婉琪的《**设区的市地方性法规审查批准制度研究**》(河北大学2018年硕士学位论文，阚珂教授和伊士国副教授联合指导)；“政策性立法研究”选列了曹惠晴的《**主动适应型地方立法研究**》(华南理工大学2018年硕士学位论文，朱志昊副教授指导)。

“立法评析”是以立法事件、立法议题热点为侧重的立法分论评析。本辑安排了两个当前地方立法中的热门议题：“文化立法”方面，选列了朱志昊团队的《**设区的市历史文化保护立法权限范围的界定**》；“乡村振兴立法”方面，选列了王友健的《**促进乡村振兴地方立法若干重难点问题探讨**》。

“立法动态”旨在传递立法实践的制度热点的最新发展。本辑遴选五篇文章组成两个专栏:“设区的市地方性法规审批指导”专栏,聚焦市法规审批指导机制,邀约了三篇来自省市两级法工委的一线立法工作者的文章以及一份专题调查问卷,许迎华的《法规审查指导工作主要做法、存在困难及对策建议:以浙江省为例》,杨慎红的《关于设区的市法规审查批准基准的思考》,刘立可的《基于实践需要对设区市地方立法理论问题的简析》,以及笔者设计的《省级人大常委会审批、指导设区的市人大及其常委会法规的实践经验、主要问题及对策分析调查问卷与座谈论纲》;在“备案审查”专栏,选列了赵计义的《合宪性审查与对地方人大备案审查工作的监督》,张瑞、刘宗帅的《论地方性法规抵触上位法的认定及解决》。

附录部分,分享了《“设区的市法规审批指导”调研研讨会全程记录》。2019年7月5日召开的这次研讨会,连同前述“立法动态”中的“设区的市地方性法规审批指导”专栏,均依托全国人大常委会法工委委托的课题展开。

第三辑的稿源征集、遴选、编辑、联络等工作,前期由浙江大学光华法学院硕士研究生王瑞、赵计义辅助完成阶段性任务,后期整理、完善、定稿工作由浙江大学宪法学与行政法学博士研究生王友健协助完成。

浙江省法制研究所执行所长 郑 磊

2019年9月30日

目录
Contents

立法专论

立法评析

立法动态

附 录

立法专论

【专论Ⅰ　设区的市扩容立法研究】

地方立法主体扩容原理研究*

◎王　凤**

内容提要:我国地方立法主体的扩容,是受社会经济环境和历史条件等因素变化之影响的结果,同时也是中央与地方关系发生变革和转型的重要表征。随着中央与地方关系的变化以及"管理型社会"向"自治型社会"的转变,地方在权力体系中的地位日益凸显,地方立法主体在社会转型中的作用和价值日益提高。地方立法主体扩容意味着我国的中央与地方的关系不再是单向的依赖,而是逐渐走向双向互动、相互依赖。然而,我国地方立法主体权力行使面临备案审查的难题、立法趋同以及权力滥用的问题。为保证地方立法主体权力的有序行使,发挥地方立法主体对央地关系法治化的积极意义,需要在坚持维护法制统一、促进治理现代化、发挥地方积极性的前提和理念下,构建并完善相应的承接机制。

关键词:地方立法;主体扩容;中央与地方关系;法治化;承接机制

一、引　言

2015年3月15日,《关于修改〈中华人民共和国立法法〉的决定》在十二届全国人大三次会议通过,这是自《立法法》颁布施行以来的首次修改,引起了社会的广泛关注。在《立法法》修改之前,学界和实务界都对《立法法》改什么、如何改等关键问题发表自己的见解和看法,这些意见和建议涉及具体制度的立与废、存与改,这对立法工

---

* 本文在吉林大学法学院2018届法学理论专业硕士论文基础上,由作者改写而成。指导老师:姚建宗教授。

** 王凤,中国人民银行镇江市中心支行工作人员,吉林大学法学院2018届法学理论专业硕士。

作而言是必要的内容[①],但如果只完全专注于某一或某些制度是否“更新换代”则可能囿于局部。因此,有必要基于更为宏观的视角对待此次《立法法》的修改。此次《立法法》修改后全国235个设区的市新获地方立法权[②],这无疑是地方立法主体扩容的具体表现。在过去的实践中,地方立法在填补法制空白、推动经济体制改革和社会转型方面发挥了显著的作用,学界对地方立法的研究成果也颇为丰富。但从现有的研究成果来看,大部分是基于《立法法》文本对地方立法权的研究,缺少对地方立法实证材料的分析,而且对于地方立法实践出现的问题,虽然阐释得比较具体,但也因此呈现出零散的特点,缺少一个系统的、一以贯之的思路将这些问题统筹起来。立法权是国家权力的象征和重要组成部分,立法权的纵向分配对中央与地方关系有着深刻的影响,在中央与地方关系的视角下探讨地方立法主体扩容及其权力行使问题,一方面是全局性地看待地方立法问题,另一方面也可以以地方立法主体扩容为切入点探究实现中央与地方关系法治化的问题。基于此,本文关注地方立法主体扩容的现状,思考转型时期的中央与地方关系对地方立法权的影响,探讨地方立法主体扩容的动因和基础,同时也对地方立法主体如何更好地发挥其权力效用问题提出相应的机制构想。

二、当代中国地方立法主体的扩容现象

地方立法是学理上的概念,而不是法律文本中的概念,《宪法》第五十八条规定的“立法权”并没有“中央”与“地方”之分。为了论述的方便,这里需要区分广义的和狭义的立法权,狭义上的立法权即是《宪法》文本所规定的由全国人大及其常委会享有的“政治或主权”意义上的立法权,而广义上的立法权则是包括其他立法主体(如地方人大及其常委会、国务院及其部门、地方政府)享有的“执行、管理或治理”意义上的立法权。[③]也是在广义层面上,有学者将我国的立法体制概括为“统一多层次的立法体

---

① 综合而言,呼声较大的修改重点包括:全国人大与其常委会之间立法权限配置的“合宪化”,进一步规范授权立法,扩大地方立法权以及完善立法程序,等等。具体可以参见焦红艳:“争议立法法修改”,法制网,http://www.legaldaily.com.cn/zt/content/2014-08/25/content_5731950.htm?node=71314,访问日期:2016年12月6日;李光明:“王翠凤等代表:建议修改立法法”,《检察日报》2013年3月18日,第6版;郑毅:“立法法修改应重点关注地方立法权改革”,《检察日报》2014年6月9日,第6版;张琼辉:“修改立法法适度扩大地方立法权”,《法制日报》2014年4月14日,第13版;阿计:“修改立法法明确立法立项论证程序”,《河南法制报》2009年1月13日,第13版。

② 统计截止时间为2015年3月。

③ 李少文:“地方立法权扩张的合宪性与宪法发展”,《华东政法大学学报》2016年第2期,第65页。

制”,或者称为“一元多层次立法体制”,即“全国人大及其常委会是立法权的统一主体,但在行使上立法权被分散到不同层次”。[①]本文中所言的地方立法,也是基于广义层面来理解立法权,主要针对的是一般性地方立法权(自治区和特别行政区的立法权不在讨论之列),这里既包括地方行政区域的人大及其常委会制定地方性法规,也包括地方政府制定地方政府规章。

新中国成立至改革开放这一时期,我国央地关系整体呈现权力“收—放”的循环,但这种“收—放”基本上是行政性的、较为随意的,在法律上对“立法权”一直保持着很严谨的态度。[②]立法权集中在中央的情况一直到1978年《宪法》仍没有多大改观,虽然1975年《宪法》、1978年《宪法》删去了“全国人民代表大会是行使国家立法权的唯一机关”的规定,但地方人大仍没有立法权,只规定地方各级人大“可以依照法律规定的权限通过和发布决议”。[③]因此从严格意义上来说,我国在改革开放之前未确立地方立法权。至1979年,《地方组织法》以法律的形式正式规定了省级人大及其常委会的地方性法规制定权。[④]1979年之后,地方立法主体的扩容表现为两个面向,其一是地方立法数量的增加,其二是立法主体数量上的直观扩容。

在地方立法数量上,笔者以吉林省为例,考察了地方立法数量的变化趋势及地方立法相对于中央立法的数量变化情况。从表1可看出,中央立法总体呈现持续小幅增长的特征,立法数量变化不大。而吉林省地方立法数量(包括地方性法规和地方政府规章)变化总体呈现“倒V”型,1990—1999年的立法数量显著多于其他阶段,此后立法数量逐渐减少。在1990—1999年期间,吉林省地方性法规和地方政府规章数量增长

① 沈宗灵主编:《法理学》,北京大学出版社2009年版,第251页。

② 1954年《宪法》第二十二条规定:“全国人民代表大会是行使国家立法权的唯一机关。”第五十八条规定:“地方各级人民代表大会在本行政区域内,保证法律、法令的遵守和执行……”第六十条第一款规定:“地方各级人民代表大会依照法律规定的权限通过和发布决议。”这些条文都表明此时立法权集中在中央(具体而言是全国人大)的手中。

③ 详见1975年《宪法》第二十三条:“地方各级人民代表大会和它产生的地方各级革命委员会在本地区内,保证法律、法令的执行,领导地方的社会主义革命和社会主义建设,审查和批准地方的国民经济计划和预算、决算,维护革命秩序,保障公民权利。”1978年《宪法》第三十六条第二款:“地方各级人民代表大会可以依照法律规定的权限通过和发布决议。”

④ 详见1979年《地方组织法》第六条:省、自治区、直辖市的人民代表大会根据本行政区域的具体情况和实际需要,在和国家宪法、法律、政策、法令、政令不抵触的前提下,可以制订和颁布地方性法规,并报全国人民代表大会常务委员会和国务院备案。第二十七条:省、自治区、直辖市的人民代表大会常务委员会在本级人民代表大会闭会期间,根据本行政区域的具体情况和实际需要,在和国家宪法、法律、政策、法令、政令不抵触的前提下,可以制订和颁布地方性法规,并报全国人民代表大会常务委员会和国务院备案。

迅速,分别为前一时期立法数量的20.8倍和2.2倍,其中设区的市一级的立法数量增长更为突出。在统计过程中发现,1984年吉林市被批准为"较大的市"享有地方性法规制定权后,其立法数量为136件(截至2015年底),约占设区的市级地方性法规总量的43.3%。对于1990—1999年吉林省地方立法数量攀升的情况,笔者认为,这主要是因为1992年我国建立社会主义市场经济体制后,地方亟须加大立法力度,建立更为完备的法制环境,更好地规范市场主体行为和市场秩序,因此包括吉林省在内的很多地方,开始进行地方立法的先行探索。而随着2010年底中国特色社会主义法律体系形成,我国各领域的立法基本完备,并且立法理念开始由追求"数量"向追求"质量"转变,因此吉林省地方立法总体数量趋于减少。

虽然吉林省地方立法数量变化尚不能完整反映全国地方立法数量变化情况,但仍有"窥一斑而知全貌"的效果。可以说,1979年以来地方立法数量有着明显的增加,在特定历史阶段增量更为突出,并且相较于中央立法,其增长幅度相对更大。在此过程中,较大的市(2015年之后扩容至所有设区的市)地方立法权的行使,也为地方立法数量的增长作出了"贡献"。

表1 1979—2019年6月中央与地方立法数量变化情况简表[①]

单位:部

立法类型		1979—1989年	1990—1999年	2000—2009年	2010—2019年6月
法律[②]	新制定	85	118	55	46
	修改	10	33	139	218
	合计	95	151	194	264
行政法规[③]	新制定	254	203	215	73
	修改	4	19	49	429
	合计	258	222	264	502

① 表中数据根据北大法宝法律法规数据库整理得出,访问日期:2019年6月30日。数据说明:各时间段的立法数量以法律法规规章发布时间为统计基准。

② 法律数量包括数据库中的全国人大(常委会)作出的立法性"决定""决议";不包括作出的修改、废止法律法规的"决定""决议",或对其他机关的法律文件作出的批准"决定""决议",或有关工作报告、人员任免的"决定""决议",或修正案。另外,鉴于《宪法》的特殊性,未纳入统计范围。

③ 行政法规数量不包括数据库中的国务院批转、批复其他机关的"办法""规定""决定",或关于修改、废止行政法规的"决定""通知"。另外,1979—1989年有20部新制定的行政法规,但数据库中仅收录了法规对应的发布通知,未单独收录立法文本,例如,数据库只收录了1980年《国务院关于发布〈建筑税征收暂行办法〉的通知》(《建筑税征收暂行办法》全文附在"发布通知"中),未另行收录《建筑税征收暂行办法》,对于此类"通知",计入对应时期的立法数量。

续 表

立法类型			1979—1989年	1990—1999年	2000—2009年	2010—2019年6月
中央立法数量		总计	353(新制定:339,修改:14)	373(新制定:321,修改:52)	458(新制定:270,修改:188)	766(新制定:119,修改:647)
吉林省地方性法规[①]	省级	新制定	8	119	78	69
		修改	0	44	74	48
		合计	8	163	152	117
	设区的市级	新制定	6	91	69	64
		修改	0	37	80	14
		合计	6	128	149	78
吉林省地方政府规章[②]	省级	新制定	108	166	78	55
		修改	1	2	5	2
		合计	109	168	83	57
	设区的市级	新制定	84	254	119	81
		修改	1	2	2	24
		合计	85	256	121	105
吉林省地方立法数量		总计	208(新制定:206;修改:2)	715(新制定:630;修改:85)	505(新制定:344;修改:161)	357(新制定:269;修改:88)

地方立法主体扩容的直观表现,即体现在法律条文的转变上(见表2)。新中国成立初期,根据1949年的《中国人民政治协商会议共同纲领》的规定,在全国人大召开之前,立法权主要由人民政协、中央政府和政务院享有。这一时期一些地方行政区域也可以在辖区范围内颁行法令、条例和单行法规等,如大行政区、省、直辖市、民族自治地方以及省辖市、县等各级人民政府。因此,在这一阶段,可以认为实际意义上享有地方立法权的主体有民族自治地方、大行政区、省、直辖市、大行政区辖市、省辖市和县的各级人民政府。这一情况持续到1954年《宪法》颁布,根据1954年《宪法》,仅有民族自治地方享有地方立法权。1954至改革开放前夕,这一时期中央立法权高度集中,地方立法步入萧条期,民族自治地方的立法权也在1956年至1976年间被搁置。随着1979年的《地方组织法》的颁布,省、自治区、直辖市人大及其常委会获得了制定

① 不包括自治条例和单行条例,或关于修改、废止的"决定",或非立法性"决定""决议"。

② 不包括转发、批转其他机关的"通知",或关于修改、废止、执行、取消"审批、许可、管理项目等目录"的"决定"。另外,1979—1989年有4部新制定的省级政府规章和8部市级政府规章,1990—1999年有17部新制定的省级政府规章和8部市级政府规章,数据库中仅收录了这些规章对应的发布通知,未单独收录立法文本,对于此类"通知",计入对应期间的立法数量。

地方性法规的权力,1982年和1986年修订的《地方组织法》又赋予了省、自治区人民政府所在地的市和经国务院批准的“较大的市”的人大及其常委会制定地方性法规的权力,1981年全国人大常委会的决议授予广东省、福建省制定经济特区单行经济法规的立法权,1988年、1992年、1994年和1996年全国人大常委会再次分别授予海南、深圳、厦门、汕头、珠海等经济特区立法权,2000年《立法法》将经济特区的立法权扩大至制定“一般性”地方性法规。2015年修正的《立法法》再次扩大地方立法权主体,即赋予了设区的市的人民代表大会及其常务委员会在城乡建设与管理、环境保护、历史文化保护等事项上制定地方性法规的权力。另外,就地方政府规章来看,其制定主体也在扩大。根据1986年修订的《地方组织法》的规定,地方政府规章的制定主体有:省、自治区、直辖市以及省、自治区人民政府所在地的市和较大的市的人民政府;根据2000年的《立法法》第六十三条第四款对“较大的市”的解释,经济特区所在地的市政府也享有了地方政府规章制定权。2015年修正的《立法法》同样赋予了设区的市人民政府制定政府规章的权力。全国共有284个设区的市,在《立法法》修改之前,有49个市享有地方立法权,其中包括省会市、较大的市以及经济特区所在地的市[①],而《立法法》修改后,享有地方立法权的城市就增加了235个。

表2　关于地方立法主体的法律规定

时间	地方立法权主体	相关规定
1949年至1953年	大行政区(即华东、华北、华南、西北、西南大行政区)、省、直辖市、大行政区辖市、省辖市、县、民族自治地方等各级人民政府	1949年《中国人民政治协商会议共同纲领》第十二条第二款、第十三条第二款
1954年至1978年	民族自治地方	1954年《宪法》:第二十二条、第五十八条、第六十条第一款、第六十四条、第七十条 1975年《宪法》:第二十三条 1978年《宪法》:第三十六条、第三十七条第三款、第三十九条第二款

① 参见武增:“赋予设区的市地方立法权不会一放就乱”,人民网,http://dangjian.people.com.cn/n/2015/0401/c117092-26784995.html,访问日期:2016年12月10日。

续 表

时间	地方立法权主体	相关规定
1979年至今	基于法律规定的修改，可以将地方立法权主体总结为以下： 1. 省、民族自治地方、直辖市人大及其常委会 2. 省、民族自治地方、直辖市的人民政府 3. 设区的市人大及其常委会(其中) 4. 设区的市人民政府	1979年《地方组织法》:第六条、第二十七条、第三十五条 1982年《宪法》:第一百条、第一百零七条 1982年《地方组织法》:第二十七条第二款、第三十五条 1986年《地方组织法》:第七条第二款、第三十八条第二款 1995年《地方组织法》、2004年《地方组织法》:同1986年《地方组织法》,对地方立法主体未作修改。 2015年《〈地方组织法〉修改决定》:将第七条第二款、第四十三条第一款、第六十条第一款中的“省、自治区的人民政府所在地的市和经国务院批准的较大的市”修改为“设区的市”。 2000年《立法法》:第七条第一款、第六十三条、第六十五条、第六十六条、第七十三条 2015年《立法法》:第七十二条第二款、第四款、第六款,第七十三条第二款,第八十二条

在地方立法主体大幅扩容的背景下，地方立法的范围呈现了限缩的一面(见表3)。2015年修正的《立法法》在赋予设区的市地方立法权的同时，也规定了设区的市的立法范围，即“城乡建设与管理、环境保护、历史文化保护等方面的事项”。对此，目前主流看法是在狭义层面理解和解释“城市建设和管理等事项”，但这并不影响地方立法主体扩容的事实，而且目前倾向于狭义解释主要是基于对设区的市立法能力和对其上位法立法范围的考量，这也意味着设区的市立法能力的提升会适当扩大理解的可能性，在此意义上地方立法主体也呈现继续扩容的趋势。

表3 地方立法范围的相关规定

时间	地方立法范围	相关规定
1979年	“不抵触原则”	1979年《地方组织法》:第六条、第二十七条
1982年至2014年	专属立法权之外+“不抵触原则”	1982年《宪法》:第六十二条、第六十七条、第一百条 1982年《地方组织法》:第六条、第二十七条、第三十五条 1986年《地方组织法》:第七条、第三十八条 2000年《立法法》:第七条第二款、第八条、第六十三条、第七十三条

续 表

时间	地方立法范围	相关规定
2015年	专属立法权之外+“不抵触原则”+列举限定	2015年《立法法》:第七十二条

三、当代中国地方立法主体扩容的动因探究

(一)央地关系法治化的需要

我国是一个单一制体制的国家,新中国成立后至1954年《宪法》颁布之前,《中国人民政治协商会议共同纲领》在第十六条明确规定了中央与地方分权的原则,即“国家统一、因地制宜”。这一时期,权力分散行使的主要目的在于巩固新政权,恢复国民经济。这反映在立法权方面即是弥补立法空白,为国家发展和社会管理提供依据。因此当时的权力分散更多的是出于现实需要的考量,而不是体制上考量。费正清、麦克法夸尔在《剑桥中华人民共和国史》一书中认为,虽然大区行政机构的权力相当大,但“从严格的法律意义上说,这个情况并不明显,因为它们被直接置于北京政务院的领导之下,没有自己的自主权”[①]。而且从当时国家领导人对中央与地方关系的表述来看,中央与地方立法权的配置也很难向制度化迈进。[②]

权力集中对稳固国家政权、维护国家统一具有重要意义,但权力过度集中的弊端也逐渐显露。为了避免“管死”的困境,以邓小平为核心的中央领导集体决定采取改革开放的政策。改革开放也意味着要在国家政权统一的基础上放权给地方,在政府、企业、社会组织之间重新划分权力,这在相当程度上扩大了地方的权力。在中央权力收缩的同时,地方的自治性逐渐增强。在实践中,地方政府对于中央下达的一些政治任务执行力较强,而对经济社会任务则有更多的变通性。一定程度上而言,这反映了中央与地方关系的“表里不一”,即“形式上是中央集权,实际上中央权力常被地方所

① [美]R. 麦克法夸尔、费正清编:《剑桥中华人民共和国史:革命的中国的兴起(1949-1965)》,谢亮生等译,中国社会科学出版社1990年版,第83页。

② 毛泽东在《论十大关系》第五节中对中央与地方关系调整表述为“商量办事”,“目前”“每过一个阶段就要总结经验”等。参见苏力:“当代中国的中央与地方分权——重读毛泽东《论十大关系》第五节”,《中国社会科学》2004年第2期,第46-47页。

变通"[①]。这种情形对中央和地方而言,都有种"不满感"——中央的权力下放和被变通,使其感到没有足够的能力深入和控制地方;而地方看似灵活性十足,但因缺乏法定授权,其实际享有的权力面临随时被中央收回的状况,因而也感到权力匮乏。如果这一问题不能得到缓解,不仅难以实现国家发展所需要的地方的自主性,也可能产生"内卷化"的困境。[②]

根据以往改革放权的经验,权限的划分不能仅局限于政府内部的纵向分割,还必须关注国家与社会的分权。也就是说,在政府转变职能、简政放权的同时,也要有相应的接替"职能"的社会主体;当国家和社会之间进一步实现合理的分权,把不需要由国家公权力涉足的职权或职能剥离出来,这时通过法律进一步明确中央与地方的权限在技术层面就更好操作。而社会力量首先是某一地区、某一行业的社会组织,赋予更多地方主体以立法权,既是有助于提升社会自治能力的渠道之一,也是对中央和地方之间更合理的权限划分的探索。

另外,地方立法权表面上是中央放权的结果,但实际上是双方博弈的结果。即使法律上没有授予地方法定立法权,地方政府仍然可以以"红头文件"等来实现它们的想法,当无法通过法律途径来实现利益沟通与权限协调,地方往往借助于一些"非制度性途径展开与中央的讨价还价式博弈"[③],而这一行为对中央而言更不可控。一直以来,我国都有一套"由上至下"的监督机制,这种监督很长时间里都是依赖行政权力和思想来维系的。但在法治的语境下,中央对地方的监督必须实现从行政干预向法律约束转变,从后果追责向过程控制变革。通过法律赋予地方对一些事项的立法权,中央不能依靠行政手段随时收回权力,地方会对其权力产生稳定的预期,这无疑有益于发挥地方自主性和积极性。与此同时,有权必有责,地方立法行为也就纳入了法律监督和约束范围。因此,不管是出于有效发挥地方积极性的考虑,还是出于更好地规制地方政府行为的考虑,现阶段地方立法主体的扩容都是必要的。

---

① 朱丘祥:"中央与地方行政分权的转型特征及其法治走向",《政治与法律》2009年第11期,第14页。

② "内卷化"一词是美国人类学家克利福德·吉尔茨(Clifford Geertz)首先使用的概念,根据吉尔茨的定义,"内卷化"是指一种社会或文化模式在某一发展阶段达到一种确定的形式后,便停滞不前或无法转化为另一种高级模式的现象。我国央地关系中存在的"不满感"将客观上导致两者关系的变动性、非长效性,使两者的关系难以向更优的模式迈进。

③ 张芳、张艳、宦吉娥:"法治框架下我国中央与地方关系之解读",《武汉大学学报》(哲学社会科学版)2012年第1期,第39页。

(二)经济发展催生更大的立法需求

回溯我国地方立法权主体的扩容过程,可以发现经济因素始终与之相随。以“较大的市”为例,其享有地方立法权与它们的工业地位、区位优势是密切相关的。在19个“较大的市”当中,鞍山、大同等地具备煤炭、钢铁等资源优势,是重要的工业生产基地;青岛、宁波等地是沿海城市,具备良好的对外开放优势;重庆等地则是西南重镇。我国改革开放带来市场经济的繁荣,随之而来也产生利益主体的多元化,利益诉求的多样化。而改革开放政策一开始就不是在全国范围内实施的,或者说全国并不是同步开放的,一些沿海地区因为具有区位优势而率先获得政策优势,东部沿海地区得以率先发展。在这种情形下,全国范围内尚未形成统一的市场,各地的经济关系、社会关系自然存在差异,对立法资源的需求自然也各有侧重。改革开放初期,沿海地区对于引进外资、中外合资、合作经营等方面的需求更加突出,而其他地区在这方面还少有甚至基本没有什么需求。对于这种情况,因地方立法主体更贴近当地的利益主体,也更易听到相应的利益诉求,从而能够将多元利益主体的诉求通过法律表达出来,平衡不同利益主体的冲突,确认合法利益,由当地的权力主体来制定规范无疑更为合适。随着我国市场经济的进一步发展,全国统一的市场基本形成,城市化进程加快,越来越多的城市经济建设取得了显著的成果,因此越来越多的经济发达城市申请成为“较大的市”。温州、南通、东莞等城市追求成为“较大的市”的动机之一,无疑是为了获得地方立法权,从而为解决社会治理新问题、促进经济转型发展提供法律依据。2015年修改后的《立法法》赋予“设区的市”一定程度的立法权,无疑也是正视了现实中越来越多城市经济总量、城市规模、人口数量等方面的发展对立法权的需求。

(三)由“统治”转向“治理”

西方国家的治理模式源于成熟的市场机制,而我国的治理化进程同市场化进程一样,政府在其中发挥了重要的作用,是随着执政党执政观念的转变开始,是一种自上而下的形成过程。党的十八大首次提出“国家治理”的概念,“治理”一词所传达的内涵,绝不仅限于原有的管理、整治的意思,其蕴含的更重要的是“鼓励和支持社会各方面积极参与政府管理,实现政府管理与社会自治、居民自治良性互动”。这种良性互动只有在法治秩序下才能更为持久和稳定。一方面,地方立法为公众有序参与立法、合法表达利益诉求开辟了途径。地方立法主体能够在其主导下,广泛吸纳社会公众参与立法过程,通过充分利益表达和利益博弈,进而为地方改革凝聚共识。而且相比于中央立法,地方立法与当地人民群众的切身利益关系更为直观和密切,因而也更能够激发人们参与立法的热情。另一方面,现实的区域发展不平衡问题也需进一步发挥“治理”的力量。区域发展不平衡导致地方事务呈现出差异性、复杂性，而且随着不平衡的加剧，差异性和复杂性就越深刻。虽然我国有“中部崛起”“西部大开发”和区域协调发展等战略，但在短期内我国区域之间的不平衡很难消除，在某些方面甚至有加大的趋势。这也就意味着，在经济发达地区和较为落后地区，社会治理面临的问题不是同步的，在共性问题之外，各有各的重点和难题，因此“以地方的多样化实际为规范对象的地方立法越来越发挥作用”①。

(四)规范自身的“目的缝隙”

法律规范在适用中，当规范指引的行为方式和目的指引的行为方式存在差异时，就产生了“目的缝隙”②。也就是说，某一事项虽然属于规范适用的范围，但并不符合规范适用实质上所期待的结果，因此依据规范背后的目的，应当将这一事项排除出去；或者某一事项虽然未被纳入规范适用的范围，但与规范适用的目的相契合，因而依据目的，该事项应当被纳入规范适用范围。立法权在各国的宪法中或多或少都有规定，从这个意义上来说，立法权首先是宪法规范上的问题。在我国《宪法》中，仅规定了立法权由全国人大及其常委会享有，对于地方立法权的规定较为模糊：在地方人大及其常委会和政府权限的规定中，都没有明确其可以制定地方性法规、地方政府规章。也就是说，并没有明确规定地方人大及其常委会、地方政府享有地方立法权。在2018年3月11日新的《宪法》修正案通过实施前，并没有规定设区的市可以制定地方性法规、地方政府规章，但在2015年《立法法》修改时就已经赋予设区的市地方立法权。对此，可以认为《立法法》的修改是对宪法规范“目的缝隙”的一种填充，政治主体根据宪法实施的需要对其内涵进行理解与阐释③，这种方式不同于传统的宪法解释途径，而与政治目标相关，其合法性(合宪性)一定程度上基于我国宪法“实验精神”的特性。④

另外，中央立法具有更为普遍化的特点，其针对的是全国范围内有普遍共性的事项，就法律规范而言，我们应当坚持规范适用的普遍性，对适用范围内的事项同等看待；但当出现规范的假定条件与实质目的不相符，甚至相背离的时候，则需要结合规

---

① 崔卓兰、孙波、骆孟炎：“地方立法膨胀趋向的实证分析”，《吉林大学社会科学学报》2005年第5期，第109页。

② 张帆：“规范的缝隙与地方立法的必要性”，《政治与法律》2010年第3期，第63页。

③ 宪法实施的概念是多维度的，可以通过宪法解释、违法审查等方式实施宪法。参见张千帆：“宪法实施的概念与路径”，《清华法学》2012年第6期，第19-25页。

④ 李少文：“地方立法权扩张的合宪性与宪法发展”，《华东政法大学学报》2016年第2期，第72页。

范目的对原初规范进行补充、修正。中央立法机构制定的法律普遍性最广,也更易出现“目的缝隙”的情形,对中央立法未涉及的事项需要有规范将其纳入进去,或者中央立法过度包含的事项则需要分离出来。在这一过程中,地方立法就发挥着对中央法律进行补充、修正、细化的作用,以及“试验立法”的作用,从而有利于中央法律的操作、执行与完善。因此在法律规范本身的层面上,地方立法就具有存在和发展的基础。正是由于法律规范本身的这个特点,在地方事务具有更多共性的情况下(例如计划经济时代),地方立法主体呈现相对限缩的趋势;而在地方事务复杂化加深的背景下,中央法律面对全国各地具体情况时,显得“心有余而力不足”,地方立法主体则会出现扩容的趋势。

四、当代中国地方立法主体扩容的基础与限度

地方立法主体扩容实质上是中央与地方权力纵向配置的一个表现,影响着央地关系的稳定与紧张。我国改革过程中的分权战略削弱了中央的权力和职能,而同时地方自主发展势头正强、地区间差距进一步扩大,在此情况下,如何保持中央与地方关系的动态平衡对中央无疑是一项挑战和难题。应对之策在于逐渐实现中央与地方关系的法治化,这一现实的基础在于改革过程中我国社会主义市场经济体制得以确立和逐渐完善,政治运行与经济运行渐趋独立化。在政治经济二元化体制下,中央与地方关系将有望摆脱以往那种因经济与形势变化而陷入权力收放的循环怪圈;同时中央与地方职责权限范围更加清晰,从而可以促进两者关系走向规范化、法治化。党的十八大以来,我国致力于在更高层次上实现政府职能转变,要断政府管得过多、伸得过长的“手”,要让政府职能真正转移到“经济调节、市场监管、社会管理和公共服务上来”[①]。通过让政府还权于市场和社会,实现国家向社会的分权,可以使国家权力更加明晰,从而更便于在法律层面厘清中央与地方的关系,地方立法主体的扩容即表明中央与地方权力纵向配置的改变。

地方立法主体扩容有现实的基础,但同时也必须是有序的,必须在保障中央权威、维护法制统一的限度下进行。党的十九届三中全会公报指出,“要构建从中央到地方运行顺畅、充满活力、令行禁止的工作体系”,其中“令行禁止”强调的即是中央的

---

① 中国共产党的十六大报告把政府职能归结为四个方面,包括经济调节、市场监管、社会管理和公共服务。

权威。强调中央权威不是为了强化中央集权,而是因为中央权威对于我国国家统一是十分必要的。改革开放之前中国各地区的发展状况是较为均衡的"贫穷",改革开放使得东部沿海地区搭上了发展的快车。由于一开始改革的战略重心在沿海地区,加之其他体系如价格体系的不合理,以能源、原材料、初级产品加工为主的中西部地区双重价值流失,而以技术、深加工为主的东部地区则取得双重利润,由此我国的地区发展分为三个梯度:东部、中部、西部。区域发展不平衡是我国当下不可忽视的国情之一,而这种不平衡很可能产生一种内部殖民主义(internal colonialism)的现象,即落后地区产生了被发展地区剥削的感觉。[①]在国际政治中,地区间的"剥削"可能引起武力冲突,甚至导致战争,这从近代的战争史可见一斑。但在国内政治中,往往可以发挥中央权威的作用,通过协调化冲突为合作。但如果中央权威衰落,将有损其协调功能,那么地区间的矛盾将会加剧,导致国家的整合危机。因此,在强调分权思路的同时,必须保证中央权威,保证其"有力调控";在扩大地方立法主体的同时,必须坚持维护法制统一的底线。这就意味着在放权的过程中,必须健全和完善中央对地方的监督机制,以实现地方立法主体有序扩容,地方立法权行使不失范。

五、当代中国扩容后的地方立法权行使的主要问题

回顾我国地方立法的实践,不可否认地方立法主体扩容对于形成及完善中国特色社会主义法律体系做出了显著的贡献,但同样不可忽视的是,在长期的地方立法实践中,也存在一些严重的问题,如果对此不加以重视,进一步完善制度,那么随着地方立法主体的扩容,地方权行使的问题也将有扩大化的趋势,轻则出现立法技术不足、立法质量不高等问题,重则会影响国家的法制统一。

(一)备案审查的难题

我国现行的备案审查制度始于1982年《宪法》的规定,2000年《立法法》对该制度作了进一步规定,此后2006年出台的《监督法》第五章明确规定了"规范性文件的备案审查"制度。从时间上来看,备案审查制度不算新制度,而随着地方立法权的扩容,这项"老"制度的弊病也越来越多地显露出来。一旦设区的市立法权启动,实际上对备案审查工作也构成了一项挑战。在2016年第二十二次全国地方立法研讨会上,地方

① Michael Hechterl, *Internal Colonialism*, California: University of California Press, 1975, pp. 17-22.

人大的备案审查工作即成为关注的焦点。不少地方表示,“备案审查工作让人有一种‘上面提的高度很高,但是落到实处却很低’的感觉”[①]。实践中备案审查工作的软肋主要体现在以下几个方面。

一是监督机制乏力。《立法法》和《监督法》对备案审查都没有设立法律责任,对备案审查行为的监督也就缺少了利器。对立法机关而言,《立法法》规定其应当在所制定的文件公布后30日内报有关机关备案,但并未就不报备承担何种责任作出明确规定,《监督法》同样也未规定。国务院的《法规规章备案条例》第二十条对规章不报备或者不按时报备的情况作出了“限期报送”“通报和责令限期整改”的规定。各地方也出台相应的规定,其责任方式主要包括:通报批评、责令改正;对相关责任人依法给予行政处分。[②]这使得报备行为的约束机制分散且不一致,也为不报送、不按时报送留下了漏洞,会从根本上导致备案审查制度的虚置。对备案审查机关而言,监督机制乏力会产生备而不审的现象。在第二十二次全国地方立法研讨会上,参会者也指出“一些备案审查的工作人员不知道具体要去做什么,只是把登记作为主要内容去做”。

二是备案审查机关的潜在冲突。根据《立法法》的规定,地方立法往往有两个以上的备案机关,且都有审查权,但对于备案审查机关作出的审查结果如何取舍没有规定。以设区的市地方政府规章为例,其需要向国务院、省人大常委会、省政府和本级人大常委会备案,其中,国务院和省政府有权“改变或者撤销”不适当的地方政府规章,本级人大常委会有权“撤销”不适当的规章。那么,如果省级人大常委会没有改变或撤销权,《立法法》第九十九条规定“有关的专门委员会和常务委员会工作机构可以对报送备案的规范性文件进行主动审查”的意义何在？审查出问题应该怎么处理？如果多个备案机关出现多种审查结果如何处理？基于不同的审查结果备案机关分别行使改变和撤销权的效力又该如何确定？[③]如果以级别论,当然以国务院的审查结果为准,但这样的话,其余的备案审查机关似乎只是“宣誓性”存在,这不仅有违备案审查制度的初衷,也不利于调动地方人大常委会和省政府的积极性。

三是备案审查机关权限不足。虽然《立法法》规定了各级地方人大常委会的备案审查权,并且进一步规定主动审查权,但备案审查机关权限不足表现在对上位法的解

---

① 朱宁宁:“备案审查工作仍存多难题待破解”,中国人大网,http://www.npc.gov.cn/npc/xinwen/rdlt/fzjs/2016-09/27/content_1998408.htm,访问日期:2018年1月17日。

② 张筱倜:“《立法法》修改后我国法规备案审查制度的再检视”,《理论月刊》2016年第1期,第103页。

③ 王锴:“我国备案审查制度的若干缺陷及其完善——兼与法国的事先审查制相比较”,《政法论丛》2006年第2期,第40-41页。

释权方面。根据我国立法解释体制的规定，立法机关可以对其制定的规范性文件进行解释，例如国务院有权解释行政法规，省、直辖市、较大的市的人大常委会有权解释本级地方性法规，各级人民政府有权解释其制定的地方政府规章。这就使得备案机关只能对报送备案的法律文件是否违背其享有解释权的“上位法”进行审查[①]，而在实际备案审查工作中，往往会遇到上位法与市场经济的发展不匹配的现象，在此情形下，“地方性法规还是要受制于它们”[②]。也有一些非备案审查机关权限范围内的上位法已经与法律不一致，但实际生活中仍在适用的情况。对于这样的情形，备案审查机关无权对“上位法”进行审查，但又不能不履行审查报备的地方性法规、规章的职责，面对两难的情形备案审查机关又如何作出审查意见？对此，辽宁省鞍山市备案审查委主任孙成平表示：“我们也只能进行一些解释，同时把问题和建议向上级反映一下，没有其他的办法。”[③]可见，备案审查机关本身对审查工作也存在困惑、难以着手的无奈。

四是审查批准地方性法规规定模糊。《立法法》在赋予设区的市立法权的同时，规定其制定的地方性法规须报批准后施行。但是，这一规定过于原则化，在实践中缺乏操作的标准，存在一定的问题。首先，《立法法》第七十三条第一款规定“根据本行政区域的具体情况作具体规定的事项可以制定地方性法规”。各省出台的地方立法条例对此规定也大都相同，但问题是“具体情况和实际需要”的标准是什么？如果由省人大常委会判断，是否存在着以“批准权”的方式将设区的市地方性法规“制定权”退回到“拟定权”的“明放暗收”的情况？其次，缺乏是否符合权限范围的规定。《立法法》规定设区的市的立法权限限于“城乡建设与管理、环境保护、历史文化保护等方面”，但对如何理解这三方面的内涵与外延没有进一步说明，因此在理论界和实务界对此存在诸多争议。最后，审查原则、批准程序、处理方式等方面存在问题。《立法法》所规定的审查是合法性审查原则，各地地方立法条例也大都遵循这一原则，但同时《立法法》也规定对于“不适当”的规章，也应当改变或撤销，国务院制定的《法规规章备案条例》以及各省级人民政府制定的规范性文件备案审查制度，也规定审查的事项包括

---

① 王锴：“我国备案审查制度的若干缺陷及其完善——兼与法国的事先审查制相比较”，《政法论丛》2006年第2期，第40页。

② 朱宁宁：“备案审查工作仍存多难题待破解”，中国人大网，http://www.npc.gov.cn/npc/xinwen/rdlt/fzjs/2016-09/27/content_1998408.htm，访问日期：2018年1月17日。

③ 朱宁宁：“备案审查工作仍存多难题待破解”，中国人大网，http://www.npc.gov.cn/npc/xinwen/rdlt/fzjs/2016-09/27/content_1998408.htm，访问日期：2018年1月17日。

“规章的规定是否适当”,因此总体上可以将对规范性文件的审查备案的标准总结为“是否违法”和“是否适当”。[①]具体而言,“是否违法”可以从“是否超越权限”“是否违反上位法规定”以及“是否违反法定程序”等方面认定;“是否适当”则难以把握,是指立法重复还是指不符合当地实际、不符合实际需要?这样就存在对同一规范性文件审查标准不一的问题。在批准程序方面,各地的立法比较混乱,例如在地方性法规的制定主体是否要出席这一问题,各地的规定就不同。《陕西省地方立法条例》规定“设区的市的人民代表大会常务委员会应当派有关负责人到会,回答询问”,而《浙江省地方立法条例》中则未规定制定主体要出席。在规范性文件报批后处理方面,《立法法》没有规定不予批准的处理方法,但有部分省级地方立法条例作出了规定。如《陕西省地方立法条例》规定可以在审查报告中提出不予批准建议,也可以由常委会主任会议同意后退回修改;《甘肃省地方立法条例》规定对于与上位法抵触的可以不予批准,也可以附修改意见予以批准,或者退回修改后再提请批准。这些不一致的规定一定程度上有利于调动地方立法的主动性,根据各地的实际情况作出不同的规定,但同时也造成了在此问题上处理方式的不统一和混乱,“从而会使得本要统一法律执行的《监督法》反而变成导致法律实施不统一的渊薮”[②]。

(二)立法趋同的老问题

在地方立法主体扩容的过程中,地方立法的数量不断增加,但随之而来的也有立法趋同的问题。表现之一是下位法对上位法的重复与抄袭。长期以来,我国地方立法都存在着“重复”与“抄袭”的问题,学界以及实务界早已认识到这个问题,但这一“顽疾”尚未能得到有效解决。地方立法大量重复中央立法,不仅淡化和虚置了中央和地方实行立法分权的意义,而且严重影响立法资源的优化配置,加剧中央和地方立法权限的混乱。地方立法对中央立法的重复与抄袭,多发生在执行性立法领域,当中央立法一出台,各地迅速相继出台实施细则。地方的这一积极性无可非议,而且事实上很多时候也需要地方出台相应的细则,但急于出台往往可能导致脱离本地实际情况,缺乏细致周密的调查研究,从而“将行政管理中的‘转发’的做法带到地方立法实

---

① 参见国务院《法规规章备案条例》(国务院令第337号)第十条:国务院法制机构对报送国务院备案的法规、规章,就下列事项进行审查:(一)是否超越权限;(二)下位法是否违反上位法的规定;(三)地方性法规与部门规章之间或者不同规章之间对同一事项的规定不一致,是否应当改变或者撤销一方的或者双方的规定;(四)规章的规定是否适当;(五)是否违背法定程序。

② 胡玉鸿:“《监督法》对规范性文件备案审查机制的完善与不足”,《学习论坛》2007年第1期,第79页。

践中去”。[①]有学者曾针对上海市立法现状与问题进行研究，从其研究数据中可以看出，20世纪90年代，上海市的一些实施性法规与上位法的重复率高达30%～50%，此后重复率有逐渐降低的趋势。[②]但如果细究重复的立法，不同领域立法的重复率是不同的。以吉林省为例，本文选取了政治、经济、文化、环境、社会领域的一些地方性法规，通过与上级立法的对比探究地方立法重复的状况（见表4）。虽然样本的数量有限，不能反映我国地方立法重复的全貌，但也能够反映出一些典型的问题和特点。

表4　吉林省内部分地方性法规重复情况统计

法规类别	法规级别	法规名称	对比文本（注：对比条款不包括第一条以及附则中非实质性内容的条款）	重复及相似条款	重复比例
政治类	省级	吉林省实施《中华人民共和国集会游行示威法》办法（1997年修正，现行有效）	1. 法律：《中华人民共和国集会游行示威法》1989年版 2. 行政法规：《中华人民共和国集会游行示威法实施条例》1992年版	第二条、第三条、第四条、第七条、第八条、第九条、第十条、第十一条、第十三条、第十四条、第十六条、第十七条、第十八条、第十九条、第二十一条、第二十二条、第二十七条	61%
	设区的市	1.《吉林市集会游行示威暂行规定》（已经于1997年废止）	无	无	无
		2.《长春市关于公民集会游行示威的暂行规定》（已经于1997年废止）	无	无	无

① 汪全胜：《制度设计与立法公正》，山东人民出版社2005年版，第44-45页。

② 史建三、吴天昊：“地方立法质量：现状、问题与对策——以上海人大地方立法为例”，《法学》2009年第6期，第101-102页。

续　表

法规类别	法规级别	法规名称	对比文本 (注:对比条款不包括第一条以及附则中非实质性内容的条款)	重复及相似条款	重复比例
经济类	省级	《吉林省城市房屋拆迁管理条例》(2002年发布,现行有效)	行政法规:《城市房屋拆迁管理条例》(已于2011年失效)	1. 第一章:第二条至第五条 2. 第二章:第六条、第七条、第十一条、第十三条、第十四条、第十七条、第十八条 3. 第三章:第二十九条、第三十七条、第三十九条 第四章:第四十条、第四十一条、第四十四条	40%
	设区的市	1.《吉林市城市房屋拆迁管理条例》(2004修正,现行有效)	1. 行政法规:《城市房屋拆迁管理条例》(已于2011年失效) 2. 地方法规:《吉林省城市房屋拆迁管理条例》(2002年发布,现行有效)	第二条、第三条、第四条、第六条第二和第三款、第七条、第九条、第十八条第一款、第二十条第一款、第二十一条、第三十一条第一款、第三十四条、第三十六条	32%
		2.《长春市城市房屋拆迁管理条例》(2004年修正,现行有效)		第二至六条、第八条第一款、第九条、第十一至十四条、第十九至二十一条、第二十三条第一款、第二十四条第一款、第二十五条、第二十六条第二和第三款、第二十七条、第三十四条、第三十五条、第三十八条、第三十九条、第四十二条、第四十八条、第四十九条、第五十条、第五十一条第一款、第五十四条	55%
生态环境类	省级	吉林省实施《中华人民共和国水法》办法(2007年修正,现行有效)	法律:《中华人民共和国水法》(2002年版,现行有效的为2016年版)	1. 第一章:第二条至四条、第六条 2. 第三章:第十三条、第十四条 3. 第五章:第三十二至第三十四条	23%
	设区的市	无	无	无	无

续 表

法规类别	法规级别	法规名称	对比文本（注：对比条款不包括第一条以及附则中非实质性内容的条款）	重复及相似条款	重复比例
社会类	省级	《吉林省残疾人保障条例》（2013年修正，现行有效）	法律：《中华人民共和国残疾人保障法》（2008年修订版）	1. 第一章：第三条至第六条、第九条、第十二条 2. 第二章：第十五条、第十六条、第二十条 3. 第三章：第二十条、第二十一条 4. 第四章：第二十八条、第三十三条、第三十五条 5. 第五章：第三十七条 6. 第六章：第四十三条、第四十五条 7. 第七章：第四十六条 8. 第八章：第五十二条、第五十三条	37%
	设区的市	《长春市残疾人保障条例》（1997年修正，现行有效）	1. 法律：《中华人民共和国残疾人保障法》（1990年版） 2. 地方法规：《吉林省实施〈中华人民共和国残疾人保障法〉办法》（1996年版）	1. 第一章：第二条、第四条、第六至十条 2. 第三章：第十五条、第十九至二十一条 3. 第四章：第二十三至二十五条、第三十条 4. 第五章：第三十四条、第三十六条第一款、第三十七至三十九条、第四十二条 5. 第六章：第四十四条、第四十七条 6. 第七章：第五十一条、第五十五条	41%
文化类	省级	《吉林省非物质文化遗产保护条例》（2017年发布，现行有效）	法律：《中华人民共和国非物质文化遗产法》（2011年版）	1. 第一章：第一条、第三条、第六条、第七条 2. 第二章：第十九条、第二十一条、第二十三条 3. 第五章：第三十一条	25%
	设区的市	一些市公布了非物质文化遗产保护名录，无相关立法	无	无	无

尽管上表只是选取部分法规作为样本，但在对比梳理的过程中也发现了一些共性和问题。第一，重复较多的条款多集中在第一章总则部分。对于这一类的条款，多

是对立法目的、原则、相关词语解释等的重复,而这种重复可以保证地方性法规的宗旨和法律精神与上位法保持一致,并没有产生损害法制统一、架空上位法等危害,因此对于此类重复条款不应仅将其作为计算重复率的数字,还应具体分析其是否为非必要的重复。第二,在重复条款中,重复的情形表现为直接照搬或稍作修改,或是将条文肢解、拼凑。如果说对立法目的、原则、词语解释等内容的"照搬"还可以理解,那么对于其他"实体"内容的照搬则真正需要认真对待。一方面,直接照搬相当于抹杀了客观存在的法律级别关系,架空了上位法;另一方面,没有实质性补充、细化的"照抄"模式也使得地方立法"形同虚设",损害地方立法机关的公信力。相较于直接照搬,条文肢解、拼凑式重复虽然更为隐蔽,但也更为常见。通常表现为将上位法的条款进行调换位置,或是将一条条款分解为多条,或是将多个条款的内容归纳到一个条款内。第三,纵向来看,吉林省内的法规作为地方立法的实践成果与中央立法(法律和行政法规)存在重复;横向来看,省内地方立法也存在重复现象,即吉林省地方性法规与长春市、吉林市地方性法规之间的重复。但同时我们也应当注意到,从搜集的法规来看,政治类地方性法规的重复率最高,经济和社会类次之,文化和环境类较低,这表明在涉及公民政治权利有关事项时,地方立法的可发挥空间较小,而文化、环境保护、社会管理等有关事项地方可以进行深入挖掘,这也主要是2015年《立法法》修改后规定的设区的市的地方立法权限范围。

地方立法之间的重复现象相较于下位法对上位法的重复不容易引起注意,一方面是我国行政区域数量多,想要大范围地对比研究难度较大;另一方面,地方立法之间的雷同一定程度上是下位法对上位法的重复间接导致的结果,而且此种现象很少影响我国法制的统一性,也不会影响被重复的立法的效力,因此其危害性相对较小。从实际来看,对于不同地方立法中存在的重复性条款,我们很难认定这是一个地方"抄"了另一个地方的结果,还是"抄"了中央立法的结果。以《城市市容和环境卫生管理条例》为例,《四川省城市市容和环境卫生管理条例》(1997年版)共有52条条款(附则3条),与杭州市1997年出台的条例雷同条款有11条,多集中在总则部分,重复率约为21%,而这些重复的条款同时是与国务院的《城市市容和环境卫生管理条例》重复的。此外,在篇章结构方面,各地的管理条例基本都很一致,但这也是与国务院的管理条例相一致的。换言之,地方立法与地方立法之间的重复一定程度上仍是下位法重复上位法的问题。

值得注意的是,地方立法趋同这一"老问题"也有"新转机",地方立法的"特色化"有所增强。在《立法法》修改后,部分设区的市逐渐开始行使被赋予的地方立法权,例如2015年9月25日，三亚市人大常委会首次行使地方立法权，出台了《三亚市白鹭公园保护管理规定》。此后，各地相继出台了关于城乡建设、环境保护等事项的地方性法规，如《镇江市金山焦山北固山南山风景名胜区保护条例》等等。这些地方性法规从当地特有的自然环境和人文历史情况出发，制定有针对性的法规，一定程度上避免了从标题到内容的雷同。例如，在"城乡建设与管理"方面，一些新赋权的设区的市陆陆续续都制定了"城市市容和环境卫生管理条例"（以下简称"条例"），截至2016年底，已有20多个设区的市制定了"条例"。[①]就吉林省而言，《立法法》修改后有6个地级市新获地方立法权（包括四平市、辽源市、白山市、松原市、白城市和通化市），其中白城市已出台了《城市市容和环境卫生管理条例》。将白城市出台的条例与国务院、吉林省人大出台的条例对比，一方面其重复率并不高（约为15%），文本规定的内容更加细化，并且也契合当地气候条件作了"清除冰雪"的相关规定。另一方面，在体例结构方面，白城市出台的"条例"共有七章，其中第三章、第五章单独规定了"广告牌匾管理"和"垃圾管理"，不同于国务院和吉林省的"条例"较为宽泛的框架；在法律责任部分，白城市的"条例"采取了"行为＋责任"的规定方式，看起来更为直观，不同于上位法采用的行为和责任单独成章的做法（即将违法后果统一规定在"法律责任"一章）。从上述情况来看，地方立法趋同现象一定程度上得以缓和，这也说明新一轮的地方立法权扩容在促进地方"特色立法"方面还有进一步深入的空间。

（三）地方立法权的滥用

正如阿克顿勋爵所言，"权力导致腐败，绝对的权力导致绝对的腐败"，地方立法权作为公权力的一种，同样存在被滥用的可能，尤其是在相应的监督审查制度不完善的背景下。这种滥用相对于行政权滥用更为隐蔽，但是其危害性不容忽视。立法权滥用的情形首先体现为"泛化"的立法倾向。按照科学的立法过程，立法论证是立法的第一步，它有利于为立法质量和立法效率提供有效保障，在确定立法项目、编制立法规划之前，应当做好充分的立法论证。但是，从地方立法实践来看，很多地方立法的立法论证工作做得并不到位，而是"遇事则立法成了习惯性做法"[②]。泛化的立法不仅对立法论证要求低，导致立项不规范、不科学的问题，而且受到立法政绩化的利益驱动，地方立法演变成"立法竞赛"，"甚至成为争先创优的敲门砖和谋私扩权的'私人

① 郭佳法："地方立法这两年：设区的市行使地方立法权全面推进"，中国人大网，http://www.npc.gov.cn/npc/zgrdzz/2017-05/04/content_2021177.htm，访问日期：2018年3月10日。

② 胡旭东："地方立法权在中国法治中的双重角色"，《中国党政干部论坛》2008年第9期，第27-29页。

订制’”。[①]我国早期的地方立法中,许多社会关系尚不确定,存在诸多立法空白,而且中央也要求各地“加强立法工作”,立法成为各地方的热门选题。2010年中国特色社会主义法律体系已经形成,但立法工作仍具有强烈的任务色彩,立法机关对于立法数量仍饱含热情。例如2014年江西省人大常委会工作报告中指出“……全年共制定法规9件,修改法规5件,批准南昌市法规3件,圆满完成年度立法工作任务”;2017年浙江省人大常委会工作报告提到“……制定、修订、修改地方性法规22件,批准35件,审查规范性文件110件……发挥了地方国家权力机关的重要职能作用”;2016年12月全国人大常委会法工委对《立法法》修改后设区的市立法数量进行统计,指出“……270件地方性法规已经出台”。人大及其常委会作为国家立法机关,立法数量是表现其工作“业绩”的唯一可以量化的指标,也是人大代表工作能力的集中展现,因此人大代表“既有立法的压力,也有自觉或不自觉的冲动”[②]。对于立法泛化现象,原重庆市人大法制委员会主任俞荣根也非常关注,“他自认为值得骄傲的不是立了多少部法律,而是成功地阻止了两部法律的出台”[③]。法律是调整现实的社会关系的,而社会关系的形成与发展是客观的,因而法律的产生与发展也是客观的,如果单纯为了完成计划而忽视立法论证,所立之法很可能有违法律发展的基本规律。虽然不能说某一部法律的产生绝对“无益”,但在相应的背景下,忽视其必要性和可行性都可能导致“宣誓性立法”,是对立法资源的“无益消耗”。

地方立法主体滥用立法权的另一个表现是对地方区域利益、部门利益的保护。地方立法为区域发展提供制度保障本来无可厚非,但是一旦这种保护超越了正当的范围,借地方特色之名行地方保护、部门保护之实,就背离了本应捍卫正义与公平的立法的本质。就地方保护而言,其通常表现为设置或变相设置壁垒、实施差别待遇、限定或变相限定只能购买本地产品或服务等[④],如在《武汉市科技创新促进条例(草案)》中,第四十六条第二款规定:“……政府采购的产品尚待研究开发的,采购方应以招标方式优先确定本市科研机构、高等学校或企业进行研究开发,并予以订购。”此规定明显是对市内机构和企业有所“偏爱”,有违法律的公平性。在现实生活中,地方政

① 王仰文:“限量下放模式下地方立法权平稳承接研究”,《时代法学》2016年第2期,第13页。

② 袁明圣:《我国地方立法权的整合问题研究》,中国政法大学出版社2016年版,第135页。

③ 黄秀丽:“‘立法容易,不立法难’:一位人大官员谈立法的幕后”,《南方周末》2010年2月25日第A03版。

④ 参见武汉市人大法制委员会:“关于地方立法中地方保护和部门利益倾向问题的思考”,中国人大网,http://www.npc.gov.cn/npc/zt/qt/descqgdflfyth/2014-09/25/content_1879639.htm,访问日期:2018年2月27日。

府不仅是地方的管理者,还是地方资产的所有者、生产者和经营者,因此地方政府与地方企业具有某种意义上的一致性。长期以来,经济指标是地方工作的指挥棒,强调包括地方法制建设在内的工作都要为经济发展保驾护航,这种对地方立法定位的误解与偏差使得一些地方通过规章制度为地方经济"开绿灯""行方便",尤其是对地方龙头企业和支柱产业表现得更为明显。地方保护虽然短期内保护了本地相关企业,但长远来看会产生"不进反退"的后果,削弱地方企业的发展潜力。而且,狭隘的地方保护主义会导致地方立法行为的"异化",破坏立法的公正本质,滋生或加剧地方立法中"寻租"现象,甚至形成"法治割据"的局面,影响国家的法制统一。

此外,地方立法权还产生了一些"奇葩立法"的现象。2015年南京市法制办公布《南京市城市建筑物、公共设施、道路容貌管理规定》(简称《规定》)的修改草案,其中规定"机动车车身有明显污迹、泥土,车辆底盘、轮胎附带泥土影响市容"等七种情形将受到最高2000元罚款的处罚。草案一出就引起广泛的讨论与质疑。2017年《南京市人民政府关于修改和废止部分政府规章的决定》对《规定》作了修改,但没有将之前修改草案中的争议内容纳入。在生活中,不少类似的"奇葩规定"频频被媒体报道,例如深圳市出台的《公共厕所管理办法》,规定在便器外便溺罚款100元,这被广大网友戏称"尿歪罚一百";重庆市出台的《电梯安全管理办法》规定"乘坐超载电梯的"将面临200～1000元的罚款;等等。[①]这些立法的出发点或是为了更整洁干净的卫生环境,或是为了更好地"保障"民众的生命安全,这些考量都是有益的,但吊诡的是,民众根本"不买账",这些立法反而成为人们茶余饭后的"谈资"和"笑点"。究其原因,一方面是把法律"万能化",把本该属于道德规范的事项纳入法律的调整范围内,这些私人的、道德领域的问题不是仅依靠法律这剂"良药"就能治愈的。另一方面,则是法律缺乏可操作性,就像"尿歪罚一百",难道要在公共厕所里装摄像头发现"违法者"? 难道要执法人员守在附近以便执法? 这无疑在现实生活中面临操作的困境。而成为摆设的条文在网友的戏谑调侃中难免会损害立法部门的公信力。此外,还有一部分原因则是立法者缺乏日常生活常识。2014年深圳市人大宣布启动《深圳经济特区医疗条例》立法工作,但在宣布启动前两天,"一些市人大代表在调研北大医院护士被殴事件时纷纷建议'伤医入刑'"[②],这一建议显得既不专业也缺乏常识。根据我国《立法法》

---

① 唐传虎、鹿琳、刘庆传:"莫让'奇葩规定'损害法制权威",凤凰网,http://news.ifeng.com/a/20151209/46586344_0.shtml,访问日期:2018年1月17日。

② 汪小汉:"让市人大立法'伤医入刑'缺乏常识",凤凰网,http://news.ifeng.com/gundong/detail_2014_03/04/34384331_0.shtml,访问日期:2018年2月27日。

的相关规定,涉及“犯罪刑罚”的立法事项是由全国人大及其常委会予以绝对保留的,其他立法主体是不享有立法权的。深圳作为经济特区,其立法权限自然是无权涉及刑罚的。虽然《深圳经济特区医疗条例》正式文本避免了常识性错误,但在其立法过程中一些人大代表缺乏常识的建议无疑会有损立法机关的形象,不利于立法质量的提升。

六、当代中国地方立法主体扩容后的主要承接机制

地方立法主体扩容对于地方而言是一种利益的增加,但立法权行使所面临的问题使得“利益所得”有所缩减,同时也一定程度上削弱了中央权威,这对于中央与地方双方而言都是一场“负和博弈”。但由于双方处于“博弈”的环境下,意味着二者不是决然对立的关系,因此构建良性的地方立法权下放的承接机制有助于使中央与地方的“负和博弈”转向“正和博弈”。构建及完善地方立法主体扩容的承接机制,不仅需要基于现实中地方立法权行使面临的主要问题,还必须要“不忘初心”,明晰地方立法主体扩容的目的所在。这些目的或目标的根本在于:在保持法制统一的前提下发挥地方积极性、促进地方治理现代化。从目标出发,构建地方立法权行使的承接机制至少应考量地方立法的必要性问题、地方立法权正当行使问题,以及地方立法的民主性问题。

(一)完善备案审查制度

《立法法》的修改在扩大地方立法主体的同时,也对法规规章的备案审查制度做了调整。《立法法》的修改一方面增加了备案审查的主动性,另一方面,也明确增设了审查备案的反馈要求,要求全国人大有关专门委员会和常务委员会按规定“向提出审查建议的国家机关、社会团体、企事业组织以及公民反馈,并可以向社会公开”。此次关于备案审查制度的修改也表明在当下加强该制度建设的重要性和必要性,备案审查机关应当把握契机,完善备案审查制度,提升审查能力,切实发挥制度的实效。

1. 细化审查的原则和标准。根据《立法法》和国务院《法规规章备案条例》的规定,总体而言审查原则包含“合法性”和“适当性”原则,对于“合法性”原则可以从是否“超越权限”、是否“违反上位法规定”以及“是否违反法定程序”来判定,但对于适当性缺乏判断标准,因此需要有更为明确的表述。具体而言,可以从必要性和可行性方面审查。必要性审查可以破除“法律万能”的观念,一定程度上避免泛化立法和重复立法的现象。随着我国市场化发展程度越来越深,政府简政放权越来越深入,如果可以

依靠市场自身解决，那政府就应少插手或不插手。而对立法重复现象的审查，也需要备案审查部门结合实际进一步细化如何认定重复的标准，对必要重复和不必要重复有基本认定。可行性审查则是为了避免立法被虚置。法律的生命在于实施，一项立法，尤其是地方性立法，如果不能切实作用于当地的社会关系，就失去了光彩。可行性审查可以以地方立法机关提交的立法草案说明为准，确有必要的话也可以要求其提交有关的可行性研究报告。

2. 做好与《法规规章备案条例》中备案审查制度的衔接。具体而言，一是衔接好违反报备义务的规定。我国实行的是双重备案、双重审查的制度，备案审查机关包括人大（及其常委会）和人民政府，在《立法法》中对未按时备案的责任后果没有规定，而在国务院《法规规章备案条例》中，对规章未备案或未按时备案的报备主体采取“通知限期报送；通报并责令限期改正”的做法，对“地方性法规”没有规定。这样来看，地方性法规的报备主体违反报备义务，其责任是不明确的，如果地方性法规不备案或不按时备案，是否也可以采取与对待规章相同的措施？因此，有必要进一步统一和完善相应的规定，将地方性法规不按时备案的情形也纳入规范之中，作出明确的规定。二是协调审查意见发生冲突的情形。如前文所述，目前的多元审查主体存在潜在的冲突，但缺乏对审查意见发生冲突如何处理的规定。对此，存有三种意见，即“以权力机关审查意见为准”“以行政机关审查意见为准”和“报送至作出相同审查意见的权力机关的上一级权力机关定夺”。[①]三种意见都有一定道理，但相比较而言，第一种以权力机关审查意见为准更为恰当。一方面，权力机关本身就是我国立法监督机关，具有法律监督权和民意基础。另一方面，当审查对象是地方性法规时，由于其制定主体是地方人大及其常委会，如果以行政机关审查意见为准显然不太合适，相比较而言，全国人大常委会的审查意见更为合适，且《立法法》第九十五条，国务院《法规规章备案条例》第十二、十三条对此都有明确处理规则；而当审查对象是政府规章时，由于权力机关的审查是一种外部监督，行政机关的审查是行政系统之间的内部监督，相对而言，外部监督则更具有公平、公正性。此外，第三种意见实质上是指当出现冲突时交由全国人大常委会定夺，这一意见很理想，但实践中全国人大常委会有繁重的审查备案工作，出现冲突就交由全国人大常委会定夺显得难以实施。

3. 强化备案审查机关的工作能力，完善工作机制。规范性文件备案审查工作涉及面广，任务繁重，面对地方立法权扩容带来的备案审查的压力，审查机关需要完善

① 李豪：《地方人大常委会规范性文件备案审查制度研究》，武汉大学博士学位论文，2012年，第126页。

机构设置,改进工作机制,提升工作能力。对此,首先需要强化各审查机关对备案审查工作的重视,不能出现"三个和尚没水喝"的相互推诿责任的局面。在以往的备案审查工作中,存在着将"备案审查"等同于"登记备案"的情况,这很大程度上与备案审查机关未足够重视备案审查工作有关。在新一轮地方立法权扩容后,备案审查的工作量无疑会加大,其重要性也不言而喻,备案审查机关需要对此加以重视,这项工作并不是简单的登记工作,而是深刻体现着专业性的工作。其次,需要强化备案审查机关工作人员的工作能力。对做好备案审查工作而言,熟悉掌握《规范性文件管理办法》《规范性文件备案审查实施办法》等规定是基础性要求,在实际审查工作中更要熟悉和掌握规范性文件备案审查的具体要求。另外,全国人大相关部门可以通过组织相关研讨会等方式,对地方人大的备案审查工作进行探讨与指导;各地方备案审查机关也应通过自我培训、考察、学习借鉴等方式,积极开展工作交流,丰富完善备案审查工作方式方法。最后,在工作机制方面进行有益探索。例如,有的地方借助信息技术,加强备案审查规范化和信息化建设,推进建立信息化平台;有的地方则注重加强与政府法制部门的沟通协调,适度提前介入,从源头减少"问题文件"。[①]

4. 健全备案审查的监督机制。一项制度如果缺少相应的监督机制,良好的制度也可能被架空。备案审查监督机制应当包括两方面的内容,其一是对规范性文件报备主体的监督。目前在报备主体方面仍存在责任不清、责任缺失等问题,对此需明确违反报备义务的法律责任,提高相关主体对报备行为的认识,按规定及时报备规范性文件,从而为下一步规范性文件的审查工作提供前提性条件。其二是对备案审查机关的监督。在加强相关审查主体能力同时,也要落实其职责,督促其积极履行审查的义务,避免在审查环节出现不作为、懒作为的现象。

(二)突出地方立法的特色

地方特色是地方立法权的存在基础,在当前的立法背景下,一部高质量的地方立法文本必然要透露出地方特色,有针对性地解决地方问题,提供地方经验。修正后的《立法法》将设区的市的立法范围限制在"城乡建设与管理、环境保护、历史文化保护等方面",这意味着地方立法特色的空间不再以"面"的形式呈现,更多的是以"点线结合"的形式出现,换言之,地方立法要深入有限的领域探究问题,思考治理方案,地方立法特色的有限性和发散性将日趋明显。在这种形势下,要制定具有地方特色的立

---

① 朱宁宁:"备案审查工作仍存多难题待破解",中国人大网,http://www.npc.gov.cn/npc/xinwen/rdlt/fzjs/2016-09/27/content_1998408.htm,访问日期:2018年1月17日。

法，需要在地方立法权限和立法需求中进行深入的挖掘，需要地方立法机关做出持续的努力。

1. 树立精细化的立法思维。地方立法的发展需要与时俱进，这就要求地方立法机关能把握时代要求和特点。鉴于我国法律体系已经基本形成，现行的法律、法规已经涵盖了基本的、主要的社会关系，地方立法想要寻求“空白地带”比较困难。因此在地方立法方面必须坚持由量变到质变的提升，坚持以质量为导向，追求地方立法的精细化，不能盲目求全。在我国地方立法实践中，很多都追求结构和体例上的“大而全”，制定“法典式”的法规、规章。由于一些地方立法机关对地方立法的定位存在误解，为了求得规模宏大和“样子好看”，把许多宣言式、内容空洞、无操作性的条文“塞进”各个部分。以《城市市容和环境卫生条例》为例，国务院出台的“条例”分为五章（包括总则、城市市容管理、城市环境卫生管理、罚则、附则），而目前各地出台的“条例”也是分为这几部分。但与此同时我们也能看到各地立法机关在这方面有所改进，有意识地结合本地实情进行细化，例如《怀化市城市市容和环境卫生管理条例》就在五章的基础上增加了“市容环境卫生责任区制度”作为第二章。

在内容安排和结构体例设计方面，地方立法应当避免“法典化”倾向，而应根据本地实际情况、相关立法的重要程度以及相关条款的必要性、可行性等方面来决定立法规模。一些地方立法可以采取“条款法案”的形式，在具体条款上多挖掘、多钻研，这样既有助于地方立法回归“可操作性”和“实施性”的本质，也便于审议和实施。在这个意义上，学者呼吁当地方立法中有更多地针对某一问题作具体规范的“条款法案”时，“我们的地方立法才真正找到了自己的定位”。[①]

2. 建立稳定的专业化队伍。《立法法》修改开启新一轮的地方立法权扩容，赋权给所有的设区的市，这一突破具有诸多意义，但同时也对一些设区的市的工作形成了挑战。也正是考虑到各设区的市存在机构不健全、立法人才短缺等问题，《立法法》规定要“综合考虑设区的市的人口、地域、经济社会发展情况以及立法需求、立法能力等因素”来确定其行使地方立法权的时间。但即使有这样的平衡机制，许多地方立法机构和立法队伍仍然面临难以及时解决的问题，尤其是中西部地区在机构设置、人员编制短缺等方面的困难更为突出。[②]对已经有一定立法实践的地方机关而言，也面临着立

① 游劝荣：《法治成本分析》，法律出版社2005年版，第60页。

② 高勇、王锡明：“立法权扩围，你准备好了吗？——甘肃省人大常委会调研设区市地方立法权工作纪实”，甘肃人大网，http://www.gsrdw.gov.cn/html/2015/lfdt_0728/9360.html，访问日期：2016年12月11日。

法专门人才匮乏的问题,要么是人员数量不足,要么是复合型人才欠缺,知识水平和能力不足,又或是“人才进不来、留不住”。[①]

针对地方立法人才队伍存在的问题,各地立法机关应当加快引进人才,完善机构设置。目前我国一些省份在落实设区的市地方立法权方面,要求必须先设立法制委、法工委等机构,江西省进一步将人员编制量化,如“行政区域较大市的法工委编制不少于8人,较小市的法工委编制不少于6人”[②]等等。此外,党的十八届四中全会《决定》指出,要“推进法治专门队伍正规化、专业化、职业化……建立从符合条件的律师、法学专家中招录立法工作者、法官、检察官制度”。因此各地立法机关可以依托当地高校法学院或者法学专业的智力资源,建立立法研究机构,如重庆市就依托西南政法大学建立“重庆市地方立法研究协同创新中心”,促进当地立法工作的开展;或者整合法学领域和其他相关领域的人才资源,组建立法咨询专家库。从长远来看,立法机关可以联手高校、立法研究机构等,构建人才培养体系,制定立法人才规划和培训安排,明确专业化立法工作人员的任职资格条件,完善职业保障,建设适应新形势、新要求的立法人才队伍。

3. 挖掘地方的“真”特色。凡事过犹不及,地方立法实践中需要强调特色,但不能为了“特色”而“特色”,否则可能产生一些“异类”立法。正确理解地方立法特色,应当把握地方立法的地域性,提高立法的针对性,强化立法的内容性。地域性意味着地方立法应当立足于当地的自然地理环境、社会文化情况、经济发展情况等方面,解决国家法律、行政法规难以规范、尚未规范或规范不全等问题。各地自然地理条件优势不同,文化风俗情况不同,经济水平存在差异,这些都必然折射出不同的立法需求。如在矿产资源集中的西南和西北地区,地方立法应在矿产资源开发方面多研究;在沿海地区,其应注重海洋水产资源保护方面的立法;在边疆边境地区,应注重对跨国、跨境方面经济、社会管理等问题的关注。针对性即是以问题为导向,能够解决本地的实际问题。以“网约车”为例,其在不同地方发展情况和普及程度不同,产生的问题及其严重性也不同,因此不同地方应当结合本地实际确定是否制定规范以及怎么制定。内容性即要求各地在调整对象、事项、方法等方面做出改进。调整对象可以挖掘当地独有的、需要加以规范的对象,对调整事项具有相对优势或主导地位,如《甘肃敦煌莫高

① 田成有:《地方立法的理论与实践》,中国法制出版社2004年版,第161页。

② 龚建华:“统筹谋划行稳致远有序推进设区的市立法工作”,中国人大网,http://www.npc.gov.cn/npc/lfzt/rlyw/2017-09/13/content_2028815.htm,访问日期:2018年1月20日。

窟保护条例》《黑龙江省人民代表大会常务委员会大兴安岭地区工作委员会工作条例》。地方立法也可以在解决问题的措施、方法和程序方面寻求突破，从而创造性地解决各地存在的共性问题。

（三）完善公众参与机制

地方立法主体扩容的前提和基础离不开国家与社会的分权，但目前我国的社会力量尚不成熟，国家与社会分权还处于进行时。从这个角度来说，地方立法主体扩容也是促进中央与地方关系法治化、国家治理现代化的契机。国家治理现代化的要义之一就是要有良好的社会自治，而提高公众地方立法参与度，不仅是推进民主立法的重要内容，是提升立法质量的重要方式，也是提升社会自治能力的途径之一。但在实践中，社会公众在地方立法中发挥的作用是很有限的，这首先表现在制度保障不足。我国2000年制定、2015年修正的《立法法》仅在第二章第三节中规定“法律委员会、有关的专门委员会和常务委员会工作机构应当听取各方面的意见。听取意见可以采取座谈会、论证会、听证会等多种形式”，目前也只有部分省、市制定了立法听证条例、办法和规则。其次，由于缺乏制度保障，在实践中也存在无序参与的问题。地方立法主体在“公布草案”时随意性较大，缺乏相应的较为明确的程序规定，也缺乏关于何种草案可以公开、何种必须公开的规定，因此草案公布随机性较大，流于形式。最后是参与渠道和参与积极性的问题。这里所说的参与渠道是除选举人大代表这种间接参与方式之外的渠道，通常是地方立法机关主动向公众开放的渠道，例如目前各级政府部门设立的信访部门，召开公开座谈会、听证会等方式。随着网络的发展，一些地方也开创性地推行网上立法听证[①]，但总体而言，公众参与渠道仍不够畅通，现有的渠道和参与机制运行的有效性还不足。与此同时，随着我国人民群众的法律素养和法治意识的不断提升，人民群众的参与和响应地方立法也有所改进，但整个公众参与立法的程度和热情还不是很高，在有限的参与中还存在着盲目性等问题。

民主立法使得立法过程凝聚民意，在相当程度上保证了所立之法的合法性和权威性，从而使得法律在适用中也更易被接受。为了改善公众参与地方立法的情况，相应的制度设计应当符合三项基本要求：一是保障参与者对信息的知情权，二是保证参与立法的主体之广泛性和真实性，三是提高公众参与立法的积极性。具体而言，首先

---

① 例如广州市人大常委会分别于2012年、2014年在大洋网上举行了《广州市社会医疗保险条例》和《广州市公园条例》网上立法听证会，将过去电视直播的现场听证会搬到互联网门户网站上举行。详见广州市人大常委会：“推行网上立法听证，扩大公众有效参与”，中国人大网，http://www.npc.gov.cn/npc/lfzt/rlyw/2015-09/25/content_1947234.htm，访问日期：2018年1月20日。

要使立法听证制度具有统一、明确的法律依据,规范立法听证的程序。《立法法》对立法听证作了原则性规定,而为了让立法听证制度发挥实效,尚需更具体、明确、完善的立法听证规则,对召开立法听证的主体、程序、监督反馈等事项加以规定。其次,改进草案公开制度,对草案何时公开、由谁公开、怎么公开等加以规范。为了解决目前草案公布中的随意性问题,应当明确立法草案的公开主体(通常为草案的制定者),明确公开的时间和方式等,并且为保证公开草案的效率和效果,相应的责任主体在公布草案时应当尽可能便于群众查看和提出意见、建议,例如将立法草案涉及的主要问题设计成问卷调查,利用微博、微信、客户端等方式,便于群众参与。再次,明确立法听证范围。听证活动是需要消耗一定的人力、物力、财力的,在立法实践中,由于受到人员等各方面的限制,不可能对所有的立法都举行听证,因此,立法听证也只是对必要的事项进行听证,也就是与公民、法人和其他组织的权益关系密切的,或者影响较大的立法事项应当举行立法听证。最后,要建立相应的反馈机制。之所以要举行立法听证,目的就在于提升立法工作的民主性、科学性,如果对立法听证参与人的意见"听而不纳",立法听证的功能和目的就难以实现。而且,对公众意见进行有效吸纳,也是调动公众参与立法的积极性的方式之一。虽然公众参与积极性不高有多方面的原因,但解决好对公众意见的反馈问题,至少对促进公众参与立法是一个有益举措。

(四)明确地方立法主体间的立法职能

在我国地方立法制度以及实践中,地方立法主体包括地方人大及其常委会和地方政府。从立法权、司法权和行政权的角度来看,我国人大及其常委会是立法权主体(进一步而言应当是人大享有立法权),但在地方立法实践中,地方人大的立法权大多数时间处于"旁落"状态。这一方面是因为地方人大与地方人大常委会权限不明:在我国《宪法》《地方组织法》《立法法》关于地方立法权的规定中,是将地方"人民代表大会"及其"常务委员会"放在一起规定的,并没有将地方人大及其常委会的立法权限、立法事项以制度化的形式区分开来。虽然《立法法》第六十七条规定"本行政区域特别重大事项的地方性法规,应当由人民代表大会通过",但至于何为"特别重大事项"没有统一的标准。尽管在制度上地方人大立法的地位高于地方人大常委会的立法,但在实践中,还是地方人大常委会行使地方立法权的情形较多,而人们也通常将地方人大常委会的立法等同于地方人大的立法。另一方面,是因为地方性法规与地方政府规章的界限不清。虽然已有不少学者就地方性法规和地方政府规章界限范围的问题展开研究,但长期以来该问题尚未得到很好的解决。从地方立法实践来看,地方政府规章的发展迅速、越位与地方性法规的发展缓慢、明显滞后形成鲜明对比。[①]在一定程度上而言,地方政府规章在数量和实际地位上与地方性法规出现了“错位”。而这种“错位”不仅会侵蚀地方权力机关的立法权,还会使得地方人大对地方政府立法权的监督变得越来越困难,为部门保护主义、地方保护主义提供可乘之机。基于这样的现实,以及《立法法》修改带来的新一轮地方立法权扩容的契机,很有必要明确地方立法主体间的职权分配,突出强化地方人大的立法职能。

人大常委会作为人大的常设机构,出于人员结构、会议制度等方面的考虑,其在日常立法方面确实具有一定的便利性。但随着我国法治进程的推进,法律体系基本确立,立法也将会进入一个相对平稳的时期,地方立法方向将会朝着更为细微的领域和事项发展,加之人大代表制度的不断完善,地方人大有能力主导日常地方立法工作。而且,在机构设置和职权分配上,《地方组织法》第三十条规定各级地方人大可以根据需要设法制委员会、财政经济委员会等专门委员会,这些专门委员会负责研究、审议和拟订有关议案,由它们共同协作实现地方人大的立法职能。而且,明晰各地方立法主体的职权,强化地方人大的立法职能,也有助于地方人大常委会转移工作重心,更好地应对《立法法》修改后备案审查工作的挑战,从而使得地方立法工作更协调、更有序。

明确地方立法主体间职权,强化地方人大的立法职能,首先在制度上要符合职权法定的原则,进一步明确地方人大和人大常委会、地方政府的立法权限、立法重点以及共享事项,例如对限制公民、法人和其他组织特定权利的事项,我国《行政处罚法》《行政许可法》《行政强制法》等法律已作了明确规定,对此地方人大及其常委会和同级政府必须严格遵守。二是在程序上适当排除地方政府介入地方人大及其常委会的立法工作,如避免政府从起草到提案全程发挥主导作用。三是要同时加强相应制度的改革和完善,例如完善人民代表大会制度中关于代表数量、代表结构、会议会期制度等规定,探索建立职业代表制度。

导师推荐意见

我国不同区域在自然地理、经济发展、社会文化等方面的差异,直接影响着各地所拥有的特定的发展因子,进而导致了地方治理问题的特殊性。在此背景下,近年兴起的地方立法研究是一个重要的论题。2015年《立法法》的修改直接引起了对地方立

---

① 封丽霞:《中央与地方立法关系法治化研究》,北京大学出版社2008年版,第376页。

法问题的研究和探讨。在探讨时,一种一以贯之地将地方立法问题统筹起来的思路,就显得尤为必要。此论文在这方面做出了尝试,试图以中央与地方关系的法治化为逻辑起点,为观察和分析地方立法权问题提供一个系统性的视角。

此论文在研究地方立法主体扩容问题时,认识到扩容现象是央地关系所呈现的新的互动趋势,因而需要全局性地看待扩容问题;并试图以地方立法主体扩容为切入点,反向探究实现中央与地方关系法治化的路径。此论文思考了转型时期的中央与地方关系对地方立法权的影响,并且关注了地方立法实践,尤其是探讨了在地方立法主体扩容的情况下,地方立法在实践中所呈现的状态、所面临的问题以及所展现的发展趋势,并针对存在的问题提出了有关承接机制的构想。

地方立法权扩容意味着央地关系不再是单向的呈现,而是逐渐迈向双向的互动。在从“管理型社会”向“自治型社会”的转变过程中,地方利益如何合法、有序表达,深刻影响着中央与地方关系的发展走向,因而,此论文在央地关系的视角下探究地方立法主体扩容问题,具有一定的理论与现实意义。

推荐人:姚建宗

新《立法法》实施背景下设区的市地方环境立法研究*

◎黄　宇**

内容提要:2015年3月,新《立法法》颁布施行,赋予设区的市地方立法机关环境立法权。自新《立法法》施行至2018年底,全国各设区的市共出台了236部地方环境法规,在一定程度上改善了地方环境治理混乱的现象,也弥补了中央环境立法的不足。本文以236部设区的市地方环境法规为样本,综合运用理论和实证分析的方法,剖析我国设区的市地方环境立法现状和趋势,挖掘地方环境立法中存在的问题及其成因,进而探讨解决问题的机制和路径。

关键词:立法法;设区的市;地方环境立法

2015年3月15日,第十二届全国人大第三次会议表决通过《关于修改〈中华人民共和国立法法〉的决定》。新修改的《立法法》规定设区的市地方人大及常委会可在不同宪法、法律、行政法规和本省、自治区的地方性法规相抵触的前提下,根据本市的具体情况和实际需求,对城乡建设与管理、环境保护、历史文化保护等方面的事项制定地方性法规。由此赋予了设区的市地方人大及其常委会制定地方性法规的权力。据统计,自新《立法法》实施至2018年12月31日,全国设区的市① 制定的除地方立法条

---

* 本文在湖南大学法学院2017届经济法学专业硕士论文基础上,由作者改写而成。指导老师:易骆之副教授。

** 黄宇,湖南天地人律师事务所律师。

① 本文以截至2018年12月31日新获立法权的274个设区的市(包括30个自治州、4个不设区的市)为研究对象,不含《立法法》修正前即已享有地方立法权的原49个“较大的市”。

例之外的其他地方性法规共615部,其中环境法规236部[①],约占四成。本文拟以236部环境法规为研究对象,试图通过实证分析摸索出设区的市地方环境立法的规律和特征,以期发现地方环境立法中所存在的问题和困境,从而探讨进一步完善设区的市地方环境立法的路径。

一、设区的市地方环境立法的必要性

(一)地方环境污染严重,亟须立法保障

伴随着中国经济粗放式的高速发展,环境问题也呈现出由点到面到全国范围内的急速扩张。当前,我国环境污染呈现出污染范围广、污染程度高的态势,且各地遭遇的问题各不一样。其一,污染范围广包括"地域广"和"空间广"。从地域来看,从东部沿海地区直至中部、西北部地区,没有一个地区能逃脱环境污染的困扰。从空间来看,从天空到海洋,从陆地到河流,从地表到地下,从城市到农村,无论是空气、水源还是土壤,都广泛被污染。其二,污染程度高。一方面,全国整体环境质量较差,如饱受争议的雾霾问题、地下水污染问题、水体富营养化问题等都侵害着公民的身体健康;另一方面,产业结构不合理,不少的重化工企业沿河、沿湖分布带来较大的环境风险,"环境问题已经成为我国全面建成小康社会的瓶颈问题"。要解决我国日益严重的环境问题,仅靠中央立法是远远不够的。中央立法指明方向、框定制度,地方立法结合实际、具体实施,才能切实解决地方环境问题。除此之外,在中央立法尚未规范的领域,制定地方性法规,填补中央立法的空白,对于解决地方环境问题尤为重要。

(二)地方环境治理混乱,亟须立法引导

在新《立法法》实施之前,设区的市地方层面的环境治理规范性文件大多以地方人民政府或环境保护主管部门所出具的规章、通知、文件、行动方案等地方政府文件的形式表现出来,依靠这些文件进行地方环境治理,难免会造成混乱的局面。一方面,地方政府文件位阶低,制定程序简单,缺乏论证,法律效力有限。[②]根据《最高人民法院关于裁判文书引用法律、法规等规范性法律文件的规定》,地方政府规章及其他

① 2015年3月15日至2016年12月31日的数据,来源于全国人大常委会法工委的统计数据;2017年1月1日至2018年12月31日的数据,来源于"北大法宝"法律法规库中"设区的市地方性法规"统计数据,特此说明。

② 王培剑:"从平等的角度看地方立法权的配置",《中国科技信息》2006年第3期,第307页以下。

政府文件不是司法机关能直接引用的规范性法律文件，因此便导致了这些文件在环境司法上并不具备重要地位。实践中，地方政府文件的主要用武之地集中在行政机关的行政执法行为中，在环境司法领域的用处则几乎为零。与此同时，这些地方政府文件的制定程序往往是由环境保护主管部门草拟，经地方主要领导批示后，即告颁布施行。[①]在制定过程中，缺乏多方论证和公众参与，制定程序"简约又简单"。这样的地方政府文件根本无法单独撑起地方环境治理的大旗。另一方面，地方环境治理存在部门管理混乱的弊病。时任环保部部长的周生贤曾说："环保工作涉及的部门很多，许多职能出现交叉重叠。水里和陆地的不是一个部门管，一氧化碳和二氧化碳不是一个部门管。"这些情况在一定程度上表现出地方政府各部门之间在相关职能领域出现的管理混乱。这样混乱场面，正需要设区的市地方立法机关通过颁布地方环境法规的形式，发挥地方立法的引导作用，规范地方环境治理。

(三)弥补中央立法不足，实现法治统一

环境因素具有显著的区域性，环境问题大多以一定区域为单位产生。我国疆土辽阔，各地经济社会发展水平和环境状况千差万别，各地的环境问题亦极具"地方特色"。随着我国经济社会的迅猛发展，各地环境问题突出，虽然许多环境问题在全国范围内普遍存在，但大多数仍属于区域专属问题。抑或同一环境问题，各地在污染源、污染方式、污染程度等方面又各有不同。环境问题的区域性，决定了中央环境立法无法对某一个地方的环境问题进行具体指导，这就决定了中央环境立法只能在"粗线条"上进行普适性立法。克服中央环境立法的不足，需要发挥地方环境立法的作用。一方面，地方环境立法是中央环境立法的有益补充。地方环境立法可通过结合本地区的实际情况，将中央环境立法的原则性条款进行细化、具体化，从而使其达到适应当地环境治理的效果。另一方面，地方环境立法是中央环境立法空白的有益探索。在我们的环境治理实践当中，存在许多影响当地社会经济和公众健康的区域性环境问题，但这些环境问题尚未上升到国家立法的程度，故而在中央环境立法层面出现了空白，此时便需要地方环境立法充分发挥自主性与积极性，通过创设地方环境法规，弥补中央立法的不足，实现法治统一。

---

① 莫纪宏:《为立法辩护》，武汉大学出版社2007年版，第428页。

二、新背景下设区的市地方环境立法实证分析

(一)宏观:整体立法情况分析

1. 设区的市地方法规的构成分析

自2015年3月15日新《立法法》实施至2018年底,全国设区的市制定的除地方立法条例之外的地方性法规共计615部。[①]以新《立法法》所划分的"环境保护""城乡建设与管理"与"历史文化保护"三种类别为基准对615部法规进行分类,其中:"环境保护"类法规236部,占比38.37%;"城乡建设与管理"类法规288部,占比46.83%;"历史文化保护"类法规91部,占比14.80%。(见图1)

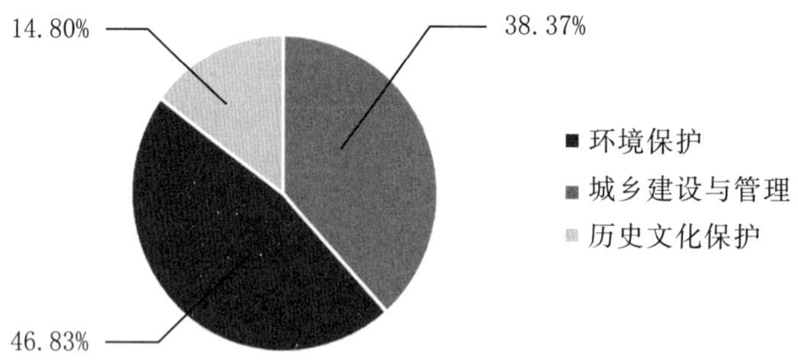

图1 设区的市地方法规构成比例

从时间维度来看,2015年全年,设区的市所颁布的地方性法规仅4部,自2016年开始,各设区的市地方立法才真正进入高速发展阶段。其中,2015年3月15日至2016年12月31日共颁布法规143部,近半数为"环境保护"类;2017年共颁布法规240部,过半数为"城乡建设与管理"类;2018年共颁布法规232部,"环境保护"类和"城乡建设和管理"类各占四成。(见图2)

① 数据来源:http://www.calaw.cn/article/default.asp?id=11919,访问日期:2019年3月11日;http://www.pkulaw.cn/cluster_form.aspx?Db=lar&menu_item=law&EncodingName=,访问日期:2019年3月11日。

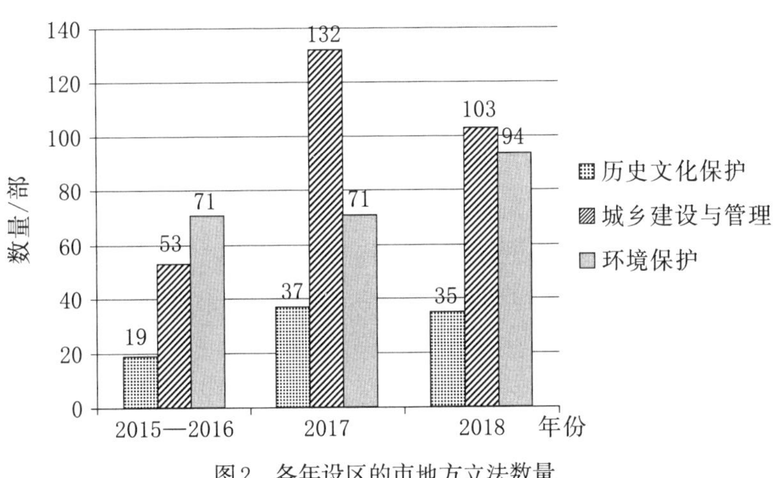

图2 各年设区的市地方立法数量

2. 设区的市地方环境法规的构成分析

本文以236部环境法规为样本,以水污染、大气污染、固体废物污染等环境污染元素为主要划分依据,结合立法实际,加入“片区保护”①模块,对设区的市地方环境法规的构成展开分析。依据以上划分标准,236部环境法规中水污染防治法规有110部、大气污染防治法规50部、固体废物污染防治法规17部、片区保护法规37部、其他环境法规22部。(见图3)

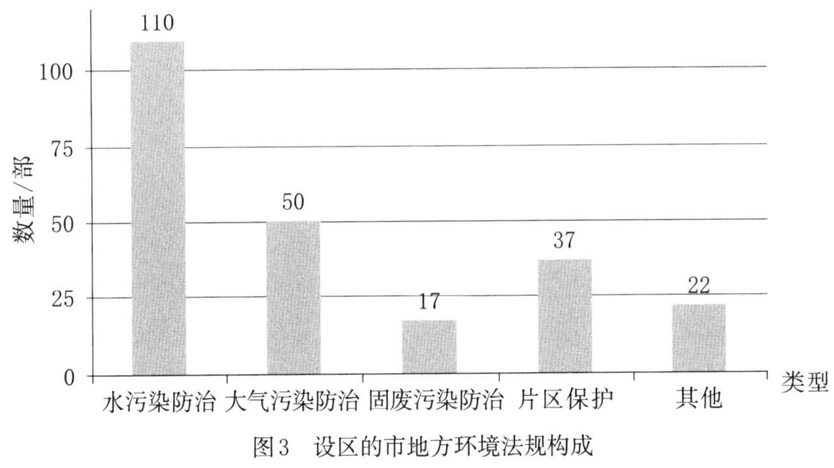

图3 设区的市地方环境法规构成

① 此处所称“片区保护”是指包括风景区保护条例、特定区域生态保护条例等在内的以一定区域生态环境为保护对象的地方环境立法,如《镇江市金山焦山北固山南山风景名胜区保护条例》。

从图3可以看出,设区的市地方环境立法主要集中在水污染防治、大气污染防治和片区保护三个方面。其中水污染防治法规在全部236部环境法规中占将近一半,足见各地方立法机关对水资源保护与水污染防治的重视程度。

进一步以时间维度展开分析,我们发现2015—2016年,除水污染防治外,片区保护类环境法规更受地方立法机关青睐;2017年以来,大气污染和固体废弃物污染开始更加受到重视,法规数量及所占比例均稳步上升,且自2017年以来,设区的市地方环境立法更具多样性,在"其他"类环境法规中,出现了综合性环境保护条例和噪声污染防治等专项法规。(见图4)

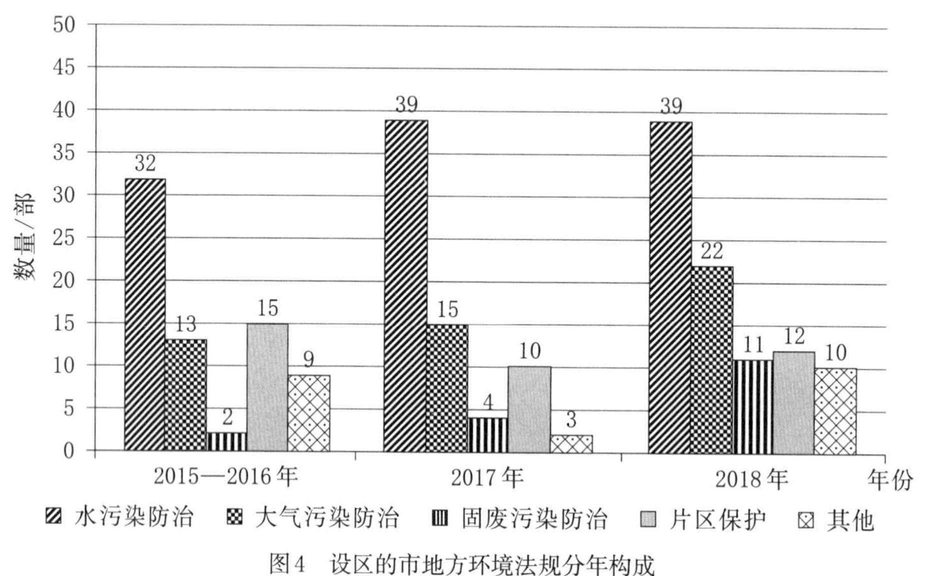

图4　设区的市地方环境法规分年构成

3. 地方环境立法的区域失衡

通过对设区的市地方环境立法按区域因素进行分析,我们发现,地方环境立法存在区域失衡的问题。以省级行政区划为单位,在去除港澳台地区及北京、天津、上海和重庆四个直辖市之后,按传统分区对剩下的27个省级行政区设区的市地方环境法规进行整理。其中,华北地区(河北、山西、内蒙古)共18部;东北地区(辽宁、吉林、黑龙江)共19部;华东地区(江苏、浙江、安徽、江西、山东、福建)共88部;华南地区(河南、湖北、湖南、广东、广西、海南)共73部;西南地区(四川、贵州、云南、西藏)共20部;西北地区(陕西、甘肃、青海、宁夏、新疆)共18部。(见图5)

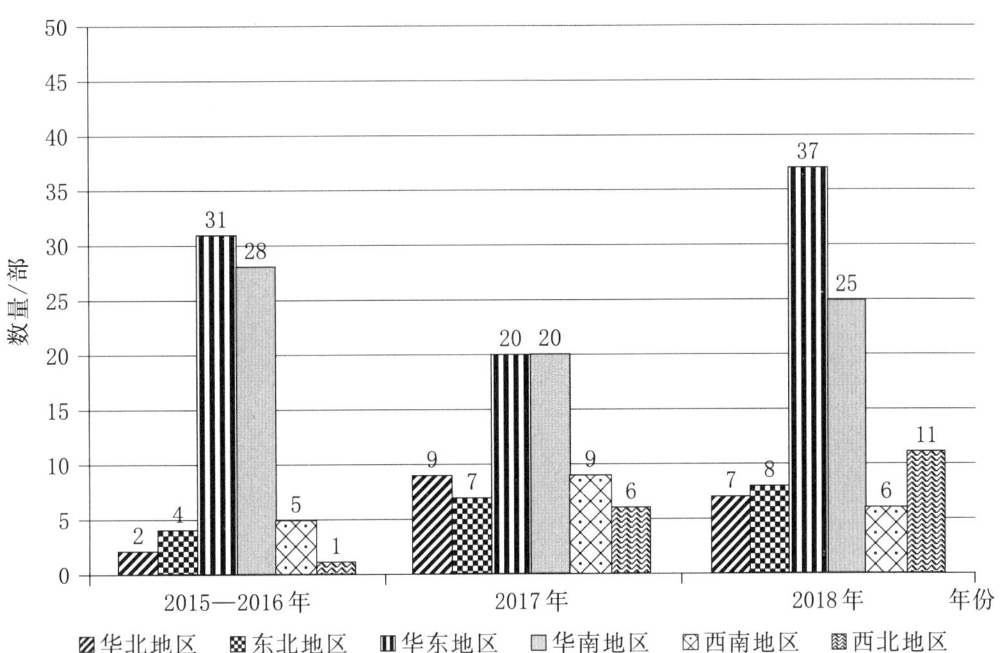

图5　设区的市地方环境立法区域分布情况

从法规数量来看，整体呈现从东往西递减的趋势。其中，华东地区和华南地区各占总数的1/3，3个立法数量达到20部的省份均位于以上2个地区（华南地区的广东、华东地区的山东和安徽，见图6），其他立法数量相对较多的省份也大多集中在华东和华南，如江苏、湖北等。从时间维度来看，2015—2016年基本属于华东地区与华南地区"一枝独秀"的状态，2017—2018年开始初步实现"遍地开花"。其中，河北、山西、陕西、新疆于2017年实现设区的市环境立法零的突破，黑龙江于2018年出现第一部设区的市环境法规。

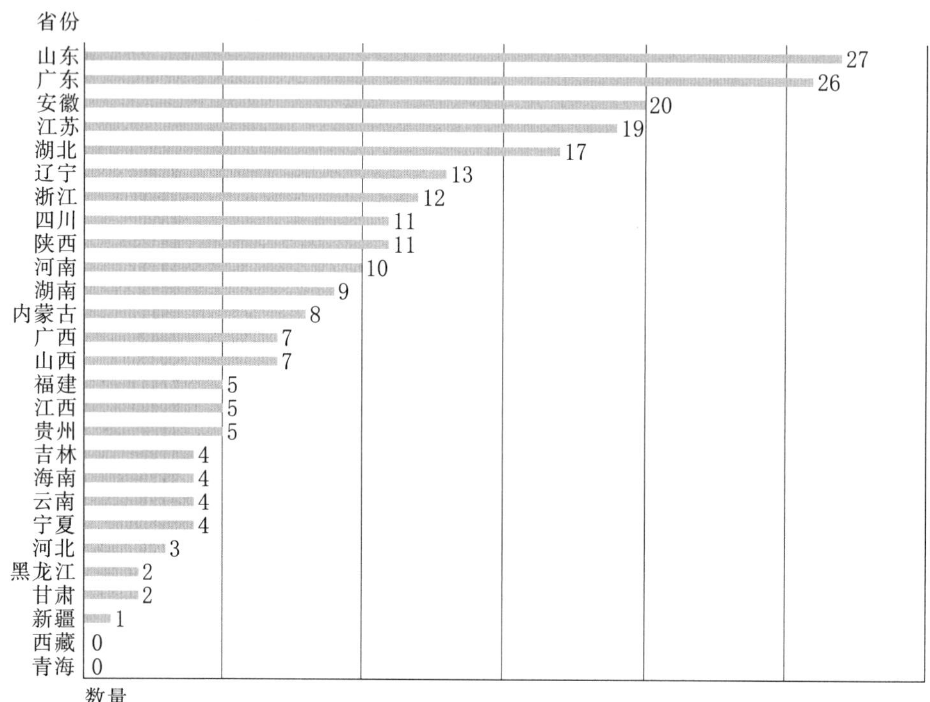

图6 设区的市地方环境立法省域分布情况

(二)微观:法规体例和条文分析

1. 法规体例较为完整

纵观各设区的市地方环境法规的条文体例,除《中山市水环境保护条例》《三亚市白鹭公园保护管理规定》等少数几部法规未设置章节之外,绝大多数法规均按章节对法规体例进行了设置,一般按照4--7个章节进行体例设计。综合分析各法规体例,设区的市地方环境法规大致是以"总则、规划和利用、监督和管理、法律责任、附则"5个部分组成,在体例上与中央立法基本保持一致。但是,整体来看,各地方环境法规在体例上仍有许多欠缺的地方。为使研究结果更加直观,通过综合整理及分析,选取了《镇江市金山焦山北固山南山风景名胜区保护条例》《惠州市西枝江水系水质保护条例》《菏泽市大气污染防治条例》《河源市农村生活垃圾治理条例》4部具有代表性的法规进行比较研究。其中,《镇江市金山焦山北固山南山风景名胜区保护条例》是设区的市地方环境法规体例的典型代表,从章节设置到条款的组成,绝大多数设区的市地方环境法规均与该《条例》类似。余下3部法规分别是水污染防治领域、大气污染防治领域和固体废物污染防治领域法规中的代表性法规,它们的法规体例在各自领域法规条例设计中具有普遍性。

《镇江市金山焦山北固山南山风景名胜区保护条例》共设置有“总则，规划、保护与建设，利用和管理，法律责任，附则”5个章节。其中“总则”部分共6条，就立法目的、适用范围、职能分工、保护机制等做了大体规范；“规划、保护与建设”部分共12条，就景区规划的编制、审核、依据规划的新改扩建行为进行了规范，并对管理部门的保护行为以及景区内的禁止性行为进行了规定；“利用和管理”部分共8条，就景区风景名胜资源的综合开发利用、景区门票以及营运车船、宗教等相关行政许可事项进行了规定；“法律责任”部分共9条，就违反景区禁止性规定的行为以及管理机构及管理人员的相关违法行为规定了处罚手段；“附则”部分共1条，规定该法规的生效日期。

水污染防治方面，《惠州市西枝江水系水质保护条例》作为水污染防治方面的代表性法规，与《水污染防治法》具有高度的一致性。与《水污染防治法》进行横向比较，《惠州市西枝江水系水质保护条例》缺少“水污染防治的标准和规划”“饮用水水源和其他特殊水体保护”以及“水污染事故处置”章节，这也是绝大多数水污染防治方面设区的市地方环境法规与国家法律进行横向比较的结果。究其原因，第一，根据《水污染防治法》的规定，除国务院相关主管部门外，仅省、自治区、直辖市人民政府有制定相关标准的权力，故设区的市地方环境立法无须设置“标准”章节；第二，《水污染防治法》规定“县级以上地方人民政府应当根据依法批准的江河、湖泊的流域水污染防治规划，组织制定本行政区域的水污染防治规划”，而多数设区的市地方环境法规仅将该条规定列入“总则”中一笔带过，未做具体细化规定；第三，“饮用水水源和其他特殊水体保护”部分，或有相关专门立法(如《石嘴山市饮用水水源保护条例》)，或无立法必要(行政区划内无风景名胜区水体、重要渔业水体和其他具有特殊经济文化价值的水体)；第四，对于“水污染事故处置”部分，中央立法做了原则性、指导性规定，而绝大多数地方法规未予细化，甚至未予提及。

大气污染防治方面，多以烟花爆竹燃放管理条例、扬尘污染防治条例、农作物秸秆综合利用条例等专门性法规的方式呈现出来，综合性的大气污染防治法规有《菏泽市大气污染防治条例》《济宁市大气污染防治条例》《绍兴市大气污染防治条例》3部，其中《菏泽市大气污染防治条例》整体立法质量较高，具有一定代表性。《菏泽市大气污染防治条例》在法规体例上基本与《大气污染防治法》保持一致，分为“总则、监督管理、大气污染防治措施、法律责任和附则”5个部分。与《大气污染防治法》相比较，缺少“大气污染防治标准和限期达标规划”“重点区域大气污染联合防治”“重污染天气应对”3个部分，其中“标准和规划”部分上文已有阐述，“联合防治”和“重污染天气应对”部分则体现在“监督管理”章节中。该条例除在公众参与、环境公益诉讼、大气污染联防联控及重污染天气应对等方面对中央立法进行了具体细化与明确分工外,还创新性地设立了部分有相当借鉴价值的制度。其一,是实施严于国家和省标准的大气环境质量标准和大气污染物排放标准;其二,是对造成大气环境严重污染或者重大社会影响的环境违法案件,或者大气污染问题突出的县区,市环境保护主管部门对县区环境保护主管部门实施挂牌督办制度;其三,是县区环境保护主管部门在审批可能对相邻县区大气污染造成严重影响的建设项目的环境影响评价文件时,应征求相邻县区环境保护主管部门的意见;其四,是建立政府部门、审判机关和检察机关环境执法司法联动办理机制和联席会议制度,适时开展执法联动专项行动。综合来说,该部法规体例完备,制度设计科学,内容完善,是一部质量较为上乘的地方环境法规。

固体废物污染防治方面,《河源市农村生活垃圾治理条例》设置了“总则、垃圾处理、保障与监督、法律责任、附则”共5个部分,5个部分均能从《固体废物污染环境防治法》中找到对应的章节。《固体废物污染环境防治法》明确了农村生活垃圾污染环境防治的具体办法由地方性法规规定,《河源市农村生活垃圾治理条例》在承袭中央立法精神的同时,也做了不少创新,在条文设计上存在不少亮点:其一,在中央立法原则性规定的基础上,将农村生活垃圾治理主体责任进一步细化,分级、分类落实到市级政府、县级政府、乡镇政府和村民委员会;其二,引入农村生活垃圾清扫责任人制度、上门分类收集制度等相关实施制度,在固体废物污染防治方法上做出了有益探索;其三,鼓励引导社会资本参与农村垃圾清扫、收集、运输和处理,运用政府和社会资本合作模式等市场化机制解决环境问题,探索更多体制机制上的可能性;其四,引入城乡生活垃圾处理专项规划,以规划引领的方式,加强城乡生活垃圾处理的制度保障。综上,该法规在中央立法的基础上做了细化和量化,同时也做出了创新,这在设区的市地方环境立法中并不多见。

综合以上对比分析,可知我国设区的市地方环境立法在法规体例上,大多依照中央法律法规体例进行设计,小部分设区的市地方环境法规在中央法律法规体例的基础上进行了创新设计和制度引进。概括而言,设区的市地方环境法规体例整体较为完整。

2. 管理型立法

在学界的讨论中,通常在立法路径上将立法分为“管理型立法”和“权利保障型立法”。管理型立法一般强调公权力机关的管理职能,法规条例设置以规范政府部门的职能分工、强调公民的义务为主;权利保障型立法则在立法中以维护占人口绝大多数的人民的权利为宗旨,法规条例设置以保障公民权利为重。纵观各设区的市地方环境法规,更多的是将法规看作公共管理的工具,侧重对社会秩序的维护,更多地体现公共管理职能,绝大多数属于"管理型立法"。

首先,法规条例上重管理、轻权利、轻服务。设区的市地方环境立法绝大多数具有行政性立法的特征,起草过程中受到行政机关的影响很大。行政机关比较坚持或在意的条款往往涉及各行政机关的权限分配与经费保障,行政处罚、行政许可、行政强制的设定与范围等。在法规名称上,236部环境法规中,有57部冠以"管理条例",体现出明显的"管理型"立法痕迹。在条文设计上,大多是管理职能的确定以及管理责任的划分,较多限制或剥夺公民的权利,给公民增加不合理义务,较少服务和保障公民的合法权益,体现出"轻权利"的特点。[①]此外,我们知道政府在具有公共管理职能的同时,也具有公共服务职能,然而在各设区的市地方环境立法中,很少有提到政府公共服务职能的条款,这里便体现出"轻服务"的特点。本文试图通过关键字检索与样本分析相结合的方法,通过对抽取的样本中"管理""权利""服务"等相关关键字进行检索,通过数量对比,从侧面上反映出设区的市地方环境立法"重管理、轻权利、轻服务"的实际情况。这里仍以前述4个样本为例进行分析,其中《镇江市金山焦山北固山南山风景名胜区保护条例》法规条文共36条,通过检索全文,以"管理"为关键字进行检索,可获得58个检索结果,以"权利"为关键字进行检索,检索结果为0,以"服务"为关键字进行检索,检索结果为4;《惠州市西枝江水系水质保护条例》法规条文共35条,同样以"管理""权利""服务"为关键字进行检索,其中"管理"23个,"权利"0个,"服务"2个;《菏泽市大气污染防治条例》法规条文共78条,其中"管理"41个,"权利"0个,"服务"7个;《河源市农村生活垃圾治理条例》法规条文共38条,其中"管理"12个,"权利"0个,"服务"6个。(见表1)

表1 "管理""权利""服务"数量对照表

法规名称	条文数量	"管理"	"权利"	"服务"
《镇江市金山焦山北固山南山风景名胜区保护条例》	36	58	0	4
《惠州市西枝江水系水质保护条例》	35	23	0	2
《菏泽市大气污染防治条例》	78	41	0	7
《河源市农村生活垃圾治理条例》	38	12	0	6

① 吕忠梅:"地方环境立法中的专家角色初探——以《珠海市环境保护条例》修订为例",《中国地质大学学报》2009年第6期,第25页以下。

从数据对比情况来看,以上4部地方环境法规均体现出“管理”多于“服务”多于“权利”的局势。该数据对比从侧面反映出当下设区的市地方环境立法以“管理型立法”为主的现状。实际上,从法规条文内容入手进行分析,得出的结论与上述数据对比结论一致。以《镇江市金山焦山北固山南山风景名胜区保护条例》为例,在全部36条条文中,大多以“组织”“审核”“批准”等管理性规定和“禁止”“不得”“限制”等限制性规定为主,如第九条“市人民政府应当组织三山南山风景区管理机构和有关部门,根据三山南山风景区总体规划、详细规划,制定三山南山风景区工矿企业、村庄等搬迁、改造实施计划”,第二十三条“……游览车辆运行路线和停靠站点、船舶航线和停靠码头的划定或者指定,由三山南山风景区管理机构会同有关部门审核后,依据有关法律、法规的规定办理……”等。这些条文大多以管理型规定为主,对公共服务及权利保障的规定则相对欠缺。

其次,管理型立法直接导致“权责利”失衡。[①]根据前述分析,我们知道,当前设区的市地方环境法规多权力分配性规定,少权利保障型规定,在“权力”与“权利”的配置中,存在不平衡的倾向。[②]除此之外,通过对“法律责任”章节的研究,我们可以发现,设区的市地方环境法规在对“权力”与“责任”的配置,及“权利”与“责任”的配置上亦存在不平衡的倾向。如《中山市水环境保护条例》第二章“职责分工与监督管理”中列举了16个行政机关的权限和职责,该条例第六章“法律责任”部分共14条,只有1条规定了行政机关及其工作人员的法律责任,其他13条均是对行政相对人法律责任的规定。《江门市谭江流域水质保护条例》第十一、十二、二十四、三十一条规定了政府应当履行的各种信息公开义务,但在法律责任部分的第三十二条却没有具体规定政府不履行信息公开义务应当承担的法律责任。再如《镇江市金山焦山北固山南山风景名胜区保护条例》仅赋予了公民“制止、举报破坏风景名胜资源和设施的行为”和“有权查阅经依法批准并向社会公布的风景区规划”等少数几项“权利”,而在其“法律责任”章节的9个条款中,有8条是针对公民设定的。整体而言,设区的市地方环境立法并未处理好立权与立责的关系,赋予权力的同时未赋予相应的责任,出现了权多责少、责多利少,权力与权利、权力与责任、权利与责任配置不平衡的倾向。

再次,管理型立法导致法规行政痕迹较为明显。一方面,法规中存在过多“有关”

① 廖军权、黄泷一:“提升设区的市立法质量的创新机制:立法点评”,《地方立法研究》2017年第1期,第60页以下。

② 于兆波、刘银平:“风险社会视角下的立法决策观念转变——以权力和权利为中心展开”,《地方立法研究》2017年第2期,第82页。

"督查""同意"等政策性文件语言。如《镇江市金山焦山北固山南山风景名胜区保护条例》第十七条"……因教学、科研需要采集物种标本的,应当经三山南山风景区管理机构同意,在指定地点限量采集",《惠州市西枝江水系水质保护条例》第七条"西枝江流域县级以上人民政府应当建立联合防治协调机制,统筹本行政区域的水质保护工作,协调执法和管理活动,督查水质保护目标完成情况和部门职责履行情况"。以上条文均大量使用政策性文件语言,带有明显的行政痕迹。另一方面,行政痕迹明显的另一大表现则是部门利益的法制化。当下,设区的市地方环境立法普遍存在立法机关委托政府环境保护主管部门起草的现象。环保部门因其自有的专业性和业务优势,参与地方环境立法有一定的好处。然而在地方环境立法的创制过程中,由于缺乏有效的立法监督机制,起草者往往会从部门利益出发,对自己的权利和管理职责规定得具体明确,而忽视对自身义务的规定,使得设区的市地方环境立法出现部门利益的倾向。同样以《惠州市西枝江水系水质保护条例》为例,该法规中涉及"环境保护主管部门"的条文有11条共14处,这14处规定中,有11处为赋予环境保护主管部门权力,有3处为规定环境保护主管部门的义务。可见,在设区的市地方环境立法中,依然存在部门利益法制化的问题。

3. 地方特色不够明显

"地方特色是地方立法的灵魂",地方立法只有坚持"不抵触、有特色、可操作"的基本原则,充分了解和掌握国家的发展路线和方针政策,通过自身的经验来弥补中央立法的不足,才是提高地方立法质量的一个合理对策。[①]地方立法应当坚持地方特色的基本原则,这是学界不断讨论和呼吁的话题,特别是在地方环境立法领域。前文已经阐述,因环境因素的地域性,中央立法无法做到面面俱到,从而使地方环境立法变得尤为重要,为使地方环境立法能够切实解决地方环境问题,地方环境立法便特别需要强调地方特色的原则,这也是本次《立法法》修改特别将地方环境立法权扩容至设区的市的原因。然而,经过与上位法的纵向对比,以及各设区的市地方环境法规之间的横向对比分析,我们可以发现各设区的市地方环境立法或多或少存在地方特色欠缺的问题。

首先,与上位法纵向对比,设区的市地方环境立法复制国家法律的情况依然严重,对上位法的细化、具体化并不明显。除了在法规体例上与中央立法保持一致外,设区的市地方环境法规在条文设计中仍然保持有许多与国家法律相同或相似的地

① 丁祖年、郑春燕:"中国地方立法的现实与转型",《地方立法研究》2016年第1期,第56页以下。

方。一方面,设区的市地方环境立法并未就中央立法中的原则性规定进行细化。如中央立法确定了公众参与,征求专家意见和公众意见,对环境监督管理人员违法失职行为的监督、检举和控告等法律制度,但这些制度都是比较原则的规定。将上位法的原则规定具体化,这是地方立法的作为空间。但遗憾的是,地方环境立法少有甚至没有作为。另一方面,设区的市地方环境立法也没有对国家法律中所作的职能分工进行具体化。中央立法为统筹相关监督管理职能,往往在法律条文中规定相关政府部门应当在其职能范围内实施其监督管理职能,但这些往往只是粗略性的规定,需要地方立法予以具体化。如《水污染防治法》第八条第三款规定:"县级以上人民政府水行政、国土资源、卫生、建设、农业、渔业等部门以及重要江河、湖泊的流域水资源保护机构,在各自的职责范围内,对有关水污染防治实施监督管理。"这一条对行政主管部门的职责规定得比较模糊,在实践中难以得到贯彻执行,这就需要各设区的市地方环境立法弥补这种不足之处,在立法时明确各自的职责,便于实际操作和相应的责任承担。①

以《泰州市水环境保护条例》为例,将其与《环境保护法》《水污染防治法》《水法》进行对比,试图发现其在特色化表现上的得失。在比对过程中,若地方法规使用的文字与上位法完全一致或意思不变而只是在顺序等方面有些微调,我们将其视为与上位法相同或相似;若地方法规对上位法做了细化,或在上位法没有相应条款时创设了新的内容,则视为体现地方特色。为提高对比的精确度,将"条"(即条文)分为三类——单"条"、分款的"条"、分款和项的"条",计三类"条"占总条文比例。另计总(单)条数、总款数和总项数,在条、款、项下,各自计其中"相同或相似""细化或创新"的比例。最后,使用加权平均公式得出该法规与上位法之间的重合或特色比例。②

《泰州市水环境保护条例》中单独条的数量为16条,与上位法重合的9条(56%),特色的7条(44%);总款数为51,与上位法重合的24款(47%),特色的27款(53%);总项数为41,与上位法重合的17项(41%),特色的24项(59%)。整部法规总条数为40条,其中单独条数为16条(40%),含款条数为18条(45%),含项条数为6条(15%)。经过加权平均公式计算可得,《泰州市水环境保护条例》的总重合度为49.7%(条56%×40%+款47%×45%+项41%×15%=49.7%),总特色率为50.3%(条44%×40%+款53%×45%+项

① 尚志龙:"地方环境立法问题探析",《2004年中国环境资源法学研讨会论文集》,第1096页以下。

② 重合率=条率×条中相同或相似率+款率×款中相同或相似率+项率×项中相同或相似率;特色率=条率×条中特色或细化率+款率×款中特色或细化率+项率×项中特色或细化率

59%×15%=50.3%)。

表2 《泰州市水环境保护条例》特色程度纵向比照表

重合度			特色率		
49.7%	条	56%	50.3%	条	44%
	款	47%		款	53%
	项	41%		项	59%
条:16条(40%);含款的"条":18条(45%);含项的"条":6条(15%)					

通过与国家法律的纵向比较,我们发现像部分学者所说的"一些地方立法机关停留在'转发''抄袭'的层面,几乎通篇照搬照抄上位法的内容"[①]的现象已不常见,部分设区的市地方环境法规相对于国家法律,甚至出现了令人欣喜的细化或创新,如《泰州市水环境保护条例》即对职能部门分工作出了具体明确的规定,同时做出了"鼓励通过政府购买服务等方式,推进水环境治理和保护的市场化运作"等创新性探索;但是,在更多情况下,设区的市地方环境法规仍然带有国家法律的痕迹,在总则、监督管理等部分的条款,几乎是复制或者微调上位法的表述。我们知道,国家法律本来就在全国范围内具有规范效力,并不因地方环境立法的重复而有丝毫的效力增强,相反,却会导致地方环境立法文本冗长,导致地方环境立法中的某些条款"既无大错,也无大用",在具体的执法与司法实践中成为一句"正确的废话"。

其次,通过各设区的市地方环境立法之间的横向比较,发现各地法规重合度较高,同化明显。我国疆域广阔,各地在自然地理、人口资源、经济发展和社会发展等各方面存在巨大差异。[②]在地方环境立法方面,各设区的市即便是针对同一领域,也应能体现各自的差异。为了解各设区的市地方环境立法之间的特色率,我们选取了《菏泽市大气污染防治条例》和《济宁市大气污染防治条例》为样本进行横向对比分析。在这里,我们仍然采用前文的分析方法,以《菏泽市大气污染防治条例》为蓝本,通过分析《济宁市大气污染防治条例》与前者的重合度和特色率,以此总结二者的特色程度。

《济宁市大气污染防治条例》中单独条的数量为15条,与《菏泽市大气污染防治条例》重合的12条(80%),特色的3条(20%);总款数为65,与《菏泽市大气污染防治条例》重合的41款(63%),特色的24款(37%);总项数为25,与《菏泽市大气污染防治条例》重

① 孙波:"试论地方立法'抄袭'",《法商研究》2007年第5期,第6页以下。

② 胡鞍钢:《影响决策的国情报告》,清华大学出版社2002年版,第339页以下。

合的9项(36%),特色的16项(64%)。整部法规总条数为45条,其中单独条数为15条(33.33%),含款条数为25条(55.56%),含项条数为5条(11.11%)。经过加权平均公式计算可得,《济宁市大气污染防治条例》的总重合度为65.67%(条80%×33.33%+款63%×55.56%+项36%×11.11%=65.67%),总特色率为34.33%(条20%×33.33%+款37%×55.56%+项64%×11.11%=34.33%)。

表3 《济宁市大气污染防治条例》特色程度横向比照表

重合度			特色率		
65.67%	条	80%	34.33%	条	20%
	款	63%		款	37%
	项	36%		项	64%
条:15条(33.33%);含款的条:25条(55.56%);含项的条:5条(11.11%)					

从以上横向对比结果中,我们可以发现两部地方环境法规有超过半数的内容存在重合。其中,两部法规中重合较多的部分为总则章节及监督管理章节的职能分工条款、防治措施章节中的规范性条款以及法律责任章节的处罚性条款,其中甚至存在法规条文完全一致的条款。通过对以上两部法规的横向对比,我们可知设区的市地方环境立法在地方特色上还存在横向重合的状况。

综合以上对比分析,我们可以初步得出设区的市地方环境立法的地方特色不够明显的结论。

三、新背景下设区的市地方环境立法存在的不足

(一)立法重复

立法重复,一般是指下位法在立法体例和内容上,复制或抄袭上位法的现象。[①]立法重复现象在我国现有的法律体系中广泛存在,学界一直在探讨这个问题,但实践中尚未得到有效解决。在某些实行违宪审查制度的国家,重复立法实际上按照"立法不作为"来处理:立法机关制定的法律法规因存在大量重复性条款,使得法律法规无法全面、彻底地实现立法目的,便认定该项立法违宪。在行政立法领域表现为无法体现出行政机关的职责权限与具体措施,在地方立法领域则表现为无法体现地方的具

① 孟庆瑜、陈佳:"论我国自然资源立法及法律体系构建",《当代法学》1998年第4期,第45页。

体情况与实际需要。为使“立法重复”概念更切合本文实际,我们将“立法重复”这一概念作扩充解释,即下位法的“重复”对象除上位法外,把其他同类地方法规也作为“重复”对象予以考量。故,本文所称的立法重复是指下位法在立法体例和内容上,复制或抄袭上位法或其他同类法规的现象。设区的市地方环境立法所出现的立法重复,主要表现在体例上求大求全、内容上复制上位法或其他同类地方立法、规制手段单一缺乏创新性等三个方面。

1. 立法体例求大求全。当下地方环境立法存在一定的认知误区,大多数地方立法机关认为一个完善的地方环境立法体例应该是一个大而全的完整体例。具体而言,就是凡国家环境法律中规定的制度和原则,地方环境法规中也应当加以规定,否则便是体例不够完整,法制不够健全。在此种立法思想的指导下,地方环境立法中的立法重复现象较为普遍。从前文对比结果中我们可以看出,各地方法规在体例上几乎严格按照中央立法的体例进行设置,各地环境法规体例几乎雷同,出现了千篇一律、千人一面的现象。我们认为,从现阶段的情况来看,设区的市地方环境立法不应当盲目追求立法体例的完整性,而应当专注于本地具体问题的解决,突出地方环境立法的特殊性和针对性。我国环境问题比较复杂,有许许多多亟待解决的具体环境问题,盲目追求立法体例与法规形式上的完整性,只会造成照搬国家法律的现象,浪费地方立法资源,使许多该解决的问题不能够得到及时有效的解决。

2. 立法内容复制上位法及同类法规。在内容上,大多数设区的市地方环境立法存在直接复制或基本复制上位法或其他同类法规的情况。一方面,地方环境立法要根据上位法,结合当地实际情况而定,上下结合是地方环境立法成功的关键。毋庸赘言,地方环境立法不能违反上位法的规定,客观上需要寻找上位法依据,避免与上位法冲突。但实践中,往往容易出现对实际情况考虑不足,机械运用上位法甚至照抄上位法条文等现象。另一方面,其他同类地方环境法规可能在结合当地实际的情况下做到了对上位法的细化和具体化,摸索出了成功的立法经验,这些经验值得学习和借鉴。但有些地方立法机关在学习和借鉴的过程中,并没有对其他地方的先进经验做适当的本土化处理,这也就出现了许多机械运用其他同类法规甚至照抄同类立法条文的现象。在设区的市地方环境立法与国家法律及其他同类法规的纵向、横向对比中,都存在重复率较高的问题,这也就说明了设区的市地方环境立法在内容上与国家法律和其他同类法规存在立法重复的问题。

3. 规制手段单一。长期以来,与中央立法一脉相承,地方环境立法倚重“命令与控制式"[①] 的行政手段解决环境问题,较多运用行政手段,较少运用经济手段和司法手段。在对分析样本进行条文考查时,我们欣喜地发现有极个别规定了"鼓励以政府购买服务等方式推行市场化运作"的经济手段、环境公益诉讼等司法手段以及"环境执法与司法衔接"的综合手段,但是这些规定在整个地方环境立法中,属于凤毛麟角的存在,绝大多数法规依然重复中央立法的规制模式,大量采取行政手段来处理地方环境问题。我们认为,设区的市地方环境立法在规制手段上,可创新的空间还有很大。运用行政手段虽然能够凸显行政效率,较快改善环境质量,但是这种手段忽视了环境行政的公平与正义,把地方环境法规调整的环境社会关系几乎简化为行政部门与作为环境管理相对人的排污者之间的关系,对公民参与环境事务管理途径、方式与责任,以及环境维权尤其是环境民事侵权和行政侵权的救济措施仅仅原则性一笔带过。[②]为实现环境与经济协调和可持续发展的目标,设区的市地方环境立法应当综合采纳行政、经济、司法等规制手段,变单向管制为经济刺激、多方协商和行政管制相结合的多元复合方式来解决地方环境问题。

立法重复的原因同样也是复杂多元的,有的是因为立法人员的知识结构和思维方式的问题,有的是对立法权限的理解偏差。不管出于何种原因,立法重复所产生的消极影响是深刻的。地方环境立法任意重复上位法和其他同类法规的规定,一方面抹杀了客观存在的法律等级关系,甚至导致立法权限的僭越。从司法适用的角度来看,大量的重复规定,使得司法机关在适用法律法规时面临上位法与下位法二选一的抉择,势必导致部分法规条文形同虚设,立法权威因此也会受到损害。另一方面,立法重复还会导致地方特色无法凸显,无法体现针对性、适应性和灵活性,不能因地制宜解决实际问题。

(二)行政痕迹明显

行政痕迹明显长期以来一直是我国地方立法为人所诟病的地方,也是一个老生常谈的问题。我国地方立法长期以来形成的一种动态模式是,由地方政府或其职能部门提出立法需求,甚至是提出立法草案,作为立法机关的地方人大及其常委会或委托地方政府及主管部门起草立法文件,或直接采纳上报过来的立法草案,在缺乏充分调研和论证的情况下,即告颁布施行。地方环境立法因其本身的特殊性,更是如此。

① 王平、冶冰:"地方环境立法的空间转换",《新东方》2006年第6期,第48页以下。

② 肖爱、唐江河:"'两型社会'建设中的地方环境立法转型——以湖南省地方环境立法为例",《吉首大学学报》2012年第3期,第105页以下。

环境立法相比于其他立法而言更具有自然科学性，其中包含的一些操作规程设置、技术规范和排污公益技术采用和评价，致使环境立法本质上更倾向于对自然科学、生产工艺的亲和。[①]正是环境立法的这一特殊性，决定了由熟悉工作的业务部门来起草立法文件才能更大程度地凸显立法的可操作性和针对性。但目前最大的问题是没有相应的立法监督机制，在某种程度上，地方环境立法逐渐演变成了各个部门争权的最有力的工具，部门利益跃然纸上。设区的市地方环境立法之所以被认为行政痕迹明显，主要以三种方式表现出来。

1. 注重行政管理，忽视公民权利。

环境资源是由人类共同享有的公共资源，地方环境立法实际上就是对这种公共资源的控制和分配，因此地方环境立法应当基于公正、民主的原则，使这种控制和分配有益于实现全社会的共同利益。这就要求地方环境立法应该从保障公民环境权利出发，确认和保障公民环境权利，防范环境权利侵害，完善环境权利救济措施，使地方环境立法真正成为“权利本位”的立法。然而，实际情况却是各地方环境法规的条文设置中大多是赋予政府部门环境行政管理职能、明确职能分工、落实相关管理制度，而忽视对公民环境权益的确认和保障，对环境权益的救济更是少之又少，使得整部环境法规看起来更像是一部“权力本位”的地方行政法规。

2. 部门利益法制化。

长期以来，在我国的环境执法实践中，因职能分工不明确，常常会造成不同的政府部门在环境执法过程中出现执法混乱的现象。在某些领域，可能出现两个部门同时管理，而在另外一些领域，可能又会出现无人管理的局面。为防止因执法混乱而造成的推诿和扯皮，各政府部门之间往往会约法三章，因此便出现了在政府部门常见的如“环保不下水，水务不上岸”“环保不管固废，城管不管危废”等“君子协定”。但是，像环保部门不管水污染这样的约定显然是不合理的，所以地方环境立法往往还担负着对这种职能分工重新洗牌的任务。前面我们提到地方环境法规通常是由地方立法机关委托政府部门起草，那么在法规起草过程中，起草主体的政府部门作为一方利益相关方，自然会从自身部门利益出发对法规条文进行设置。实践中，地方立法机关往往会委托一个或者多个政府部门负责地方环境法规的起草。在欠缺立法审查机制的当下，仅委托一个部门起草，很容易使得地方环境立法成为一家利益的载体而烙下该

① 曾六兵：“我国地方环保立法刍议”，《法制与社会》2015年第11期，第13页以下。

部门的印记。[①]而委托多个政府部门起草的法规,往往容易演变成多个部门利益角逐与政治妥协的混战场。这样的地方立法,把握全局、宏观调控的功能极为有限,自然也会导致后期法规在施行中发生适用冲突。

3. 缺乏公众参与。

地方环境立法的行政痕迹太重,必然会导致公众参与程度的不足。《立法法》第五条规定"立法应当体现人民的意志,发扬社会主义民主,保障人民通过多种途径参与立法活动",强调了立法应当坚持公众参与的原则。[②]我们所研究的设区的市地方环境法规中有不少法规在其立法原则条款中明确了公众参与原则,然而事实也仅仅停留在明确立法原则而已,真正体现公众参与的措施少之又少,故而在当下的设区的市地方环境立法中存在公众参与途径少、公众环境意识不强、环境宣传教育不到位的现状。"法律并不源于专断意志,融合人民智慧和主张于其中的法律才真正具有执行力"[③],人民是社会活动的主体,对环境问题与社会发展具有最深刻的感知,地方环境立法行为如果脱离于公众的普遍认知,那么就往往会与其追求的结果背道而驰。

(三)缺乏地方特色和可操作性

根据新《立法法》的立法精神,设区的市地方环境立法应当严格坚持"不抵触、有特色、可操作"的基本原则。"不抵触"是指"不同宪法、法律、行政法规和本省、自治区的地方性法规相抵触"。因设区的市地方环境法规在创制过程中,大多严格依照上位法的标准进行法条设置,故而出现抵触上位法的越权立法行为并不多见。然而,在"有特色"和"可操作"原则的坚守上,却并不如人意。

1. 缺乏地方特色。

所谓的"有特色"就是要求地方立法突出其个性、特殊性和差异性,符合地方实际和具体需求。[④]突出地方环境立法的特色,要求各地必须加强对当地环境保护状况的调查研究,对当地的自然生态禀赋和气候水文等条件、环境污染程度和生态破坏状况、污染和破坏的重点领域、亟须保护的环境要素、百姓的环境诉求等做到心中有数,增强立法的针对性。而增强地方环境立法的可操作性,要求立法"宜细忌粗",杜绝贪大求全心理,抓住关键领域、关键制度、关键几条,尽量做到精细化、管用有效。经过

---

① 蔡守秋:《可持续发展与环境资源法制建设》,中国法制出版社2003年版,第417页

② 冯传贻:"关于新《立法法》修改以来我国地方环境立法状况的思考",《法制博览》2016年第3期,第164页。

③ 杨添翼等:"论生态危机视阈下的环境立法公众参与",《生态经济》2013年第2期,第161页以下。

④ 李昌凤:"《立法法》修改后地方环境立法面临的机遇与挑战",《学习论坛》2016年第2期,第67页以下。

对设区的市地方环境立法的特色程度进行的对比分析，我们发现设区的市地方环境立法特色不够明显主要体现在两个方面：第一，法规中存在部分特色条款，但都湮没在茫茫重复性条款中。这些地方立法在体例上与国家法律保持高度一致，为了保持整个法规的完整性，在保持体例结构完整的前提下，不得不追求内容的完整，便大量复制、借鉴国家法律的内容。大量的重复性条文堆砌，使得原本就不多的特色条款显得更加难以被发现。第二，针对当地特殊环境问题的专门立法比较罕见。我们有理由相信，每个设区的市都有其突出的环境问题，有些地方甚至存在其特有的环境问题，或威胁公众健康，或影响经济发展。然而，我们看到的法规仍然是规制的几个常见的问题，对突出或是特有环境问题的规制并不多见。

2. 缺乏可操作性。

一部好的法规不仅要看它规定了什么，还要看它是否能够具体操作，是否能够实现其立法意图。[①]地方环境法规的可操作性问题，本质上就是该法规能否有效适用的问题。"可操作"要求地方环境立法能切实解决地方环境问题。前面我们提到了现阶段设区的市地方环境立法中存在的种种问题，这些问题归结到最后所得到的结果大多是可操作性问题。前面我们提到，国家法律出于种种原因"宜粗不宜细"，想切实解决地方环境问题，就需要地方环境立法对国家法律进行细化、具体化。然而，许多设区的市在创设地方环境法规时并未做相关细化和具体化的处理。国家法律中的原则性规定，在地方法规中仍然是原则性规定。实际上，国家法律中原则性规定中的某些法律制度（如环境保护目标责任制、环境污染责任保险制、环境执法联动联席会议制度等），在地方环境立法中应当将这些制度分化拆解，具体落实到某一个或者几个职能部门，并出台配套的程序性保障措施。国家法律中笼统性地规定了某些政府部门在各自的职能范围内行使环境保护职权，在地方环境立法中应当将这些职能分工具体落实到位，做到分工明确、合理。可以看出来，现阶段的地方环境立法在这方面表现得并不特别理想。除此之外，新《立法法》还赋予了设区的市环境立法许多的可操作空间，对于国家法律没有规定的，或者规定不完善的，设区的市地方立法机关都可以在其权限范围内发挥主观能动性，这些立法空间都值得设区的市地方立法机关充分利用起来，从而使其所创设的地方环境法规接地气、可操作。

---

① 高德耀："做好地方环境立法工作应注意的几个问题"，《中共山西省直机关党校学报》2013年第5期，第25页以下。

四、关于完善设区的市地方环境立法的思考

(一)坚持以问题为导向,建立立法项目论证机制

地方环境立法能否体现地方特色,关键在于立法是否准确把握当地环境问题的症结所在。若想通过立法解决现实环境问题,就需要坚持以问题为导向,建立一套完整的立法项目论证机制。立法应能够捕捉当地环境治理中出现的新变化、新动态,并能在国家环境治理统一布局的大背景下,找准本地所处的序列、位居的层次、面临的问题。显然,固守传统的由政府及其工作部门左右立法计划的模式,难以满足立法精准化问题导向的需求。由地方人大牵头,建立立法项目选项论证机制,确保选准、选好立法项目,把好选项关。立法项目的选项论证至少应该包含必要性和可行性两个方面。[①]在必要性方面,一是看提交立法解决的问题是否为当地面临的主要环境问题,对于不属于本地环境问题的选项予以排除在外;二是看该环境问题是否威胁到公众的身体健康,破坏生态平衡,影响经济社会的发展;三是看运用上位法能否解决该环境问题,若通过适用国家法律和省级环境法规即可以解决,则没有创设该项设区的市环境法规的必要;四是看仅运用地方政府规章能否解决该环境问题,若仅通过适用地方政府规章即可解决该环境问题,则没有必要将其上升到地方环境立法的高度。在可行性方面,第一,主要体现在立法权限问题上。地方人大应牢牢把握"不抵触"的原则,对于专属中央立法的范畴,地方立法应当予以回避。第二,由于环境因素的区域性与我们的行政区划并不完全一致,对于一些跨行政区划的环境问题,通过一个设区的市地方立法不能解决的,则需要提请上级立法机关立法处理。

需要强调的是,不管是必要性论证还是可行性论证,都需坚持以问题为导向。在前期广泛借助各类行业专家,帮助立法机关厘清列入立法计划的项目所需要解决的主要环境问题,在后期凭借法律专家,将待解决的问题转化为立法规范。环境立法坚持以解决环境问题为出发点,环境执法与环境司法便能回归到解决环境问题的落脚点。

(二)引入立法协商机制,提高立法创新性与民主性

立法协商是指立法机关在立法过程中,通过各种形式、渠道与有关国家机关、民主党派、人民团体、基层组织、社会公众等进行沟通、协调、商议,充分听取意见、平衡

---

① 廖军权、黄泷一:"提升设区的市立法质量的创新机制:立法点评",《地方立法研究》2017年第1期,第60页以下。

各方利益、努力达成共识的规范化民主活动。[①]在当前设区的市地方环境立法中,引入立法协商机制能为解决立法重复及创新性不足等问题提供新的思路和办法。首先,通过立法调研的形式开展立法协商。在立法规划和计划阶段开展综合性调研,组织专委会成员、人大代表、专家学者开展立法需求调研。通过调研,了解地方环境立法需求,收集立法建议项目,为科学编制环境立法规划和立法计划奠定基础。在法规起草阶段开展专题性调研,组织相关专门委员会、工作委员会及法规起草人员深入到基层一线,听取职能部门、事业单位、社会团体、人大代表、专家学者和社会公众的意见;听取利益相关主体和利益中立方的意见,确保主要制度设计有充分的民意基础。在法规审议阶段开展论证性调研,针对法规草案中各方争议较大、涉及重大利益调整的重点、难点问题进行调研,充分听取各方意见,推动社会各方面形成共识。其次,通过立法听证、立法论证的方法进行立法协商。在法规草案起草阶段召开论证会,邀请地方人大常委会立法咨询专家、人大代表、实务工作者、利益相关人等对涉及重大利益调整的法规进行听证,对涉及技术性较强而争议较大的问题组织专家论证。再次,通过征求法规草案的意见进行立法协商。制定的每部地方环境法规在进行审议前,通过微信、电子邮箱等向人大代表征求意见,通过互联网向社会公开征求意见,对于一些重要法规向市本级政府部门和下级人大征求意见。部分涉及特定群体(特别是弱势群体)的法规,还需同特定群体进行协商。

立法协商机制对于保障立法活动规范有效,增强立法的科学性、民主性,提高立法质量具有深刻的意义。同时,它也是从属于协商民主制度的一种工作机制,对于推进我国的社会主义民主政治建设,建设法治国家具有重要意义。

(三)明确地方人大的立法主导地位

地方立法由地方人大主导,这本来就是一个不言而喻的规则。但在长期立法实践中,地方立法的主导权往往掌握在地方政府手中,人大主导的地位和作用没有得到充分重视和落实,在立什么法、怎样立法、立成什么样的法等重要环节上,人大的主导性不够强。可以说,人大未能发挥好立法主导作用,是长期以来地方立法质量不高、行政痕迹明显的主要原因,也可能成为未来阻碍地方立法有效引领和推动改革发展的重要因素。在设区的市地方环境立法中,健全人大主导立法的体制机制,明确人大的立法主导地位,是新形势下加强和改进立法工作、提高立法质量的基本着力点。在

① 肖志恒等:"立法协商机制及其改革:基于广东经验的实证调研",《地方立法研究》2017年第1期,第52页以下。

设区的市地方环境立法中,要真正做到人大主导立法,就需要在政府和各方充分有效的参与下,人大全过程主导立法工作,全方位决定立法内容,最大程度实现立法的民主性和科学性。人大不仅仅要成为程序上的立法主体,更成为实体上的立法主体,成为立法过程的真正组织者、主导者和协调者,以及法规内容的真正决定者。[①]人大在立法中的主导作用主要体现在立项主导、进程主导和决策主导三个关键环节上。立项主导是指人大制定立法规划计划时要发挥主导作用,使得立法选项真正体现当地实际需求、切实解决当地迫切需要解决的环境问题,确保立法工作朝着正确的方向发展。进程主导是指人大在立法的立项、起草、调研、修改、审议、表决等过程中要起到主导作用,发挥好组织协调的职能,积极推进立法进程的顺利进行。决策主导是指人大对立法中遇到的各方争议较大、涉及经济社会发展全局或者人民群众切身利益的重大问题时,要积极组织开展研究论证,在各方利益充分表达、权衡的基础上,果断做出决策,敢于并善于在矛盾焦点上下结论。

当然,人大主导立法并不意味着人大在立法中"唱独角戏",包揽包干所有立法工作,更不是关门立法、闭门造车,而是要更加科学合理地发挥政府和社会各方在立法中的积极作用,确保立法更加贴近实际、符合规律、顺应民意。

(四)加强队伍建设,提高地方环境立法能力

针对当下设区的市地方环境立法质量无法保障的尴尬,地方立法机关组建一支精英化的立法队伍,是从根本上解决地方环境立法质量不高,提高地方环境立法能力的关键。一方面,立法机关应首先解决内部人才短缺的问题。设区的市地方立法机关可以仿照全国人大常委会设置一个环境保护委员会,专门负责地方环境立法工作。组织部门对地方立法机关的人员编制统筹谋划,保证满足环境立法工作的需要。立法机关可以通过人员的调配、挂职、培训等方法来缓解眼前地方环境立法人才紧缺的燃眉之急。有计划地组织立法人员参与地方环境立法专题培训等,使设区的市地方环境立法工作尽快步入正轨。从长远角度着眼,通过建立地方环境立法人才培养的长效机制,建立立法职业准入制度,规范地方环境立法人才的入口,打通律师、法学专家、环境公益组织人员等进入地方环境立法队伍的通道,使地方环境立法建立在扎实的法学理论功底和丰富的法律实践基础之上。另一方面,借助外部第三方专业力量。设区的市地方环境立法既需要符合一般立法规律,又要面临其独特的专业性、技术性问题;既需要以深厚的理论功底为基础,又需要以丰富的实践经验为依

① 丁祖年:"健全人大主导立法体制机制研究",《法治研究》2016年第2期,第17页以下。

据。而目前地方立法机关在以上任何一方面都难以应付。为解决以上难题，并使地方环境立法能够集中民智、反映民情、体现民意，有必要搭建一个专家学者和社会力量有序参与立法的制度平台。党的十八届四中全会提出“探索委托第三方起草法律法规草案”，此机制在设区的市地方环境立法创新中有很大的使用空间，可以很好地使地方环境立法摆脱部门利益和地方保护主义的束缚。同时，配套建立第三方立法机构名单档案，引入并规范竞争机制，强化对委托立法过程的控制，保证“专业的人”能做好“专业的事”。

导师推荐意见

黄宇同学《新〈立法法〉实施背景下设区的市地方环境立法研究》一文具有较强的理论与实践意义。该文以“设区的市地方环境立法的必要性”为切入点，以带着“痛点”找“问题”的方式，在收集了大量法规数据并逐一开展实证分析的基础上，发现设区的市地方环境立法中所存在的问题，并探讨解决问题的机制和路径。

该文最大的亮点在于作者通过大数据分析手段，从庞大的设区的市地方法规库中，整理出236部环境法规，从宏观方面对整体立法情况展开分析，发现了地方环境立法的区域失衡等现象；从微观方面深入法规体例和条文进行分析，抽取具有代表性的法规样本，经过多种数据对比方式，发现了设区的市地方环境法规中存在地方特色缺失、行政痕迹明显等问题。作者所提观点均从理论研究出发，并佐以实证分析数据，体现了作者较强的理论研究和实证分析功底。

通读全文，观点明确、论证充分、表达清晰、引证规范，无抄袭行为，对于提升地方环境立法领域的学术研究水准具有积极的价值。

推荐人：易骆之

设区的市地方性法规审查批准制度研究*

◎游婉琪**

内容提要:设区的市地方性法规审查批准制度属于我国地方立法制度的主要内容,对于我国的法治现代化具有重要意义。通过梳理设区的市地方性法规审查批准制度的概念、发展历史、基本内容,可发现其存在的意义与价值。从法规审查批准制度存废之争的支持与反对这两个不同角度进行比较分析,可得出设区的市地方性法规审查批准制度存在的重要作用。但目前设区的市地方性法规在审查制度建设中仍然存在诸如审查批准标准不详细、审查程序不健全、审查后处理方式不明确等问题。面对这些不足之处,应当围绕报批法规是否超越权限、是否与上位法规定相抵触、是否违反法定程序等方面制定明确的审查标准;从报请批准、提前介入、沟通协调、合法审查、公众参与、批准公布六个方面制定明细的审查程序;分类处理与上位法不抵触、与上位法相抵触、与省级政府规章相抵触的不同抵触情形的报批法规。力求提高设区的市审查批准制度的可操作性,使设区的市地方立法在法制社会发展中能够发挥长期有效的作用。

关键词:设区的市;审查批准制度;审查标准;审查程序;审查结果

一、引 言

立法工作是依法治国的前提和基础,地方立法工作是我国立法工作体系的一个重

---

* 本文在河北大学政法学院2018届法律(法学)专业硕士论文基础上,由作者改写而成。指导老师:阚珂教授、伊士国副教授。

** 游婉琪,中国国际航空股份有限公司天津分公司工作人员,河北大学政法学院2018届法律(法学)专业硕士。

要组成部分，设区的市人大及其常委会制定的地方性法规已经成为我国法律体系的一个不可缺少的立法层次，同样也影响到我国法治的进程和水平。设区的市地方性法规审查批准制度关系到我国社会主义法制的统一，其程序性、科学性和可操作性也不容忽视。

2015年3月15日，十二届全国人大三次会议通过《关于修改〈中华人民共和国立法法〉的决定》，对颁行了15年的《立法法》进行了修改和完善，修改后的新《立法法》将地方立法权赋予了设区的市，设区的市成为我国立法体系中的一个独立的层级，改变了原有的立法体系的格局。这次地方立法权的扩容对于我国立法体系的完善具有重大的价值和意义，实现了地方立法权下放到设区的市这一个层级。这对于全面推进依法治国进程，使更多的、更实际、更具体的问题纳入到法治的正确轨道上来，具有十分重大的现实意义。因此，在全面落实设区的市地方立法工作时，除了要大力加强对制定地方性法规工作的规划和领导之外，还要对地方立法既积极又稳妥地推进，把地方性法规的制定置于高起点、严要求、高标准来做好。由于设区的市立法权的创新性与特殊性，新《立法法》对设区的市地方立法权的权限作出了严格的限制：一是对立法内容进行限制，规定设区的市人大及其常委会、设区的市政府只能对本地的城乡建设与管理、环境保护、历史文化保护等相关的事宜制定地方性法规；二是明确设区的市地方性法规设定了前置审批条件，即设区的市人大及其常委会颁布的所有地方法规均需要经过省、自治区人大常委会审查批准，经过严格的审查之后，在四个月内做出批准或不批准的决定。虽然现行的法律条文对审查批准制度进行了规定，但是细细推敲，不难发现其中还有一些问题需要细化，比如审查的标准是什么，审查的主体和程序是什么，审查后的结果怎样处理等。这些问题如果不能够得到切实解决，将使得该制度在实践中难以得到落实，难以发挥其真正作用，而成为“空中楼阁”。

随着政府对于法制建设的不断重视以及对社会管理的不断完善，建设现代化法治强国已经成为我国今后发展的必然之路，《立法法》规定的对于设区的市地方性法规的审查批准具有非常重大的现实价值和意义。但如何将设区的市地方性法规审查批准制度落到实处，则需要各级地方立法机关进行综合考虑和分析，并且随着我国对于地方法规审查制度研究的不断深入以及实践活动的不断开展，地方性法规审查中存在的问题也逐渐地显露出来。对于任何一个新事物来讲，都要发现其存在的问题，解决其问题，然后再次循环往复来发现新的问题，解决问题，进而不断地认识新事物，不断提升自身能力。所以，针对当前设区的市地方性法规审查批准制度存在的主要问题,还需要国内学者进行相关研究与实践,不断发现问题,最终实现设区的市地方性法规审查批准制度的健全和完善。

二、设区的市地方性法规审查批准制度概述

(一)设区的市地方性法规审查批准制度的概念

2015年新修订的《立法法》第七十二条第二款对设区的市地方性法规审查批准制度进行了明确的规定:"设区的市的地方性法规须报省、自治区的人民代表大会常务委员会批准后施行。省、自治区的人民代表大会常务委员会对报请批准的地方性法规,应当对其合法性进行审查,同宪法、法律、行政法规和本省、自治区的地方性法规不抵触的,应当在四个月内予以批准。"

从该条文中,我们可以看出省、自治区人民代表大会常务委员会是审查批准的主体,对设区的市地方性法规的内容进行合法性审查,符合条件的最终做出批准决定,不符合标准的作出不批准的决定。

目前全国人大并没有对该制度进行具体阐述,笔者根据法律条文将设区的市地方性法规审查批准制度概括为:省、自治区人民代表大会常务委员会依据一定的标准和程序,对设区的市地方性法规进行合法性审查,并在4个月内做出相应处理的一种法律制度。

(二)设区的市地方性法规审查批准制度的发展历史

设区的市地方性法规审查批准制度并不是一个创新的制度,而是在以往"较大的市"地方性法规审查批准制度的基础上进一步演变而来的。

2014年月10月23日,党的十八届四中全会通过《中共中央关于全面推进依法治国若干重大问题的决定》,该文件中明确提出:要进一步明确地方立法权限和范围,并根据相关法律给予设区的市立法的权力。[①]2015年,《立法法》进行了修订,新修改的《立法法》给予了设区的市制定地方性法规的权力,我国所有设区的市拥有了制定地方性法规的权力。设区的市是中国立法权的重要组成部分,能很好地体现其特征,设区的市可以根据地方人民生活的实际情况,制定合适的法律规定,充分满足人民对法

① 设区的市:作为我国的行政区划单位的"市"共分为三类,一是直辖市,即省级市。二是设区的市,即地级市。三是不设区的市,即县级市。设区的市作为我国的一级行政区划单位,其介于省级行政区划单位(省、自治区、直辖市)和县级行政区划单位(县、不设区的市、市辖区)之间,即俗称的"地级市"。

律的需求。该过程表现出地方立法的有效性和高效性,结合过去3年多时间的实际情况,我们明显体会到设区的市立法能为地方经济腾飞和社会进步助力。《立法法》虽然给予了设区的市制定地方性法规的权力,但是也明确了它要履行的义务,即设区的市制定的地方性法规需要严格遵守审查批准制度。《地方组织法》是我国第一部提及地方立法审批制度的法律,它提到省级人民政府所在市和国务院特批的“市”(下称“较大的市”)可以结合其地方人民的生活实际情况,制定相关法律法规,并将其所立法规上报给上级人大常委会进行审查批准。近年来,国内很多著名的专家学者对我国的设区的市立法权进行了研究。很多学者认为我国设区的市所拥有的立法权是“半个立法权”。这让很多人疑惑什么是“半个立法权”。实际上其含义是虽然设区的市拥有立法权,但是其立法权是受到多方限制的,其所制定的地方性法规要通过省、自治区人大常委会审批后才能生效。此外,业界尚未阐明批准权的含义。部分学者认为批准权和全面审查决定权力是相同的,但是部分学者认为批准权仅仅局限于合法的审查权。地方性法规的审查批准制度主要包含以下几部分:审查程序、审查内容、审查原则、审查标准、完成审查批准的时间限定和完成审批后的解决方案。但是《立法法》并没有对这些内容进行规定,其在理论界也没有得到详细的阐述。批准制度可归于提前监督的范畴,它能有效地维护地方性法规的合法性,但是目前存在的顾虑是与设区的市地方性法规的审查批准制度没有扎实的理论基础,《立法法》并没有对该制度提出限制,又进一步加重了地方性法规审查批准制度的不合理性。为了与地方立法发展相同步,正确认识设区的市地方性法规审查批准制度并探讨其改革方向就成为必须认真加以解决的问题。

1. 设区的市地方性法规审查批准制度的设置及其原因

2015年新修订的《立法法》明确规定:赋予设区的市人大及其常委会地方性法规制定权,并且给予设区的市政府制定规章的权力。还规定:设区的市地方立法工作要严格遵循规定的审查批准制度,其地方性法规需要得到省、自治区人大常委会的审查批准后才能生效。

进行如此规定,是有一定原因的,也是经过多方考虑的。现行《宪法》已经赋予了设区的市地方立法的权力,但是当时的《宪法》并没有将这些权力交给它。当时的《宪法》规定只有省、自治区、直辖市人大及其常委会拥有地方立法的权力。纵观世界其他国家,根据法律精神,一般只有国家宪法才能赋予国家机关立法权力。如果在《宪法》没有给予设区的市地方立法权力的情况下,《地方组织法》和《立法法》赋予设区的市地方立法权力,这在当时已经是一种超越《宪法》的行为。因此基于此,严加规定设区的市立法权力,对其加以限制,并设计一个合理严格的审批流程也是相当有必要的。

鉴于我国的国家特色,维护我国《宪法》的地位是一项重要工作。而设区的市在我国现代化发展中扮演着一个相当重要的角色,给予它一定的立法权力也是十分有必要的。但如若不对设区的市人大及其常委会的立法权限作出较为严格的规制,就有可能出现法制无法统一的问题。

再考虑到设区的市人大及其常委会的立法能力不高。2015年的《立法法》将立法权由原来的较大的市扩大到所有设区的市。向省、自治区人大常委会报批的市由原来的49个变为288个(截至2019年3月),数量可谓是暴增。设区的市数量多,立法能力参差不齐,立法技术不完备,这些状况的解决都不能脱离审查批准制度,省、自治区人大常委会需要时刻监督其立法合法性,保证立法质量,推动我国法治现代化建设和社会主义法治的统一。继续保留设区的市地方性法规审查批准制度是当时立法者在立法时从现实角度考虑之后做出的决定。

2. 设区的市地方性法规审查批准制度实施的现状

截至2016年底,在能够行使立法权的268个设区的市之中,有174个通过审议,而共有270件地方性法规得到批准,其中有124件立法条例,其他方面的地方性法规146件。65%的设区的市已经有了自己的法规。部分设区的市已出台了多部法规,镇江、盐城、泰州、济宁等已各有4部地方性法规入账。不仅发达地区设区的市主动地推动地方立法工作,西部的部分设区的市如新疆、西藏等也陆续颁布了第一部法规,贵州省黔南布依族苗族自治州更是先后出台了《黔南布依族苗族自治州500米口径球面射电望远镜电磁波宁静区环境运行保护条例》等3部地方性法规。总体而言,设区的市立法正在有序进行、全面推进。[①]

第二十三次全国地方立法工作座谈会披露了一组数据:截至2017年7月底,全国赋予了273个设区的市以地方立法权,而其中约98.9%获得批准确定可以开始制定地方性法规,制定且得到批准的地方性法规约有437件。这些被批准生效的法规立法质量得到保证,在各设区的市发挥着积极的作用。表明这些地区的地方立法工作获得的成效比较显著,审查批准制度也正在发挥着其积极效用。

---

① "地方立法这两年:设区的市行使地方立法权全面推进",中国人大网,http://www.npc.gov.cn/npc/zgrdzz/2017-05/04/content_2021177.htm,访问日期:2018年4月7日。

(三)设区的市地方性法规审查批准制度的基本内容

1. 审查批准的主体

设区的市地方性法规的审查批准主体,是设区的市的上一级人大常委会,即省、自治区的人大常委会。这样设置是因为设区的市人大及其常委会立法能力有限,人大上下级之间是监督与被监督的关系,设区的市人大及其常委会负责制定地方性法规,而省、自治区人大常委会对其有监督及指导的权力。在设区的市制定地方性法规之后,不可以直接生效,只能由省、自治区人大常委会赋予设区的市地方性法规生效的效力。另外,从立法监督的制度设计上说,对设区的市立法权的监督,也只能由省、自治区人大常委会进行。因为省、自治区人民代表大会并不是常设机构,省、自治区人民代表大会闭会期间,其职责便由省、自治区人大常委会接替,如果将省、自治区人大作为审查批准的主体,将不能保障审查批准工作的经常性和有效性。因而,将审查批准的主体限定为省、自治区的人大常委会有其科学性和可操作性。

2. 审查批准的客体

设区的市地方性法规审查批准的客体仅包括制定的地方性法规,并不包含该地区政府制定的地方政府规章。有上述的规定是因为运用“依据说”来制定地方政府规章,无上位法依据,不可以制定地方政府规章。该点和制定地方性法规采用的不抵触说有显著的差别。[①]《宪法》规定地方性法规只要不违背上位法,就能够制定。[②]而且依据中国立法监督制度的设计,国务院、省政府及设区的市人大常委会等就足以对设区的市政府制定的地方政府规章进行有效监督。这里有个问题是,设区的市人大常委会对设区的市地方性法规的解释,是否需要报请其所在地的省、自治区人大常委会审查批准?对此,因为设区的市人大常委会对设区的市地方性法规的解释具有和该种法规相同的效力,因此,若其对设区的市地方性法规进行扩大解释或缩小解释,就可能改变设区的市地方性法规的立法原意,达到事实上修改设区的市地方性法规的效果,所以,必须要加强对设区的市人大常委会解释设区的市地方性法规的监督,应该将设区的市人大常委会对设区的市地方性法规作出的解释,报请省自治区人大常

---

① 乔晓阳主编:《<中华人民共和国立法法>导读与释义》,中国民主法制出版社2015年版。

② 《宪法》第一百条规定:省、直辖市的人民代表大会和它们的常务委员会,在不同宪法、法律、行政法规相抵触的前提下,可以制定地方性法规。设区的市人民代表大会及其常务委员会在不同宪法、法律、行政法规和本省、自治区地方性法规相抵触的前提下,可以依照法律规定,报本省、自治区人民代表大会及其常务委员会批准后施行。

委会审查批准。[①]

3. 审查批准的标准

有的学者提出要对设区的市地方性法规的内容是否符合当地实际、立法技术是否完备、文字表述是否优美等合理性进行审查。这种观点是完全错误的。2015年的《立法法》中规定,省、自治区人大常委会仅可以审查设区的市地方性法规的合法性,而不能对其合理性进行审查,这就是审查批准的标准。故而在审查设区的市地方性法规时,审查标准只有一个,那便是合法性审查,审查其规定是否有与上位法相抵触的情形,这里的不抵触不仅仅指的是与上位法规定的内容不相抵触,也包含不违背上位法的原则和精神。

4. 审查批准的程序

审查批准程序的启动应该是制定机关的提请。根据2015年《立法法》的规定,制定的地方性法规一定要通过省、自治区人大常委会的审查批准,且仅审查法规的合法性,审查批准的最长期限为四个月。透过法条可以看出,设区的市地方性法规必须由设区的市人大或者常委会主动提请省级人大常委会审议通过,而不是被动接受省级人大常委会的审查,这种报请批准的方式适用于上下级立法主体之间。

同时,虽然《立法法》规定省级人大常委会审查的是设区的市地方性法规的合法性,但是,其进行的是直接的书面审查,还是允许该地区的人大或者其常委会参加会议并阐述看法、答疑解惑,以及具体审查的流程、需要提交审查批准的材料、审议的过程、审议结果公布的主体和期限等内容如何把握,目前法律规定还有空缺、并不完备。

三、设区的市地方性法规审查批准制度存废之争

(一)设区的市地方性法规审查批准制度存在的争议

在设区的市地方性法规审查批准制度是否应该继续保留问题上,不同学者有不同的观点。有的人认为既然将地方立法权赋予了设区的市,那设区的市就应该享有完整立法权,审查批准制度也就没有必要存在。另有学者持反对态度,主张应该继续保留设区的市地方性法规审查批准制度,这是对地方立法的监督和对立法质量的保障,不能废除。下面,笔者将对两类学者的观点进行详细分析,并阐明笔者个人的观点。

1. 反对者观点:设区的市立法权成了"不完全立法权"

---

① 伊士国:《设区的市立法权研究》,中国社会科学院法学研究所2017年博士后研究报告。

2015年《立法法》进行了修改,将制定地方性法规的权力赋予了设区的市人大及其常委会,但是该立法权并不是一种独立的权力,它是"半个立法权"[①],省级人大及其常委会掌控余下的权力,其主要展现在下述两个方面:一是依据《立法法》的相关规定,省级人大常委会决定设区的市开始实施立法权的详细步骤及时间,而人口、面积、立法能力及需求等也是其考虑的要素。二是依据相关法规,制定的地方性法规要想实施,就要得到省级人大常委会的批准,且要审查其合法性,即和上位法有没有违背。省级人大常委会的作用仅仅局限于合法性审查,对于设区的市地方性法规的合理性等方面不予审查。

就此问题,有的学者提出了赋予设区的市人大及其常委会"完整的立法权",即设区的市人大及其常委会能够独立地制定地方性法规,不需要省、自治区人大常委会的审查批准。他们认为既然2015年《立法法》将立法权赋予了设区的市,那就意味着设区的市人大及其常委会可以就设区的市环境保护、城市管理、历史文化保护方面单独立法,省、自治区人大常委会审查批准是对设区的市立法权的干预,一旦省、自治区人大常委会不批准,则该法规就不可以生效,这样的立法权不完整,只能算是"半个立法权",省级人大常委会将制约设区的市人大及其常委会的立法权。所以,要求撤销省级人大常委会对设区的市地方性法规审查批准制度。赋予设区的市完整的立法权看似很美好,但在我国现行体制下难以付诸实践。[②]设区的市立法权还需要经过上一级人大常委会进行审查批准,不能够单独立法,这便是"不完全的立法权"。

2. 支持者观点:对设区的市既"授权"又"限权"

2015年《立法法》将地方立法权拓宽到设区的市。另外,其对设区的市立法权还做了限制,其规定:设区的市地方性法规要想实施,一定要获得省、自治区的人大常委会的批准。虽然这在一定程度上加重了省、自治区人大常委会的审批工作量,但是增加这个程序能够有效地防止设区的市所制定的地方性法规出现与上位法冲突等问题,这便是"限权"。但省、自治区人大常委会仅能对该法规开展合法性审查,不可以

---

① 2015年《立法法》将立法权从较大的市拓展至全部设区的市。关于较大的市和设区的市享有的立法权的性质,学术界的讨论已经比较充分了,通常将其视为"半个立法权"或"不完整的立法权",这种立法权由省级人大的立法权所派生,省级人大常委会对较大的市或设区的市制定的地方性法规的批准权,是一种立法监控权。参见宓雪军:"半个立法权辨析",《现代法学》1991年第6期;王林:"谈地方立法批准权性质",《法学杂志》1994年第5期;王正斌:"《立法法》对设区的市一级地方立法制度的重大修改",《中国法律评论》2015年第2期;易有禄:"设区市立法权的权限解析",《政法论丛》,2016年第2期。

② 郝天龙:《试论设区的市地方立法权的权限及行使》,浙江大学硕士学位论文,2017年。

审查别的方面。

《立法法》规定,设区的市地方性法规要想实施,一定要获得省、自治区人大常委会的批准,另外,由于设区的市的数量很多,且每个地方存在较大的差异,所以,在给予设区的市地方立法资格时,也给予了省、自治区人大常委会确定设区的市可以开始立法的权力。但上述的权力对设区的市作为独立的地方立法主体无任何的影响,并不是附属的“半个立法权”。法律确立省级人大常委会审查批准设区的市地方性法规的着力点是提升立法的时效性及灵活性。[①]另外,在立法之时,还将设区的市本身的立法力量问题纳入了考虑范围,还有学者提出,实行该规定的原因是设区的市人大及其常委会的工作力量不够,缺少立法经验,不可以有效地确保制定的地方性法规不会违背上一效力等级法律,因此还需要“限权”。[②]

笔者观点:设区的市地方立法刚刚确立,各地市社会经济发展很不均衡,无法制定一个统一的标准,再加上设区的市立法层级较低,立法技术不甚完备,需要省、自治区人大常委会审查其法规,确保立法质量,使得该法规能够真正维护和保障人民的合法权益。综上所述,从目前我国的立法现状来看,继续保留设区的市地方性法规审查批准制度有其科学性和合理性。

(二)设区的市地方性法规审查批准制度设立的必要性

双方学者在设区的市地方性法规审查批准制度的存废问题上争议很大,各执一词,站的角度不同,得出的结论观点也不同,笔者认为设区的市地方性法规审查批准制度不能废除,理由如下。

1. 有利于维护我国社会主义法制的统一

《立法法》的一个重要原则就是,要维护法制的统一和尊严。在赋予设区的市地方立法权后,设区的市地方性法规在制定后还要经过省、自治区人人常委会的审查批准才能生效,这样规定能够发挥设区的市地方立法的主动性、积极性,与此同时,审查批准制度又是对设区的市地方立法权行使的有效制约,防止地方立法的失范、不当。这种“防患于未然”的监督制度与“亡羊补牢”式的备案、改变和撤销等监督方式相比,更能及时迅速甚至提前发现设区的市地方立法中存在的与上位法抵触、冲突的问题,既有助于维护法制统一,也有利于提高立法机关的权威。而且这种事前主动的审查批准,也不像备案等事后监督那样容易流于形式,出现备而不审的情况,因此这种监

① 丁祖年:“试论省级人大常委会对较大市地方性法规的批准权”,《法学评论》,1990年第6期。

② 宓雪军:“半个立法权辨析”,《现代法学》,1991年第6期。

督是比较有实效的。此外,审查批准制度一般都会规定较短的审批时限,可以避免立法审查的过度拖延,效率也较高。

2. 有利于中央和地方合理分工

实现地方的有效治理,除了中央统一立法外,地方性立法是必不可少的。改革开放以来,各地区的发展呈现出极具差异的地方特色和明显的差距,这种发展的结果必然是:一方面,中央统一、一致的立法已经无法适应这些变化,只能成为不能解决实际需要和问题的原则性条文,其结果是被束之高阁;另一方面,各地方因没有立法权,即使了解情况并且能够通过立法的方式来规制,现实问题也得不到解决。设区的市地方立法,省、自治区人大常委会对设区的市地方性法规进行审查批准,就是更能针对本地的实际需要,掌握最前沿的信息,进行精准立法,保证地方立法质量,也能够使设区的市地方性法规与中央立法相统一。而且,设区的市立法还能够成为中央统一立法的试点,为中央统一立法提供模板和借鉴。毕竟一个地方的立法影响远远小于全国性影响,其立法的成功可能成为全国统一立法的先声,即使立法不成功,其成本也只在本地方范围内,并不会造成过大的成本,而且可成为全国立法或其他地区立法的前车之鉴。所以,必须建立一个中央和地方合理分工、既统一又分散分层次的立法系统。就设区的市的地位而言,它们是在县级以上省级以下的中间行政层级,管辖的范围较大,人口也较多,管理体制相对成熟,政权机构相对健全。赋予设区的市立法权,既能够避免省级行政区过于宽泛的问题,又能够避免县一级行政区过于狭窄的缺陷。[①]这种权力符合我国行政区划的实际,具有可行性。

3. 有利于防止权力被滥用

立法是一项十分严肃的事情,立法权又是一项高度集中的专属权力,权力本身又具有越集中就越容易被滥用的特点,尤其是当各地立法的积极性、自主性空前高涨的时候。这时如果把立法权下放到设区的市而不加以监督控制,就容易出现权力滥用、权力分散的现象。[②]

设区的市地方性法规可以规定的内容有城市建设与管理、环境保护、历史文化保护等三大类,这些内容都是与每个人的生活息息相关的,巨大利益面前容易滋生腐败,可能导致权力被滥用,也可能导致地方保护主义或者制定的设区的市地方性法规“假大空”,起不到任何实际效果。

---

① 秦前红、李少文:“地方立法权扩张的因应之策”,《法学》2015年第7期。

② 赵正驰、赵建阳:“批准省会市和较大市地方性法规的几个问题”,《人民与权力》1999年第12期。

用权受监督,要把权力关进制度的笼子。设区的市地方性法规审查批准制度有助于防止地方立法权被滥用,上一级的审查批准可以起到对设区的市地方性法规的监督制约,对设区的市制定的地方性法规进行合法性把控,审查其内容是否与上位法相抵触,使得设区的市在制定地方性法规时没有权力滥用的空间。

4. 有利于提高立法质量

立法反映人民的意志,必须做到科学立法、为人民立法。所以,设区的市地方性法规在制定时经过了设区的市人大及其常委会的慎重考量,在审查批准时,又经过了省、自治区一级人大常委会的监督,可谓是为地方性法规上了一份"双保险"。设区的市地方性法规的内容通过省、市两级立法机关的层层把控,其立法质量也就得到了充分的保证。

提高立法质量,是地方立法的关键所在。"法律是治国之重器,良法是善治之前提。建设中国特色社会主义法治体系,必须坚持立法先行,发挥立法的引领和推动作用,抓住提高立法质量这个关键。"[①]建立、完善设区的市地方性法规审查批准制度,是我国社会主义民主政治建设的要求,是提高立法质量,按人民意志办事的体现和保障。[②]立法批准制度对于提高地方立法质量具有重要意义。首先,借助于立法批准制度,对需要将所立之法向有关机关报请批准的立法主体而言,其会自觉接受甚至主动寻求审批主体对其所立地方性法规的合法性、合理性、技术性等问题的指导帮助。其次,审批主体也有权协调报请批准的地方立法与其他规范性法律文件的冲突,例如《立法法》规定的"省、自治区的人民代表大会常务委员会在对报请批准的设区的市的地方性法规进行审查时,发现其同本省、自治区的人民政府的规章相抵触的,应当作出处理决定"。再者,对需要将所立之法向有关机关报请批准的立法主体而言,也是一种有效的压力或制约,有这种批准制度的存在,有关立法主体就不能不认真立法。[③]这三方面对于地方立法质量的提高都是极为重要的保证。

四、设区的市地方性法规审查批准制度存在的问题

虽然2015年《立法法》对设区的市地方性法规审查批准制度进行了规定,但随着

① 《中共中央关于全面推进依法治国若干重大问题的决定》,人民出版社2014年版,第8页。

② 周旺生主编:《立法学》,法律出版社2002年版;孙潮、荆月新:"论立法监督",《政治与法律》,1995年第4期;万其刚:"关于立法监督的研究综述",《中外法学》,1997年第5期。

③ 周旺生:《立法学教程》,北京大学出版社,2006年版。

地方立法的不断深入发展,我国设区的市地方性法规审查批准制度存在的问题日益暴露出来,主要体现在以下几个方面。

(一)设区的市地方性法规的审查批准标准未详细规定

根据2015年《立法法》第七十二条第二款的规定,省、自治区人大常委会要对设区的市地方性法规进行合法性审查,其审查标准就是"不抵触"。但实践中"不抵触"的具体判断标准尚不明确,亟须解决。具体言之,第一,尽管根据2015年《立法法》第九十六条的规定,立法中的相抵触情形一共包括三项,即超越权限的、下位法违反上位法规定的、违背法定程序的,但这些规定较为抽象、笼统,难以为省、自治区人大常委会开展设区的市地方性法规审查批准工作提供明确的标准依据,有待于进一步细化。第二,根据2015年《立法法》第七十二、七十三条的规定,为了贯彻落实不抵触原则,设区的市制定地方性法规必须要从四个方面入手:一要立足于本地方的具体情况和实际需要;二要符合自身的立法权限;三要与法律、行政法规等上位法相一致;四要对上位法已经明确规定的内容,一般不作重复性规定。以上四个方面看似明确,但对于省、自治区人大常委会来说,依然面临标准不明、操作难的问题。重要原因之一就是,由于立法技术、立法水平的缺陷,重复立法是地方立法长期存在的主要弊病之一。重复立法实质上是立法的怠惰,重复立法不仅不能解决任何实际问题,还会造成立法资源的大量浪费。[①]但重复立法是否应纳入合法性审查的范围?重复立法是否属于"相抵触"的情形?目前立法上并未明确规定,上述的三个"相抵触"情形也不包括这一情形。且更为矛盾的是,2015年《立法法》第七十三条第四款规定的是,一般不对上位法作重复性规定,而"一般"这种模糊的表述似乎是为重复立法开了一条口子。

(二)设区的市地方性法规的审查批准程序不健全

2015年《立法法》第七十二条第二款规定:"设区的市的地方性法规须报省、自治区人民代表大会常务委员会批准后施行。省、自治区的人民代表大会常务委员会对报请批准的地方性法规,应当对其合法性进行审查,同宪法、法律、行政法规和本省、自治区的地方性法规不抵触的,应当在四个月内予以批准。"该款规定仅对审查批准主体、审查批准主要内容以及审查批准时限三个方面作出了规定。可并没有涉及设区的市地方性法规报请审查批准的程序,并没有对省、自治区人大常委会在审查报请批准设区的市地方性法规时应遵循的程序进行规定,这就导致在地方立法实践中,设区的市地方性法规审查批准制度难以落实、可操作性差。

---

① 吕新华:"论重复立法之克服",《湖北警官学院学报》2014年第7期。

然而,省级人大常委会必然要选择一种程序,且该选择直接关系到该地方性法规立法过程的规范与否和立法质量的高低。同时,授予设区的市的人大及其常委会以地方性法规制定权,本身是《宪法》第三条第四款的必然要求,即"中央和地方的国家机构职权的划分,遵循在中央的统一领导下,充分发挥地方的主动性、积极性的原则"。这样,在审查程序中,若地方性法规的制定主体缺席,就可能打击该地方性法规制定主体的积极性。也就是说,在审查设区的市的地方性法规过程中,必须回答的问题是:省级人大常委会是直接进行书面审查,还是允许制定地方性法规的设区的市的人大或其常委会参加会议,并陈述意见或回答疑问?

从各地立法来看,主要有两种情形:一是制定地方性法规的设区的市的人大或其常委会不参与审查程序。如,根据《山东省制定和批准地方性法规条例》第四十三至四十五条的规定,报请省人民代表大会常务委员会批准的地方性法规,由常务委员会法制工作机构提出初步审查意见,经法制委员会审查后向主任会议提出报告,由主任会议决定列入常务委员会会议议程,法制委员会向常务委员会全体会议作审查情况的报告。经常务委员会会议审查后,应当就批准该法规的决定草案进行表决,以常务委员会全体组成人员的过半数同意为通过。二是制定地方性法规的设区的市的人大或其常委会参与审查程序。如《江苏省制定和批准地方性法规条例》第四十六条第二款规定:"常务委员会审议报请批准的地方性法规,由报请批准的机关在全体会议上作说明,在分组会议上宣读法规全文,由分组会议审议。"又如,《广东省制定地方性法规规定》第三条第二款规定:"省人大常委会会议审议报请批准的地方性法规时,报请批准的机关应当向全体会议报告地方性法规起草和审议的有关情况。有关委员会受主任会议委托应当向全体会议作提请审议的报告。"

(三)设区的市地方性法规审查之后的处理方法不明确

2015年《立法法》未就省、自治区人大常委会对设区的市地方性法规审查之后如何处理进行详细说明。省、自治区人大常委会是直接对设区的市地方性法规进行修改,还是需要附相关完善建议发回制定机关修改,还是直接退回等,这些问题都没有作出明确具体的规定。全国各省级人大常委会在认识和处理上也不尽相同。大部分地方立法条例也未就关于报批法规与上位法相抵触的处理结果作出规定,只是照搬上位法"不抵触的,应当在四个月内予以批准,发现其同本省、自治区的人民政府的规章相抵触的,应当作出处理决定"。这种照搬上位法的重复性立法应该怎样处理,也是一个亟待解决的问题。

对报请批准的设区的市地方性法规进行审查时,发现其同宪法、法律、行政法规和本省的地方性法规相抵触的，是可以不予批准？还是修改后予以批准？又或者是采取附修改意见的方式批准？[①]这些问题的解决在后文会有详细论述，在此不再赘述。

五、我国设区的市地方性法规审查批准制度的完善建议

设区的市地方性法规审查批准制度虽然存在审查批准标准未详细规定、审查批准的程序不健全、审查批准之后的处理方法不明确等诸多问题，但我们并不是完全摸着石头过河，笔者对比和参考较大的市地方性法规审查批准制度，提出如下针对性的完善建议。

（一）明确设区的市地方性法规的审查标准

《立法法》第七十二条第二款明确规定了对设区的市地方性法规的合法性审查（即“不抵触原则”），从尊重设区的市地方立法权和《立法法》法条的文义出发，省级人大常委会审查批准时不应当将其解释扩大到包括合理性审查和立法技术问题在内。

《宪法》《立法法》《地方组织法》对制定地方性法规不得同宪法、法律、行政法规相抵触的规定是明确的。但是，关于不抵触原则的具体含义，全国人大常委会至今也没有明确的解释。在地方立法实践中，一直以来大致有三种理解：一是是否超越权限；二是是否违反上位法的规定[②]；三是是否违背法定程序。下面笔者会分别对三种情况进行论述。

在判断是否超越权限时，省、自治区人大常委会的核心工作是把握“城乡建设与管理”“环境保护”“历史文化保护”的内涵与外延。“城乡建设与管理”“环境保护”“历史文化保护”都是具有高度概括性的概念。如果任由设区的市的人民代表大会及其常务委员会来规定其内涵和外延，地方性法规的容量就可能被无限放大。对此，全国

① 乔晓阳：《立法法讲话》，中国民主法制出版社2000年版。

② 审判实践中，人民法院在判断下位法是否与上位法相抵触时，主要遵循《最高人民法院关于审理行政案件适用法律规范问题的座谈会纪要》（法〔2004〕第96号）的规定，即以下情形为下位法违反上位法：（1）下位法限制或者剥夺上位法规定的权利，或者违反上位法立法目的、扩大上位法规定的权利范围；（2）下位法扩大行政主体或其职权范围；（3）下位法延长上位法规定的履行法定职责期限；（4）下位法以参照、准用等方式扩大或者限缩上位法规定的义务或者义务主体的范围、性质或者条件；（5）下位法增设或者限缩违反上位法规定的适用条件；（6）下位法扩大或者限缩上位法规定的给予行政处罚的行为、种类和幅度的范围；（7）下位法改变上位法已规定的违法行为的性质；（8）下位法超出上位法规定的强制措施的适用范围、种类和方式，以及增设或者限缩其适用条件；（9）法规、规章或者其他规范文件设定不符合行政许可法规定的行政许可，或者增设违反上位法的行政许可条件；（10）其他相抵触的情形。这一规定对确立“不抵触原则”的判断标准具有借鉴意义。

人大常委会应该对其内涵和外延作出法律解释。在法律解释作出之前,应该严格按照文义进行解释。对法条中“城乡建设与管理、环境保护、历史文化保护等”中“等”字的理解应该是除了法条列举的三项之外的一切事项都不可以用立法形式进行规定。

在判断是否与上位法的规定相抵触时,这其中还隐含着也不能与上位法的原则、精神相抵触。[①]不抵触就是地方性法规不得作出与上位法已有的明文规定相抵触的规定,即不能直接抵触。还不得与上位法的基本原则和基本精神相抵触,也就是既不能直接抵触,也不能间接抵触。[②]

在判断是否违反法定程序时,省、自治区人大常委会应关注两个方面:一是是否违反《立法法》相关程序的规定;二是是否违反本省、自治区人大乃至设区的市的人大制定的关于地方性法规制定程序的规定。

(二)规范设区的市地方性法规的审查批准的程序

1. 报请批准程序

报请批准的主体应遵循“谁制定,谁报批”的原则,由设区的市人大及其常委会分别对自己制定的地方性法规向省、自治区人大常委会报批。根据我国人民代表大会和常务委员会的会议制度特点,设区的市人民代表大会是临时性机构,而设区的市人大常委会才是常设机构,由设区的市的人大常委会报请省级人大常委会批准地方性法规比较妥当,能够保证报请程序的及时性和可操作性。而且,根据《立法法》第七十八条第三款的规定,设区的市的地方性法规报经批准后,也是由设区的市的人大常委会发布公告予以公布的。另外,设区的市的人大常委会在报请批准地方性法规时,除了提交经审议通过的地方性法规文本外,至少还应当提交关于地方性法规的说明。在关于地方性法规的说明中,除了常规性内容外,重点阐述该地方性法规与“本市的具体情况和实际需要”的切合度及与上位法之间的关系。前者旨在突出地方性法规的地方特色,后者旨在说明地方性法规与上位法不相抵触。

设区的市人大常委会在报批之前,要基本上走完立法的全过程,为了保证报批的地方性法规能够在省人大常委会一次会议上获得批准,一般在设区的市人大常委会第一次审议后,省人大常委会的法工委或其他工委就要提前介入,征求各方面的意见,帮助作修改工作,以求为省人大常委会的审议批准打好基础。

---

① 张琦:《地方性法规立法后评估制度初探》,内蒙古大学硕士学位论文,2013年。

② 姚明伟:“结合地方立法实际对不抵触问题的思考”,《人大研究》2007年第2期。

2. 提前介入程序

提前介入是设区的市法规审查批准能否顺利进行的重要程序，其目的就是将法规存在的合法性问题在向省级人大常委会报批前解决。通过提前介入，省级人大常委会就有相对充足的时间对设区的市法规草案进行研究和论证，提出修改意见和建议。实践证明，这一方法有利于提高法规质量，能够确保省级人大常委会审查批准工作顺利进行。广东省人大常委会坚持提前介入，积累和取得了一些经验，做法有：一是掌握设区的市人大的年度立法计划及完成进度，增强法规审查工作的计划性。例如，在《立法法》修正前，省人大常委会法工委每年年初要求四个较大的市尽快上报年度立法计划，力争在每年4月份前后，全部了解和掌握四个较大的市当年立法计划。同时，随时掌握其完成立法计划的进度，适时调整工作安排，保证法规审查的时效性，增强法规审查工作的计划性。二是通过参加较大的市人大召开的法规草案相关会议，提前把握法规草案争议的焦点、制定的难点、立法要解决的主要问题。例如，派员积极参与广州市人大法委邀请参加的法规草案多方协调会、听证会、论证会，列席广州市人大法委全会，会后形成情况报告，并及时向法工委领导汇报，以便提前掌握各方的主要观点和争议点，为进一步审查该法规打好基础。据统计，在《立法法》修正前，随着广东省较大的市立法工作的进一步推进，省人大常委会法工委在每年承办的10件左右的较大的市法规审查工作中，对全部的法规都提前介入工作，从而使法规存在的合法性问题均解决在向省人大常委会报批之前。[①]

3. 沟通协调程序

设区的市人大常委会在起草地方性法规草案时，注重征求省级人大常委会法制工作机构的意见，两级人大常委会法制工作机构保持密切沟通，就法规草案合法性方面的意见充分协商，争取达成共识。这样做的好处在于有利于提高法规协调力度。广东省人大常委会在沟通协调的实践工作中的做法有：省人大常委会法工委通过书面发函、电话往来、召开座谈会等方式，跟踪了解设区的市人大对省人大常委会法工委所提初步审查意见的采纳情况，对没有采纳的合法性方面的意见，经办人员及时向法工委领导报告，形成书面意见再次反馈给设区的市法工委，尽量将合法性问题解决在该法规案提请审议通过之前。

4. 合法审查程序

为充分发挥设区的市人大及其常委会的积极性和主动性，缩短报请审查的时间，

① 易明刚：“设区的市法规审查批准工作机制探析”，《人民之声》2015年第11期。

省级人大常委会在审查报请批准的地方性法规时,应避免采用纯粹书面审查的方式,而是允许地方性法规报请机关参加审查会议,陈述制定该地方性法规的必要性和合法性,回答其他审查人员的提问。

由于省、自治区人大常委会对设区的市的情况不了解,在进行合法性审查时可能会作出不批准的决定,为了避免类似情况发生,设区的市地方性法规制定机关是最了解该法规的有关情况的,除了要将法规草案呈报省级人大常委会外,最好还要附上制定该法规的详细情况说明、专家意见、会议记录、调研报告和其他相关材料,在保证审查质量的同时,加快合法性审查的进度,使有利于设区的市发展的地方性法规能够早日得到批准,发挥地方性法规的效用。

5. 公众参与程序

加强公众参与,广泛征求意见。在办理设区的市法规草案的征求意见工作中,省级人大常委会应当完善通过向有关单位和部门书面征求意见,并对反馈意见进行研究处理的工作机制。广东省人大常委会在近几年的审查批准实践工作中的一些做法有:常委会法工委收到设区的市人大常委会征求意见的地方性法规草案材料后,经办人及时送省人大有关专门委员会、部分省人大代表、省直有关单位、本委员会相关业务处室书面征求意见。第一时间向较大的市人大原文转交有关方面提出的意见,并及时反馈有关专门委员会、省人大代表的修改意见,供其及时研究参考、吸收采纳。同时,经办人员认真研究各方面意见,重点对法规草案的合法性问题进行审查把关,形成初步审查意见后,提交处室集体研究,并将研究结果向法制工作机构领导汇报。对合法性方面的问题,经办处室要在规定时间内向设区的市法工委书面反馈意见。

另外需要注意的是,在四个月期限结束时,无论审批结果通过与否,省级人大常委会都应当以书面形式告知设区的市人大常委会审查结果。

6. 批准公布程序

批准之后就是地方性法规的公布阶段,法规只有在公布后才能发挥其应有的作用,也就意味着审查批准程序的终结。设区的市人大及其常委会制定的地方性法规的批准主体是省、自治区人大常委会。设区的市人大及其常委会制定地方性法规后,应当将法规草案等文本报送给省级人大常委会,省级人大常委会应当对所报送的立法文本进行合法性审查,在不抵触的前提下作出批准的决定。法规被批准之后,由谁来公布这个问题一直悬而未决。有的人认为应该由制定机关予以公布,省级人大常委会只是审查内容合法性,对地方性法规并不产生直接影响,仅仅起到监督辅助的作用。另外还有人认为应当由省级人大常委会进行公布,设区的市地方性法规已经提请省级人大常委会审查批准，具有了省地方性法规的效力，通过后直接由省级人大常委会予以公布还能缩短法规生效的期限，省去了再将法规送回设区的市，更加高效便利。笔者认为应当由制定机关，也就是设区的市人大及其常委会公布更为合适。因为该法规是由设区的市人大或常委会制定的，并且该法规需要在设区的市内实施，相较而言，由前者也就是设区的市人大及其常委会公布更为妥当。

（三）明确设区的市地方性法规审查之后的处理方法

从法理上来讲，省级人大常委会只能做出批准或不批准的决定，因为法律明确规定设区的市是单独一个层级的立法机关，可以制定地方性法规，而批准机关具有批准权，批准机关只能作出批准或不批准的决定，如有意见，可告知制定机关自行修改，待修改之后再报请省、自治区人大常委会批准，而不应当在批准过程中予以修改。批准权是一种立法控制、立法监督权。批准机关应当充分尊重报请机关的制定权，不能像省级人大常委会制定法规、审议省政府提交的法规草案一样进行修改，否则，就是对报请机关法规制定权的侵犯。[①]

1. 与上位法不抵触时的处理办法

当设区的市地方性法规在符合"不抵触原则"的前提下，对于是否符合"本市的具体情况和实际需要"，只要地方性法规的报请批准机关能够提供合理而充分的说明，省级人大常委会就应当在四个月内予以批准。

这里还需要考虑一种特殊情况就是，虽然设区的市地方性法规与上位法不相抵触，但是存在较大篇幅与上位法的明确规定重复，省级人大常委会应当责令报请批准机关进行修改，并根据修改情况决定最终是否予以批准。

四个月期限的开始期限应该为省级人大常委会收到设区的市的立法文本当日的第二日，终期为始期后第四个月对应的始期日的前一日，若没有相对应的日期，则终期为始期后第四个月的最后一日。在四个月期限结束前，无论审批通过与否，省级人大常委会都应当以书面形式告知制定机关审查结果，若法规批准通过，则由设区的市人大或常委会将法规对外进行公布。

2. 与上位法相抵触时的处理办法

当设区的市地方性法规存在与上位法相抵触的情形时，省、自治区人大常委会理应作出不批准的决定，并将相关理由告知该设区的市人大常委会，但考虑到具体情况

---

① "我国地方立法批准制度的形成与发展"，中国人大网，http://www.npc.gov.cn/npc/zt/qt/dfrd30year/2009-12/11/content_1529722.htm，访问日期：2018年4月7日。

比较复杂,可以进一步予以细化,视情况作出不同决定。

当设区的市地方性法规与省级地方性法规出现不一致时,笔者认为应当优先适用省级地方性法规。主要理由有:一是省级地方性法规由省级人大及其常委会制定,设区的市地方性法规由设区的市人大及其常委制定,按照制定主体的行政层级关系,省级地方性法规的效力当然高于设区的市地方性法规。根据《宪法》《地方组织法》《选举法》等法律的规定,上下级人大及其常委会之间既无行政隶属,也不存在上级领导下级的问题。[①]两者的内容和形式是相互关联的,在很多情况下互相交叉,有时候表现为法律监督关系,有时候体现为联系或指导,有时候两者兼而有之。上下级人大及其常委会之间的这种关系,既有别于上下级人民政府和上下级人民检察院之间的领导与被领导关系,也不同于上下级人民法院的监督与被监督关系,是一种法律监督关系、业务指导关系和工作联系关系,由制定法律主体地位来看,也可以看出省级地方性法规效力高于设区的市地方性法规。二是设区的市地方性法规制定后须报省级人大常委会批准才能施行,批准过程中通常都将省级地方性法规作为对设区的市地方性法规进行合法性审查的依据,《立法法》第七十二条第一款规定:"省、自治区、直辖市的人民代表大会及其常务委员会根据本行政区域的具体情况和实际需要,在不同宪法、法律、行政法规相抵触的前提下,可以制定地方性法规。"第二款规定:"设区的市的人民代表大会及其常务委员会根据本市的具体情况和实际需要,在不同宪法、法律、行政法规和本省、自治区的地方性法规相抵触的前提下,可以对城乡建设与管理、环境保护、历史文化保护等方面的事项制定地方性法规,法律对设区的市制定地方性法规的事项另有规定的,从其规定。"根据以上两款规定,认为宪法、法律、行政法规是省级地方性法规的制定依据,是其上位法。设区的市地方性法规在制定时不能与上位法相抵触。三是《立法法》规定设区的市地方性法规不能与本省、自治区的地方性法规相抵触,"不抵触"的规定说明省级地方性法规是设区的市地方性法规的制定依据,二者本不应发生冲突。

如果设区的市地方性法规出现了与省级地方性法规内容相抵触的情形,按照"上位法优于下位法"的效力原则适用。如果设区的市地方性法规制定在前,省级地方性法规生效在后,优先适用省级地方性法规,设区的市人大及其常委会应当及时废止该法规或者修改相抵触的内容。如果设区的市地方性法规制定在后,按照《立法法》规

① 谢蒲定:"上一级人大常委会对下一级人大常委会的监督、联系与指导研究(上)",《人大研究》2010年第1期。

定,省级人大常委会对报请批准的地方性法规不予批准。已经批准的,应由省级人大常委会改变或者撤销。如果设区的市地方性法规中的某些条款,存在与上位法相抵触的情形,而且可以与整部地方性法规相分割,又不属于设区的市地方性法规中的重大问题时,省、自治区人大常委会可以直接对其进行修改,再作出批准的决定,也可以在作出不批准决定的同时附上修改意见,建议设区的市人大或者其常委会对这些抵触条款进行修改,再报请省、自治区人大常委会对其进行审查。

3. 与省级政府规章相抵触时的处理办法

当设区的市的地方性法规同本省、自治区的人民政府的规章相抵触时,由于设区的市地方性法规是由设区的市人大及其常委会制定的,省级政府规章是由省政府制定的,前者属于立法机关,后者属于行政机关,两个制定主体不属于同一系统,不存在上下级关系,无法直接做出处理。

故当认为报请批准的地方性法规同省人民政府的规章之间相互抵触的,可以根据情况作如下处理:

(1)认为省级人民政府的规章不适当的,可以批准报请批准的地方性法规;同时根据情况可以撤销省人民政府的规章或者责成省人民政府予以修改。这种情况下设区的市人大及其常委会做出的地方性法规是适当的、合法的,过错在于省级政府,设区的市人大及其常委会无法直接向省级政府提出撤销省规章的要求,只能由他们共同的上级,也就是省级人大常委会作出裁决。

(2)认为报请批准的地方性法规不适当,但同宪法、法律、行政法规和本省地方性法规不相抵触的,可以在批准时提出修改意见,制定机关应当根据修改意见进行修改后公布。[①]这种情况下,省政府规章合法合理,仅是地方性法规与其存在冲突,省、自治区人大常委会是设区的市人大及其常委会的上级机关,可以直接要求设区的市人大及其常委会对其指定的地方性法规进行修改,然后再进行审查,最后批准公布。

六、结　语

设区的市地方性法规制定权从其产生之初,到现在的不断发展与完善,极大地提高了地方立法机关的积极性,也适应了社会与时代的不断发展。2018年新修订的《宪

① 2015年7月30日湖北省第十二届人民代表大会常务委员会第十六次会议《湖北省人民代表大会常务委员会关于修改〈湖北省人民代表大会及其常务委员会立法条例〉的决定》第五十三条。

法》对设区的市、自治州所享有的地方立法权进行了规定,解决了长期以来设区的市地方立法权合宪性的问题。但在我国各地立法水平参差不齐的条件下,充分利用省级人大常委会的审查批准权,既是维护我国社会主义法制统一的需要,也是保证我国地方立法质量的需要。因此,设区的市地方性法规审查批准制度在现阶段仍有其存在的必要性。

每一项制度在设立之初都不可能尽善尽美,设区的市地方性法规审查批准制度也是如此。多年来,在我国设区的市地方立法实践中的问题层出不穷,如在报请批准前,地方立法机关与批准机关缺乏有效的沟通协调机制。此外,省级人大常委会审查批准的程序性规定缺失、审查的标准不是十分明确,2015年《立法法》在规定四个月审批时限的同时,却未规定审批时限的起算点,甚至对审批后的处理结果也只字未提,这种种问题如果得不到很好的解决,无疑会导致设区的市人大及其常委会制定的地方性法规在实践中难以得到落实。与此同时,对省级人大常委会立法批准权的监督缺位,不可避免地会存在权力滥用的空间。

要做好设区的市地方性法规的审查批准工作,必须做到:一是建议全国人大常委会法制工作委员会认真研究,出台指导性意见,统一全国设区的市地方性法规审查批准的程序,形成规范化、制度化的程序,增强其可操作性。二是鉴于维护法制统一是《立法法》确立的基本原则,同时,考虑到设区的市刚开始行使立法权,维护国家法制统一难度大,因此,在审查批准程序中,省级人大的法制委员会和省级人大常委会的法制工作委员会不应当"缺位",应当勇于把好审查批准程序的最后一关。实践也证明,有一个位置比较超脱的综合部门来整合协调各方面的意见,有利于比较客观公正高效地解决重点问题和矛盾,使修改方案获得各方面认可,保证立法工作顺利进行。三是在审查批准设区的市地方性法规过程中,在保证立法质量的前提下,尽量简化审批程序。[①]1986年第六届全国人大常委会第十八次会议修改《中华人民共和国地方各级人民代表大会和地方各级人民政府组织法》时,时任全国人大常委会秘书长兼法制工作委员会主任王汉斌同志在修改说明中指出,"建议省、自治区简化审批程序,只要同宪法、法律、行政法规和本省、自治区地方性法规没有抵触,原则上应尽快批准"。[②]

---

① 肖迪明:"问题与对策:设区的市行使立法权探析",《地方立法研究》,2017年第1期。

② "关于修改《中华人民共和国全国人民代表大会和地方各级人民代表大会选举法》和《中华人民共和国地方各级人民代表大会和地方各级人民政府组织法》的说明——1986年11月15日在第六届全国人代表大会常务委员会第十八次会议上",中国人大网,http://www.npc.gov.cn/wxzl/gongbao/2000-12/26/content_5001858.htm,访问日期:2018年4月7日。

这一论述对现在的审查批准工作仍具有现实指导意义。

另外,再好的制度也只有不折不扣地落实,才能发挥其应有的作用,在实践中取得良好的社会效果。因此,在进行制度设计时,我们也需要进行必要性与可行性分析,避免立法资源不必要的浪费。期望本论文能为设区的市地方性法规审查批准制度的完善贡献一份力量,使其更加具备程序性、科学性和可操作性。

导师推荐意见

2015年《立法法》赋予了所有设区的市立法权,实现了我国地方立法主体的大规模扩容。但为了维护社会主义法制统一,保证立法质量,2015年《立法法》坚持了"授权"与"限权"的有机统一,即在赋予所有设区的市立法权的同时,也对设区的市立法权进行了限制,其中之一就是设置了设区的市地方性法规审查批准制度。然而,2015年《立法法》对设区的市地方性法规审查批准制度规定得比较原则、抽象,影响了这一制度应有功效的发挥。这就需要我们对此予以关注并进行重点研究。由此,设区的市地方性法规审查批准制度便成了理论界与实务界研究的热点问题,研究成果日益增多,取得了一定进展。但就整体而言,对这一问题的研究还比较粗浅、不成体系,离形成成熟的理论体系还有一定距离。因而,游婉琪同学以设区的市地方性法规审查批准制度为选题,具有一定的理论意义与实践意义。此外,该论文整体结构设计合理,逻辑严密,层次清晰,重点突出,观点明确,论证充分,格式规范,占有文献资料丰富。该论文既有理论分析,对设区的市地方性法规审查批准制度的一般理论问题进行了分析,有利于建立健全设区的市立法权理论体系;又有实践探索,对设区的市地方性法规审查批准制度在实践运行中的问题进行了系统总结,特别是提出了有针对性的解决对策,基本解决了文中提出的问题,具有一定的参考性。

推荐人:伊士国

主动适应型地方立法研究*

◎曹惠晴**

内容提要:目前,地方立法在社会发展和社会管理方面具有更大的独立性。以往立法服从于改革的模式已经难以满足现实需要,没有法律的有力支持,改革可能会停滞不前,难以突破。因此需要重新看待改革与立法的关系,新时期的立法应该引领改革和社会发展方向。从地方视角分析,地方立法应该形成主动适应型的立法模式和类型,才能保障地方发展,为中央立法提供经验,推进科学立法、民主立法、依法立法,促进改革与法治的衔接,最终推动法治文明的成熟。

关键词:地方立法;主动适应机制;改革与法

一、绪 论

不同时期的地方立法呈现出不同的功能和作用。改革开放之初,地方立法是为改革开放提供良好的地方环境。在改革开放的发展和深入阶段,地方立法开始服从和适应地方改革的需要。党的十八届四中全会《决定》指出:"实现立法和改革决策相衔接,做到重大改革于法有据、立法主动适应改革和经济社会发展需要。实践证明行之有效的,要及时上升为法律。实践条件还不成熟、需要先行先试的,要按照法定程序作出授权。对不适应改革要求的法律法规,要及时修改和废止。"2015年《立法法》明确规定"发挥立法的引领和推动作用",这是有意识地利用立法来调整和引领社会

* 本文在华南理工大学法学院2018届法律(法学)专业硕士论文基础上,由作者改写而成。指导老师:朱志昊副教授。

本文写作受国家社科基金项目"改革语境下人大决定权与立法权的关系研究"(项目编号:18BFX031)资助。

** 曹惠晴,广东电网能源发展有限公司工作人员,华南理工大学法学院2018届法律(法学)硕士。

发展的方向。以往立法一般是对改革成果的确认,对改革经验的总结,这种总结经验式的立法是一种被动的立法,在新时期已经难以满足社会发展的需要,因此,立法的功能和作用也应该有所改变,要主动适应社会发展的需要,引领社会改革的方向,发挥法律的前瞻性。

此外,为了进行改革创新和尝试,地方立法的角色和功能在发生着新变化。《立法法》规定设区的市均有地方立法权,但限定于特定事项,其实是在坚持立法先行,通过推动地方相关领域治理创新来实现立法的引领和推动作用。改革开放已40余年,若地方改革仍在地方立法之前,就会有许多风险,因此地方立法需更明确的立法理念来指导。

主动适应型地方立法是一种法律模式和类型,强调地方立法的主动适应性,其目的和目标是主动适应社会发展和改革的需要。主动适应型地方立法研究,是基于对地方立法制度和地方立法的发展状况的梳理和总结,并不局限于地方立法的模式和类型,是通过地方的视角来研究,更好地为中央制定全国性的法律提供相应的实践基础和经验。"主动适应"的立法理念和价值追求的现实和理论意义主要包括以下几个领域:

第一,法治与改革的衔接。改革应该在法治的框架内进行,不能超越法律的规定,只能在一定的范围内探索。在目前这种改革已经非常成熟的条件和背景下,不能逾越法律进行探索,改革应该在法治框架内进行。[①]

第二,地方立法的实践。地方立法主动适应社会发展的需要,才能够在与民众利益接触最深、最广的范围内实现其目的。同时,不同地方的发展也有着一定范围的可借鉴性,一个地方的地方立法的发展也会带动其他地方的地方立法探索。

第三,立法理念的转变。立法主动适应改革并不是简单的回应社会需求,而是有选择地主动适应社会需求,并有意识地发挥立法的引领和指引作用。通过立法的方式,发挥法律的前瞻性,来指导社会发展和治理的方向,改变立法注重总结经验的功能,有了政治决策之后,应该尽可能先立法后推行。立法只有为改革提供依据,规范改革,才能更好地推动改革。

第四,法治文明的成熟。新时代改革事业也进入了一个新的发展阶段,立法工作也应该有新的进展。立法工作的发展趋势不再是服从改革,而是慢慢通过法律的前瞻性引领改革的方向,立法从被动性向主动性的转变,体现了法治文明的逐步

---

① 周旺生:"中国立法五十年(下)——1949—1999年中国立法检视",《法制与社会发展》2000年第6期。

完善与成熟。[①]

一、主动适应型地方立法的背景分析

从整个法律体系来看,地方性法规、地方政府规章的位阶低于中央层面上的法律和行政法规,地方立法需要服从于上位法,具有从属性。我国的全国人大是最高立法机关,其他立法都必须接受其领导。对于需要中央统一规定的领域和事项,应当由中央立法,保证法律秩序,才能维护国家的统一和政治的稳定。如果地方立法不遵守上位法的规定,造成不同位阶的法律法规存在矛盾和抵触,那就无法发挥法律的调整和规范作用,导致法律秩序的混乱。

但是,各个地方的实际情况千差万别,中央立法的普遍性很难满足各地的需求,随着改革开放的深入、市场经济的高速发展,中央和地方在各个领域的相互关系也在发生着一些变化。地方立法针对当地的实际发展需要,因地制宜地制定符合当地特色的地方性法规和地方政府规章,这意味着地方立法具有一定的探索性,在满足当地经济发展和社会发展方面,有着不可替代的重要作用。

(一)地方立法的制度变迁

地方立法权限层级比中央层面上的法律和行政法规的层级低,地方立法直接与民众接触,倾听的是最广泛、最全面的人民群众的需求,这种本地的公众参与度和相关度是远超于中央立法的。

要研究地方立法制度和发展,就必须先梳理地方立法制度的变迁。第一时期,1949年至1954年,地方立法的权限主体有多个。首先,大行政区、省、直辖市、大行政区辖市和省辖市人民政府具有拟定暂行法令条例的权力。[②]其次,县人民政府具有拟定单行法规的权力。[③]再次,各民族自治机关可以制定相应的自治区单行法规。[④]

第二时期,1954年至1982年,地方基本没有立法权。"五四宪法"规定,自治区、州、县可以制定自治条例和单行条例。除此之外,并未规定其他地方立法权。"七五宪法"取消了民族自治地方的地方立法权。"七八宪法"恢复民族自治地方立法权,但仍未赋予其他的地方立法权。

---

① 李林:"改革开放30年与中国立法发展(下)",《北京联合大学学报(人文社会科学版)》2009年第2期。

② 主要体现在《大行政区人民政府委员会组织通则》(1949)第一条、第四条。

③ 《县人民政府组织通则》(1950)第四条。

④ 《中华人民共和国民族区域自治实施纲要》(1952)第二十三条。

第三时期，1982年至2015年，地方立法处于适度分权的模式。“八二宪法”规定，地方不仅能够将中央的立法具体化，还能在法定的权限范围内，根据本地情况主动进行立法，照顾了各地的特殊性，也是首次出现民族自治地方立法和一般地方立法同时存在于一部法律的情形。1986年《中华人民共和国地方各级人民代表大会和地方各级人民政府组织法》规定，省、自治区的人民政府所在地的市和较大的市可以制定地方性法规。

第四时期，2015年至今，地方立法属于深入分权的模式。新《立法法》颁布，普遍赋予了设区的市地方立法权，但限定于部分事项制定相关的地方性法规，4个不设区的地级市也被授予地方立法权。

地方立法制度经历了分散型、集中型、适度分权型、深度分权型四个类型。新中国成立初期的立法是为了迅速稳定和恢复国民经济，此时地方的立法权，有利于分担中央立法的压力，发展地方经济，促进和巩固新中国的统一。各个地方根据实际情况进行立法，能减轻中央立法的繁重工作。但当时经济文化等条件落后，物质基础不牢固，群众也没有足够的民主观念。在此背景下，县一级政府在立法方面并不成熟，很难真正发挥地方立法的作用。

直到1979年后，地方立法权才逐渐被授予地方。1979年《地方各级人民代表大会和地方各级人民政府组织法》规定省级地方权力机关享有一定程度的地方立法权，为之后的改革做了准备。地方立法权开始真正稳定地获得法律地位是在1979年《地方组织法》修改的时候，按照主持修改人彭真的说明，是“根据中共中央和毛泽东同志多次强调要扩大地方权力，发挥中央和地方两个积极性的思想”，才赋予了省级人大及其常委会制定地方性法规的职权。[①]地方的区域比较固定，内容更具有地方特色，更具有针对性，立法效果更加明显。随着地方立法权主体的扩大，立法权限的层级逐渐增加，地方立法的主动性日趋明显，各个地方根据不同地方的优势、劣势，因地制宜地来进行谋划、规划社会的发展，能更加灵活地适应当地发展需要。

（二）地方立法的显著特征

随着市场经济和改革开放的发展，为了进行改革创新和尝试，地方立法的角色和功能在发生着新变化。特别是改革开放比较早的地区，这些地区的地方立法没有参考对象，因此，这些地区的地方立法承担着一定的先行先试功能。比如，广东省作为改革开放的前沿阵地，经济增长更加迅速，可能会产生一些新的社会关系，倘若因为

① 彭真：《论新时期的社会主义民主与法制建设》，中央文献出版社1997年版，第4页。

立法空白,或者是立法的滞后,导致经济的发展受阻停滞,那么政策优势也就丧失了。可见,地方立法具有非常显著的特点——先行先试。先行先试是从地方立法与中央立法的关系上来说的,强调的是地方立法提供经验的积累和借鉴。

以2012年授权决定为例,全国人大常委会“授权国务院在广东省暂时调整部分法律规定的行政审批”。只是在广东省暂停,其他省继续施行,暂停的内容是对某些规定进行暂停实施,并非让整个法律停止实施。然而这种授权暂停法律适用,从法律依据上来说,2000年《立法法》中并没有涉及立法后的暂停法律实施问题,这种暂停法律实施并没有立法权层面的依据。2012年全国人大常委会授权广东省暂停法律实施的决定说明中则明确提及,该授权决定的法律依据是宪法,即“全国人民代表大会和全国人民代表大会常务委员会授予的其他职权”。[①]2000年《立法法》规定了全国人大及其常委会有权作出决定,授权国务院可以根据实际需要,对其中的部分事项先制定行政法规。而此处的授权决定是在立法后进行的,所以这里的“其他职权”不是指立法权,而是决定权,因为在法律上并没有规定授权立法可以在立法后于某区域内暂停实施。

2015年《立法法》新增第十三条:“全国人民代表大会及其常务委员会可以根据改革发展的需要,决定就行政管理等领域的特定事项授权在一定期限内在部分地方暂时调整或者暂时停止适用法律的部分规定。”在这一条文中,明确说明了暂停法律实施的目的是根据改革发展的需要,这个条文,是对之前2012年开始实施的暂停法律实施的肯定,在另一种层面上也说明了改革与立法之间矛盾的解决方式。[②]

在2012年授权暂停法律的部分适用是一种探索,探索立法与改革冲突的解决方式。这种授权暂停法律实施,在当时并不是一项立法权,而是决定权的运用,是在2015年之后才上升为立法权。可见,在先行先试的过程中,对于立法来说,尚不成熟但是又需要规范的地方,可以先用决定权进行探索。决定权相对于立法权而言,其功能和适用范围更加灵活,相比于政策等其他手段,决定权又更慎重。如果在探索后,发现适合上升为法律的,可以上升为立法权,并作出详细的规定。

《立法法》对“授权法律暂停适用”进行了法律层面的规定,也是在一定程度上说明了“授权暂停法律适用”这种权力的行使应该受到更严格的规范和限制。而对于探

---

① “对《关于授权国务院在广东省暂时调整部分法律规定的行政审批的决定(草案)》的说明”,《全国人大常委会公报》2013年第1期。

② 李培传:《中国社会主义立法的理论与实践》,中国法制出版社1991版,第328-331页。

索后发现不用上升为法律规定的地方,也可以总结经验。这也是从侧面降低了我国的立法成本。法律具有一定的稳定性,“立、废、改”都要经过严格的程序依法进行。但是,改革就意味着要在一定程度上突破旧的模式。从立法的严谨与改革的突破来说,立法与改革是存在一定的冲突和矛盾的。面对这种冲突和矛盾,对于地方而言,在承担先行先试功能的同时,也意味着要积极主动地探索、适应改革需要和社会发展。

地方立法的空间效力是地方,正是这种空间的局限性,能够为中央立法做准备和铺垫。在中央渴望立法,但各方面的条件还未成熟的情况下,不能推行全国性的法律,但是,可以让地方先行立法,地方立法的实施情况和立法效果会促进中央立法更加科学、成熟。因而,地方立法的这种先行先试功能,在一定程度上为制定全国性的法律提供了经验参考。

(三)地方立法的功能定位

地方立法的主体和地方立法的权限、范围等经历了比较曲折的发展过程,并且,相对于中央立法的普遍适用性,地方立法更强调因地制宜和主动探索,有着独特的功能定位,具体可以归纳为以下几点。

第一,促进地方发展。随着社会关系和社会结构的变化,立法需求的主体在增加,特别是随着城镇化的发展,在管理城市建设和人民的社会生活方面,立法需求不断增长,急需制定符合当地改革发展实际情况的地方性法律,来规范和调整各种社会关系。制定符合当地特点的地方性法规及地方政府规章,能维护稳定,促进发展。

第二,反向推动功能。针对城乡建设与管理、环境保护、历史文化保护等方面事项的改革和探索,对地方政府职能的建设具有强大的可参考性,我国地方城市的数量巨大,难免会出现不同城市遭遇一样困境和发展瓶颈的状况,因而城乡建设与管理探索经验的普适性也比较强,可以互相借鉴经验。最后,这些针对普遍问题的探索和立法,可以制定相应全国性的法律,为中央立法提供强有力的参考。

然而,实践中的地方立法所面临的挑战也不小。第一,地方立法数量不断增加但质量良莠不齐。第二,具有一定的盲目性。由于地方立法的技术、能力不够成熟,会出现对上位法进行重复立法的现象,并没有很强的操作性,无法解决当地社会发展中的新问题。第三,缺乏计划性和导向性。地方性法规一般是由政府牵头,报送到地方人大制定。民众很难参与到立法计划、立法决策等立法前的程序,这种以部门需求为主导的地方立法,其实是一种被动的立法。

以“设区的市”为例,党的十八届三中全会上提出“逐步增加有地方立法权的较大的市的数量”。2014年10月,党的十八届四中全会明确了全面推进依法治国的重大任务,进一步提出了“健全有立法权的人大主导立法工作的体制机制,依法赋予设区的市地方立法权”。改革在不断地进行深入探索,进入攻坚阶段,经济体制的不断变革,利益格局的调整,需要对授权立法有更明确的规定,中央和地方立法权限划分应当更加深入明晰。在这种背景下,新《立法法》普遍赋予了设区的市地方立法权,同时还限定范围。将“较大的市”改为“设区的市”,让一些刚发展起来却没有地方立法权的新兴城市获得了地方立法权,对于各城市的发展来说,更加公平,这也是促进各区域平衡发展的需要。

对“设区的市”的立法范围进行限定其实是在间接优化地方政府的社会管理职能。将设区的市的国家机关以及政府的职能,仅限定于促进城市发展与管理方面,那么地方国家机关和地方政府行使立法权的时候,会更专注于“城乡建设与管理、环境保护、历史文化保护等方面的事项”,探索如何促进此方面的建设,是在引领地方国家机关和政府改革的方向。这不仅是一种立法手段,也是一种治理和发展城乡建设的政治手段。

针对立法需求的变化,《立法法》及时修改,回应新时期的社会需求和社会发展问题,这体现出立法与改革的关系也不再是服从与被服从的关系,立法的需求也在推动着立法向主动化发展。地方立法这种主动化的发展现状和趋势,跟以往被动、总结式的地方立法相对应,可以称为主动适应型地方立法。主动适应型地方立法在总结我国地方立法规律的基础上提炼出来,是指在地方立法的过程中发挥立法的引领作用,这不仅仅是一种立法理念和立法价值导向,更是一种地方立法的发展模式和类型。

二、主动适应型地方立法的概念探析

以前的总结经验式立法,已经无法满足深化改革的需要,而是要通过前瞻性的立法来指导和规范改革。地方立法探索逐步主动化,但主动适应型立法、主动适应型地方立法的概念还没有被正式提出来,这种概念来源于对地方立法趋势的总结,也是推进国家治理现代化的要求,需要固定化、类型化和模式化。

(一)主动适应型地方立法的定义

纵观新中国成立以来的地方立法史,从立法的发展历程上看,立法有被动与主动两种模式。被动模式是指立法展示制度改革的成果,服从于改革的需要。改革开放初期,立法工作积极适应改革开放进程,极大地促进了改革,另外,改革也为立法提供了实践经验,为日后制定法律提供了实践基础。

2013年,习近平总书记第一次明确提出“发挥立法的引领和推动作用”这个命题之后,才开始出现“重大改革于法有据”“立法先行”等概念。

党的十八届四中全会《决定》指出:“实现立法和改革决策相衔接,做到重大改革于法有据、立法主动适应改革和经济社会发展需要。实践证明行之有效的,要及时上升为法律。实践条件还不成熟、需要先行先试的,要按照法定程序作出授权。对不适应改革要求的法律法规,要及时修改和废止。”

2015年《立法法》明确规定“发挥立法的引领和推动作用”,为了进行改革创新和尝试,规定设区的市均有地方立法权,并且将设区的市的立法权限范围限定于特定事项,坚持立法先行,通过推动地方相关领域治理创新来实现立法的引领和推动作用。

党的十九大报告中指出,“积极发展社会主义民主政治,推进全面依法治国”“推进科学立法、民主立法、依法立法,以良法促进发展、保障善治”。立法工作只有从被动向主动转化,主动适应社会发展,有意识地利用立法来调整和引领社会发展的方向,才能真正实现“科学立法、民主立法、依法立法”。国家治理体系和治理能力现代化也离不开立法的推动作用,在党的领导下,通过制定法律来规范国家治理,调整利益关系,才能保障各项工作法治化,实现国家治理体系和治理能力的现代化。

可见,新时代比改革初期更能把握改革的规律性,立法此时需要引领改革发展的方向、主动适应改革,这种引领改革发展的立法可以称之为主动适应型立法。

首先,“主动适应”是一种立法理念和价值追求。“主动”是相对于“被动”而提出的,“适应”是相对于“回应”的,“回应”更被动,而“适应”强调的是互动、引导,更加动态化,更有积极性、主导性,而不是单纯的单方回应。

其次,主动适应型地方立法是相对于过去总结式的地方立法提出来的。强调立法不再是服务于改革,不再是被动地回应社会需求,解决社会问题,而是一种主动式的,主动对社会进行回应。国家与社会的互动关系中,立法作为国家权力的代表,是可以通过与社会之间的互动,有意识地指导社会发展。这种有意识地利用立法来调整和引领社会发展方向的立法就是主动适应型立法。

最后,主动适应型地方立法是一种立法模式和类型。“型”是指“类型、样式”,“主动适应型”是对这种具有“主动适应”特征的立法模式和类型的统称。如果只是在立法工作中的某一项程序含有“主动适应”的色彩,只能代表这项立法活动有一定的“主动适应性”,并不能将这种立法活动称之为“主动适应型立法”。从立法的思想到立法的程序、立法评估、立法的“立、废、改”,立法工作中的每一项环节都包含“主动适应”,

才可以称之为“主动适应型立法”。因为立法的每一项工作都不是孤立的,而是互相发生作用和效果的,从宏观规划到微观操作,都需要围绕“主动适应”来进行,才能形成真正的主动适应型的立法体系和机制。

因此,除了对主动适应型地方立法的概念有一个准确的定位外,还应当对其特征进行归纳,并与相似概念划清界限,进而运用主动适应型地方立法机制来处理实践问题。同时,形成与主动适应型立法相应的主动机制,用立法的前瞻性来指导社会、深化改革。

(二)主动适应型地方立法的特征

通过上文的分析,要进一步探究主动适应型立法提出的实践基础和背景,才能把握主动适应型立法的概念和特征。主动适应型地方立法强调立法引领改革,是在改革与立法关系的演变,总结立法趋势的基础上提出来的,其最核心的特征就是强调地方立法的前瞻性和导向作用。具体表现如下。

1. 主动性

立法服从和适应改革。主要有以下表现:第一,以授权的方式解决改革中的立法之急。全国人大及其常委会采取了授权立法的形式,授权国务院或者经济特区在经济体制改革和对外开放方面,制定行政法规、地方性法规和政府规章,以解决立法之急需。第二,通过探索、试验的方式积累经验,为制定法律打下基础。包括授权国务院进行探索、试验,由地方立法进行探索、试验,由全国人大及其常委会自身以探索、试验的方式进行立法。第三,使立法与改革的进程相适应。一方面,用立法及时巩固改革的成果。另一方面,将立法与改革的重大决策相结合,使立法服从和服务于国家工作大局。第四,用立法妥善处理好改革、发展、稳定的关系。[①]在先改革后立法、立法服从和适应改革需要的关系下,即在改革后,不得不制定法律来规范改革,否则就会造成法律的缺失和空白,最终会造成无法可依的状态。

在地方改革探索的初期,需要更加灵活的政策或者决策才能满足地方改革的环境,能够为改革提供相对宽松的规定。政策与法律相比,政策出台的程序和过程更加简单高效,并且没有立法技术和语言的要求,因而在改革探索阶段,灵活的政策、决策能推进改革。此阶段的地方立法是被动型地方立法,即地方立法展示和确认改革的结果,通过对改革实践中的经验和成果的总结,来制定和完善法律。主动适应型地方立法则完全不同,是用立法理念和立法目的来指导地方改革,具有强烈的主动性和主

① 刘松山:“国家立法三十年的回顾与展望”,《中国法学》2009年第1期。

导性。

2. 适应性

随着改革的深入，先改革后立法难以满足社会发展需要。在管理城市建设和人民的社会生活方面，急需制定符合当地实际改革发展情况的地方性法律，来规范和调整各种社会关系，但是这些城市没有地方立法权，2015年《立法法》让一些刚发展起来的新兴城市获得了地方立法权。在新时期，地方立法要在法律的范围内进行软性的探索，在法治的基本框架下进行改革，既能保持社会和市场秩序的稳定，又能给地方一定的空间激活积极性，可以在稳定中逐步推进改革和法治的发展。因而"重大改革于法有据"，是在改革积累了相当足的经验后，应当遵循的时代要求。

立法的适应性是指立法主动适应改革需要，适应社会发展的需要。回应强调的是解决已存在的社会问题，是在社会问题出现后给予回应。而适应是能动性的，就是除了回应，还强调二者之间的互动和调整，并不是围绕解决社会问题，而是围绕如何规划、谋划社会发展方向。通过立法的前瞻性来引导社会的发展，并不是一味地回应社会问题，是通过立法来设计社会的运行规则和方向。主动适应型地方立法应该为地方改革提供思路、措施和方案等，让地方改革更加规范、有序深入。

3. 预测性

党的十九大报告提出"积极发展社会主义民主政治，推进全面依法治国"，还明确提出推进国家治理体系和治理能力现代化。要达到这个目标，就必须提高党的依法执政水平，提高人民群众依法管理国家事务的能力。在新时期，不能满足于探索式立法，而是要实现引领式的立法，就是通过法律来指导和规划社会的发展。主动适应型立法就是在这个基础上提出来的，是一种引领式的立法，除了强调立法引领社会，还强调立法应主动适应社会发展。

地方立法应该为地方改革发展、社会的发展预留足够的空间。过去被动型的地方立法是在针对已经改革完成的成果进行确认，本身就具有滞后性。而要发挥立法的主导和引领作用，就需要在立法前做好充分的谋划、前瞻性的规划，也就是说，不仅需要科学的立法，还需要为未来改革和社会的发展预留空间。预留空间需要立法在引领社会发展的同时，也要鼓励创新精神，保障改革的灵活探索，对新的社会利益进行保护。

(三)主动适应型地方立法与相似概念

关于法律发展模式和类型的研究，伯克利学派根据法律与社会的关系，提出了三种法律发展模式，分别是压制型法、自治型法、回应型法。这三种法律发展的模式和类型有着非常明显的特征和区别。压制型法更强调秩序方面的稳定性,自治型法更强调社会的自主性,回应型法更强调法律对社会问题的回应,不能忽略社会问题和社会矛盾。

1. 与自治型法的区别

压制型法模式下,政治与法律的结合是非常紧密的,更关注社会秩序的稳定,随着社会的变化,对政府的要求的变化,压制型法变得不够稳定。自治型法则是强调法律与政治是分离的,倾向于社会内部的自发力量解决制度性问题。但自治型法在程序公平和实质公平之间更强调程序公平,这会使实质正义与程序正义之间的关系更加紧张,针对社会不公,自治型法不能很好地进行调节和矫正。

而本文研究的“主动适应型”不仅需要解决社会已经存在的矛盾和问题,还要对社会尚未产生的矛盾和问题进行预防,对社会发展的方向进行调整。自治型法强调法律程序,并不能很好地调整社会问题和矛盾。另一方面,自治型法更期待社会自身对问题的自我调节和调整,但是社会本身是具有一定的缺陷的,比如市场是具有一定的盲目性和自发性,很难自我调节,还是需要国家来进行宏观调控和指导的,因此自治型法中国家与社会的互动性并不强烈,而本文研究的主动适应型地方立法强调国家与社会的良性互动。自治型法与本文研究的主动适应型地方立法在国家与社会互动关系方面是有着本质性的区别的。

2. 与回应型法的区别

回应型法可以对社会问题进行回应,能够反映社会的需要,解决社会问题。回应型法为社会变革提供了一定的方向,但缺陷也很明显。第一,具有理想性。塞尔兹尼克提出回应型法的同时也意识到了不足。回应型法其实是不确定的理想,它的实现需要很多的条件。[①]第二,具有模糊性。朱苏力教授认为“表面看来强调了法律对社会的关系,实际上隐含了一种法律历史发展的目的论,更多强调了法律变化是对其自身的完善”。[②]国内对这种回应型法到底是不是一种超越自治型法的法律类型存在争议。因而,回应型法实际也存在一定的模糊性,没有真正实质上的明确定位。

回应型法与主动适应型地方立法之间值得对比研究。第一,概念提出的基础不同。回应型法是一种构想,而本文研究的主动适应型地方立法,是在总结我国立法的

---

① [美]诺内特、塞尔兹尼克:《转变中的法律与社会:迈向回应型法》,张志铭译,中国政法大学出版社2004年版,第117页。

② 苏力:“现代化视野中的中国法治”,转引自苏力:《道路通向城市》,法律出版社1994年版,第20页。

实践的基础上得出。第二,核心目的不同。回应型法是为解决社会现实问题,主动适应型更强调与社会主动式的互动,发挥公共理性,借助一定的预测和评估机制,通过法律的前瞻性来主动调整社会的发展方向和需求。第三,立法指导思想和制度设计也不同。回应型是属于被动的处理机制,主动适应型更强调预测法律风险,要从各环节预估立法后的实施效果和效益,是一种主动处理机制。第四,主动适应型地方立法有明显的地方性和实践性,是地方立法的实践趋势的总结,是对地方立法理论的完善,也是可以在地方立法过程中得到实践和运用的,具有明显的地方性特征,也具有强烈的地方实践性。

(四)主动适应型地方立法的概念定位

通过前文对立法与改革关系演变的梳理,根据改革与法的逻辑次序,可以将立法模式分三种。如果是先改革后立法,可以称之为触发式,即在改革后,不得不制定法律来规范改革,否则就会造成法律的缺失和空白,出现某些领域无法可依的状态。如果是改革与立法同步进行,属于探索式,比触发式立法更加规范,但是法律的引领作用也无法发挥。如果是立法先于改革,可以称之为引领式,即通过立法的方式,利用法律的前瞻性来对改革和发展方向及领域进行有意识的调整、规划和指引。因此,主动适应型就是一种引领式的立法模式,通过法律意识、立法理念来主动指导改革的发展。

主动适应型地方立法中的“主动适应”不仅是一种立法理念和立法思想、立法精神层面上的要求,还是贯穿于整个立法过程的,从立法规划、立法决策到立法参与再到立法后评估等环节的原则,并不只是立法过程中某一个环节所需要的改进。

同时,主动适应型地方立法也是贯穿改革进程的,在立法引领改革的过程中,“主动适应”是整个立法工作中都应该要有的立法理念和思想指导,在此基础上的“主动适应型立法”应该是中央立法、地方立法完善的目标和方向,立法真正引领改革发展的进程,才能在改革的新时期实现突破。

所以,主动适应型地方立法在思想指导层面,是以“主动适应”为立法理念、立法思想、立法原则的。在实践层面,是将“主动适应”贯穿于地方立法活动的全过程。在与改革的关系方面,主动适应型立法是与过去总结式的、被动式的立法相对立的,立法与改革的关系不再是立法服从改革,而是立法引领改革。主动适应型地方立法是一个涵盖面积非常广的概念,并不仅仅是一个立法思想,也并不是一个地方立法的具体制度,而是对整个地方立法活动的类型定位,是判断现代法治思维和方式的重要依据。

三、主动适应型地方立法的理论基础

厘清相关概念界定和性质后,再来探讨主动适应型立法更深层次的问题——理论基础,对这种主动适应型地方立法的理论背景和理论基础进行分析和探究,包括国家与社会的关系、法律发展的模式、需求回应理论等内容。

(一)国家与社会的关系

地方作为国家组成的一部分,在政治意义上来看,是服从和服务于国家的,地方立法不能违背上位法的规定、原则等。但是地方跟社会、民众的接触更加的直接,是国家与社会交流的最直接的桥梁,也是国家与社会交流的重要载体。国家可以通过对地方的调控来调整国家与社会发展的方向,因此,地方立法不仅仅是地方与社会关系的体现,更是国家与社会关系的体现。因而,国家与社会的关系也是本文研究的地方立法与社会关系的基础,国家干预社会和引导社会发展的理论是地方立法引导社会发展的理论背景。要明确地方立法引导社会发展的原因,就一定要清楚国家引导、干预社会发展的原因。

不管是哪种理论,都承认国家与社会关系中国家地位和作用的重要性。社会本身的缺陷和局限性决定了其需要国家的干预,同时,国家作为最高权力集合者,也必须通过对社会的干预来履行各项职能。国家进一步改善管理,提高现代化治理能力,才能在国家与社会关系中做到正确指引社会的发展。在我国,国家与社会的关系长期是家长式的关系,国家应该指引社会的发展方向。

第一,这是改革更加规范化的需要。现在改革的经验已经十分丰富、成熟了,如果还是改革在前,立法在后,改革容易成为违法违规做事的借口。建设法治国家,必须要在法治的框架下进行改革,不能利用改革来钻法律的空子。

第二,深化改革应该更有目标性和目的性、方向性。现在属于改革相对成熟的阶段,如果没有对改革整体的方向把握,那么改革就会停滞不前。通过立法这种国家权力,来调控和把握改革的方向,能从宏观上更有目的性和计划性地改革,更好地实现改革目标。

第三,现代化社会的高速发展需要更高层次的指引。从我国的社会发展状况来看,社会发展客观上是需要国家的调控和指引的,社会上还存在着许多无序的现象,市场的自发性和盲目性也需要国家的管理来维护稳定的秩序,这种社会发展的状况需要国家的干预和调控,才能保持良好的秩序。

(二)法律发展模式:演进论与建构论

关于社会秩序的形成问题,哈耶克倡导的演进论理性主义认为,各种法律制度、规范、秩序等都是人类社会进化发展的结果,是经验的积累性的自由创造的结果。但是,演进论太重视经验,忽略了人本身在面对新问题,面对社会发展中的新矛盾的时候,光依靠经验是很难解决所有问题的。

罗尔斯倡导的建构论理性主义则认为,秩序、文明成果都是人的理性设计的结果,通过人的理性设计,可以调控和改革社会。制度是根据正义的原则,运用人的理性经过审慎思考和设计后产生的。在这种情况下,法律是人类理性设计和审慎思考后的产物,通过立法的设计来调控社会、规范人们的行为。但是它过分强调了理性的作用,很容易让最后的制度设计浮于表面,难以和法律文化、民族文化等结合,存在着明显的弊端。

关于演进论和建构论,它们二者是从不同的角度探讨,各有优劣。演进论强调要尊重人类以往创造的文明成果,强调历史文化和社会发展的连续性和进步性,这些都是演进论中可取的、值得肯定的地方。但是,经验本身就是有局限性的,只依靠经验,很难完全判断社会发展的进程和方向,当今世界发展迅速,特别是我国如今步入新时期,单靠经验很难实现对新事物的把握和调控。因此,仅靠经验是不够的,还应当借助理性,在一定程度上对社会的发展进行有效的规划、设计和调控,因而建构论对于理性的作用和自信也是值得肯定的。笔者认为二者并不是完全绝对的冲突和对立,不能放任演进式的自生自发,也不能理性至上,抛弃我国历史文化和社会发展过程中的特定的价值,而是要辩证地看待演进论和建构论的关系。

在我国,社会主义市场经济的出现就是演进性和建构性有机统一的证明,这种设计摆脱了计划经济模式,计划经济在需要集中力量建设社会主义时期,确实发挥了巨大的作用,但是现在全球经济快速发展,市场经济才是顺应时代发展和改革要求所需要的。而社会主义市场经济既充分发挥市场的基础性作用,但又让市场接受国家的宏观调控。我国的国家与社会的关系长期是家长式的关系,即国家主导型、国家主动型,并不是演进式的,正因如此,我国可以在一定程度上指导和引领社会的发展,而立法就是运用这种理性力量的手段和载体,可以通过立法充分发挥公共理性,促进国家与社会的良性互动,利用法律的前瞻性来调整和规划社会的发展方向,主动适应改革需要。

(三)需求回应理论

回应是指对某种愿望、思想、行为进行反应与反馈。回应的本质是要解决社会问题,对社会的利益诉求进行回应。前文已经提到,国家产生的基础就是基于社会的需要。那么对社会需求进行回应,自然也就是国家得以长期存在的基础。社会发展中的需求就是国家要进行治理和调整的方向,国家如果不回应社会需求,那么就会跟不上社会发展的节奏,更别说能实现调整社会利益和冲突的功能。

第一,这是国家存在的基础,如果国家不回应社会问题和需求,那么国家最初产生和存在的意义便丧失了。第二,回应是调整社会利益的需要。通过回应可以进行社会利益的调整和再分配。第三,回应有利于调整社会发展方向。现代社会的发展十分迅速,如果不回应,就会导致更严重的社会问题,回应是提高治理水平和完善模式的要求,正是通过对社会问题的回应,才能知道社会中需要调控的方向和领域。然而,仅仅回应社会需求是不够的。回应社会需求是必要的,但是回应是一种被动的反应,对于我国深化行政体制改革等方面来说,国家、政府要实现对社会的全局规划和指导,就必须站在比社会需求更高更远的角度,不能仅仅满足于回应社会需求,还要做到能在一定程度上把控需求的方向,反向调整社会需求,主动适应和调整社会需要。这也是“主动适应型”中的“适应”与“回应”所不同的地方。社会随着市场经济的发展也在急剧发生变化,在我国,不同的利益主体开始有了各自的利益诉求,旧的社会秩序开始被打破,新的社会需求在急剧增长。

首先,地方立法应该积极对社会需求进行回应,这也是有法可依的基础,如果法律不对社会存在的问题或者是需求进行回应,就可能会导致社会问题的扩大,无法实施和落实的法律也会形同虚设。目前,我国的法治建设已经基本实现有法可依,法律体系和法律制度也比较完整和成熟。有法可依已经基本实现,这说明,立法工作已经基本完成了对社会需求的回应。

其次,改革开放40多年,我国已经进入中国特色社会主义的新时期。因此,地方立法如果还只是停留在满足社会需求、回应社会的基础上,是不够的。长期以来,立法都是被动的回应社会现实生活,但是立法的功能远不止这些,在新时期,应该更加注重立法对社会的引导和调整,通过立法来推动社会改革和向更健康、更规范的方向发展。在这个基础上的地方立法,才能起到推动地方治理和发展的作用。

四、主动适应型地方立法的制度设计

地方立法与地方经济的发展息息相关,同时也影响着整个社会的发展。如果地方立法的实施成效好,能够发挥其作用,那么就可以考虑推广到全国,另外,如果实施效果不好,对其他地方而言,可以总结失败的经验。根据先行立法的地方的实施状况、立法后评估等方面，可以更好地预测法律风险，预估立法后的实施效果和效益。因此，从各个地方之间的互相参考、借鉴的角度来说，地方立法视角下的主动探索显得十分重要。

(一)主动适应型地方立法的决策机制

地方立法决策并不是立法活动中的单独环节，它也不应仅包含法律层面的考量，更应包含对地方的政治、社会、文化等各方面要素的考虑。地方立法决策是立法前非常重要的步骤。地方立法主体在立法前，针对具体的地方立法问题作出抉择和价值判断，以及选择具体的解决方案的行为可以称之为立法决策。按学界通说，地方立法决策一般包括以下几个步骤：第一，发现问题和提出问题。地方立法决策是为了解决具体的立法问题，决策涉及的立法事项可以是宏观层面，也可以是微观层面，要以地方立法问题为前提。第二，确定解决问题的目标。目标的内容是要明确的，比如是需要对某一领域制定统一的行为准则，还是需要对这个领域内不同的方面，分别制定各个具体的行为准则。第三，设计解决问题的方案。地方立法决策的过程，是需要对地方立法问题作出价值判断和取舍的，因而需要两个以上的独立方案。第四，作出抉择和定夺。这属于实质性的环节，定夺包括选择，也包括了认可。第五，完善决策。有必要时，需要对决策加以修改和补充。[①]推进地方立法决策的主动适应机制的构建应该包括以下两个方面。

1. 主动挖掘地方立法问题

与以往被动式、总结式的地方立法相对应，当时的地方立法决策也是通过经验的积累产生的。在新时期的时代背景下，科学的、主动适应社会发展、引领社会发展的地方立法决策是趋势。立法决策是立法前的环节，立法前的环节如果能够达到理想的效果，就能为其他立法工作的环节提供一个好的开始和基础。应该积极推进地方立法决策，利用立法前环节的优势，以实现地方立法对地方社会的引领。

各行各业都有相应的行业组织，也有领军式的企业或者公司，作为地方立法决策者，很难做到对各行业的新情况了如指掌，但是可以利用社会资源。比如有偿让行业组织提供该行业的发展情况和专家预测，或者是通过地方政府相关部门的监管数据来进行分析。现在科技十分发达，大数据运用比较广泛，可以通过大数据的分析、通过计算机软件的计算等，主动了解地方社会发展的新趋势，了解需要规范化管理的新领域，这样才能主动发现地方立法问题，更具有针对性。社会发展日新月异，地方立

① 周旺生：《立法学教程》，北京大学出版社2006年版，第470页。

法只有跟上时代发展节奏,才能实现地方立法的目的。

2. 对地方的立法问题进行分类分析

地方的立法问题有许多种,有的是针对现行地方性法规和地方政府规章的修改,有的是针对过时的地方性法规和地方政府规章的废除,有的是关于新领域的地方性法规和地方政府规章的空白等。对于不同的地方立法问题,需要进行差别化的分类,对不同类别的地方立法问题的处理方法也应不同。如果一个地方立法问题涉及新技术、新领域或者是一个行业的新发展,在地方的立法决策者作地方立法决策前,应该做深入的考察或者了解,可以请相关的专家提出建议或者说明。正确地对地方立法的问题进行分类,是抉择和定夺地方立法决策的前提,而好的地方立法问题应该建立在全面、准确和丰富的信息基础上。

一般情况下,随着社会的发展和分工,社会需求也日益多样化,新的需求不断地产生。对于需要法律来规范的领域,不能再通过政策调整,政策虽然灵活,但是并不能替代法律。因而,在地方立法前的阶段,应该做到积极主动地发现地方立法问题,提出地方立法问题,地方的立泆问题应该有全面、准确的地方信息做依据,地方立法的问题决定了地方立法决策、后续地方立法的方向,地方立法决策是立法前非常重要的工作,为地方立法工作的其他环节能更好地开展打下基础。

(二)主动适应型地方立法的参与机制

随着地方立法权主体的层级增多,地方立法也越来越精细,涉及关于地方的民众具体权益的立法事项也就越多。地方民众表达利益需求的方式也更加的多样化,直接或者间接地推动了地方民众参与立法,特别是参与地方立法。立法权的下放,给了民众更多参与地方立法的机会和渠道。在此背景下,更需要保障地方立法的民主性,因为我国一切权力来自于人民,倘若人民群众不能充分参与立法,就无法发挥人民对立法机关的监督,无法保证人民当家做主。在地方立法参与中构建主动适应机制,需要做到以下几点:

1. 增强地方立法的公开性

了解地方的社会需求。对于现阶段的地方社会而言,地方立法工作是处于一个新的时代背景,立法的理念也在不断更新和完善,地方民众的法律意识在增强。要满足把公开原则贯穿地方立法全过程等要求。对于社会和人民而言,重大事项的地方立法规划、地方立法决策等都是与生活息息相关的。

此外,社会和人民的需求,往往是社会产业发展的方向。人民的需求,其实正是改革的方向。扩大立法参与,其实就是主动了解可能存在的社会问题和可能会产生的社会需求。因此,增强地方立法的公开性,其实是地方立法民主性和科学性的重要前提,如果地方立法的公开程度不够,那么民众获取的地方立法相关信息的渠道和内容容易不够全面、及时。保障地方立法的公开性,不仅能够更好地获知社会需求,还能为地方立法的民主性和科学性提供基础。

2. 保障地方立法参与的民主性

人民参与立法的过程,才能充分表达利益需求。我国的人口众多,实行的是人民代表大会制度,大多数人民通常是通过间接的方式参与法律的制定。而地方立法制定的内容多与城市建设等涉及民众生活的方面息息相关,因此地方立法权的下放在一定程度上促进了地方立法的民主参与性。

修改后的《立法法》对党的十八届三中全会、十八届四中全会关于发扬立法民主方面作了进一步补充和修改。提出了增强立法的公开性,完善立法论证、听证等制度,健全法律草案公开征求意见的反馈机制等。这些都是在拓宽民众参与立法,表达利益需求的途径。通过这些途径,立法机关才能全面了解不同的利益需求,建立民众对法的认同和支持。民主的程序不一定就代表科学的结果。民主立法确保了民众参与立法的过程和表达立法意见的平台,但是民众的意见有时候不一定是理性的,可能会产生自发性和盲目性。

在主动适应型地方立法的模式下,更应该保障地方立法参与的民主性,主动适应型地方立法强调的就是主动适应社会发展的需要。社会发展的需要和社会发展的方向,往往和民众需求、民众利益息息相关。主动适应型地方立法旨在通过地方立法的前瞻性和指导性来促进地方的健康发展,地方的建设和发展离不开民众的支持和民众生活的提高。但是,市场具有一定的盲目性和自发性,社会的自我调节也存在缺陷,因此,民众的利益需求对于主动适应型地方立法而言很重要,地方立法不仅是要对利益需求进行回应,还应该对利益需求进行一定的引导,因此地方立法参与的民主性需要进一步保障。

3. 保障地方立法参与的科学性

立法在保证民主参与的同时,也需要科学化。从《立法法》的规定看,科学立法不仅包括立法内容的科学,还要求可操作性,这也是提高立法质量的要求。立法的科学化在实质上就等同于立法的合理化,其内在的要求是商谈论证的合理性与开放参与的公众性。[①]为了促进科学立法,应当完善和规范立法的程序,提高立法技术,以及完

① 朱志昊:《实践商谈与理性参与》,法律出版社2014年版,第249页。

善立法评估制度等。

这些方面,都离不开民众的参与和监督,可见,立法科学性和民主性紧密相连,没有民主立法,就很难实现立法内容的科学,没有科学立法,就很难保证民主立法的结果和法律的良好实施,因而这就需要在国家与社会之间开辟一个新的平台来平衡,在平台之上,公民借助对公共事务、立法事务的参与来实现与国家和社会的良性互动,只有这样才能在实践中做到立法的民主性与科学性的有机统一。[①]立法参与不能盲目,对民众立法参与的事项和领域要做到张弛有度,重点明确,这样才能达到科学推进立法进程、适应并引导人民需求方向的目的。

在主动适应型地方立法中,地方立法的科学性是地方立法正确引导社会发展的重要保障。如果主动适应型地方立法无法做到科学立法,那么就可能会导致立法结果的偏差。法律具有稳定性和强制性,地方立法如果产生偏差,不仅难以实现引导社会健康发展的目的,还可能会导致新的社会问题和矛盾的产生。因此,保障地方立法参与的科学性,是实现主动适应型地方立法的前提和基础。

(三)主动适应型地方立法的后环节

对于主动适应型的地方立法而言,其对社会发展的预测性更强,更需要考察其在实践中的效果、后果。“立法后评估,一般是指在法律、法规颁布实施一段时间后,结合法律、法规的实施情况,包括取得的成效、存在的问题,对特定的法律法规进行的评价,目的在于更好地实施、修改完善被评估的法律、法规,并从中总结经验,为开展相关立法提供借鉴和指导。”[②]学界一般认为,地方立法后评估是具有地方立法权的主体,对已经生效的地方性法规和地方政府规章等进行综合的考察和评价。

地方立法需要容错机制,即在地方立法后需要判断该法规、规章是否有修改、完善或者废除的必要。“以立法为目的,将立法后评估作为进一步完善立法的一个手段,由立法部门、执法部门及社会公众、专家学者等,采用社会调查、定量分析、成本效益计算等多种方式,对法律、法规在实施中的效果进行分析评价,针对法律法规自身的缺陷及时加以矫正和修缮。”[③]立法后评估在普遍开展的同时,也逐渐地规范化。对已经实施了一段时间的地方性法规和地方政府规章等进行立法后评估,是地方立法工作的继续。让地方性法规和地方政府规章在社会运行之后的状态和效果重新被立法

① 朱志昊:《实践商谈与理性参与》,法律出版社2014年版,第250页。

② 许安标:“立法后评估初探”,《中国人大》2007年第8期。

③ 童海保:“试论构建我国立法效果评估制度”,《江淮法治》2006年第13期。

者认知,是为了更好地反思立法成效。

地方立法后评估其实也是对“地方—社会”“国家—社会”互动结果的评估,国家通过立法来进行引导社会发展、引导改革的方向,只是一种理论上的尝试。在这个层面上,承担“先行先试”功能的地方立法,是在为国家、为中央立法承担试错的功能。也就是说,地方立法后评估,不仅仅反映地方立法在社会治理中的效果,同时也是为在国家层面治理社会承担一种试验功能。要想有效地发挥地方立法的试验功能,地方立法后环节的主动适应机制可以从以下几个路径探求。

1. 强化主导意识和能力

地方立法受社会环境、经济环境以及地方立法水平的影响,成熟的程度不一。并且,因为地方立法都是根据当地的具体情况来制定和实行,一些具有针对性的地方立法在实践中的可行度更是需要长期的跟踪评估。对于立法后的评估,要有主动、主导意识,法律不是制定之后就可以一劳永逸,随着社会的发展,当初立法的社会环境、社会现实背景都可能发生变化,因此要建立主动的评估机制。比如,对于立法后评估的时间和内容都应该做详细的规定。2008年《广东省政府规章立法后评估规定》第十六条就提到“政府规章满三年,有下列情形之一的,应该进行立法后评估……”,这是对立法后评估的时间和启动条件进行规定。

地方立法要主动调查研究目前地方性法规和地方政府规章的实施状况,主动发现问题,主动启动立法后评估程序,检查漏洞,而不是等到现实中出现问题再解决。地方立法在实践中,除了地方立法本身的不完善、立法技术不成熟会导致法律得不到充分的实施外,地方相关的配套制度、社会文化习俗、其他配套措施等,都可能是地方立法得不到充分实施的原因,因而我们要主动找到问题的症结。

2. 科学处理评估结果

立法后评估,是对立法工作的全面评估,包括了法律的实施情况,是否起到正面作用等方面。立法后评估十分重要,对于该地区的地方立法而言,立法后评估的结果往往就是对地方立法进行“立、改、废”的重要依据。对于其他地区而言,别处的地方立法后评估的结果可以作为自身地方立法的参考和借鉴。

因此,对于立法后评估的结果,要主动科学地处理:主动处理,才能保证及时修改问题;科学处理,才能保证地方立法的质量。要主动及时地废除质量不高、在实践中成效不足的法规,保证地方立法的可操作性和质量。对于不够完善的地方立法,则要及时修改完善,确保地方立法的完整度。只有科学处理评估结果,才能防范地方立法权的乱用,从而保持地方立法的生命力和活力。

评估的最终目的是要能够有助于提高地方立法质量,各区域、地方之间的政治、经济、文化等方面发展不均衡,因而以往的地方立法原则性的规定多于具体的详细规定。而现在,随着地方立法主体的扩大,地方立法的权限范围设定等,要求地方立法向精细化方向发展,这就需要地方立法及时修改或者废止已经落后的规定,使地方立法更加具有针对性和可操作性。

(四)主动适应型地方立法的规制

作为立法者,很难预见社会发展、改革进程中出现的一切问题。而本文所谈到的主动适应型地方立法是一种引领式的,是一种上层设计式的立法。社会日新月异,虽然主动适应型地方立法倡导为未来社会发展预留一定的空白和空间,但是法律法规等法律性文件一经公布便具有稳定性,这种确定性还是很难在实践中做到完全把握住社会发展方向。但是,这种主动适应型地方立法其实更偏向于一种立法理念和价值的指引和追求。如何既保证主动引领社会发展的价值追求,又满足现实改革需要?可以从几个方面对主动适应型立法进行规制。

1. 理念与实践的平衡

主动适应型地方立法强调地方立法要对社会问题、社会发展趋势进行指引,但是这种“主动”并不是没有任何规制的主动,不能以主动适应社会发展为幌子,在地方立法的各个环节和程序上违背中央立法、违背《立法法》、违背地方立法应该遵循的程序,超过地方立法的权限范围。因此,主动适应型地方立法在地方改革和地方发展的方面,要有相应的规制。法律应当准确、具体并且具有稳定性。但社会在迅速地发展,法律具有一定的滞后性,立法很难考虑到所有新情况。政策十分灵活,政策的出台十分便捷,但是政策不能代替立法,立法权的行使是必须严格限定在法律范围内的。地方立法也很难考虑到社会上所有的问题,也并不能针对社会上每一个问题和矛盾都进行立法,应该严格行使地方立法权,地方立法权的主体、权限范围都必须遵循法律的规定。那么,有一些社会问题和矛盾,既不能完全用法律来解决,也不能用政策等变化性很强的手段来解决,那么对这种问题和矛盾,可以探索处于法律的稳定性和改革的突破性之间的方法,可以探索比立法更加灵活、比政策更加规范的路径——决定权。

此前,全国人大及其常委会作出授权决定,对需要改革探索,突破原有体制,《立法法》中并没有涉及的立法后的暂停法律实施问题,全国人大及其常委会以“决定”的形式在广东地区暂停实施法律的一部分,这是一种对立法和改革冲突的调整。因而可以通过规范决定权的行使来对立法权进行补充,作为改革与立法之间的一种探索路径，探索价值追求与地方现实改革需要的平衡。

2. 加强地方立法监督

地方立法监督除了要完善内部监督，还要加强外部监督。内部监督是指全国各级人大及其常委会、国务院及各级政府等机构对地方立法的监督，比如备案审查。外部监督主要包括社会上的团体、组织、个人等。主动适应型地方立法的目的是引导社会的发展方向，具有前瞻性、规划性，与实践经验总结式的立法相比，没有实践总结式的立法那么贴合人民的现有需求，更强调的是上层的设计，因而，主动适应型地方立法更需要加强地方立法的外部监督，弥补不足。

同时地方立法监督也可以间接地增强地方民众的民主意识和法律意识。地方民众在参与地方立法的监督过程中，不仅有利于保障地方立法的民主性，也能提高地方立法的公开度和透明度，这些都有利于提高民众的法律意识和民主意识。因而，在扩大和完善外部监督机制的同时，也可以将民众的意见反馈和建议作为立法的信息来源参考，有助于发现和探索立法需要引领社会发展的领域和方向。

地方立法的空间效力比较局限，也比较固定，与地方的民众切身利益息息相关。地方立法权要真正反映该地方民众的真正需求，才能真正促进地方的治理和建设，不能只是流于形式。主动适应型的地方立法，更注重地方立法在探索中的主动性，这种主动性如果没有监督和规制，就可能会导致立法方向的偏差，不能真正起到引导地方社会健康发展的作用，因而地方立法的监督需要更加完善。

五、结 语

立法是国家权力运行的重要领域，立法模式与类型的不同，从一定层面上体现了国家与社会之间的不同关系，在不同的国情和历史时期下，国家通过调整立法模式和类型来调控社会。党的十九大报告中指出，“积极发展社会主义民主政治，推进全面依法治国”，“推进科学立法、民主立法、依法立法，以良法促进发展、保障善治”。对于地方立法而言，地方立法是中央立法的窗口，地方立法具有强烈的地域性，这种地域性让地方立法的空间效力局限于地方的同时，也为中央立法提供了先行先试的功能。

在新时期应该重新看待地方立法与改革二者之间的关系，立法的功能也应该相应地进行调整和转变，不应该再单纯为改革服务，而更应该引领改革。立法需要将总结式、被动的模式转变为主动模式，发挥前瞻谋划、推动作用，才能真正实现“科学立法、民主立法、依法立法”。

导师推荐意见

曹惠晴同学的硕士学位论文《主动适应型地方立法研究》是一篇较为认真踏实的文章。惠晴同学是我招收的第一位硕士研究生,所以在她的学位论文写作上,我会“干预”得多一些。这篇文章的选题是我与惠晴同学共同商定的,自然也包含了一些我个人的思考与想法,当然这也给惠晴同学的写作带来了一些难度,好在最终论文写作顺利完成。主动适应型地方立法是改革开放四十年以来,我国立法事业发展出现的一种新动向,其背后的理论逻辑是立法与改革的关系问题。长久以来,我们的立法是改革成果的展现与总结,但这或多或少地会带来改革与法治的冲突,即使这种冲突可能是良性的。在全面推进依法治国的时代背景之下,重大改革于法有据、立法主动适应改革和经济社会发展需要、立法和改革决策相衔接等重要理念的出现让我们不得不重新审视立法与改革的关系,立法先于改革、立法引导改革或许是新时代中国特色社会主义给立法事业提出的新要求。基于此,本文具有较为重大的理论意义和时代意义。但不得不说,由于受我个人研究风格的影响以及两年学制的制约,这篇文章更倾向于理论分析与概念阐释,在制度构建和实证调研方面,还存在一定的欠缺与不足,还有待进一步与学术界、实务工作部门多加交流,深入研究。青年习作,虽仍待雕琢,尚有惊鸿一瞥之论,列于此以飨诸君。

推荐人:朱志昊

立法评析

【评析Ⅰ　文化立法】

设区的市历史文化保护立法权限范围的界定*

◎朱志昊　卢作峰　赵靓楠**

内容提要:准确认识和界定设区的市历史文化保护立法权限范围,是有效维护法制统一、保障设区的市立法质量的重要一环。对此,首先需要深入把握"历史文化"的基本属性,从对"文化"一词的理解、地方知识与历史文化、普通语言学与民族语言文字三个维度进行剖析。而在"历史文化"具体范围的界定思路方面,可先从规范分析层面探讨现行法律体系中历史文化保护的范围,再从事实的角度归纳总结现行有效的市级历史文化保护地方性法规。进而,可确定"历史文化"保护的具体范围应包括的七个方面:一,以《文物保护法》第二条为标准,被官方认定的可移动文物与不可移动文物;二,尚未被官方认定但符合"历史文化"性质的文化遗存;三,以《非物质文化遗产法》第二条第一款的前五项为标准,被官方认定并纳入名录内的非物质文化遗产;四,其他与"历史文化"性质相符的非物质文化遗产;五,物质形态文化遗存与非物质形态文化遗产的综合形态;六,民族语言文字;七,地方史志。

关键词:文化立法;立法权限;设区的市;历史文化保护

2015年《立法法》修改后,设区的市可以就历史文化保护方面的事项制定地方性法规这一权限问题的研究,大致可分为两个方向:一是立法的必要性问题,即如何理解将历史文化保护这一权限赋予设区的市级地方性法规;二是立法权限问题,即其权限保护的范围具体应当包括哪些内容。前者无疑是后者研究的前提与基础。对于设区的市历史文化保护立法的理解,不能仅在简单直观的层面上审视地方性法规的地

---

*　本文写作受国家社科基金项目"改革语境下人大决定权与立法权的关系研究"(项目编号:18BFX031)资助。

**　朱志昊,华南理工大学法学院副教授,法学博士;卢作峰,华南理工大学法学院硕士研究生;赵靓楠,华南理工大学法学院硕士研究生。

方性与历史文化的多样性有共通之处,而更要深入把握“历史文化”的基本属性。同时,需要摆脱旧的法律观念的束缚,对地方性法规乃至法律本身秉持一种更开放的态度。在具体的界定思路方面,应首先从规范的角度出发,探讨现行法律体系中历史文化保护的范围,然后从事实的角度去归纳总结现行有效的市级历史文化保护地方性法规,结合上述理论基础与基本属性去分析规范与事实之间的关系,从而确定保护的具体范围。

一、“历史文化”的理论基础与基本属性

(一)对“文化”一词的理解

“历史文化”本身并不是一个法律概念,也没有任何一部现行的法律法规对其进行过界定。相对于“历史”而言,“文化”为后置词汇,且更具复杂性与特殊性,因而,要理解“历史文化”,首先要理解的是“文化”的概念。

英国人类学家爱德华·泰勒(Edward Tylor)在1871年首次出版的《原始文化》一书中对“文化”进行了定义:“文化,或文明,就其广泛的民族学意义来说,是包括全部的知识、信仰、艺术、道德、法律、风俗以及作为社会成员的人所掌握和接受的任何其他的才能和习惯的复合体。”[①]

在我国语境中,“文化”一词具有多重含义。第一层即古代意义上的文治教化。“文”与“化”同在一句子中最早见于《易经·贲卦》:“观乎天文以察时变,观乎人文以化成天下。”就词源而言,将“文化”合而为一使用的最早出于西汉。《说苑·指武》:“圣人之治天下,先文德而后武力。凡武之兴,为不服也;文化不改,然后加诛。”这里的“文化”与“武兴”相对,指的就是“文治教化”的意思。第二层是教育知识意义上的文化常识,也即对个人而言的“文化水平”与“知识程度”。第三层即是生活方式与生活要素意义上的文化,突出的是人的精神活动及其产品。此种含义的由来始于近代历史上中西方文化的交流,日本学者将汉语“文化”翻译为西方语境的“Culture”,亦即自泰勒以降,西方学者将文化视为人类后天习得之物,并从不同角度对文化作出的定义与理解。第四层是强调无产阶级领导的马克思主义文化,指社会的上层建筑及与之相适应的制度与组织机构。[②]

---

① [英]泰勒:《原始文化》,连树声译,广西师范大学出版社2005年版,第1页。

② 王威孚、朱磊:“关于对‘文化’定义的综述”,《江淮论坛》2006年第2期。

显然,《立法法》第七十二条第二款提及的“历史文化”中的“文化”与前两个层面上的含义并不契合。而第四个层面的政治与阶级因素在此表现得也并不明显,更多的是与《公共文化服务保障法》《公共文化体育设施条例》等法律法规中的“文化”相契合。[①]因而,我们应当从第三个层面去理解“历史文化”中的“文化”一词,即文化是人的精神活动及其活动产品的总和。

(二)地方知识与历史文化

在西方种类繁多的文化定义理论中,有一派尤为重视和强调“生活方式(文化)主观独特性”,其以美国(解释)人类学家克利福德·格尔茨(Clifford Geertz)为代表。[②]对这种文化观、法律观加以理解与吸收,有助于我们打开历史文化保护这一地方法制现象的理念阐释进路。受马克斯·韦伯(Max Weber)的影响,格尔茨同样认为:“人是一种悬挂在由他自己织成的意义之网中的动物,而我所谓的文化就是这些意义之网。”[③]在阐释人类学的理论基础上,格尔茨将法律视为文化的一部分,主张并确切使用“深度描绘”(thick description)的方法深入研究人类有史以来的各种文化现象,包括人类物质的和精神的活动方式。格尔茨提出,法律是一种地方性技艺(crafts of place),凭借着地方知识(local knowledge)来运作,并认为“法律,无论在这里,那里还是任何地方,都是对真实(the real)加以想象的独特方式的一部分”。[④]格尔茨甚至主张法律本身就是地方知识,而非无地域界线的通则(placeless principle),是社会生活的建构(constructive)而非反映,或者说不仅仅是反映。比较法研究应当坚持文化翻译(cultural translation)的观点,尽管其相当不正统。坚持这种研究路径的原因,就在于其能够使法律与其他诸如道德、艺术、科学、宗教、历史等伟大的人类生活文化形态重新结合,而不埋没于后者之中,或者成为后者强大建构力量下的附属奴隶(servant adjunct)。[⑤]

格尔茨的法律文化观与研究方法在中国产生了较大的影响力,相关研究的基本

---

① 参见《公共文化服务保障法》第二条、第十四条;《公共文化体育设施条例》第二条。

② 也有学者将其译为克利福德·吉尔兹。其代表著作为:《文化的解释》,韩莉译,译林出版社2014年版;《地方知识:阐释人类学论文集》,杨德睿译,商务印书馆2016年版。后者此前另有王海龙、张家瑄译本:《地方性知识:阐释人类学论文集》,中央编译出版社2000年版。本文以原著为准。

③ [美]格尔茨:《文化的解释》,韩莉译,译林出版社2014年版,第5页。

④ [美]格尔茨:《地方知识:阐释人类学论文集》,杨德睿译,商务印书馆2016年版,第288页。

⑤ [美]格尔茨:《地方知识:阐释人类学论文集》,杨德睿译,商务印书馆2016年版,第218-219页。

立场就是“用法律去阐明文化,用文化去阐明法律”[①],同样视法律为文化的一部分。梁治平认为,法律本质上就是一种符号(sign),既具有解决问题的功能,也秉持着传达意义的性质。在此后对中国传统法律文化的研究中,梁治平先生更加注重的是法律的文化意义,或者说是“制度的文化性格”,总是在追问着法律安排背后的“根据”。[②]他在《法律的文化解释》一文中说:

> 法律是被创造出来,而且,它是在不同的时间、地点和场合,由不同的人群根据不同的想法创造出来的。人在创造他自己的法律的时候,命定地在其中贯注了他的想象、信仰、好恶、情感和偏见,这样被创造出来的法律固然可以是某种社会需求的产物,但是它们本身却也是创造性的。着眼于前一方面,不同社会中的不同法律可能被发现履行着同样的功能,甚至分享某些共同的原则,而由后一方面我们看到,发自人心的法律同时表达了特定的文化选择和意向,它从总体上限制着法律(进而社会)的成长,规定着法律发展的方向。[③]

格尔茨站在阐释人类学的视角下看待法律,梁治平站在比较法律文化的视角下看待法律,都将现实的或历史的法律视为文化的印记,视为特定区域内普遍的社会需求和人民主动选择、创造的产物。这种法律文化观对于我们从理念阐释的层面去理解设区的市历史文化保护法制,有着极大的思路助益。设区的市地方性法规与历史文化保护之间的联系,从这个理论的角度去理解,呈现出极大的黏合力。

(三)普通语言学与民族语言文字

在关注一个地区、一个民族的历史文化时,我们同样需要关注其语言文字。“一个民族的风俗习惯常会在它的语言中有所反映,另一方面,在很大程度上,构成民族的也正是语言。”[④]语言作为独一无二的文化现象,也直接构成了人类的存在方式,即人类活在自己的语言之中。语言与文化有着密不可分的关系,它们甚至在很大程度上共享着某些特征,其中最为突出就是符号性(sign)。有着“现代语言学之父”美誉的费尔迪南·德·索绪尔(Ferdinand de Saussure)就明确地将符号性视为语言的基本特征。他认为,语言是一种符号系统,符号由“能指”(Signifier)和“所指”(Signified)两部分

---

① 梁治平:《法辩》,广西师范大学出版社2015年版,第1页自序。

② 梁治平:《寻求自然秩序中的和谐——中国传统法律文化研究》,商务印书馆2013年版,第3页。

③ 梁治平编:《法律的文化解释》,三联书店1994年版,第54页。原载于《中国社会科学季刊》(香港)1993年第四卷。

④ [瑞]索绪尔:《普通语言学教程》,高名凯译,商务印书馆2014年版,第43页。

组成。"所指"就是概念;"能指"是声音的心理印记,或音响形象。进而指出,语言有内部要素和外部要素,因此语言研究又可以分为内部语言学和外部语言学。内部语言学研究语言本身的结构系统,外部语言学研究语言与民族、文化、地理、历史等方面的关系。[①]

因此,对民族语言(方言)文字,包括戏剧、音乐等表现形式的保护,从索绪尔的语言学理论角度出发,同样属于对该地区、该民族历史文化的保护。

(四)历史文化的基本属性

结合上述讨论,历史文化是特定区域内人类长期生产实践和主动选择的产物,表达着特定群体普遍的社会需求与价值取向,具有人文性、历史性、区域性和价值性四大基本属性。历史文化的四个基本属性相辅相成,缺一不可。

第一,人文性。文化并非根植于绝对客观之中,它是人类行动与思想的产物。换而言之,文化乃人造之物,因而也是最具有人文意味的概念。文化的产生与发展当然离不开人类的存在与实践,因而历史文化先天地具有人文属性。无论是何种历史文化形态,都是人类主动选择的产物,都印刻着人类实践的踪迹。

第二,历史性,亦可称为"传承性"。与当代社会文化相对,历史(传承)性是历史文化强调历史积淀,强调代际传承与发展的一面。历史文化有着长期的历史积淀、实践选择与螺旋发展。也正是因此,历史文化才能迸发出强大的生命力与凝聚力,才会弥足珍贵。因而,强调代际传承与发展的历史性同样是历史文化必然具有的属性。

第三,区域性,亦可称为"本土性"。"一方水土养一方人","百里不同风,千里不同俗",历史文化会因人、地、时、事而异,不同的地区会形成与其相适应的独特的历史文化形态。例如中原文化、巴蜀文化、岭南文化等等,均带有鲜明的区域特色。需要指明的是,这些带有区域色彩的历史文化形态,是中华文化不可分割的组成部分,或者说是中华文化大系统里的一个子系统。各民族、各区域的文化相互影响,相互融合,才形成了璀璨多彩的中华文化。

第四,价值性。历史文化是在人类长期的具体社会实践中形成的各种表现形式,其必然承载着人之所以为人的精神追求与价值理念。正如格尔茨地方知识理论中常提及的"想象""建构""意义"等词,都能体现出历史文化背后的人的价值取向与精神追求。因而,要真正了解某个历史文化形态,就离不开对其背后价值性的把握。

---

① [瑞]索绪尔:《普通语言学教程》,高名凯译,商务印书馆2014年版,第四章与第五章。

二、"历史文化保护"的规范分析

对于"历史文化保护"的规范含义与基本范围,我们需要进一步分析其在《立法法》以及相关法律法规体系中的界定与解释,这是对法律安定性与可预测性的应然追求。

(一)"历史文化"的法律解释

正如众多学者所言,《立法法》第七十二条第二款中"历史文化保护"概念与范围的界定并不明晰。[①]显然,这是针对"历史文化"而言的,因为"保护"一词本身的含义并无过多的争议,意指制度的规范、主动的作为、事后的惩罚等,模糊之处在于保护的范围。因而,我们不妨先从法律解释的角度对"历史文化"的规范含义进行探析。[②]

1. 文义解释

在文义可预测的界限内,组合起来的"历史文化"可理解为"历史与文化""历史(传统)的文化"两种含义。前者意指"历史"与"文化"为机械拼凑式的并列关系;后者强调文化的历史维度。当"历史文化"在可预测的语意界限内存在复数解释之时,需要继以论理解释。

2. 体系解释

新修改的《立法法》并没有对"历史文化"及其保护范围进行界定,但体系解释并不局限于某一特定法律文件的条文体系,仍可以通过整个法律体系来确定"历史文化"的含义。结合"历史文化"具有的人文性、历史性、区域性、价值性,在法律层面,与"历史文化保护"有着较为紧密联系的是《文物保护法》与《非物质文化遗产法》;在行政法规层面,《文物保护法实施条例》并无相关条款提及"历史文化保护",更多的是涉及文物的认定与管理程序,仅有《历史文化名城名镇名村保护条例》涉及相关"历史文化保护"的内容。

《文物保护法》于1982年11月19日通过,第一条就明确表明了"加强对文物的保护,继承中华民族优秀的历史文化遗产,促进科学研究工作,进行爱国主义和革命传

---

① 易有禄:"设区市立法权的权限解析",《政法论丛》2016年第2期;曾凡证:"新《立法法》对历史文化保护制度的完善——以《立法法》第七十二条为例",《人民论坛·学术前沿》2017年第16期等。

② 对于法律解释的目标、方法及其运用顺序等问题,学界观点并不统一。我们考虑到《立法法》的特殊性,采以德国学者拉伦茨与我国台湾学者杨仁寿为代表的"折中说"观点,兼顾法的安定性与合目的性,以文义解释为先,有复数解释之可能性时,继以结合论理解释或社会学解释。参见[德]拉伦茨:《法学方法论》,陈爱娥译,商务印书馆2003年版;杨仁寿:《法学方法论》,中国政法大学出版社2013年版。

统教育,建设社会主义精神文明和物质文明"的立法宗旨。第二条第一款、第三款明确了受国家保护的文物范围:

在中华人民共和国境内,下列文物受国家保护:

(一)具有历史、艺术、科学价值的古文化遗址、古墓葬、古建筑、石窟寺和石刻、壁画;

(二)与重大历史事件、革命运动或者著名人物有关的以及具有重要纪念意义、教育意义或者史料价值的近代现代重要史迹、实物、代表性建筑;

(三)历史上各时代珍贵的艺术品、工艺美术品;

(四)历史上各时代重要的文献资料以及具有历史、艺术、科学价值的手稿和图书资料等;

(五)反映历史上各时代、各民族社会制度、社会生产、社会生活的代表性实物。

……

具有科学价值的古脊椎动物化石和古人类化石同文物一样受国家保护。

《文物保护法》第三条明确了文物的基本类别与保护级别:

古文化遗址、古墓葬、古建筑、石窟寺、石刻、壁画、近代现代重要史迹和代表性建筑等不可移动文物,根据它们的历史、艺术、科学价值,可以分别确定为全国重点文物保护单位,省级文物保护单位,市、县级文物保护单位。

历史上各时代重要实物、艺术品、文献、手稿、图书资料、代表性实物等可移动文物,分为珍贵文物和一般文物;珍贵文物分为一级文物、二级文物、三级文物。

同样,2011年2月25日通过的《非物质文化遗产法》第一条也明确了"继承和弘扬中华民族优秀传统文化,促进社会主义精神文明建设,加强非物质文化遗产保护、保存工作"的立法宗旨。第二条第一款明确了"非物质文化遗产"的含义与范围:

本法所称非物质文化遗产,是指各族人民世代相传并视为其文化遗产组成部分的各种传统文化表现形式,以及与传统文化表现形式相关的实物和场所。包括:

(一)传统口头文学以及作为其载体的语言;

(二)传统美术、书法、音乐、舞蹈、戏剧、曲艺和杂技;

(三)传统技艺、医药和历法;

(四)传统礼仪、节庆等民俗;

(五)传统体育和游艺;

(六)其他非物质文化遗产。

而在2008年4月22日公布的《历史文化名城名镇名村保护条例》中,第一条明确立法宗旨为“加强历史文化名城、名镇、名村的保护与管理,继承中华民族优秀历史文化遗产”。值得注意的是,该行政法规虽然没有直接对“历史文化”的含义进行界定,但却明确了申报历史文化名城、名镇、名村的条件。其中第七条第一款:

具备下列条件的城市、镇、村庄,可以申报历史文化名城、名镇、名村:

(一)保存文物特别丰富;

(二)历史建筑集中成片;

(三)保留着传统格局和历史风貌;

(四)历史上曾经作为政治、经济、文化、交通中心或者军事要地,或者发生过重要历史事件,或者其传统产业、历史上建设的重大工程对本地区的发展产生过重要影响,或者能够集中反映本地区建筑的文化特色、民族特色。

可见,这一条款中的“历史文化”,就整体而言,强调的并不是“历史”传统或者“历史”现象,而是“文化”本身的特色。换而言之,“历史文化”突出的是人的生活方式、要素及其载体。当然,这并不意味着这里完全没有“历史”的因素。这里所称的“历史文化遗产”,主要指保存至今的文物,以及保留着传统格局与风貌的历史建筑,亦即强调以物质形态表现出来的传统文化特色与民族特色。

另外,国务院自1982年起,分三批公布了共计99个国家历史文化名城,自2001年起后续增补了共计35个国家历史文化名城。国务院在相应的批复文件中对这些城市的历史文化均进行了评价。对这些批复与评价的梳理,有利于我们进一步明确历史文化的含义与范围,详见附录一。由附录一可以看出,“历史悠久、遗存丰富、文化底蕴丰厚、传统格局完整、特色文化风貌”等因素与条件已经成为历史文化名城的基本评价标准。

3. 历史解释

《立法法修正案(草案)》可谓“三易其稿”,在2014年8月提交的《立法法修正案(草案)》一审稿以及2014年12月提交的二审稿中,均未提及“历史文化保护”这一事项范围。[①]直到2015年3月8日所作的《关于<中华人民共和国立法法修正案(草案)>

① 参见全国人大常委会法制工作委员会国家法室编:《中华人民共和国立法法释义》,法律出版社2015年版,第229页。

的说明》才有所提及，但也仅泛泛而谈：

> 为此，根据各方面的意见，修正案草案在依法赋予所有设区的市地方立法权的同时，明确设区的市可以对城乡建设与管理、环境保护、历史文化保护等方面的事项制定地方性法规，法律对较大的市制定地方性法规的事项另有规定的，从其规定。①

随后，2015年3月12日《关于〈中华人民共和国立法法修正案（草案）〉审议结果的报告》对权限内的事项有所解释。值得注意的是，该报告对“城乡建设与管理”与“环境保护”的权限范围进行了阐释，却偏偏没有明确“历史文化保护”的权限范围：

> 城乡建设与管理、环境保护、历史文化保护等方面的事项，范围是比较宽的。比如，从城乡建设与管理看，就包括城乡规划、基础设施建设、市政管理等；从环境保护看，按照环境保护法的规定，范围包括大气、水、海洋、土地、矿藏、森林、草原、湿地、野生动物、自然遗迹、人文遗迹等；从目前49个较大的市已制定的地方性法规涉及的领域看，修正案草案规定的范围基本上都可以涵盖。②

4. 目的解释

同样基于上文提及的立法文件分析，对于缘何赋予设区的市地方立法权及其范围这一问题，我们至少可以从以下两个方面解答：一方面，即是笼统的“既要依法赋予所有设区的市地方立法权，以适应地方的实际需要，又要相应明确其地方立法权限和范围，避免重复立法，维护国家法制统一”；另一方面，则是针对代表们提出的建议，总结归纳出修正案草案规定的三类权限，冀以基本涵盖此前省级政府所在地的市，经济特区所在地的市，以及国务院批准的较大的市已制定的地方性法规涉及的领域，并使之继续有效。换而言之，“历史文化保护”是较大的市在《立法法》修改前业已拥有的权限，2015年《立法法》的修改在这个问题上只不过是赋予并明确了设区的市地方立法权限，扩大拥有地方立法权的城市覆盖面，从而满足地方实际发展需求而已。

既然如此，对于历史文化保护原因的探寻，我们就可以在更早前的其他文件中略窥端倪。例如，国务院在1982年批复关于第一批历史文化名城的请示时就有所提及：

---

① 全国人大常委会法制工作委员会国家法室编：《中华人民共和国立法法释义》，法律出版社2015年版，第401页。

② 全国人大常委会法制工作委员会国家法室编：《中华人民共和国立法法释义》，法律出版社2015年版，第410页。

“在城市规划和建设过程中不注意保护历史文化古迹,致使一些古建筑、遗址、墓葬、碑碣、名胜遭到了不同程度的破坏……使城市和文物古迹的环境风貌进一步受到损害。”[①]而近年来,我们也切身感受到部分城市仍然过度谋求地方经济发展,在经济利益的驱使下,规范震慑力并不够强硬,对历史文化遗产的保护可谓心有余而力不足。可见,国家对历史文化遗产进行保护正是缘起于其在城市的现代化过程中受到了极大的冲击与侵蚀。

(二)公约体系中的“历史文化”

关于我国特色社会主义法律体系,学界长期以来以第九届全国人大常委会提出的“七分法”为标准,理解为以宪法为核心,涵盖宪法及其相关法、民法商法、行政法、经济法、社会法、刑法、诉讼与非诉讼程序法等七个法律部门。[②]对于国际条约是否属于我国特色社会主义法律体系的组成部分这一问题,有学者指出,从中国缔约和履行国际条约的实际情况来看,对中国有效的国际条约实际上已经成为中国法律体系的组成部分,国际条约在中国法律体系中具有低于宪法高于一般法律的效力地位,国际条约应当是我国法律体系的一个层级。[③]但无论如何,国际条约属于我国法律的渊源之一。国际公约体系中涉及历史文化遗产保护的内容,仍是我们确定“历史文化”含义与范围的重要参考素材。

在《文物保护法》颁布后不久,我国于1985年11月22日批准了1972年11月16日在第17届联合国教科文组织大会上通过的《保护世界文化和自然遗产公约》;而在《非物质文化遗产法》颁布之前,我国已于2004年8月28日批准了2003年11月3日在第32届联合国教科文组织大会上通过的《保护非物质文化遗产公约》。可以说,我国法律体系中的“历史文化”与国际公约中的“文化遗产”有着深刻的渊源关系。我们对此加以分析,有利于加深对“历史文化”含义与范围的理解。

其中,《保护世界文化和自然遗产公约》第一条如下。

> 为实现本公约的宗旨,下列各项应列为“文化遗产”。
>
> 古迹:从历史、艺术或科学角度看具有突出的普遍价值的建筑物、碑雕、碑画、具有考古性质的成分或构造物、铭文、窟洞以及景观的联合体;

---

① 参见《国务院批转国家建委等部门关于保护我国历史文化名城的请示的通知》。该文件于1982年2月8日公布,是较早涉及历史文化保护的规范性文件之一,紧随的有1982年11月19日通过的《文物保护法》等。

② 张文显主编:《法理学》,高等教育出版社、北京大学出版社2011年版,第83-88页;葛洪义主编:《法理学》,中国人民大学出版社2011年版,第117-120页。

③ 赵建文:“国际条约在中国法律体系中的地位”,《法学研究》2010年第6期。

建筑群：从历史、艺术或科学角度看在建筑式样、分布均匀或与环境景色结合方面具有突出的普遍价值的单位或连接的建筑群；

遗址：从历史、审美、人种学或人类学角度看具有突出的普遍价值的人类工程或自然与人的联合工程以及包括有考古地址的区域。

《保护非物质文化遗产公约》第二条。

在本公约中：

（一）"非物质文化遗产"，指被各社区、群体，有时是个人，视为其文化遗产组成部分的各种社会实践、观念表述、表现形式、知识、技能以及相关的工具、实物、手工艺品和文化场所。这种非物质文化遗产世代相传，在各社区和群体适应周围环境以及与自然和历史的互动中，被不断地再创造，为这些社区和群体提供认同感和持续感，从而增强对文化多样性和人类创造力的尊重。在本公约中，只考虑符合现有的国际人权文件，各社区、群体和个人之间相互尊重的需要和顺应可持续发展的非物质文化遗产。

（二）按上述第（一）项的定义，"非物质文化遗产"包括以下方面：

1. 口头传统和表现形式，包括作为非物质文化遗产媒介的语言；

2. 表演艺术；

3. 社会实践、仪式、节庆活动；

4. 有关自然界和宇宙的知识和实践；

5. 传统手工艺。

国际公约体系在物质形态上的"文化遗产"与我国法律体系中的文物、历史建筑等基本相同，但在非物质形态文化遗产的理解上略有不同。最为明显的是国际公约体系中对历史文化中人的实践性有所突出，对人类在与自然界的互动中具有的创造性更为尊重。

（三）"历史文化"的规范含义

尽管历史解释的进路并没有得出"历史文化"的明确含义与范围，但经由体系解释我们也能大致勾勒出"历史文化"的表现形式。结合《文物保护法》《非物质文化遗产法》以及《历史文化名城名镇名村保护条例》等相关法律法规中的规定，我们基本可以明确，《立法法》第七十二条第二款要保护的是"历史文化遗产"。从规范意义上说，既包括以物质形态存在的文化遗存，也包括以非物质形态存在的文化遗产及其载体。前者以文物与历史建筑为代表，根据其存在的依附性可分为可移动文物与不可移动文物;[①]而后者以《非物质文化遗产法》第二条第一款前五项的规定为标准,可分为"传统口头文学及其语言载体、传统艺术、传统技艺(医药和历法)、传统民俗、传统体育和游艺"五大类。该条款第六项为兜底条款,下文再作探讨。对于已经消亡的历史文化,在现代技术和社会资源的帮助下,局部得以还原与再生,但严格地讲,这一部分还原和再生的历史文化并不再具有传承性的属性。综上所述,"历史文化"的规范分类如表1所示。

表1　历史文化规范分类简表

<table>
<tr><td rowspan="11">历史文化</td><td>存在与否</td><td>存在形式</td><td>具体类别</td><td>备注</td></tr>
<tr><td rowspan="9">存在
(遗产)</td><td rowspan="2">物质形态</td><td>可移动文物</td><td rowspan="2">《文物保护法》
第二、三条</td></tr>
<tr><td>不可移动文物</td></tr>
<tr><td rowspan="7">非物质形态</td><td>传统口头文学及其语言载体</td><td rowspan="7">《非物质文化遗产法》
第二条第一款</td></tr>
<tr><td>传统艺术</td></tr>
<tr><td>传统技艺(医药和历法)</td></tr>
<tr><td>传统民俗</td></tr>
<tr><td>传统体育和游艺</td></tr>
<tr><td>其他非物质文化遗产</td></tr>
<tr></tr>
<tr><td>消亡</td><td colspan="3">略</td></tr>
</table>

总而言之,从我国的整体语境而言,不应简单地把"历史文化"理解为"历史"与"文化"机械拼凑,而应理解为"历史"与"文化"有机融合。从文化的角度看,文化需要历史的积淀,即"历史的文化";从历史的角度看,历史需要文化的注解,即"文化的历史"。历史文化是在人类长期的具体社会实践中形成的各种表现形式,其承载着人们的精神追求与价值理念,并且因人、地、时、事而异。

(四)对"等"字的解读

对于"城乡建设与管理、环境保护、历史文化保护等方面的事项"中的"等"字,学界同样存在着疑问:该理解为列举结束后煞尾的"等内"还是列举未尽的"等外"?

对此,时任全国人大法工委主任的李适时在第二十一次全国地方立法研讨会上总结时就提到:"从立法原意讲,应该是等内,不宜再作更加宽泛的理解。在立法工作中,如果遇到具体立法项目是否属于三个方面的事项不好把握时,可以通过省区人大

① 当然,学界也有以其他依据对文物进行分类。例如:依据存在的位置可分为地上文物与地下文物;依据收藏或认定的权威性可分为官方文物与民间文物;等等。我们考虑到法律解释的文本性,以《文物保护法》的分类为标准。

常委会法工委与全国人大常委会法工委沟通。”[①]该“等内”的限缩解释也被作为是最权威的解释，在关于本条款“等”字的理解上被广泛采用。另外，一如前文所言，《关于〈中华人民共和国立法法修正案（草案）〉审议结果的报告》中提及：“城乡建设与管理、环境保护、历史文化保护等方面的事项，范围是比较宽的……从目前49个较大的市已制定的地方性法规涉及的领域看，修正案草案规定的范围基本上都可以涵盖。”《立法法》修改前较大的市立法范围是《立法法》修改后设区的市立法权限与范围的重要风向标，也是范围参照的不二之选。全国人大基本认可了《立法法》修改前较大的市制定的地方性法规属于所列的“城乡建设与管理、环境保护、历史文化保护”三类，即使非此三类，亦属“等内”的范围。可见，对于“城乡建设与管理、环境保护、历史文化保护等方面的事项”这一条款，官方的指导性意见乃属“等内”的限缩解释。

然而，这三种权限是否真的能全部涵盖《立法法》修改前49个较大的市立法的实际范围？有学者就选取了18个较大的市人大常委会合计1932次立法进行了实证分析，指出：“城乡建设与管理、环境保护、历史文化保护、社会管理和经济管理等五个方面的立法需求与城镇化背景下的人口结构和经济结构变迁具有较高的相关性，具有较强的社会经济基础。《立法法》第七十二条关于立法权限的规定使近一半的立法需求不能通过对设区市的自身立法予以满足。”[②]也有学者对《立法法》修改之后49个较大的市的立法实践做出了调查与分析，指出超越《立法法》权限范围的地方性法规大量存在，对于设区的市立法权限范围的理解不能过于保守和局限，最为现实可行的路径是对“等”字作扩张解释。[③]可见，在具体的地方性法规制定实践中，显然并未太多地受到“等内”范围限缩解释的拘束，反而对此三类权限有所突破。另有学者总结归纳了对“等”字含义解释的可能性：一是可采“等外等”，但事项应与前三项范围性质类同；二是只对应理解为“法律另有规定除外”；三是在《立法法》第八条之外确定一个绝对排除的范围，非排除范围均认可为可立法事项。[④]

学界对“等”字的理解与看法是基于整体权限而言的，但其分析思路与方法对于我们理解“历史文化保护”的具体实践范围大有裨益。对于学者提及的三种对“等”字

---

① 李适时：“全面贯彻实施修改后的立法法——在第二十一次全国地方立法研讨会上的总结”，《中国人大》2015年第21期。

② 参见郑泰安、郑文睿：“地方立法需求与社会经济变迁——兼论设区的市立法权限范围”，《法学》2017年第2期。

③ 参见宋烁：“论设区的市立法权限范围”，《青海社会科学》2017年第2期。

④ 参见方洁：“设区的市地方立法的范围之解释”，《浙江社会科学》2017年第12期。

解释的可能性,我们认为,第一种“等外等+性质类同”的解释方式,既能够有效地限制解释对象的泛化,尊重立法精神,又能够破解法律适用的障碍。这是“历史文化保护”范围界定值得借鉴与吸收的解释方法,或许也是其最为行之有效的出路。第二、三种解释方式仍需结合实践的因素进行考量。换而言之,我们亦可以从《立法法》修改前后设区的市涉及历史文化保护的立法实践的角度出发,去探寻历史文化保护的实践范围是否对“历史文化”的规范含义有所拓展。

三、地方历史文化保护的实证分析

上文通过法律解释的方法基本明确了“历史文化”的规范含义,接下来我们将关注的焦点转移到实践层面。《立法法》修改至今,各设区的市制定的一系列涉及“历史文化保护”的地方性法规,其调整的内容是否与“历史文化”的规范含义相一致?若否,这种延伸主要体现在哪些方面?又应运用何种理论与方式去弥合规范与事实之间的张力?显然,这些地方实践的延伸直接影响着我们对“历史文化”范围的确定。

(一)分析依据与思路

设区的市历史文化保护的法制实践,首先体现在设区的市级地方性法规的制定上。参照学界对设区的市地方立法权限与范围的研究方法与思路,我们同样可以对《立法法》修改前后设区的市制定的涉及“历史文化保护”的地方性法规进行整理与分析。

如前述,《立法法》第七十二条第二款规定的“城乡建设与管理、环境保护、历史文化保护等方面的事项”基本涵盖了49个较大的市已制定的地方性法规涉及的领域。并且,也有《立法法》第七十二条第六款的明文规定,省、自治区的人民政府所在地的市,经济特区所在地的市和国务院已经批准的较大的市在2015年3月15日之前已经制定的地方性法规,内容即使涉及“城乡建设与管理、环境保护、历史文化保护等方面的事项”以外的,依然继续有效。因此,设区的市历史文化保护实证分析的重心和最主要的研究对象,就在于《立法法》修改后设区的市制定的地方性法规。而对于《立法法》修改前业已存在的较大的市的地方性法规,我们可以作为参考部分进行比较分析。

在北大法宝法律法规库中,以批准时间为2015年3月15日至2018年5月15日,效力级别为设区的市地方性法规为条件进行高级检索,得出文件共计1323篇。其中现行有效的1263篇,失效1篇,已被修改的13篇,尚未生效的46篇。[①]结合上文“历史文化”的规范含义以及相关立法资料中对“城乡建设与管理、环境保护”权限范围的解释,对这1263篇设区的市级地方性法规进行筛选,初步得出涉及“历史文化保护”的设区的市地方性法规共计84篇,详见附录二。在不违背上位法律法规规定的假定条件下,这84篇设区的市地方性法规均属于“历史文化保护”的范围之内。但实际上又是如何,我们仍需深入分析文件的内容与部分条款,进而验证其是否属于历史文化的规范含义与范围之内。参照表1历史文化的规范分类以及附录二的文件类别,在北大法宝法律法规库中检索到《立法法》修改前较大的市涉及“历史文化”的地方性法规共计92篇,详见附录三。

(二)文件分类统计表及特殊说明

根据上述思路,参照相关上位法律法规、相关资料对“历史文化”含义与范围的界定,结合这84篇设区的市地方性法规调整对象的相似程度,得出表2如下。

表2 《立法法》修改后设区的市历史文化保护法制文件分类统计表

(单位:篇)

	存在形式	文件调整(保护)对象	文件总数	合计:84
历史文化遗产	物质形态	文化遗存(遗址遗迹等)	12	32
		文物保护	8	
		历史建筑	12	
	非物质形态	非遗整体	10	16
		传统技艺(医药和历法)	4	
		民族语言文字	1	
		地方饮食文化	1	
	综合形态	特定文化遗产	6	36
		历史文化名城名镇名村	10	
		古城古镇古村落	8	
		风景名胜	12	

对于上表,结合设区的市地方性法规具体的法制实践,部分文件和条款与“历史文化”的联系仍需要进一步斟酌与澄清。具体而言主要包括以下几个方面。

第一,遗产存在形态。在收集到的涉及“历史文化保护”的设区的市地方性法规

① 因中国人大网法律法规库的高级检索功能无法精确到设区的市地方性法规,本文数据整理自北大法宝法律法规库,网页链接:http://www.pkulaw.com/law/adv/lar。访问日期:2018年5月30日。

中,有相当一部分并不对历史文化遗产进行物质与非物质的区分,而以文化遗产这样的统称为保护对象。例如在《来宾市忻城土司文化遗产保护条例》中,第三条就明确了“忻城土司文化遗产”既包括忻城土司文物,也包括忻城土司非物质文化遗产。换而言之,在一个地方性法规中,既有对物质文化遗产的保护,也有对非物质文化遗产的保护。最为典型的代表乃历史文化名城保护的相关条例。

第二,民族语言文字。从上述对“非物质文化遗产”的定义和范围来看,语言文字可作为地方传统口头文学等非物质文化形式的载体,从而列入非物质文化遗产保护的范围之内。但是,如果并不依附于传统口头文学而直接对民族语言文字进行整体上的保护,并不能直接归入《非物质文化遗产法》第二条第一款第一项之中,只能暂时归类为第六项的兜底条款。实际上,如果从索绪尔语言学的理论出发,语言是一种符号系统,与文化也有着密不可分的联系,同样能体现该民族该地区的历史文化传统。因此,如果接纳这一理论,对方言文字的保护,无论是依附于传统口头文学,还是整体保护,当然都属于历史文化保护的权限范围之内。

第三,风景名胜区保护。对风景名胜进行法制保护本属于环境保护的权限范围内,但实际上很多风景名胜区拥有相当数量的人文资源与历史文化遗产。很多设区的市(自治州)地方性法规将此部分人文资源的保护一并写入到风景名胜保护条例当中。例如在《泰山风景名胜区生态保护条例》第二十六条中,就明确了泰山景区人文资源包括:不可移动文物、可移动文物、文化景观、非物质文化遗产及其表现形式的附属物等。在这些地方性法规当中提及的人文资源,实际上与历史文化的属性与规范含义相一致。可见,风景名胜区保护条例属于环境保护与历史文化保护的综合形态。要判断这些人文资源的保护是否越权,与历史文化的范围界定密切相关。

第四,古树名木保护。同样,对古树名木进行法制保护也本属于环境保护的权限范围内,但作为与该地区历史文化相互依存的自然景观与环境,同时属于国务院《历史文化名城名镇名村保护条例》里保护的内容,因此纳入历史文化保护的范畴也有所依据。[①]结合上文分析,历史文化名城属于整体性的保护:既有人文资源的保护,也有自然景观的保护;既有历史文化保护的内容,也有环境保护的内容;既有物质形态文化遗产的保护,也有非物质文化遗产的保护。当该设区的市、自治州位于国家历史文

① 参见国务院《历史文化名城名镇名村保护条例》第二十一条:“历史文化名城、名镇、名村应当整体保护,保持传统格局、历史风貌和空间尺度,不得改变与其相互依存的自然景观和环境。”另在1982年《国务院批转国家建委等部门关于保护我国历史文化名城的请示的通知》中也有提及,详见附录一。

化保护名城名录内时,其颁布的古树名木保护条例可以属于历史文化名城整体保护的一部分;当该设区的市、自治州不属于国家历史文化名城时,其颁布的古树名木保护条例实属环境保护的内容。在《立法法》修改之后,共有四个设区的市、自治州制定了古树名木保护条例,分别为:呼和浩特市、洛阳市、临沧市、黔西南布依族苗族自治州。其中前两者属于国家历史文化名城,对古树名木的保护可以视为该名城历史文化保护的一部分;后两者并不属于国家历史文化名城,对古树名木的保护理应属于环境保护的内容。我们考虑到古树名木的根本性质,以及古树名木保护条例以单列的形式颁布,并不主张将这四篇古树名木保护的设区的市地方性法规归入到历史文化保护的范围之内,而应属于环境保护的内容。

第五,地方(史)志工作。在我国,除了港澳台地区,以及重庆直辖市外,其他省级人大(常委会)、政府均制定了涉及地方志工作的相应地方性法规、地方政府规章。在北大法宝数据库中,"地方(史)志"仅有2009年颁布的《淄博市地方史志工作条例》一个设区的市(较大的市)地方性法规。其他均以省级地方性法规或地方政府规章的效力级别出现,且仅有三个文件为《立法法》修改后颁布的,分别为《西藏自治区实施〈地方志工作条例〉办法》《天津市地方志工作办法》《郑州市地方志工作规定》,且均为地方政府规章,其余文件均属《立法法》修改前颁布的,详见附录四。根据《立法法》第七十二条,省级地方性法规在不违背上位法的前提下并不作范围的限定。而根据第八十二条第二款,地方政府规章权限为:"(一)为执行法律、行政法规、地方性法规的规定需要制定规章的事项;(二)属于本行政区域的具体行政管理事项。"第三款对设区的市、自治州的地方政府规章作出了进一步的限定,同样为"城乡建设与管理、环境保护、历史文化保护等方面的事项"。上位法(行政法规)《地方志工作条例》中第三条对"地方志"作出了界定:

> 本条例所称地方志,包括地方志书、地方综合年鉴。
>
> 地方志书,是指全面系统地记述本行政区域自然、政治、经济、文化和社会的历史与现状的资料性文献。
>
> 地方综合年鉴,是指系统记述本行政区域自然、政治、经济、文化、社会等方面情况的年度资料性文献。
>
> 地方志分为:省(自治区、直辖市)编纂的地方志,设区的市(自治州)编纂的地方志,县(自治县、不设区的市、市辖区)编纂的地方志。

可以看出,地方政府更多的是将地方志归入到具体行政管理事项当中,而不是从历史文化保护这一角度出发与考虑。但从格尔茨的地方知识理论出发,法律、民族志都是运用“地方技艺”的成果。因此,地方志其实也可以理解为历史文化保护的一部分。如果不将地方志纳入到历史文化保护的范围之内,2017年11月21日发布的设区的市级地方政府规章《郑州市地方志工作规定》则涉嫌越权。

(三)数据分析与总结

由表2可见,整体而言,这些设区的市地方性法规均可以在上位法中找到相应的依据与归属,但与上文界定的“历史文化”的规范含义相比,实践有所延伸。对于这种实践延伸的解释,直接影响着“历史文化”范围的进一步界定。关键问题就在于,这种延伸的内容能否体现出历史文化人文性、历史性、区域性、价值性四种属性。若能,则可采用上文提及的“等外等+性质类同”之限制性扩张解释,毕竟延伸的内容与“历史文化”性质类同。若否,又是否属于“法律另有规定”?或者又是否属于设区的市地方性法规权限的“绝对排除范围”?

第一,以物质形态存在的历史文化遗产,不再局限于文物与历史建筑,部分尚未列为(认定为)文物保护单位的遗迹、史迹、遗址、遗物等文化遗存,甚至是伟人纪念地,在部分设区的市地方性法规的相关条款中有所涉及。具体包括以下8篇:《滨州市渤海老区革命遗址遗迹保护条例》《赤峰市红山文化遗址群保护条例》《贵港市太平天国金田起义遗址保护条例》《黄冈市革命遗址遗迹保护条例》《龙岩市红色文化遗存保护条例》《南平市朱子文化遗存保护条例》《泉州市海上丝绸之路史迹保护条例》《淮安市周恩来纪念地保护条例》。

在这些文化遗存保护条例中,对于那些尚未被官方认定为文物(保护单位)的文化遗存,同样予以保护。反之,已被认定为文物(保护单位)的文化遗存,适用《文物保护法》等上位法的规定。这也是地方历史文化遗存保护法制实践中最为典型的做法。而这里提及的文化遗存,均能体现出历史文化的人文性、历史性、区域性与价值性。革命遗址是特定群体在特定时期追求特定目的而形成的,其所展现的革命精神感染了人们并得到了不断的继承与发展。而历史革命伟人同样离不开特定时代的革命文化背景,对历史伟人纪念物、纪念地的保护,同样属于对特定时期传承下来的历史文化与价值理念的保护。

第二,非物质文化遗产也延伸到了地方饮食文化、民族语言文字等。具体包括以下2篇:《福州市闽菜技艺文化保护规定》《博尔塔拉蒙古自治州语言文字工作管理条例》。

《福州市闽菜技艺文化保护规定》第三条:

> 本规定所称的闽菜技艺文化,是指闽菜在福州形成、发展过程中所产生

的地方饮食文化的总称，包括：

（一）刀功、烹饪、果蔬雕刻、装盘美术等制作技艺；

（二）传统饮食习俗；

（三）历史名店、名菜、名小吃等传统品牌；

（四）具有历史和艺术价值的相关文献史料、民间文学等；

（五）与上述各项相关的代表性资料和实物。

《博尔塔拉蒙古自治州语言文字工作管理条例》第二条：

自治州行政区域内公民、法人和其他组织在管理、使用各民族语言文字时，应当遵守本条例。

《博尔塔拉蒙古自治州语言文字工作管理条例》第三条：

语言文字工作应当坚持各民族语言文字一律平等的原则，依法保障各民族都有使用本民族语言文字的权利。

提倡各民族公民互相学习、使用语言文字，促进各民族之间的交流、交往、交融。

这里所规定的“闽菜技艺文化”显然不在《非物质文化遗产法》第二条第一款前五项所列举的范围内，但又无疑可理解为福州人民世代相传并视为其文化遗产组成部分的传统文化表现形式。这里的“闽菜饮食文化”，可解释为第六项兜底条款的“其他非物质文化遗产”，属于列举未尽的情形。同样，《博尔塔拉蒙古自治州语言文字工作管理条例》强调的是民族语言文字本身整体的管理与保护，而非“传统口头文学以及作为其载体的语言”。但正如上文所述，民族语言文字，从其性质与功能而言，当属历史文化的一部分。

最后，工业文化遗产、煤矿文化遗产等经济因素所占分量颇重的文化形态也在其中。具体包括以下4篇：《辽源市煤矿文化遗产保护条例》《保定市工业遗产保护与利用条例》《黄石市工业遗产保护条例》《铜陵市工业遗产保护与利用条例》。“文化”乃属生活方式与生活要素意义上的文化，突出的是人的精神活动及其载体、产品。又该如何理解这四篇设区的市地方性法规中的经济因素？

《辽源市煤矿文化遗产保护条例》第一条明确了“加强对煤矿文化遗产的保护，展示煤矿特色的生产过程，纪念煤矿在辽源市建立、发展和繁荣过程中的重大贡献，传承煤矿历史文化”的立法宗旨，但从其第八条确定为煤矿文化遗产十项的“场所和构筑物”来看，实属对“煤矿文化遗存”的保护。

《保定市工业遗产保护与利用条例》第一条明确了“加强对工业遗产的保护与利

用,传承和展示保定工业文明”的立法宗旨。第三条:

> 本条例所称的工业遗产,是指本市历史上具有时代特征和工业风貌特色,承载着公众认同和地域归属感,反映本市工业发展历程,具有较高历史、科技、文化、艺术、经济、社会等价值的工业遗存。
>
> 工业遗产分为物质工业遗产和非物质工业遗产。

《黄石市工业遗产保护条例》第一条明确了“加强对工业遗产的保护,传承工业文明,弘扬历史文化”的立法宗旨。第三条:

> 本条例所称工业遗产,是指具有历史、科技、文化、艺术、社会等价值的工业文化遗存。
>
> 工业遗产包括物质工业遗产和非物质工业遗产。物质工业遗产包括厂房、矿场、作坊、仓库、办公用房、码头桥梁道路等运输基础设施、居住教育休闲等附属生活服务设施以及其他构筑物等不可移动的物质工业遗存,还包括机器设备、生产工具、工业产品、办公用品、生活用品、历史档案、商标徽章以及文献、手稿、影音资料、图书资料等可移动的物质工业遗存。非物质工业遗产包括生产工艺流程、手工技能、原料配方、商号、经营管理、企业文化等工业文化形态。[①]

同样,《铜陵市工业遗产保护与利用条例》第一条明确了“加强对工业遗产的保护与利用,传承和展示铜陵工业文明,弘扬历史文化”的立法宗旨。第三条:

> 本条例所称工业遗产,是指铜陵历史上具有时代特征和工业风貌特色,承载公众认同和地域归属感,反映铜陵工业体系和城市发展过程,具有历史、科技、文化、经济、社会教育等价值的工业遗存。

可见,这里的辽源、保定、黄石、铜陵工业文明亦能体现出“历史文化”的人文性、历史性、区域性与价值性,在历史上具有时代特征与本土工业风貌特色,展现出当地人民的价值取向与理想追求并传承至今。尤为重要的是,承载着当地公众的认同感与地域归属感,这是经济因素无法媲美的。因而,尽管在这些文化遗产中,经济因素占有一定的比重,但并不影响其属于“历史文化保护”的一部分。

---

① 我们认为,《保定市工业遗产保护与利用条例》与《黄石市工业遗产保护条例》对“遗产”和“遗存”的概念有所混淆。“文化遗产”包括物质形态文化遗产与非物质形态文化遗产两种。前者即为“文化遗存”,包括遗迹、史迹、遗址、遗物等。

四、结 论

从现有的法律规范出发,《立法法》第七十二条第二款“历史文化保护”的范围包括以物质形态存在的文化遗存,与以非物质形态存在的文化遗产及其载体。前者范围以《文物保护法》第二条第一款、第三款为标准;后者以《非物质文化遗产法》第二条第一款的规定为标准。但是,我们也可以看到,设区的市历史文化保护的法制实践对此规范的保护范围有所延伸。

首先可以从历史文化的理论基础与基本属性去理解与把握地方法制实践的延伸。历史文化是人们经过长期的社会实践与代际传承所形成的承载着该区域内普遍的精神追求与价值选择的社会活动的总和,具有人文性、历史性、区域性与价值性的属性特征。格尔茨的地方知识理论也为我们理解地方性法规提供了一个更为开阔的理论视角,展现出一种对地方性法规乃至法律更为开放的态度。法律作为文化的一部分,文化又属于符号系统。所以,法律本质上是一种符号,能够体现出该民族、该地区自身特有的属性(观念、价值、追求等)。如果从这一意义上去理解地方性法规,那么所有能体现出该民族、该地区自身特有属性(观念、价值、追求等)的符号,包括语言的、行动的、物质的、非物质的等,都应当在“历史文化保护”的范围之内。

在此基础上,为了维系社会主义法律体系的统一性与稳定性,针对设区的市历史文化保护法制实践中有所延伸的内容,切实可操作的一种方法是对《立法法》第七十二条第二款“城乡建设与管理、环境保护、历史文化保护等方面的事项”中的“等”以及《非物质文化遗产法》第二条第一款第六项兜底的“其他非物质文化遗产”采用**目的性扩张解释**的方法。如果继续采用严格的限缩解释,将会导致一大批设区的市级地方性法规违反上位法而无效,势必会对社会主义法律体系造成极大的冲击。“所谓目的性扩张,系指对法律文义所未涵盖的某一类型,由于立法者之疏忽,未将之包括在内,为贯彻规范意旨,乃将该一类型包括在该法律适用范围之内之漏洞补充方法而言。”[①] 历史文化保护的“规范意旨”就应然地包含了历史文化的基本属性与功能作用,因为这正是其获得法制保护的前提与意义。只要能体现出历史文化的基本属性,符合历史文化保护的规范意旨,理应纳入到法制保护的范围之内。

综上所述,我们认为,《立法法》第七十二条第二款中,作为设区的市所拥有的制

---

① 杨仁寿:《法学方法论》,中国政法大学出版社2013年版,第150-151页。

定地方性法规的权限之一的“历史文化保护”,其范围应当包括以下几个方面。

第一,以《文物保护法》第二条为标准,被官方认定的可移动文物与不可移动文物。此部分由于上位法《文物保护法》《文物保护法实施条例》的存在,各设区的市制定的文物保护条例不能与之相抵触。

第二,尚未被官方认定但符合“历史文化”性质的文化遗存。各地方存在大量的尚未被官方认定为文物或者文物保护单位的历史文化遗存,其却因符合历史文化的基本属性而为区域内的人们所认同,各设区的市也纷纷将这一部分历史文化遗存纳入到历史文化的法制保护范围之内。

第三,以《非物质文化遗产法》第二条第一款的前五项为标准,被官方认定并纳入名录内的非物质文化遗产。同样,由于有上位法的存在,各设区的市制定的非物质文化遗产保护条例不能与之相抵触。

第四,其他与“历史文化”性质相符的非物质文化遗产。例如,界定较为宽泛的地方饮食文化、经济因素比重较大的工业文明等,虽然无法直接归类为《非物质文化遗产法》第二条第一款的前五项,但均能体现出历史文化的人文性、历史性、区域性与价值性,因而同样在历史文化保护的“规范意旨”之内,应当纳入到历史文化法制保护的范围之内。

第五,物质形态文化遗存与非物质形态文化遗产的综合形态。具体的保护范围与上述第一、二部分的物质形态以及第三、四部分的非物质形态相一致。

第六,民族语言文字。从索绪尔语言学的理论角度出发,一个地区与民族的语言文字与其文化有着不可分割的关系,甚至可以说,方言文字就是该地区、该民族文化的一部分。因此,对整体民族语言文字的保护应当归入到设区的市历史文化法制保护的范围之内。

第七,地方史志。地方史志作为一个记载社会情形的书面材料,从“地方知识”理论的角度来理解,在记录过程中实质上也是运用“地方性技艺”的产物,同样能体现出该地区与民族的精神追求与价值选择。地方法制实践中也有运用该权限制定涉及地方志工作的设区的市级地方政府规章的例子,因而地方史志也是其历史文化不可分割的一部分。

附录一

国务院关于同意某市(县、区)批次(增补)列为国家历史文化名城的批复汇总表

批次	批复时间	城市	备注
1	1982年2月8日	北京、承德、大同、南京、苏州、扬州、杭州、绍兴、泉州、景德镇(市)、曲阜、洛阳、开封、江陵、长沙、广州、桂林、成都、遵义、昆明、大理、拉萨、西安、延安(共24个)	特别是对集中反映历史文化的老城区、古城遗址、文物古迹、名人故居、古建筑、风景名胜、古树名木等,更要采取有效措施,严加保护,绝不能因进行新的建设使其受到损害或任意迁动位置
2	1986年12月8日	上海、天津、沈阳、武汉、南昌、重庆、保定、平遥、呼和浩特、镇江、常熟、徐州、淮安、宁波、歙县、寿县、亳州、福州、漳州、济南、安阳、南阳、商丘(县)、襄樊、潮州、阆中、宜宾、自贡、镇远、丽江、日喀则、韩城、榆林、武威、张掖、敦煌、银川、喀什(共38个)	关于历史文化名城的标准,根据《中华人民共和国文物保护法》的规定,历史文化名城应是"保存文物特别丰富,具有重大历史价值和革命意义的城市"
3	1994年1月4日	正定、邯郸、新绛、代县、祁县、哈尔滨、吉林(市)、集安、衢州、临海、长汀、赣州、青岛、聊城、邹城、临淄、郑州、浚县、随州、钟祥、岳阳、肇庆、佛山、梅州、海康、柳州、琼山、乐山、都江堰、泸州、建水、巍山、江孜、咸阳、汉中、天水、同仁(共37个)	有些文物古迹集中,并有反映某历史时期传统风貌和体现民族地方特色的街区、建筑群等的地方,虽未定为国家历史文化名城,但这些地方的文物、街区、建筑群等也是重要的历史文化遗产,同样具有珍贵的保护价值
4	2001年8月10日	秦皇岛市山海关区	于公元1381年建城,自古即为我国的军事重镇。现山海关关城较完整地保留了明清时期形成的历史风貌,大量文物古迹保存完好,具有较高的历史价值
5	2001年12月17日	凤凰县	已有一千多年建城历史,自古即为湘西地区的政治、军事、文化中心。较完整地保留了明清时期形成的传统格局和历史风貌,大量文物古迹保存完好,具有较高的历史文化价值

续 表

批　次	批复时间	城　市	备　注
6	2004年10月1日	濮阳市	最早的历史可以追溯到距今七八千年的裴李岗文化时期;较完整地保留了明清时期形成的格局和风貌;保存至今的历史遗存有西水坡遗址……原中共中央北方局和平原分局旧址等;市内的各级文物保护单位近70处,其中许多文物古迹具有较高的历史文化价值
7	2005年4月14日	安庆市	发展历史悠久,文化遗存丰富,历史遗迹保存较好
8	2007年3月9日	泰安市	发展历史悠久,文化遗存丰富,历史遗迹保护较好,自然风光雄伟壮丽,具有重要的历史、科学、艺术价值。泰安市"山城相依、山城一体"的格局独具特色
9	2007年3月13日	海口市	发展历史悠久,文化遗存丰富,历史遗迹保存较好;历史上作为连接我国内陆与东南亚地区的重要枢纽,形成了特色鲜明的文化积淀
10	2007年3月18日	绩溪县	发展历史悠久,文化底蕴十分厚重,历史遗存丰富,古城格局完整,历史文化街区保存完好,徽文化特色突出
11	2007年3月18日	金华市	发展历史悠久,历史文化遗存丰富,古城格局基本完整,传统文化特色突出
12	2007年4月27日	吐鲁番市	历史悠久,文化底蕴丰厚,历史遗存丰富,民族特色突出
13	2007年5月6日	特克斯县	历史悠久,文化底蕴丰厚,历史遗存丰富,民族特色突出
14	2007年9月15日	无锡市	历史悠久,文化底蕴丰厚,历史遗存丰富,地方特色突出
15	2009年1月2日	南通市	历史悠久,文化底蕴丰厚,历史遗存丰富,近代城市建设特色突出
16	2010年11月9日	北海市	历史悠久,文化底蕴丰厚,历史遗存丰富,近代城市建设特色突出
17	2011年1月24日	宜兴市	历史悠久,文化底蕴丰厚,历史遗存丰富,陶瓷文化特色突出
18	2011年1月24日	嘉兴市	历史悠久,文化底蕴丰厚,历史遗存丰富,城市建设特色突出,红色文化价值独特
19	2011年3月12日	中山市	历史悠久,文化底蕴丰厚,历史遗存丰富,近代城市建设特色突出
20	2011年3月14日	太原市	历史悠久,文化底蕴丰厚,历史遗存丰富,城市建设特色突出

续 表

批　次	批复时间	城　市	备　注
21	2011年5月1日	蓬莱市	历史悠久,地位独特,历史遗存丰富,城市传统格局保存较好,城市建设特色突出
22	2011年11月2日	会理县	历史悠久,文化底蕴丰厚,历史遗存丰富,近代城市建设特色突出
23	2012年3月15日	库车县	历史悠久,文化底蕴丰厚,历史遗存丰富,城市传统格局保存完整,民族文化特色突出
24	2012年6月28日	伊宁市	历史悠久,文化底蕴丰厚,历史遗存丰富,城市传统格局保存完整,民族文化特色突出
25	2013年2月10日	泰州市	历史悠久,遗存丰富,街区特色鲜明,文化底蕴丰厚,古城传统格局和风貌保存完整,城市历史地位突出
26	2013年5月18日	会泽县	历史悠久,遗存丰富,街区集中成片,古城传统格局和风貌保存完整,历史地位突出
27	2013年7月28日	烟台市	历史悠久,遗存丰富,文化底蕴深厚,名胜古迹众多,近代建筑集中成片,街区特色鲜明,城区传统格局和风貌保存完好,具有重要的历史文化价值
28	2013年11月18日	青州市	历史悠久,遗存丰富,文化底蕴深厚,名胜古迹众多,街区特色鲜明,城区传统格局和风貌保存完好,具有重要的历史文化价值
29	2014年7月14日	湖州市	历史悠久,遗存丰富,太湖溇港文化景观价值突出,城区传统格局和风貌保存完好,具有重要的历史文化价值
30	2014年8月6日	齐齐哈尔市	历史悠久,文化多元,遗存丰富,特色鲜明,具有重要的历史文化价值
31	2015年6月1日	常州市	历史悠久,遗存丰富,文化底蕴深厚,街区特色鲜明,城区传统格局和风貌保存完好,具有重要的历史文化价值
32	2015年8月11日	瑞金市	历史悠久,红色文化特色突出,革命历史遗存丰富,是人民共和国的摇篮和苏区精神的主要发源地,城市传统格局保存较好,具有重要的历史文化价值

续 表

批次	批复时间	城市	备注
33	2015年10月3日	惠州市	历史悠久,遗存丰富,文化多元,底蕴深厚,城区传统格局和风貌保存完好,具有重要的历史文化价值
34	2016年4月22日	温州市	历史悠久,文化遗存丰富,历史街区特色鲜明,传统风貌保持完好,保存有独特的“山水斗城”格局,具有重要的历史文化价值
35	2016年11月22日	高邮市	历史悠久,文化遗存丰富,古城传统格局和风貌保持完好,邮驿文化和运河文化特色突出,具有重要的历史文化价值
36	2016年12月16日	永州市	历史悠久,文化遗存丰富,保存有独特的“两山一水一城”古城格局,历史街区特色鲜明,非物质文化遗产丰富,具有重要的历史文化价值
37	2017年7月16日	龙泉市	历史悠久,古城传统格局和风貌保存较好,非物质文化遗产丰富,具有重要的历史文化价值
38	2017年10月15日	长春市	历史悠久,历史遗存丰富,城市空间格局独特,工业遗产特色鲜明,非物质文化遗产丰富多样,具有重要的历史文化价值

附录二

2015年3月15日后设区的市、自治州涉及“历史文化保护”的地方性法规汇总统计表

序号	名称	所属文件类别	备注
1	《滨州市渤海老区革命遗址遗迹保护条例》	文化遗存整体	
2	《赤峰市红山文化遗址群保护条例》	文化遗存整体	
3	《贵港市太平天国金田起义遗址保护条例》	文化遗存整体	
4	《淮安市周恩来纪念地保护条例》	文化遗存整体	
5	《黄冈市革命遗址遗迹保护条例》	文化遗存整体	
6	《辽源市煤矿文化遗产保护条例》	文化遗存整体	按该条例第八条的界定实属煤矿文化遗存保护
7	《龙岩市红色文化遗存保护条例》	文化遗存整体	

续 表

序 号	名 称	所属文件类别	备 注
8	《南平市朱子文化遗存保护条例》	文化遗存整体	
9	《泉州市海上丝绸之路史迹保护条例》	文化遗存整体	
10	《濮阳市戚城遗址保护条例》	文化遗存整体	
11	《遵义市海龙屯保护条例》	文化遗存整体	2018年7月1日实施
12	《三明市万寿岩遗址保护条例》	文化遗存整体	
13	《巴中市红军文物保护条例》	文物保护	
14	《百色市百色起义文物保护条例》	文物保护	
15	《桂林市石刻保护条例》	文物保护	
16	《河源市恐龙地质遗迹保护条例》	文物保护	《文物保护法》第二条第三款 《古生物化石保护条例》
17	《淮安市文物保护条例》	文物保护	
18	《莱芜市文物保护与利用条例》	文物保护	
19	《潍坊市文物保护条例》	文物保护	
20	《西安市不可移动文物保护条例》	文物保护	
21	《成都市历史建筑和历史文化街区保护条例》	历史建筑	
22	《佛山市历史文化街区和历史建筑保护条例》	历史建筑	
23	《黄山市徽州古建筑保护条例》	历史建筑	
24	《梅州市客家围龙屋保护条例》	历史建筑	
25	《十堰市武当山古建筑群保护条例》	历史建筑	
26	《苏州市古城墙保护条例》	历史建筑	
27	《台州府城墙保护条例》	历史建筑	
28	《咸宁市古民居保护条例》	历史建筑	
29	《湘潭市历史建筑和历史文化街区保护条例》	历史建筑	
30	《襄阳古城墙保护条例》	历史建筑	

续 表

序 号	名 称	所属文件类别	备 注
31	《运城市关圣文化建筑群保护条例》	历史建筑	
32	《肇庆古城墙保护条例》	历史建筑	
33	《滁州市非物质文化遗产保护条例》	非遗整体	
34	《甘肃省甘南藏族自治州非物质文化遗产保护条例》	非遗整体	
35	《河池市非物质文化遗产保护条例》	非遗整体	
36	《临汾市非物质文化遗产保护管理办法》	非遗整体	
37	《洛阳市非物质文化遗产保护条例》	非遗整体	
38	《吕梁市非物质文化遗产保护条例》	非遗整体	
39	《马鞍山市非物质文化遗产条例》	非遗整体	
40	《武汉市非物质文化遗产保护条例》	非遗整体	
41	《延边朝鲜族自治州朝鲜族非物质文化遗产保护条例》	非遗整体	
42	《镇江市非物质文化遗产项目代表性传承人条例》	非遗整体	《非遗法》第二十九条
43	《厦门老字号保护发展办法》	传统技艺	
44	《镇江香醋保护条例》	传统技艺	
45	《芜湖铁画保护和发展条例》	传统技艺	
46	《宣纸保护和发展条例》	传统技艺	2018年10月1日实施
47	《博尔塔拉蒙古自治州语言文字工作管理条例》	民族语言文字	归类为其他非物质文化遗产
48	《福州市闽菜技艺文化保护规定》	地方饮食文化	归类为其他非物质文化遗产
49	《亳州国家历史文化名城保护条例》	历史文化名城名镇名村	
50	《常州市历史文化名城保护条例》	历史文亿名城名镇名村	
51	《潮州市历史文化名城保护条例》	历史文化名城名镇名村	
52	《广州市历史文化名城保护条例》	历史文化名城名镇名村	
53	《惠州市历史文化名城保护条例》	历史文化名城名镇名村	
54	《南昌市历史文化名城保护条例》	历史文化名城名镇名村	

续 表

序 号	名 称	所属文件类别	备 注
55	《宁波市历史文化名城名镇名村保护条例》	历史文化名城名镇名村	
56	《苏州国家历史文化名城保护条例》	历史文化名城名镇名村	
57	《湘西土家族苗族自治州浦市历史文化名镇保护管理条例》	历史文化名城名镇名村	
58	《岳阳历史文化名城保护条例》	历史文化名城名镇名村	
59	《达州市传统村落保护与利用条例》	古城古镇古村落	
60	《贺州市黄姚古镇保护条例》	古城古镇古村落	
61	《淮南市寿州古城保护条例》	古城古镇古村落	
62	《荆州古城保护条例》	古城古镇古村落	
63	《商丘古城保护条例》	古城古镇古村落	
64	《歙县徽州古城保护条例》	古城古镇古村落	
65	《信阳市传统村落保护条例》	古城古镇古村落	
66	《扬州古城保护条例》	古城古镇古村落	
67	《宁德市畲族文化保护条例》	特定文化遗产	
68	《保定市工业遗产保护与利用条例》	特定文化遗产	
69	《杭州市大运河世界文化遗产保护条例》	特定文化遗产	
70	《黄石市工业遗产保护条例》	特定文化遗产	
71	《来宾市忻城土司文化遗产保护条例》	特定文化遗产	
72	《铜陵市工业遗产保护与利用条例》	特定文化遗产	
73	《郴州市苏仙岭—万华岩风景名胜区保护条例》	风景名胜	
74	《滁州市琅琊山风景名胜区条例》	风景名胜	
75	《漯河市沙澧河风景名胜区条例》	风景名胜	
76	《南通市濠河风景名胜区条例》	风景名胜	
77	《齐云山风景名胜区保护管理条例》	风景名胜	
78	《泰山风景名胜区生态保护条例》	风景名胜	

续 表

序 号	名 称	所属文件类别	备 注
79	《忻州市五台山风景名胜区条例》	风景名胜	
80	《宣城市敬亭山风景名胜区条例》	风景名胜	
81	《云南省红河哈尼族彝族自治州建水燕子洞风景名胜区保护管理条例》	风景名胜	
82	《长春净月潭风景名胜区保护管理条例》	风景名胜	
83	《长沙市沩山风景名胜区条例》	风景名胜	
84	《镇江市金山焦山北固山南山风景名胜区保护条例》	风景名胜	
85	《呼和浩特市古树名木保护条例》	古树名木	2018年6月1日实施 1986年入选国家历史文化名城
86	《临沧市古茶树保护条例》	古树名木	非属国家历史文化名城
87	《洛阳市古树名木保护条例》	古树名木	1982年入选国家历史文化名城
88	《黔西南布依族苗族自治州古茶树资源保护条例》	古树名木	非属国家历史文化名城

注:文件以最新修正版为准,除部分尚未实施外,均现行有效。

附录三

2015年3月15日前较大的市涉及“历史文化保护”的地方性法规汇总统计表

序 号	名 称	所属文件类别	备 注
1	《杭州市良渚遗址保护管理条例》	文化遗存	
2	《洛阳市汉魏故城保护条例》	文化遗存	
3	《洛阳市龙门石窟保护管理条例》	文化遗存	1999年5月30日批准
4	《洛阳市邙山陵墓群保护条例》	文化遗存	
5	《洛阳市隋唐洛阳城遗址保护条例》	文化遗存	
6	《洛阳市偃师二里头遗址和尸乡沟商城遗址保护条例》	文化遗存	

续 表

序 号	名 称	所属文件类别	备 注
7	《清东陵保护管理办法》	文化遗存	1999年9月24日批准 2017年12月1日修正
8	《沈阳市故宫、福陵和昭陵保护条例》	文化遗存	
9	《太原市晋祠保护条例》	文化遗存	2017年8月30日修正
10	《太原市晋阳古城遗址保护管理条例》	文化遗存	2017年8月30日修正
11	《西安市周丰镐、秦阿房宫、汉长安城和唐大明宫遗址保护管理条例》	文化遗存	1995年6月30日批准 2017年3月30日修正
12	《银川市贺兰山岩画保护条例》	文化遗存	
13	《银川市西夏陵保护条例》	文化遗存	2016年9月1日修订
14	《长沙市炭河里遗址保护条例》	文化遗存	
15	《长沙铜官窑遗址保护管理条例》	文化遗存	
16	《郑州市郑韩故城遗址保护条例》	文化遗存	
17	《包头市五当召保护管理条例》	文物保护	
18	《成都市文物保护管理条例》	文物保护	1993年4月18日批准 2006年11月30日修订
19	《大连市不可移动文物保护条例》	文物保护	
20	《广州市文物保护规定》	文物保护	
21	《哈尔滨市侵华日军第七三一部队旧址保护条例》	文物保护	
22	《邯郸市文物保护管理规定》	文物保护	1997年9月3日批准 2010年9月29日修正
23	《杭州市文物保护管理若干规定》	文物保护	1999年12月28日批准 2004年5月28日修正
24	《合肥市文物保护办法》	文物保护	

续 表

序 号	名 称	所属文件类别	备 注
25	《吉林市文物保护管理条例》	文物保护	1996年5月17日批准 2004年12月28日修改
26	《济南市文物保护规定》	文物保护	2016年1月22日修正
27	《昆明市文物保护条例》	文物保护	
28	《洛阳市<文物保护法>实施细则》	文物保护	1985年7月12日批准 1989年12月30日修正
29	《南京市地下文物保护管理规定》	文物保护	1999年10月30日批准 2004年6月17日修正
30	《宁波市文物保护管理条例》	文物保护	1994年8月31日批准 2009年4月1日修正
31	《沈阳市地上不可移动文物和地下文物保护条例》	文物保护	
32	《苏州市实施<中华人民共和国文物保护法>办法》	文物保护	2016年5月26日修正
33	《太原市文物保护和管理办法》	文物保护	2015年11月26日修正
34	《唐山市文物保护管理办法》	文物保护	1996年9月11日批准 2012年4月5日修改
35	《武汉市文物保护若干规定》	文物保护	
36	《长春市文物保护条例》	文物保护	
37	《淄博市文物保护管理办法》	文物保护	1994年7月22日通过 2014年8月26日修订
38	《杭州市历史文化街区和历史建筑保护条例》	历史建筑	
39	《南宁市历史街区保护管理条例》	历史建筑	
40	《苏州市古建筑保护条例》	历史建筑	
41	《苏州园林保护和管理条例》	历史建筑	1996年12月13日批准 2016年5月26日修正

续 表

序 号	名 称	所属文件类别	备 注
42	《武汉市历史文化风貌街区和优秀历史建筑保护条例》	历史建筑	
43	《西安城墙保护条例》	历史建筑	2017年3月30日修正
44	《长春市历史文化街区和历史建筑保护条例》	历史建筑	
45	《郑州市嵩山历史建筑群保护管理条例》	历史建筑	
46	《苏州市非物质文化遗产保护条例》	非遗整体	
47	《包头市社会市面蒙汉两种文字并用管理条例》	民族语言文字	
48	《呼和浩特市社会市面蒙汉两种文字并用管理办法》	民族语言文字	
49	《淮南市保护和发展花鼓灯艺术条例》	传统艺术	
50	《苏州市昆曲保护条例》	传统艺术	
51	《无锡市历史文化遗产保护条例》	特定文化遗产	
52	《福州市历史文化名城保护条例》	历史文化名城名镇名村	
53	《哈尔滨市历史文化名城保护条例》	历史文化名城名镇名村	
54	《海口市历史文化名城保护条例》	历史文化名城名镇名村	
55	《合肥市三河历史文化名镇保护条例》	历史文化名城名镇名村	
56	《昆明市历史文化名城保护条例》	历史文化名城名镇名村	
57	《南京市历史文化名城保护条例》	历史文化名城名镇名村	
58	《沈阳历史文化名城保护条例》	历史文化名城名镇名村	
59	《西安历史文化名城保护条例》	历史文化名城名镇名村	2017年3月30日修正
60	《银川市历史文化名城保护条例》	历史文化名城名镇名村	
61	《长沙市历史文化名城保护条例》	历史文化名城名镇名村	
62	《大同古城保护管理条例》	古城古镇古村落	
63	《拉萨市老城区保护条例》	古城古镇古村落	
64	《宁波市慈城古县城保护条例》	古城古镇古村落	

续 表

序 号	名 称	所属文件类别	备 注
65	《鞍山千山风景名胜区条例》	风景名胜	1998年11月28日批准 2008年12月19日修正
66	《鞍山玉佛山风景名胜区条例》	风景名胜	
67	《本溪市风景名胜资源保护管理条例》	风景名胜	1996年9月28日批准 2002年5月30日修改
68	《大连市风景名胜区条例》	风景名胜	1996年5月21日批准 2011年7月29日修订
69	《福州市风景名胜区管理条例》	风景名胜	
70	《广州市白云山风景名胜区保护条例》	风景名胜	1995年11月21日批准 2006年1月18日修订
71	《哈尔滨市太阳岛风景名胜区管理条例》	风景名胜	
72	《杭州西湖风景名胜区管理条例》	风景名胜	
73	《杭州西湖文化景观保护管理条例》	风景名胜	
74	《恒山风景名胜区保护条例》	风景名胜	
75	《吉林市松花湖国家级风景名胜区管理条例》	风景名胜	1995年1月18日批准 2004年12月28日修改
76	《昆明市九乡风景名胜区保护条例》	风景名胜	
77	《昆明市石林风景名胜区保护条例》	风景名胜	
78	《南昌市梅岭风景名胜区条例》	风景名胜	
79	《厦门市风景名胜资源保护管理条例》	风景名胜	
80	《苏州市风景名胜区条例》	风景名胜	
81	《武汉东湖风景名胜区条例》	风景名胜	
82	《徐州市云龙湖风景名胜区条例》	风景名胜	
83	《岳麓山风景名胜区保护条例》	风景名胜	

续 表

序 号	名 称	所属文件类别	备 注
84	《成都市古树名木保护管理规定》	古树名木	2015年7月22日修正 1982年入选国家历史文化名城
85	《福州市城市古树名木保护管理办法》	古树名木	1986年入选国家历史文化名城
86	《海口市古树名木保护管理规定》	古树名木	国家历史文化名城2007
87	《青岛市古树名木保护管理办法》	古树名木	1989年12月29日批准 2017年10月27日修正 1994年入选国家历史文化名城
88	《苏州市古树名木保护管理条例》	古树名木	1982年入选国家历史文化名城
89	《太原市古树名木保护条例》	古树名木	2011年入选国家历史文化名城
90	《武汉市古树名木和古树后续资源保护条例》	古树名木	1986年入选国家历史文化名城
91	《西安市古树名木保护条例》	古树名木	2017年3月30日修正 1982年入选国家历史文化名城

注:文件以最新修正版为准,均现行有效。

附录四

地方(史)志法规、规章统计表

序 号	名 称	效力类别	公布时间	备 注
1	《地方志工作条例》	行政法规	2006年5月18日	
2	《安徽省地方志工作条例》	省级地方性法规	2007年2月28日	
3	《海南省地方志工作规定》	省级地方性法规	2011年5月31日	
4	《吉林省地方志工作条例》	省级地方性法规	2006年12月1日	
5	《山东省地方史志工作条例》	省级地方性法规	2005年9月29日	先于《地方志工作条例》
6	《山西省地方志工作条例》	省级地方性法规	2011年5月27日	
7	《四川省地方志工作条例》	省级地方性法规	2003年7月24日	2013年11月28日修订

续 表

序 号	名 称	效力类别	公布时间	备 注
8	《淄博市地方史志工作条例》	较大的市地方性法规	2009年10月30日	《立法法》修改前
9	《北京市实施〈地方志工作条例〉办法》	省级地方政府规章	2007年7月5日	
10	《福建省实施〈地方志工作条例〉办法》	省级地方政府规章	2013年12月26日	
11	《甘肃省地方志工作规定》	省级地方政府规章	2009年1月14日	
12	《广东省地方志工作规定》	省级地方政府规章	2007年11月21日	
13	《广西壮族自治区实施〈地方志工作条例〉办法》	省级地方政府规章	2008年7月14日	
14	《贵州省地方志工作规定》	省级地方政府规章	2008年10月29日	
15	《河北省地方志工作规定》	省级地方政府规章	2008年2月14日	
16	《河南省地方志工作规定》	省级地方政府规章	2011年5月12日	
17	《黑龙江省地方志工作规定》	省级地方政府规章	2014年9月17日	2016年11月15日修订
18	《湖北省地方志工作规定》	省级地方政府规章	2007年4月5日	
19	《湖南省实施〈地方志工作条例〉办法》	省级地方政府规章	2008年6月10日	
20	《江苏省实施〈地方志工作条例〉办法》	省级地方政府规章	2008年12月3日	
21	《江西省实施〈地方志工作条例〉办法》	省级地方政府规章	2008年1月13日	
22	《内蒙古自治区地方志工作规定》	省级地方政府规章	2012年10月9日	
23	《宁夏回族自治区〈地方志工作条例〉实施办法》	省级地方政府规章	2007年11月9日	
24	《青海省地方志工作规定》	省级地方政府规章	2015年1月19日	
25	《陕西省实施〈地方志工作条例〉办法》	省级地方政府规章	2007年9月29日	
26	《上海市实施〈地方志工作条例〉办法》	省级地方政府规章	2011年4月26日	
27	《天津市地方志工作办法》	省级地方政府规章	2018年3月1日	《立法法》修改后
28	《西藏自治区实施〈地方志工作条例〉办法》	省级地方政府规章	2016年10月16日	《立法法》修改后

续 表

序号	名称	效力类别	公布时间	备注
29	《新疆维吾尔自治区实施〈地方志工作条例〉办法》	省级地方政府规章	2009年4月7日	
30	《云南省地方志工作规定》	省级地方政府规章	2010年8月4日	
31	《浙江省实施〈地方志工作条例〉办法》	省级地方政府规章	2012年11月17日	
32	《鞍山市地方志工作管理办法》	市级地方政府规章	2008年12月16日	
33	《本溪市地方志工作管理办法》	市级地方政府规章	2011年4月6日	
34	《抚顺市地方志工作管理办法》	市级地方政府规章	2009年12月22日	
35	《广州市地方志工作规定》	市级地方政府规章	2011年11月7日	
36	《宁波市实施〈地方志工作条例〉办法》	市级地方政府规章	2012年5月14日	
37	《青岛市地方志工作规定》	市级地方政府规章	2012年12月28日	
38	《沈阳市地方志工作管理办法》	市级地方政府规章	2007年1月8日	
39	《无锡市地方志工作规定》	市级地方政府规章	2010年10月8日	
40	《西安市地方志管理办法》	市级地方政府规章	2008年10月21日	
41	《银川市地方志工作规定》	市级地方政府规章	2015年1月4日	
42	《郑州市地方志工作规定》	市级地方政府规章	2017年11月21日	《立法法》修改后

注:文件以最新修正版为准,均现行有效。

【评析Ⅱ　乡村振兴立法】

促进乡村振兴地方立法若干重难点问题探讨*

◎王友健**

内容提要：促进乡村振兴地方立法是推动乡村振兴战略高质量实施的重要法律保障之一。在地方"乡村振兴促进条例"制定过程中，包括篇章结构如何设计、"党的领导"如何体现、地方特色如何融入、立法权限如何把握，以及省市立法如何分工等重点难点问题，应当予以着重关注。这些问题能否得到妥善解决，较大程度上决定了促进乡村振兴地方立法质量的高低。

关键词：乡村振兴；地方立法；促进立法；立法质量

2017年10月18日，党的十九大报告首次提出要推进实施"乡村振兴战略"；2018年2月4日，改革开放以来第20个、新世纪以来第15个指导"三农"工作的中央一号文件《中共中央　国务院关于实施乡村振兴战略的意见》（以下简称"中央一号文件"）出台，明确提出"各地可以从本地乡村发展实际需要出发，制定促进乡村振兴的地方性法规、地方政府规章"。[①]从全国乡村振兴立法情况来看，国家层面，2018年7月，"由全国人大常委会牵头，国家乡村振兴法已经启动了立法相关程序，有望在2020年之前正式发布"。[②]地方层面，据公开消息，2018年2月，四川省已有人大代表提交关于制定

*　本文系浙江省哲学社会科学规划"地方立法"专项课题"浙江省乡村振兴促进条例草案起草及立法相关问题研究"(18DFLF05YB，已结题)的衍生成果，该课题由浙江大学光华法学院郑磊副教授主持。

本文构思和撰写过程中，郑磊老师给予了结构性指导和关键内容提点；资料收集整理过程中，浙江大学光华法学院硕士生赵计义予以了通力协助，在此一并感谢。

**　王友健，浙江大学光华法学院博士研究生。

①　参见"中共中央　国务院关于实施乡村振兴战略的意见"，中国政府网，http://www.gov.cn/zhengce/2018-02/04/content_5263807.htm，访问日期：2018年12月14日。

②　林远、班娟娟："乡村振兴法已启动立法相关程序"，经济参考，http://jjckb.xinhuanet.com/2018-07/16/c_137326478.htm，访问日期：2018年12月14日。

《四川省乡村振兴条例》的议案[①];9月,山西省已将《山西省乡村振兴促进条例》纳入2018—2022年立法规划[②];11月,湖北省已决定将《湖北省乡村振兴促进条例》纳入2018—2022年立法规划[③]……但无论中央还是地方,尚无一部促进乡村振兴的法律法规,有关乡村振兴的立法研究也处在起步阶段。可供各地"乡村振兴促进条例"(以下简称"振兴条例")制定过程中直接参考借鉴的立法素材较为稀少,诸多立法问题尚需深入研究。

一、"振兴条例"篇章结构的设计思路

(一)主体框架:"五大保障、五大振兴"

2017年10月18日,习近平总书记在党的十九大报告中提出"实施乡村振兴战略",其中明确指出,"要坚持农业农村优先发展,按照产业兴旺、生态宜居、乡风文明、治理有效、生活富裕的总要求,建立健全城乡融合发展体制机制和政策体系,加快推进农业农村现代化"。[④]2017年中央农村工作会议上,习近平总书记系统全面地阐述了实现中国特色社会主义乡村振兴的"七条道路":要走城乡融合发展之路,共同富裕之路,质量兴农之路,乡村绿色发展之路,乡村文化兴盛之路,乡村善治之路,中国特色减贫之路。[⑤]2018年3月8日,习近平在参加山东代表团审议时,又为实现乡村振兴指明五个具体路径:推动乡村产业振兴、人才振兴、文化振兴、生态振兴和组织振兴。[⑥]

综合来看,乡村振兴"五个总要求"是目标,"七条道路"是方向,"五大振兴"则是

---

① 刘春华:"建议制定四川省乡村振兴条例",四川人大网,http://www.scspc.gov.cn/dbgz/yajybl/201801/t20180131_33841.html,访问日期:2018年12月14日。

② "山西省十三届人大常委会立法规划(2018—2022年)",山西人大网,http://www.sxpc.gov.cn/rdyw/201809/t20180925_6864.shtml,访问日期:2018年12月14日。

③ "湖北省第十三届人大常委会立法规划(2018—2022年)",湖北人大网,http://www.hppc.gov.cn/2018/1128/28763.html,访问日期:2018年12月14日。

④ 参见"习近平:决胜全面建成小康社会 夺取新时代中国特色社会主义伟大胜利——在中国共产党第十九次全国代表大会上的报告",中国政府网,http://www.gov.cn/zhuanti/2017-10/27/content_5234876.htm,访问日期:2018年12月26日。

⑤ 参见董峻等:"谱写新时代乡村全面振兴新篇章——2017年中央农村工作会议传递六大新信号",人民网,http://cpc.people.com.cn/n1/2017/1230/c64387-29737423.html,访问日期:2018年12月26日。

⑥ 参见"央视快评:以'五个振兴'扎实推进乡村振兴战略",人民网,http://opinion.people.com.cn/n1/2018/0308/c1003-29856864.html,访问日期:2018年12月26日。

实现路径。也就是说,乡村振兴需要通过推动“产业、人才、文化、生态和组织”这五大方面的振兴来具体实现。

但是政策与法律基于功能的不同,其在实现社会治理目标的具体路径与方法上存在较大差异,进而在各自文本的篇章结构、内容安排上也会有所不同。立法促进社会进步、推动改革发展,靠的是通过法定程序对国家或地方资源进行有效配置、明确政府职责、明晰社会各主体权利义务来保障政策的实施、政府的履责和社会的参与,进而实现对国家事业、社会事务的稳步发展与促进。例如,是否需要财政投入、是否需要公共服务投入、政府需要履行哪些职责、社会各主体具有哪些权利义务,均应当由法律予以明确。如乔晓阳同志所言,“立法与改革决策相一致绝不意味着立法仅仅是照搬照抄改革决策的文字,文件里怎么写的抄到法律里来就完事了”[①]。我们需要基于法律自身的工具特性来设计、安排立法内容,以发挥法律的功能优势,推动改革决策的落地见效。

同时,一方面,国内促进乡村振兴的法律法规尚处于空白状态,无可供参考的立法文本;另一方面,学界对国内外相关立法的研究尚处于起步阶段,尚不能为乡村振兴地方立法工作提供充分的理论支撑。“振兴条例”属于典型的地方先行性立法,如何通过法律实现乡村振兴,其立法文本的篇章结构和内容如何设计,都需要不断地摸索。

笔者认为,要通过立法的形式保障乡村振兴“产业兴旺、生态宜居、乡风文明、治理有效、生活富裕”的五大任务、五大目标的实现,一方面需要通过“产业振兴、人才振兴、文化振兴、生态振兴、组织振兴”五大路径予以推动,另一方面则需要发挥法律自身的工具优势,对乡村振兴所需的发展规划投入、资金投入、民生投入(即公共设施、公共服务投入等)、人才投入、乡村社会治理投入五大方面予以充分的法律保障。由此,“振兴条例”的主体部分可由“乡村振兴发展规划”“财政支持和资金引入”“乡村民生投入保障”“乡村社会治理保障”“人才投入保障”五个章节与“促进产业振兴”“促进人才振兴”“促进文化振兴”“促进生态振兴”“促进组织振兴”五个章节共同组成。[②]同

---

① 王秀中:“十二届全国人大法律委员会主任委员乔晓阳讲述改革开放以来的立法故事:从‘先改革后立法’‘边改革边立法’到‘凡属重大改革必须于法有据’”,《南方都市报》,2018年12月14日。

② 在实际的条例文本起草中,“乡村振兴发展规划”等“五大保障”章节与“促进产业振兴”等“五大振兴”章节可依本地实际情况进行适当合并以压缩章节数量。例如“人才投入保障”一章的内容可并入“促进人才振兴”一章,“促进组织振兴”一章是否适合并入“乡村社会治理保障”一章也尚有讨论的空间。具体到各条款规定,例如加强“三农”工作队伍建设的内容可放入“促进人才振兴”一章,加强乡村布局和规划的内容可放入“乡村振兴发展规划”一章。

时，以“激励与奖励措施”和“法律责任”两章构成保障乡村振兴促进立法目标实现的正负双向激励机制。其余是“总则”“监督检查”“附则”等惯例章节、特色章节。

（二）各章节具体条款内容构想

“振兴条例”可以中央一号文件、《国家乡村振兴战略规划（2018—2022年）》（以下简称“国家乡村振兴规划”）和本地区乡村振兴规划（或计划）[①]等作为条例起草的主要政策依据，结合本地特色、立法权限、已有立法等要素，合理安排“振兴条例”各章节具体条款内容。

以浙江“乡村振兴促进条例”为例，总则一章可包括“立法目的”“适用范围”“工作原则”“促进原则”“尊重农民主体地位”“管理体制”（如政府职责、部门职责）等规定。

乡村振兴发展规划一章可包括“规划适用范围”“规划原则”“规划职责划分”“建立乡村振兴推进体系”“公开征求意见”“规划效力与监督”“相关建设项目的审批、征询”“乡村布局和规划”等规定。

财政支持和资金引入一章可包括“确保财政投入持续增长”“拓宽资金筹集渠道”“提高金融服务水平”等规定。

乡村民生投入保障一章可包括“提升乡村公共服务水平”“加强农村社会保障体系建设”“推动农村基础设施提档升级”“提升人居环境质量”“扶贫与减轻农民负担”“增加农民、农村经济收入”等规定。

乡村社会治理保障一章可包括“深化村民自治实践”“建设法治乡村”“三治融合”“提升乡村公共安全保障水平”等规定。

促进产业振兴一章可包括“适度规模经营（即完善农村基本经营制度）”“盘活农村土地（即推进农村土地制度改革）”“盘活集体资产（即推进农村集体产权制度改革）”“夯实农业生产能力基础”“实施质量兴农战略”“构建农村一二三产业融合发展体系”“培育现代农业经济”“促进小农户和现代农业发展有机衔接”“农业绿色发展”“完善农业支持保护制度”等规定。

促进人才振兴一章（“人才投入保障”的内容并入该章）可包括“大力培育新型职业农民”“加强农村专业人才队伍建设”“鼓励社会各界投身乡村建设”“优先发展农村教育事业”“加强‘三农’工作队伍建设”等规定。

---

① 截止到2019年5月17日，已有29个省级乡村振兴战略规划印发实施。市县层面也已着手编制乡村振兴战略规划或方案。参见张艳玲：“发改委：29省份已印发实施省级乡村振兴战略规划”，中国网，http://news.china.com.cn/txt/2019-05/17/content_74794642.htm，访问日期：2019年5月19日。

促进文化振兴一章可包括“加强农村思想道德建设”“传承发展提升农村优秀传统文化”“加强农村公共文化建设”“开展移风易俗行动”等规定。

促进生态振兴一章可包括“统筹山水林田湖草系统治理”“加强农村突出环境问题综合治理”“建立市场化生态补偿机制”“发展旅游休闲产业”等规定。

促进组织振兴一章可包括“加强农村党组织建设”“乡村治理组织体系建设”“培育农村社会组织”等规定。

其余章节的条款内容可参考其他促进型法律法规,根据本地实际情况进行设计。

二、党领导乡村振兴工作的立法表达方式

无论是乡村振兴中央一号文件,还是“国家乡村振兴规划”,抑或各地乡村振兴规划(或计划)等政策文件,都明确提出了加强党领导乡村振兴工作的政治要求。例如,“国家乡村振兴规划”明确指出,要“毫不动摇地坚持和加强党对农村工作的领导,健全党管农村工作方面的领导体制机制和党内法规,确保党在农村工作中始终总揽全局、协调各方,为乡村振兴提供坚强有力的政治保障”。浙江《全面实施乡村振兴战略高水平推进农业农村现代化行动计划(2018—2022年)》(以下简称“浙江行动计划”)明确提到,要“完善党委统一领导、政府负责、农村工作部门统筹协调的农村工作领导体制”。“党政‘一把手’是第一责任人,五级书记抓乡村振兴,县委书记要当好乡村振兴的‘一线总指挥’。”但在立法上,除《宪法》《监察法》等少数法律法规有明确规定“党的领导”以外,其他鲜有涉及。

一方面是各级乡村振兴政策文件着重强调“党的领导”,一方面是现行法律法规对于写入“党的领导”持较为保守的态度,出现这样的现象,原因大致有三:一则“党的领导”是中国特色社会主义制度的基本原则之一,已由《宪法》作出统领性规定,一般法律法规是否适宜再行具体表述存疑;二则法律主要是规定公民、社会组织、国家公权力机关的权利义务,法律法规是否适合规定党组织的权利义务存疑;三则“党的领导”强调的是党中央的集中统一领导①,地方各级党组织对本地区事务的领导是否能为“党的领导”所囊括尚存疑问。因此,在法律法规,尤其是地方性法规中,是否适宜写入“党的领导”,以及在具体条文中如何表述地方党组织对同级地方乡村振兴工作

① 例如《中国共产党第十八届中央委员会第六次全体会议公报》强调,“坚持党的领导,首先是坚持党中央的集中统一领导”。党的十九大报告强调,“保证全党服从中央,坚持党中央权威和集中统一领导”。

的领导，需要认真研究。

笔者认为，虽然部分地方性法规对“党的领导”有进行细化表述，例如《上海市农村集体资产监督管理条例》第三条规定：“农村集体经济组织应当接受所在地中国共产党基层组织领导，完善组织章程，建立健全民主管理的治理机制，依法管理农村集体资产，发展农村集体经济。”《广东省村民委员会选举办法》第六条规定：“村民委员会的选举工作应当在中国共产党广东省各级委员会的领导下依照宪法和法律进行。中国共产党在农村的基层组织，发挥领导核心作用，依法支持和保障村民委员会换届选举工作。”但考虑“党的领导”主要强调的是党中央的集中统一领导，在地方性法规中对“党的领导”采用笼统性、概括性表述更为妥当，例如《浙江省社会治安综合治理条例》第三条规定：“社会治安综合治理坚持中国共产党的领导，坚持依法治理、源头治理、系统治理、专项治理，注重联动融合、社会共治，实行谁主管谁负责和属地管理的原则。”因此，在“振兴条例”中宜将“党的领导”表述为“坚持中国共产党对本省(市)行政区域内乡村振兴工作的领导”。

三、乡村振兴制度改革需求与立法权限的冲突协调

(一)主要问题：有关农业农村基本制度改革的内容能否纳入“振兴条例”

从中央一号文件、“国家乡村振兴规划”、各地乡村振兴规划(或计划)来看，“巩固和完善农村基本经营制度”“深化农村土地制度改革”“深化农村集体产权制度改革”等有关农业农村基本制度的改革与完善，都是其中重点内容。这是乡村振兴战略长效推进的重要制度保障，关乎乡村振兴的成与败。例如，完善农村承包地“三权分置”制度是稳定承包权、放活经营权，加快土地流转，促进农业产业规模化经营的前提；探索宅基地所有权、资格权、使用权“三权分置”是放活宅基地和农民房屋使用权，盘活利用闲置宅基地和闲置农房的前提；加快推进集体经营性资产股份合作制改革，是赋予农民更多财产权利、激活农村各类生产要素潜能，促进农村发展和农民共同富裕的前提……非常有必要以立法的形式来保障这些改革举措的顺利推进。

但是，法律与政策不同，地方政策文件可以与中央政策文件采用一致的表述或规定，而地方立法基于立法权限和法制统一的要求，涉及需要全国统一标准的农业农村基本制度的改革事宜，不宜在地方性法规中予以规定。因为，这既可能僭越《立法法》第八条规定的法律保留事项，又可能在现行法律未修改前，与之相关规定发生抵触。例如，《农村土地承包法》在2018年12月修改之前并未规定承包地的“三权分置”，也

未规定土地经营权可以流转，尽管各地在此之前早已开始探索试行，相关政策文件中也早有涉及；再例如，农村土地征收、集体经营性建设用地入市、宅基地管理等制度在《土地管理法》《城市房地产管理法》中均有明确规定，目前全国人大常委会仅授权浙江省义乌市在内的全国33个试点县市区暂时调整《土地管理法》相关规定的实施。①如果将有关这些制度的改革措施在上位法尚未修改之前即写入地方性法规，必然会与上位法相抵触，有损国家法制统一。

(二)解决思路：在法制统一原则下进行指引性规定

笔者认为，包括农村土地制度、农村基本经营制度、农村集体产权制度等在内的农业农村基本制度的改革与完善，是激发农业农村活力的根本性制度保障，是促进乡村振兴的基础条件。通过立法明示改革方向，确认改革成果，是鼓励乡村振兴各主体持续推进农业农村改革发展的最好"定心丸"。促进型立法作为保障改革推进的指引性规范，应当在具体条款中对改革方向有所体现、有所引领。虽然地方不宜在无授权立法情况下规定与上位法相抵触的乡村振兴改革措施，但仍然可以从实现改革目的的角度予以指引性规定。

例如，对于"完善农村基本经营制度"，虽然地方性法规不宜直接规定"完善农村承包地'三权分置'制度"的内容，但完善农村基本经营制度的目的是使农民手中的承包地能够自由流转，进而实现农业的规模化、产业化经营，增加农民财产性收益。因此，"振兴条例"仍然可以规定"县级以上人民政府应当结合本地区实际情况，推动农业适度规模经营发展，构建新型农业经营体系"。

又例如，对于"深化农村土地制度改革"，其目的是通过改革农村土地征收制度、允许集体经营性建设用地入市、放活宅基地和农民房屋使用权，进而激活促使农村产业振兴的土地要素，赋予农民更多财产权益和收入，促进农村土地的高效集约利用。"振兴条例"虽然不可直接规定改革农村土地征收制度、允许集体经营性建设用地入市、宅基地"三权分置"的内容，但可规定"县级以上人民政府应当积极推进农村土地资源要素合理配置，盘活利用农村集体建设用地、闲置宅基地和闲置农房"。

另外，对于"推进农村集体产权制度改革"，虽然中央尚无针对农村集体资产管理利用的专门法律法规，地方性法规写入相关改革措施不存在违背上位法规定的问题，但部分地方制定的其他法规规章可能已经对其有所规定。比如，浙江省在2016年就

---

① 参见"全国人大常委会拟授权国务院在33个试点县(市、区)暂时调整实施土地管理法的相关规定"，中国政府网，http://www.gov.cn/xinwen/2015-02/25/content_2821832.htm，访问日期：2018年12月26日。

已出台《浙江省农村集体资产管理条例》，对包括中央一号文件提出的“全面开展农村集体资产清产核资、集体成员身份确认，加快推进集体经营性资产股份合作制改革”[①]等有关改革措施都进行了详细规定。并且，国家《农村集体经济组织法》也正在制定当中。[②]因此，若本地区已有相关先行立法，同时考虑推进农村集体产权制度改革的目的是盘活农村集体资产、防止集体资产被非法侵占、保障农民财产权益，“振兴条例”可做概括性规定——“县级以上人民政府应当积极推进农村集体资产的盘活利用，保障农民财产权益”。

四、乡村振兴地方特色的融入路径

“地方特色”是地方立法的主要特点和立法质量的重要衡量指标之一。从可查找到的文献来看，早在1996年就有立法实务界人士提出：“地方立法就应该体现‘地方特色’……‘地方特色’是地方立法的精髓、核心，没有地方特色的地方立法是违背国家赋予地方立法权的本意的。”[③]

以浙江为例，早在1963年，浙江基层社会治理的“枫桥经验”就已经闻名遐迩于全国，毛泽东曾在当年批示，“要各地仿效，经过试点，推广去做”。[④]2013年10月，习近平总书记对“枫桥经验”再作出重要指示，“各级党委和政府要充分认识‘枫桥经验’的重大意义，发扬优良作风，适应时代要求，创新群众工作方法，善于运用法治思维和法治方式解决涉及群众切身利益的矛盾和问题……”[⑤]再比如，浙江可以说是数字经济发展的桥头堡、“互联网+”的先发地。数据显示，浙江省移动支付总额及人均支付金额均居全国第二，全国电子商务百强县和淘宝村的数量均居全国第一，电商专业村数量

① 参见“全国人大常委会拟授权国务院在33个试点县(市、区)暂时调整实施土地管理法的相关规定”，中国政府网，http://www.gov.cn/xinwen/2015-02/25/content_2821832.htm，访问日期：2018年12月26日。

② 参见“农业农村部介绍农村集体产权制度改革进展情况”，中国政府网，http://www.gov.cn/xinwen/2018-06/19/content_5299654.htm#1，访问日期：2018年12月26日。

③ 练俊生、肖萍：“地方立法中‘地方特色’”，《理论与改革》1996年第4期。

④ 参见“毛泽东：批示要各地效仿，经过试点，推广去做”，浙江在线，http://china.zjol.com.cn/system/2013/09/11/019590077.shtml，访问日期：2018年12月26日。

⑤ 参见“法制日报：高扬旗帜坚持和发展‘枫桥经验’”，人民网，http://opinion.people.com.cn/n/2013/1012/c1003-23173170.html，访问日期：2018年12月18日。

占全国的三分之一。[①]

这些农业农村现代化建设的改革成果和经验亟须通过立法加以固定,但它们涉及乡村振兴的诸多方面,如何融入立法文本,并不容易抉择。因为,具体到法律法规文本中,体现地方特色又可分为专章体现与分散体现两种方式。专章体现让人一目了然,更能凸显本地特色;分散体现虽将地方特色埋没于众多法条之中,但可精简立法文本篇章结构,内容也更加协调。

笔者认为,例如"枫桥经验"属于基层社会治理方面的内容,适合放入"乡村社会治理保障"一章;浙江"农村文化礼堂"工程属于农村文化建设方面的内容,适合放入"促进文化振兴"一章;而"互联网+农村物流""电子商务进农村""电子政务进农村""互联网金融服务"等均为依托互联网、大数据平台为农业产业、农村金融、乡村治理等诸多方面提供便利化服务的内容,不宜放入前述"五大保障""五大振兴"章节当中,宜另外设置专章——"智慧乡村建设",来凸显地方特色。

通过加强地方特色条款内容的设计,科学合理地将地方特色融入"振兴条例",可最大限度避免对现有中央政策规定、未来国家"乡村振兴法"的重复性立法,可增强地方立法的针对性和可操作性,提高地方立法的精细化水平。

五、应予以关注的其他重难点问题

(一)乡村振兴省市立法的分工协同

"同题立法"是地方立法中的一个显著现象,这既是各地方因地制宜细化执行中央立法的重要方式,也是各层级、各地方之间部分立法需求同质化的反映。以道路交通安全立法为例,全国人大常委会制定有《道路交通安全法》,国务院制定有《道路交通安全法实施条例》,浙江省人大常委会制定有《浙江省实施〈中华人民共和国道路交通安全法〉办法》,杭州市人大常委会制定有《杭州市道路交通安全管理条例》。但是,"同题立法"也存在一定弊端,中央对应30余个省区市,再对应300余个享有立法权的地级市、自治州,如果都进行"同题立法",必然会导致大量重复立法,浪费立法资源。因此,对于乡村振兴立法,目前虽尚未出现类似情况,但省级立法机关与设区的市立法机关如何做好分工协同,保证整体立法质量、避免重复立法,值得深入

① 参见王益敏:"全省数字经济发展大会昨天召开　目标2022年实现产值翻番",浙江在线,http://zjnews.zjol.com.cn/zjnews/hznews/201807/t20180725_7855826.shtml,访问日期:2018年12月18日。

研究。

笔者认为,“振兴条例”作用主要有二:一是为即将进行的国家乡村振兴立法工作积累地方经验;二是统领本地区乡村振兴战略的实施,保证各级政府各项工作的协调统一。因此,推动地方乡村振兴战略实施的统领性的“振兴条例”宜由省级人大或其常委会进行制定。同时,为保证立法精细化,设区的市可不必再进行“同题立法”,而是改“同题立法”为“专题立法”,即针对“产业振兴、人才振兴、文化振兴、生态振兴、组织振兴”等乡村振兴各方面事项,结合本地区实际情况和立法需求,按照轻重缓急的标准,分阶段、分步骤,积极稳妥地推进乡村振兴地方立法工作。不必过分拘泥于立法内容、体例的完整全面,而应“紧密结合实际需要,提高地方立法的科学性、严谨性、针对性和可操作性,做到有特色和管用好用,这是地方立法的生命力所在”。[①]

(二)“适用范围”条款的表述方案选择

从中央和地方促进型立法来看,法律法规“适用范围”条款的表述方式主要分为定义型、列举型和概括型三种表述类型。定义型,例如《农业机械化促进法》第二条:“本法所称农业机械化,是指运用先进适用的农业机械装备农业,改善农业生产经营条件,不断提高农业的生产技术水平和经济效益、生态效益的过程。”列举型,例如《浙江省信息化促进条例》第二条,“本省行政区域内的信息化规划与建设、信息产业发展、信息技术推广应用、信息资源开发利用、信息安全保障及相关管理活动,适用本条例”。概括型,例如《民办教育促进法》第二条,“国家机构以外的社会组织或者个人,利用非国家财政性经费,面向社会举办学校及其他教育机构的活动,适用本法”。当然,实践中还有“定义+列举”“定义+概括”这样的复合型表述方式。

笔者认为,对于“振兴条例”,列举型和概括型两种表述方式均可采用,其中更倾向于采用列举型,如此可与后续章节首尾呼应,起到统领作用。至于定义型,由于“乡村振兴”是乡村产业、人才、文化、生态、组织的全方位振兴,涉及事务繁杂,其内涵外延较难把握,并不适宜采用定义型方式表述“适用范围”。

(三)“领导小组”纳入“管理体制”条款的规范空间

法律法规中的“管理体制”条款是保障立法目的实现的“组织保障”类规定,在地方立法中对管理体制进行规定,既涉及立法与政策相衔接的问题,又涉及下位法不能与上位法相抵触的问题。

以浙江省为例,“浙江行动计划”指出,要“完善党委统一领导、政府负责、农村工

① 彭波:“地方立法重在管用好用”,《人民日报》2018年10月24日。

作部门统筹协调的农村工作领导体制。省社会主义新农村建设领导小组调整为省乡村振兴领导小组”。经查阅资料,浙江省乡村振兴领导小组(即原省社会主义新农村建设领导小组)是由浙江省委省政府主要领导同志组成的党政联合的乡村振兴工作领导机构,并设立“双组长”,由省委书记和省长共同担任。[①]但是,并未明确该小组是否为省人民政府内设乡村振兴工作领导机构。无法确定乡村振兴领导小组的机构性质,就难以判断能否将其纳入到“管理体制”条款当中。因为,《地方组织法》和《地方各级人民政府机构设置和编制管理条例》仅规定人民政府可设立议事协调机构。[②]无论是《立法法》还是《地方组织法》,均未表明地方立法得对执政党的组织、职权进行规定。

笔者认为,法律法规不宜直接涉及执政党的组织、职权,由党内法规予以规定较为妥当。如果各地类似领导小组仅属于地方党委议事协调机构,则不宜写入“振兴条例”,仅对推动乡村振兴工作所需确定的“政府职责”“部门职责”分别作出规定即可,否则可能存在合法性疑问。如果其兼有党委议事协调机构和人民政府内设议事协调机构双重属性,或仅为人民政府内设议事协调机构,则可直接在“振兴条例”中进行规定。

---

① 朱海洋:“省委书记、省长担任乡村振兴领导小组‘双组长’——浙江乡村振兴瞄准高水平高标准”,《农民日报》2018年07月12日01版。

② 《地方组织法》第六十四条规定:“地方各级人民政府根据工作需要和精干的原则,设立必要的工作部门。”《地方各级人民政府机构设置和编制管理条例》第十一条规定:“地方各级人民政府设立议事协调机构,应当严格控制;可以交由现有机构承担职能的或者由现有机构进行协调可以解决问题的,不另设立议事协调机构。”

立法动态

【动态Ⅰ “设区的市地方性法规审批指导”专栏(学术主持人:郑磊)】

主持人语:2015年《立法法》修改,设区的市扩容立法,2018年宪法修正案进一步为设区的市地方性法规制定权提供了明示的宪法依据。四年来,地方性法规数量井喷,立法经验与问题并存,职是之故,**全国人大常委会法工委设立委托课题“省级人大常委会审批、指导设区的市人大及其常委会法规的实践经验、主要问题及对策分析”**,区别东部、中部、西部三个区域分别委托研究单位进行对策性研究,以完善与提升省级人大常委会审批指导设区的市法规的工作机制。作为其中之一,浙江省人大常委会法工委与浙江立法研究院暨浙江大学立法研究院合作,由浙江大学光华法学院郑磊副教授担任课题主持人开展研究。我们依托课题阶段性成果的其中四项开设本专栏,**从框架结构、审查基准、批准性质的角度并结合问卷形式**,研讨设区的市法规审批指导的实践与原理,求教方家,以飨读者。其中,**许迎华的《法规审查指导工作主要做法、存在困难及对策建议:以浙江省为例》**介绍了设区的市法规审批指导工作的框架结构;审查基准是审批指导工作的核心,杨慎红的**《关于设区的市法规审查批准基准的思考》**聚焦讨论了其中的“不抵触原则”、合理性审查基准两大焦点;刘立可的**《基于实践需要对设区市地方立法理论问题的简析》**则从批准权的性质出发,探讨了省市法规的位阶、协调问题;郑磊与课题组成员设计的**“关于设区的市法规审批指导的调查问卷与座谈论纲”**,则以问卷形式呈现审批指导机制的结构并细致梳理审批指导工作的框架结构与内容环节。

法规审查指导工作主要做法、存在困难及对策建议:以浙江省为例*

◎许迎华**

内容提要:经过多年的设区的市法规审查批准与指导工作的实践,浙江省形成了以提前介入指导、落实主体责任、整合各方力量、分类处理报批法规、健全工作机制、加强交流培训为主要措施的设区的市法规审批指导工作方法,有效地维护了法制的统一、保障了地方立法质量。与此同时,目前的设区的市法规审批指导工作仍然存在审查标准不统一、立法释义较欠缺、上下沟通不便捷、立法权限难把握、设区的市主导作用不充分、工作力量不充足等诸多困难。建议从国家层面制定统一的合法性审查标准,出台相关指导意见,建立经常性请示咨询机制,加强立法释义工作,加大备案审查力度。

关键词:设区的市;地方性法规;批准;指导

一、主要做法

(一)提前介入

早在杭州、宁波两市获得“较大的市”立法权时,浙江省人大常委会就在全国首开先河,创设较大市法规通过前征求省人大常委会法工委意见的制度,并一直沿用至今。《浙江省地方立法条例》规定:“设区的市人民代表大会及其常务委员会在拟举行

---

* 本文系全国人大常委会法制工作委员会委托课题《省级人大常委会审批、指导设区的市人大及其常委会法规的实践经验、主要问题及对策分析》(协议编号:FGW20)阶段性成果。

** 许迎华,浙江省人大常委会法工委法规审查与指导处处长。

会议审议表决地方性法规案前,可以将该地方性法规草案修改稿报送省人民代表大会常务委员会法制工作委员会征求意见。常务委员会法制工作委员会根据情况转送有关的专门委员会、省人民政府有关部门及其他有关单位、人员征求意见。有关意见由常务委员会法制工作委员会整理后告知设区的市人民代表大会常务委员会。”目前,几乎每件设区市法规在通过前,都报送省人大常委会法工委征求意见,由省人大常委会法工委对法规草案存在的合法性、重大合理性和立法技术等方面存在的问题提出修改意见。对发现的合法性问题,省人大常委会法工委坚持跟踪到底,帮助和督促设区市修改,如设区市未作修改,则需要在法规通过前与省人大常委会法工委进行充分沟通,说明理由,必要时通过召开专家论证会或向国家立法机关请示等方式解决问题。通过这种提前介入工作机制,最大程度保证设区市法规在通过时已不存在合法性问题。

(二)落实主体责任

尊重设区市人大及其常委会作为法规制定机关的主体地位,通过规范工作机制,对报送省人大征求意见的法规草案提出具体要求,促使设区市承担立法主体责任。具体要求包括:法规草案修改稿已经过广泛征求意见,各方面意见基本一致;设区市人大常委会法工委已对法规草案修改稿的合法性作了审查;随附法规草案修改稿条文对照表,逐条列明草案主要条款所对应的相关法律、行政法规、省的地方性法规及政策、文件规定;规定的内容有较大分歧意见或者需要重点研究的,须另附相关问题说明;等等。目前,11个设区市基本能够按照上述要求做好工作,立法主体责任意识不断增强。

(三)整合各方力量

省人大常委会法工委对设区市报送征求意见的每件法规草案和报请批准的每件法规,都按照《浙江省地方立法条例》和《设区的市地方性法规审查指导工作流程》,分送省人大有关专门委员会、省有关部门和单位征求意见,并委托高校法学院进行专家审查,以此发挥有关部门、单位和高校的专业优势,为审查指导工作提供实务支撑和学理支撑。2018年,又通过对设区市出台《关于推进设区的市完善立法工作机制提高依法立法水平的指导意见》,进一步发挥省有关部门的作用,引导设区市在法规草案提请人大常委会审议前,由牵头起草单位将草案送省主管部门征求意见,确保同一主管部门上下级之间对主要问题意见统一;设区市人大常委会可以要求设区市人民政府在向人大常委会报送法规案时,随附省主管部门提出的意见及意见采纳情况。

(四)分类处理报批法规

省人大常委会法工委对报批法规研究后,进行分类处理。未发现抵触情形的,直接提请法制委员会审议;发现抵触情形,且通过修改个别条款可以消除抵触情形的,及时与制定机关沟通,商定修改方案后提请法制委员会审议;发现抵触情形,且抵触情形较严重,无法通过修改个别条款消除抵触情形的,可以提出由制定机关依法撤回的建议,也可以提出不予批准的建议,提请法制委员会审议。这一做法较好地兼顾了维护国家法制统一与地方立法效率。实践中,由于前述提前介入机制的运用,绝大多数报批法规都不存在合法性问题,获得顺利批准;少数报批法规需要修改个别条款的,省人大常委会法工委与设区市充分沟通,本着维护国家法制统一和尊重立法本意的原则,一起商定修改方案,提出批准文本草案建议稿,按程序提请省人大常委会审查批准;极个别报批法规曾适用过撤回程序。

(五)健全工作机制

一是推进工作制度化。在总结历年审查指导工作经验基础上,省人大常委会秘书长办公会议通过《设区的市地方性法规审查指导工作流程》,明确审查指导工作各方职责和流程,对审查设区市报批法规和指导设区市法规立项、草案征求意见、报批文本格式等作出较系统的规范,提高审查指导工作质量。二是加强共性问题研究。省人大常委会主任会议通过《关于推进设区的市完善立法工作机制提高依法立法水平的指导意见》,围绕严格立项论证、改进起草工作、加强调研论证、强化内部审查、深化专家审查和加强能力建设等六个共性问题提出具体措施,指导设区市完善相关工作机制,提高依法立法能力和水平。三是梳理合法性审查参考标准。根据《宪法》《立法法》《行政许可法》《行政强制法》《行政处罚法》,城乡建设和管理领域、环境保护领域、历史文化保护领域及其他领域的法律、行政法规和省的地方性法规,以及全面深化改革等要求,拟定包含三大方面40项具体标准的《设区的市地方性法规合法性审查参考标准》,提高审查指导工作规范化水平,并为设区市立法工作提供参考。

(六)加强交流培训

省人大常委会法工委探索多形式、重实效的交流培训模式。一是不定期召开全省地方立法工作交流会,围绕工作中碰到的突出问题,设定会议主题,为各设区市面对面交流研讨提供平台。二是采集设区市人大立法行之有效的经验做法、创新举措和典型立法例,编辑法制工作简报印发各设区市,促进各市经常性业务交流,推动设区市更加扎实有效地加强和改进立法工作。三是坚持“走出去、请进来”,通过安排省人大常委会法工委负责人和业务骨干赴各市培训指导、分批组织设区市人大常委会法工委同志到省人大常委会法工委挂职锻炼、组织设区市人大常委会同志到省人大参加业务培训等方式，帮助设区市提高立法业务能力。

二、主要困难

（一）审查批准和备案审查是两个主体，有时难免对同一问题判断不一

根据《立法法》第七十二条第二款、第九十八条第二项规定，设区市法规的审查批准主体是省级人大常委会，备案审查主体是全国人大常委会和国务院。前者批准时应对设区市法规是否与宪法、法律、行政法规和省的地方性法规相抵触进行审查，后两者备案监督时分别对设区市法规是否与宪法、法律和行政法规相抵触进行审查。由于省级人大常委会并非宪法、法律、行政法规的制定机关，不拥有立法解释权，也无法全面掌握相关立法背景、立法过程、立法原意，加之法律语言的局限性，其在审查批准过程中要精准理解上位法有着客观制约因素。而作为备案审查主体的全国人大常委会、国务院，在这方面拥有天然优势。由此，两者有时对同一问题看法不一似乎不可避免，要求省级人大常委会审查批准的法规完全符合上位法精神也不现实。目前条件下，具体从事审查指导工作的部门和同志可谓小心翼翼、如履薄冰，生怕漏掉一个合法性问题，尽管如此，备案审查的利剑始终高悬头顶，压力很大。

（二）缺少统一、明确、权威的合法性审查标准

《立法法》第七十二条第二款规定，“省、自治区人大常委会对报请批准的地方性法规，应当对其合法性进行审查，同宪法、法律、行政法规和省、自治区的地方性法规不抵触的，应当在四个月内予以批准。”可见，“宪法、法律、行政法规和省、自治区的地方性法规”即应是合法性审查的标准。实践工作中，对每件设区市法规的每个条文都应对照宪法、法律、行政法规和省的地方性法规的具体规定进行具体审查指导。立法工作还是有其规律可循的。我们所说的统一、明确、权威的合法性审查标准，是指由权威机构从宪法、法律、行政法规中抽象出来，对一类问题作出概括界定，相对明确，可以反复适用，用以衡量一项制度设计、一个条文是否合法的标准。这个标准最大的功能就是定分止争，减少具体工作中的“公说公有理、婆说婆有理”，进而提高审查指导工作质量和效率，更好地维护国家法制统一。比如，法律已对某事项规定基本原则，设区市制定的实施性法规规定的基本原则与法律不一致，算不算抵触？法律规定公民、法人或者其他组织须取得行政许可方可从事特定活动，设区市法规从地方实际需要出发，直接规定全域禁止该特定活动，算不算抵触？法律规定对某个违法行为可

以处罚款,设区市法规规定处罚款,算不算抵触?法律规定用语具体明确,设区市法规用语含糊笼统,算不算抵触?等等。这些问题在实践中常有争论,各省、各市估计都有不同的把握。如果全国能统一尺度,那维护国家法制统一将更有力。

(三)法律、行政法规立法释义不充足

法律、行政法规立法释义是审查指导工作必备工具。实践中,有两个问题困扰审查指导工作人员。一是有释义但不够详明。近年来大部分法律出台不久,释义就能面世,这对审查指导工作是有利的。但相对审查指导工作的实际需要,有的释义还可以更详明些。比如,有的设区市法规草案对某违法行为规定:责令改正,处罚款;拒不改正的,再处罚款。有的法学专家提出这与《行政处罚法》规定的一事不再罚原则相抵触。《行政处罚法》释义中关于一事不再罚的解释比较简单,针对上述情况很难判断。直至在《安全生产法》和《土壤污染防治法》中找到相似立法例,问题才相对清楚些。再如,《水污染防治法》和《大气污染防治法》都规定了约谈制度,规定"省级以上人民政府生态环境部门应当会同有关部门约谈该地区人民政府的主要负责人"。那么设区市在进行环境保护领域立法时,能否将这一制度作扩大规定,即"设区市人民政府应当约谈对环境污染防治承担管理职责的相关部门和区县人民政府主要负责人"?实践中有不同意见,从两部法律释义中也很难找到清晰答案。二是没有释义。行政法规基本没有释义。这增大了司法在贯彻实施中偏离立法原意的风险,也增加了审查指导工作难度。比如,国务院《居住证暂行条例》规定:居住证逾期未办理签注手续的,使用功能中止;补办的,功能恢复。该规定对补办签注手续没有规定期限。那么设区市立法能否规定"三年内补办签注的,才予恢复居住证使用功能"?对此,实践中有正反两种意见。持肯定意见的一度占上风,持反对意见的同志不甘心,硬是打电话到国务院法制办找到当年《居住证暂行条例》经办人员作了解答——其实当年立法时慎重考虑过这个问题,特意不规定期限。所以说,在审查指导工作中,吃透上位法很关键,但又受各种条件限制。上述例子中,若持反对意见的同志不坚持,不刨根问底,对有些问题可能就会作出错误的判断。

(四)向全国人大常委会法工委、国务院司法部咨询请示机制运用不充分

实践中,地方向全国人大常委会法工委、国务院司法部请示,一般通过书面发函或者上门请示两种形式。这两种形式都耗时长、不便捷。我们曾就有关立法项目是否属于《立法法》第七十二条规定的"三个事项范围"请示过全国人大常委会法工委,前后耗时月余。前述向国务院法制办咨询的过程中,为了找到当年的经办人员也是辗转打了许多电话,颇费周折。所以说,传统的咨询请示模式已经不能适应新的形势和任务。2015年地方立法扩容后，地方立法数量激增，需要向法律、行政法规制定机关咨询请示的问题也陡增，亟须全国人大常委会法工委和国务院司法部建立健全能满足地方经常性咨询请示需要的便捷机制。

（五）《立法法》第七十二条规定中“城乡建设与管理”的外延不甚明确，指导设区市立项时仍有困惑

在2015年9月召开的第21次全国地方立法研讨会上，时任全国人大常委会法工委主任曾讲道：“关于‘城乡建设与管理’包括哪些事项，我们认为，城乡建设既包括城乡道路交通、水电气热市政管网等市政基础设施建设，也包括医院、学校、文体设施等公共设施建设；城乡管理除了包括对市容、市政等事项的管理，也包括对城乡人员、组织的服务和管理以及对行政管理事项的规范等。”2017年全国人大常委会法工委办公室下发的《法律咨询答复选编》显示，在2016年全国人大常委会法工委某次口头答复中：“城乡建设”被界定为既包括城乡道路交通、市政管网等基础设施建设，也包括医院、学校、体育设施等公共机构、公共设施的建设；“城乡管理”被界定为除了包括对市容、市政等事项的管理，也包括对城乡人员、组织提供服务和社会保障以及行政管理等。两个提法虽稍显不同，但在对概念作从宽解释上是一致的。这又带来另外的问题，除了《立法法》第八条规定的法律专属事项，究竟还有哪些事项是设区市不能立法的？设区市和省的立法事项范围有何区别？搞清楚这些，对审查指导工作很重要。

（六）设区市人大常委会立法主导作用发挥不够充分

2014年10月，党的十八届四中全会提出“健全有立法权的人大主导立法工作的体制机制，发挥人大及其常委会在立法工作中的主导作用”。2015年3月，修改后的《立法法》规定“全国人民代表大会常务委员会加强对立法工作的组织协调，发挥在立法工作中的主导作用”。2017年10月，党的十九大报告再次提出“发挥人大及其常委会在立法工作中的主导作用”。如何健全人大及其常委会主导立法工作的体制机制，充分发挥其在立法工作中的主导作用，成为新时代地方立法工作亟待解决的新课题。从浙江省审查指导工作掌握的情况看，各设区市人大及其常委会发挥立法工作主导作用存在不平衡。有的主导意识强、主导能力强、主导效果好，有的则相对落后。主导作用发挥不够充分的地方，在法规的立项、草案起草、体例选用、具体制度设计、具体条文表述等方面比较依赖政府主管部门，致使有时在吸收省人大提出的修改意见时不顺畅、不理想。总的来看，设区市人大常委会发挥立法主导作用的空间还很大。只有当设区市人大常委会真正发挥立法主导作用了，审查指导工作才能事半功倍。

(七)审查指导工作力量不足

这体现在:一方面,任务集中,一年到头应接不暇。以浙江为例,浙江省有11个设区市,按照2019年各市立法计划,今年共有46个立法项目将报送省人大审查指导,每件法规按照草案征求意见和报批法规审查各一次计算,一年将有92个文本需要审查指导,加上绝大多数法规草案都是多次修改指导,且报送时间集中,无论工作量还是工作强度都很大。另一方面,目前审查指导工作力量相对单薄,人手少、新人多,缺乏立法实践经验,工作起来尚未得心应手。

三、对策建议

(一)建议全国人大常委会法工委尽快出台全国统一的合法性审查标准

2018年,浙江省拟定的《设区的市地方性法规合法性审查参考标准》,更多的是一种应急之用,比较粗略,还需要精加工。为统一全国尺度,更好维护国家法制统一,由全国人大常委会法工委研究出台一个明确、权威的标准,最为合适。可以先向各省收集审查指导工作实践中较普遍存在、经常有争议的问题,再逐项研究整理为标准。该标准可以是开放的、动态的,根据实践发展不断完善。

(二)建议国家出台指导意见

该指导意见,可以一方面指导省级人大常委会如何开展审查指导工作,对维护国家法制统一的重大意义和要求予以重申和强调,对目前仍有不同认识的问题予以明确,如省级人大常委会审查指导设区市立法的工作内容、深度等。另一方面对设区市加强和改进立法工作进行指导,如在地方人大及其常委会发挥立法主导作用、坚持问题导向、避免重复照抄上位法、增加有法治实践经验的专职常委比例、增强地方人大常委会组成人员法治思维能力、加强设区市立法工作队伍建设等方面提出具体要求。

(三)建议全国人大常委会法工委、国务院司法部建立健全省级人大常委会经常性咨询请示工作机制

本着方便省级人大常委会开展审查指导工作的原则,明确日常办理咨询请示工作的机构、人员、责任、期限等,畅通咨询请示渠道,使省级人大常委会有关法律、行政法规的疑难问题得到即时或及时解答。

(四)建议全国人大常委会法工委、国务院司法部进一步做好立法释义工作

一方面对出台的法律、行政法规尽量都能向地方提供、推送立法释义等有助于理解立法原意的资料材料。另一方面在撰写立法释义时充分考虑地方可能出现的各种

情况和省级人大审查指导工作的实际需要，对容易出现分歧意见的问题，尽量详尽解读，给予地方明确指示。

（五）建议加大备案审查力度，使审查批准和备案审查两只手相辅相成

虽说审查指导工作要经得起备案审查的考验，对工作人员来说有压力，但在根本上，两者目标一致、相辅相成。上文述及的合法性审查标准若是正向标准，备案审查发现的问题及其纠正则是反向标准。全国人大常委会法工委、国务院司法部备案审查发现问题公布得越多，审查指导工作就越有章可循；审查指导工作做得越好，备案审查工作也能越轻松。

关于设区的市法规审查批准基准的思考*

◎杨慎红**

内容提要:从《立法法》规定来看,设区的市地方性法规的审查批准核心基准是"不抵触原则",这既包括对其是否符合上位法具体规定的合法性审查,也应包括对其是否符合中央有关精神、国家有关政策、公民权利保护原则等的必要合理性审查。在合法性审查方面,审查实践着重关注设区的市法规与《行政处罚法》《行政许可法》和《行政强制法》规定相抵触的问题。在必要合理性审查方面,包括信用制度、负面信息公示制度、行政处罚授权在内的重大制度规定的必要性、适当性,应是审查的重点。同时,关于省市两级人大立法事项,省级人大的立法事项应当有所侧重,给设区的市保留必要的地方立法空间。

关键词:设区的市;地方性法规;审查基准;不抵触;批准;指导

自1986年六届全国人大常委会第十八次会议修改《地方组织法》,赋予省会市和较大的市地方立法权以来,关于法规审查批准基准问题的争议一直伴随其立法进程,各省、自治区人大常委会具体适用的审查批准基准也不尽相同,突出的表现就是对同一立法事项的同一制度设计会出现完全不同的审查结果。2015年《立法法》的修改,赋予所有设区的市地方立法权,法规审查批准基准问题再次成为地方立法关注的焦点问题之一。下面,结合地方立法工作实践,笔者从实务的角度谈谈自己对设区的市法规审查批准基准的粗浅认识。

---

* 本文系全国人大常委会法制工作委员会委托课题《省级人大常委会审批、指导设区的市人大及其常委会法规的实践经验、主要问题及对策分析》(协议编号:FGW20)阶段性成果。

** 杨慎红,安徽省淮南市人大常委会法制工作委员会主任。

一、"不抵触原则"的基本认识与审查方向

(一)关于"不抵触原则"的基本认识

《立法法》第七十二条第二款规定:"省、自治区的人民代表大会常务委员会对报请批准的地方性法规,应当对其合法性进行审查,同宪法、法律、行政法规和本省、自治区的地方性法规不抵触的,应当在四个月内批准。"从法律规定角度来讲,设区的市的法规审查批准基准就是"不抵触原则"。关于"不抵触原则"的理解,虽然在学理上还有些不同的解读,但是在地方立法实务上,省级人大常委会、设区的市人大常委会的理解和认识是高度契合的。在贯彻"不抵触"方面,地方立法实践始终坚持两个基本原则:一是法律已经明确规定的必须保持一致;二是法律尚未规定的或者概括性规定的,可以根据地方实际和政策精神作出细化、补充性质的规定。当然高度的契合并不代表完全的一致,在具体立法项目中对"不抵触"的理解把握尚有分歧和争议,其主要体现在两个方面,一是关于法律原则是否抵触的问题,这个问题集中体现在立法的指导思想上,进而体现在具体制度设计上。比如:是严管重罚,设行政许可、加大处罚力度,还是放管结合,加强事中事后监管、服务优先。二是部分行政法规特别是城市管理领域行政法规内容规定相对滞后问题。这个问题主要是由于部分行政法规制定时间较早、修改不够及时,与现实情况相对脱节而产生的行政处罚、行政强制设定问题。在实践中,通过积极地沟通、充分地论证,分歧问题都得到了较好的解决,有效地维护了法制的统一。

(二)"不抵触原则"审查的主要方向

"不抵触原则"是法规审查批准的基准,但是在实践中不能简单地理解为"合法性"是唯一基准,必要的合理性审查也应当成为基准。其理由是"合法"与"合理"之间并没有一个泾渭分明的界线,不合理在一定情形下可能转化为与法律、行政法规的原则、精神相抵触。同时,地方立法包括设区的市的立法是在梳理集合中央有关精神、法律有关规定、国家有关政策的基础上制定的,尤其是设区的市地方立法具有启动的及时性、程序的简便性和实践的探索性,更能及时体现中央有关精神、国家有关政策的要求。全国人大常委会法制工作委员会《关于2018年备案审查工作情况的报告》中也提到28件地方性法规存在与国家有关政策要求不一致等问题。因此,是否准确、全面体现中央有关精神、国家有关政策的最新要求,也应当成为审查基准的内容。此外,从《监督法》关于规范性文件备案审查的有关规定来看,省级人大常委会有权撤销

设区的市人大常委会不适当的决议、决定,换个角度思考,“适当性”即合理性审查是否也应当成为法规审查的基准呢?所以说,必要的合理性审查不仅是保障设区的市地方立法正确的政治方向,提高其地方立法质量的重要环节,而且一定意义上讲,是对设区的市地方性法规的事前监督。“不抵触原则”在法规审查批准中的理解、运用,本人认为重点是两个方面:一是突出合法性审查,二是兼顾必要的合理性审查。突出合法性审查就是重点审查与上位法的具体条款是否抵触,消除部门利益的藩篱。同时,要尊重设区的市人大的立法主体地位,充分考虑和理解设区的市的特殊性,避免以省会市的情况简单对待区域的差异性,甚至是要求各设区的市同一立法事项都遵循同一制度设计。兼顾必要的合理性审查就是从法律的基本原则出发,结合中央精神、政策的最新要求,审查法规制度设计的必要性、科学性以及实际的可操作性。

二、设区的市地方性法规与行政“三法”抵触的主要情形

合法性审查的“重中之重”就是审查与行政“三法”即《行政处罚法》《行政许可法》《行政强制法》是否相抵触。行政“三法”既是合法性审查的重点,也是设区的市地方立法易出现抵触的重点区域,增设行政处罚、行政许可、行政强制措施来强化管理、方便管理往往是部门立法的初衷,自觉或不自觉地添加了部门利益和部门色彩。设区的市地方性法规与行政“三法”抵触的主要情形是:

(一)《行政处罚法》方面

在与《行政处罚法》相抵触方面,设区的市地方立法出现的问题主要是:

1. 不能罚的罚了。上位法虽然规定了行为的禁止性,但是没有规定相应的行政处罚,地方性法规增加了行政处罚。特别是在没有“比照”的情形下,设定了行政处罚。

2. 该罚的过量了。上位法虽然规定了行政处罚,但是设区的市地方立法以该行政处罚的种类、处罚幅度较低不能发挥法律的威慑力为由,改变了行政处罚的种类,提高了行政处罚的幅度。近几年设区的市地方立法还出现了突破行政处罚对象相对性原则,进而扩大行政处罚对象的新现象。如为了改善大气环境质量,许多市制定了关于烟花爆竹管理的地方性法规,其中对住宅小区内的违法燃放行为,分别对燃放行为人和小区物业公司设定行政处罚,而且对物业公司的处罚幅度大于违法燃放行为人。实践中某市就出现过公安机关给予违法燃放行为人200元罚款,同时给予物业公司1000元罚款的情形,其理由是没有及时制止和报告。从一定意义上讲,这种现象也

属于处罚的过量。

3. 不应罚的也罚了。即设区的市地方立法缺乏设定行政处罚必要性的充分论证，忽视法律的教育功能，设定了过多的行政处罚，或者对轻微违法行为没有规定“及时改正不予行政处罚”的情形。近年来的一个新现象是“放管服”改革后，国家将部分行政许可或者行政审批改为事后备案，但是部分设区的市并没有准确理解把握“放管服”改革和加强事中、事后监督的要求，在地方性法规中规定不备案或者迟延备案的给予一定行政处罚。

(二)《行政许可法》方面

在与《行政许可法》相抵触方面，由于国家“放管服”改革的日益深入，这几年设区的市地方立法增加行政许可的事项也越来越少，与《行政许可法》相抵触的问题也比较少。但是这几年设区的市地方立法中出现一个新问题，就是以贯彻落实国家“放管服”改革要求的名义，删除或者合并了上位法或者国家规定的行政许可或者行政审批事项，结果是好心办好事却违法。

如某市为了打造行政审批“洼地”，优化投资环境，起草了《精简优化行政审批条例》，法规名称既响亮，又吸引人的眼球，社会比较关注，但是仔细推敲却违反了《行政许可法》的规定。“谁设定许可，谁取消许可”是行政许可法律制度的基本准则，目前保留的行政许可、行政审批事项绝大多数都是国家通过法律、行政法规或者决定设定的，省级地方性法规设定的行政许可事项微乎其微，设区的市地方立法怎能“精简”取消国家、省设定的行政许可事项呢？设区的市地方立法能做的是优化审批流程，减少审批环节，缩短审批时间。值得注意的是，实践中某市为了进一步优化审批流程，将两项行政许可事项合并成一项，尽管其出发点是好的，但同样在法理上、合法性上都是与《行政许可法》相抵触的。

(三)《行政强制法》方面

在与《行政强制法》相抵触方面，设区的市地方立法出现的问题主要是越权设定扣押的行政强制措施，以及超越代履行的情形范围、程序缺失或者不完善。之所以出现这些问题，原因是多方面的，既有行政法规修改滞后，与现实复杂情形脱节的原因，也有部门为了便于管理，减少行政成本的原因。当前，随着城市化进程的加快，城市规模的快速扩张，城市人口的高度集聚，流动性日益增强，带来了众多的城市管理问题，城市管理中的难点、焦点问题自然而然地成为设区的市地方立法的重点。

对特定的违法行为设定扣押的行政强制措施，已经成为城市管理领域地方立法较为普遍的呼声。同时，在一些上级文件中也或多或少表达了相应的意思或者要求。但各省、自治区人大常委会对待这一问题的处理不尽相同。这样的事例在城市市容管理、违法建设查处方面比较多,实践中的这种差异也一定程度造成了地方立法工作者的困惑。建议国家在制定、修改城市管理领域法律、行政法规时,充分考虑基层城市管理的现实复杂性和实际需要,为地方立法留下一定的空间。

而代履行的情形和程序在《行政强制法》中已经明确规定,特别是立即实施代履行的情形绝对不能随意扩大,应杜绝不必要、不适当地增加行政管理相对人的义务。

三、重大制度规定的必要性、适当性是合理性审查的主要内容

地方性法规备案审查工作的加强,一方面使得设区的市法规与法律、行政法规特别是行政"三法"直接相抵触的情况越来越少,另一方面也致使地方立法开始探索加强地方事务管理特别是城市管理的新思路、新措施。由此给法规的合理性审查提出了新的要求。如近几年,信用制度、负面信息公示制度等逐渐在地方立法中予以运用,实践中也取得了较好的执法效果。同时,设区的市地方立法授予事业单位行政处罚权问题也随着改革的深入而有了新的要求。这些重大制度规定的必要性、适当性应当成为合理性审查的重点。

(一)信用制度

随着社会主义市场经济的发展和社会诚信体系的建设,信用制度越来越得到社会的广泛重视和运用。"一处失信、处处受限"已经成为市场经济主体的共识,同时人民群众通过社会经济生活普遍认识到信用不仅仅是一种美德,而且是一种重要资源。在这一时代背景下,地方立法引入信用管理制度是必要的,是有其社会实践基础的。但是,地方立法泛化信用制度的现象应当引起高度重视。

这种现象主要体现在:一是信用管理平台的多样化,每个立法事项都要求有关部门建立信用管理平台和体系;二是信用管理平台的空置化,地方性法规忽略实践中的可操作性,导致法规的制度要求仅仅停留在法规条文之中;三是信用管理平台的重复化,要求各级政府或者部门层层建立;四是信用管理平台的区域化,缺少信用信息的互通共享,形成信用信息"孤岛";五是信用行为管理的随意化,不区分行为性质、后果及原因,简单归类管理。因此,立法者和审查者都应当高度重视信用制度的运用,在具体制度设计上避免出现上述问题,决不能为强调信用重要而规定,更不能机械地把信用管理当作一种"有威力"的管理手段,特别是哪些行为纳入信用体系管理要慎重对待,要严格贯彻落实2019年7月国务院办公厅印发的《关于加快推进社会信用体系

建设构建以信用为基础的新型监管机制的指导意见》(国办发〔2019〕35号)的要求,按程序将涉及性质恶劣、情节严重、社会危害较大的违法失信行为纳入失信联合惩戒对象名单,消除对滥用信用惩戒侵犯公民隐私权和其他合法权益的担忧。全国人大常委会法制工作委员会《关于2018年备案审查工作情况的报告》中明确提出要对信用惩戒制度如何把握法律和政策的界限问题加强研究和跟踪。

(二)负面信息公示制度

"人要脸,树要皮"这句俗语形象地揭示了负面信息对公民个人社会形象的重要影响。近些年,负面信息公示制度引入到城市管理之中,如"一人闯红灯,全家受教育""交通违法抄告单位和有关部门""违法抓拍在现场或者当地报纸、电视、网络发布"等等。这种负面信息公示制度的运用,对违法行为人来讲教育深刻,大大减少了再次违法的可能性,同时也产生了比较积极的社会效果。这几年,设区的市地方立法开始引入负面信息公示制度,突出表现就是部分设区的市文明行为促进方面的地方性法规直接或者间接规定了不文明行为曝光制度。

负面信息公示制度体现在设区的市地方性法规之中,其原因主要是三个方面:一是回避行政"三法"特别是《行政处罚法》的直接规定,罚款过低起不到好效果就发挥社会舆论的监督作用;二是管理方式简单、便捷、成本低;三是社会影响广泛、效果好。从法律、行政法规的直接规定上看,此类制度规定并不违法,但是在具体实施中一旦超过必要的限度就很容易泄露公民的信息,违反其他法律、行政法规的规定。如通过人脸识别系统,将闯红灯行为人的相片和身份证号码及住址遮挡部分内容后在现场路口较长时间滚动公示;在本地媒体公示交通违法行为人及其工作单位;等等。负面信息公示制度在设区的市立法中的探索运用,我们应当给予充分的肯定,但是在制度设计上绝不能简单规定了之,要有相应的约束性规定,公示什么、公示范围、公示期间及结果运用都应当有制度框框,防止产生消极的影响和严重的后果,切实保护公民信息安全和人格权。

(三)行政处罚的授权

《行政处罚法》第十七条规定:"法律、法规授权的具有管理公共事务职能的组织可以在法定授权范围内实施行政处罚。"据此,为了便于管理、减少行政成本,及时处罚违法行为,设区的市部分地方性法规直接授权一些具有管理公共事务性质的事业单位行使部分行政处罚权,实践中确实起到了积极的效果。但随着国家全面深化改革的推进,特别是近年来国家机构改革的全面实施,事业单位去行政化已经成为国家改革的明确要求。

在当前时代背景下,设区的市地方性法规是否能继续实施行政处罚授权问题应当深入思考,决不能继续沿用过去的观念、方法。单纯从法律的规定上来看,授予管理公共事务性质的事业单位必要的行政处罚权是可以的,同时有效解决了一些区域地理偏远、情况特殊、执法覆盖面不足等问题,大幅度减少了行政执法成本。但是国家执法体制改革的趋势是综合执法,切实解决执法主体混乱、执法层级多等问题,全面深入地推进依法行政。笔者认为,要准确理解和把握国家机构改革的新要求,适应当前行政执法体制改革的新变化,大量减少甚至不再授予管理公共事务性质的事业单位行政处罚权。地方性法规可以通过规定集中委托的方式来达到管理的目的,或者规定建立多部门联合派驻执法、管理机构协助的形式解决现场执法管理的诉求。

四、省级人大、设区的市人大立法事项的侧重

"四世同堂""立法重复"问题是设区的市地方立法的老话题,虽然修改后的《立法法》第七十三条增加了"制定地方性法规,对上位法已经明确规定的内容,一般不作重复性规定"的内容,但是实践中若干世同堂的现象仍然存在,个别立法事项上的表现尤为突出。

从表面上看,重复立法问题与法规审查批准基准没有直接关系,但是深入分析,正是大量的重复立法才造成与上位法的抵触或者不协调的问题。所以,根据修改后《立法法》赋予所有设区的市地方立法权以及关于设区的市地方立法权限的新情况、新规定,省级人大的立法事项应当有所侧重,给设区的市保留必要的地方立法空间。具体来讲,省级人大应当适当减少立法数量。据不完全统计,各省、自治区人大及其常委会制定的地方性法规一般在200件左右,从数量上看是不少的,从实效上看,许多地方性法规知晓度不高、执行效果不理想,个别甚至被束之高阁。《立法法》修改后,全部设区的市都拥有地方立法权,应当尊重和发挥设区的市地方立法的主体作用,真正实现赋予设区的市地方立法权的目的。同时,《立法法》修改后,设区的市立法事项限于城乡建设与管理、环境保护和历史文化保护三个方面,相比较过去较大的市的立法权限是缩小的,省级人大地方立法再过多涉及设区的市立法事项可能进一步压缩其立法空间。当然这里并没有反对省级人大就全部事项立法的意思。一个省、自治区一般有十多个设区的市,各地的自然地理、人文社会、经济发展水平都有一定的差距,特别是在城市管理中特殊性更为突出,在省级层面统一立法难免存在过于原则性的问题,设区的市还需要进一步细化、补充、完善,不可避免地出现"四世同堂"现象。

因此,省级人大在立法事项的选择上应当有所为、有所不为,给设区的市保留必要的地方立法空间。一方面进一步加强在设区的市地方立法权限以外的政治、经济等领域的地方立法,加强在区域协调发展方面的地方立法,解决好设区的市不能立、立不好的问题;另一方面减少城市管理微观事项的地方立法,如城市公共交通,城市供水、供热、供气等公用事业,城市停车和交通管理,城市市容和环境卫生,宠物管理,城市生活污染治理等事项尽量交给设区的市来立法,节约立法成本,避免法繁扰民,更好地发挥法的规范和引领作用。

基于实践需要对设区市地方立法理论问题的简析*

◎刘立可**

内容提要：从地方立法实践的发展和需要来看，省级人大常委会对设区的市人大及其常委会立法所享有的批准权性质应属于"半个立法权"，而非"立法监督权"，这是讨论设区的市法规审批指导实践问题解决方案的理论前提。基于"半个立法权"定位，省级人大常委会在审批指导设区的市立法工作中应遵循严守合法性审查和不包办、不越位的双重工作原则；市级人大则应及时总结相关经验，坚持合法性问题不妥协、重要复杂问题提前沟通、立法求精不求多的工作思路。此外，设区的市法规审批指导实践中存在的省市立法如何协调、立法责任追究制度是否可行等问题值得深入探讨。

关键词：设区的市；地方性法规；审查批准；指导

2015年《立法法》修改以来，设区市的立法权从无到有，立法数量呈现逐年递增的趋势，省级人大常委会审查指导设区市人大制定地方性法规的工作量也相应增加。各省人大常委会法工委在开展此项工作的实践中也形成了不少好的做法，同时存在一些共同的困惑。省级人大常委会对设区市人大常委会所通过地方性法规进行批准，在批准程序和审查内容过程中遇到的问题都与背后的人大制度理论和对法律体系的理解存在密不可分的关系。探讨相关理论问题，就能够有效给目前实务中遇到的问题指引方向，本文将就有关理论和实务问题进行整理，并简要分析。

---

* 本文系全国人大常委会法制工作委员会委托课题《省级人大常委会审批、指导设区的市人大及其常委会法规的实践经验、主要问题及对策分析》(协议编号：FGW20)阶段性成果。

** 刘立可，浙江省人大常委会法工委法规审查与指导处干部。

一、如何理解省级人大常委会对设区市人大及其常委会地方性法规批准权的性质?

在2015年《立法法》修订以前,较大的市的立法权不受三方面限制(即《立法法》第七十二条第二款规定的“城乡建设与管理、环境保护、历史文化保护”),同时,较大的市制定的地方性法规须报省、自治区的人大常委会批准后才能施行,由于这类立法需要省级人大常委会批准后才能生效,学界把较大的市的立法权称为“半个立法权”。这一提法从20世纪90年代《地方组织法》制定的时候,学界就有所讨论。笔者赞同当时学者对半个立法权的来源定位,即积极慎重下放立法权的产物。在2015年《立法法》修订后,赋予所有设区的市地方性法规制定权,但对立法权限增加了前述三个方面的限制,并仍然保留了由省级人大常委会批准的程序规定,同时要求批准时间是4个月。省级人大常委会对设区的市人大或其常委会所通过的地方性法规的批准权是否属于“半个立法权”,或是属于一种立法监督权,对此学界有不同的看法。

有的学者认为批准权只是一种立法监督权,不能被称为半个“立法权”。如果持这种观点,法规审查指导事务工作中的两个惯例将会失去理论支持。

1. 如果批准权只是一种立法监督权,那么省级人大只能对已经由市级人大常委会审议通过并报请省级人大常委会批准通过的法规作出两种决定,批准决定或不批准决定。这一结论会否定目前部分省级人大常委会行之有效的做法。在部分省份实践中,省级人大法制委如果对报批法规审查发现存在合法性问题,会直接在向省级人大常委会做的“关于设区的市报批法规审议结果报告”中对有关问题进行修改。好处显而易见:第一,配合市级人大(或其常委会,下文同)立法时间的需要,时效性正是地方立法的重要特点。第二,如果只是不批准决定,则仅可退回市级人大常委会进行重新审议修改。按照两个月一次的省、市两级常委会周期,则很难保证在首次提请批准后4个月内完成批准。第三,如果因为个别问题直接由省级人大常委会作出不批准决定,会有损市级人大的权威。

2. 如果批准权只是一种立法监督权,那么省级人大常委会在指导设区市人大立法内容是否超出立法权限的过程中,不能有实质性的话语权,这不符合审查批准程序的定位。参考目前大部分省级人大常委会法工委的做法,对设区市法规的审查和指导工作较为前置,省级人大常委会在审查指导设区市人大立法过程中对立法权限范围可以有一个沟通协调过程,如果认为批准只是监督权,那么这种实质性指导就缺乏理论基础。省级地方性法规和设区市地方性法规在类别上都是地方性法规,通过审查指导的过程应该可以将两者交叉重叠和将可能存在的冲突有效提前化解,因此前置性的实质性审查指导是十分必要的。

同样,如果认为省级人大常委会的批准权只是一种监督权,还有一个进一步的问题将难以解决。由于设区市地方性法规和省级地方性法规之间可能存在交叉关系,能否允许设区市在本行政区域内采取区别于全省范围的规定。换句话说,省级人大常委会是否可以允许设区市地方性法规的个别条款与省级地方性法规存在不一致,省级是否有权批准这样的条款。省级地方性法规和设区市地方性法规在类别上都是“地方性法规”,区别在于一个是由省级人大或其常委会通过,另一个是由省级人大常委会批准通过。两者的效力位阶问题如何把握?“不抵触”原则仅表述了“不与法律、行政法规相抵触”,而批准程序的设置确实为这一问题预留了讨论空间。这也正体现了这一程序的来源,即立法权积极慎重下放的产物。

但该观点仍有被质疑的地方,由省级人大常委会对设区市人大通过的地方性法规进行修改,那么市级人大对法规的审议通过是否就等同于仅提出草案的权力?笔者不赞同这一观点。其一,各级人民代表大会或其常委会对法律草案的通过是一个“赋权”的过程,如果将市人大通过并报请批准的法规仍然视为草案,不符合人大制度理论。其二,法规草案的草拟、调研、广泛征求意见、审议通过等环节都是在市级,这几乎是完成了九成九以上的立法程序,唯一最后的实施需要报省人大常委会批准。

综上所述,从“半个立法权”的产生发展及现实作用来看,笔者不认同省级人大的批准权仅是一种立法监督权的观点。市级人大和省级人大常委会应该是各享有设区市地方性法规的“半个立法权”。

二、“半个立法权”的定位需要省、市两级人大常委会法工委总结探索一些工作原则来解决这一制度运行中可能存在的障碍

(一)审查指导工作的基本功能

从省级审查批准角度来讲,对设区市地方性法规的审查和指导应该有两个基本功能:一是审查是否与法律、行政法规相抵触;二是指导其与省级地方性法规相衔接。

(二)审查指导工作的工作原则

结合现行有效的工作流程有以下两点:

第一,严守合法性审查的原则。为了使本市的地方性法规能够得到省人大常委

会的迅速批准,目前大多数省份对设区市地方性法规的审查指导工作都为前置,这是从2015年之前批准较大的市地方性法规时就行之有效的做法。以浙江省为例,目前对每一件报批法规基本是两个阶段的审查指导。

第一个阶段,在设区市地方性法规基本定稿之后、准备提交市级人大审议通过之前,就报省人大常委会法工委征求有关厅局意见并进行反馈修改。在这一时段,由于程序还未进入市级人大审议,可修改空间和余地较大,实践中对法规草案除了提出合法性问题,也同时提出一些合理性问题。对这两类问题应采取不同的态度:对于明显的合法性问题必须坚守底线,要求进行修改;但对于合理性问题,由于是属于完善性质的建议,应充分尊重设区市一级立法主体的权力,较多地考虑到有关内容的现实需要和地方特色,由设区市立法工作者在前期充分调研所掌握情况的基础上自主决定。当然,合理性问题与合法性问题的边界并不那么清晰,过于不合理的问题可能就是合法性问题,这里不深入讨论。第二个阶段是在设区市常委会通过法规审议之后的报批阶段,由于设区市人大在审议过程中有可能对草案进行新的修改、添加新的内容,也并不完全排除在法规报批阶段仍然存在合法性问题的可能性。而此时发现问题之后的修改程序,如何与4个月的批准要求相匹配,如何充分尊重市级人大审议结果,前文已经进行过讨论。全国人大应在对有关理论问题深入研究的基础上,将一些行之有效的做法予以肯定,并且推广开来。

第二,不包办、不越位的工作原则。由于设区市的地方性法规几乎九成九的工作环节都是在市级层面完成的,包括政府或人大部门起草法规草案初稿、就相关问题展开调研论证、市人大提请市委常委会讨论、市人大专门委员会进行初审、市人大或其常委会审议并通过及报省人大常委会批准等。因此,除了合法性问题,对于一些实际情况的调查研究及制定法规内容的必要性应该更尊重市级人大的意见。

(三)市级人大角度的审查指导工作经验

从市级人大的角度来讲,从2015年至今已有四年的立法实践,设区市地方性法规逐年递增趋势明显,同时在目前的立法数量、内容和对立法时机的把握等方面也有值得总结的经验。

第一,合法性问题不妥协。随着全国人大法规备案审查工作的不断推进,目前对包括地方性法规在内的规范性法律文件进行纠错已经且更将常态化和公开化。在面对现实问题的过程中要区分是执法问题还是立法问题,避免打“擦边球”的想法。上位法有明确规定的不能突破,与上位法立法目的不符的也应避免。虽然在“不抵触”原则的把握中还有很多问题有待讨论,但立法者首先应该忠实守护法制统一。

第二,重要、复杂问题提前沟通。以浙江为例,不少设区市人大常委会法工委在法规草案阶段,对可能存在合法性的且较为重要的问题都会与省人大常委会提前进行沟通讨论。这一做法能够有效争取法规的迅速通过,同时对一些难以定论的问题也会发函请示全国人大的意见。

第三,立法求精不求多。在依法治国不断深入人心的今天,地方政府领导对立法工作也有越来越多的要求,但设区市的地方性法规不是地方政府规章。其立法权限、制定和批准程序都彰显其效力位阶较高,因此避免无实质意义的宣示性立法是十分必要的。求精、求准用好地方立法权来解决实际问题。

三、对设区市地方性法规审查批准实践中几个问题的探讨

(一)设区市地方性法规和省级地方性法规之间的统分协调问题

举例来说,近一两年以来,省内多数设区市都先后制定了"文明行为促进条例""养犬条例""电梯条例"等,如果这些内容是亟须解决的问题,随着实践的发展,省级地方性法规是否应将有关内容进行统一立法?统一立法之后相关市级地方性法规应修订还是废除?进一步讲,如果随后的省级地方性法规内容与制定在前的设区市地方性法规不一致,在适用时如何选择?随着时间的推移,设区市地方立法工作也会不断发展,有些能够预见到但还没有出现现实矛盾冲突的问题应该着手研究相关理论和解决方案。要回答上述问题,起码有以下几个理论问题值得讨论:

1. 省级、设区市级地方性法规效力位阶的问题

如前所述,省级地方性法规和设区市地方性法规在类别上都是"地方性法规",区别在于一个是由省级人大或其常委会"通过",另一个是由省级人大常委会"批准通过"。对这一问题可以持两种观点来分析。

第一个观点,如果可以认为省级人大对市人大制定的法规的"批准通过"等同于对自己制定法规的"通过",那么两者应该处于同一效力位阶,应遵从后法优于先法。换个角度讲,在后的地方性法规因为获得了省级人大常委会的批准,相当于省级人大在批准程序中认可了在后的地方性法规可以有与省级地方性法规不一致的内容。但这一观点有一个瑕疵(或者说需要解释),省级地方性法规可以由省级人大全体会议制定,而设区市地方性法规只能由市级人大或其常委会制定,通常来讲,全国人大及其常委会制定的国家法律一定是地方性法规的上位法。那么省级人大及其常委会通过的省级地方性法规是不是设区的市人大及其常委会通过的地方性法规的上位法?

第二个观点，如果认为法律、法规的效力位阶由制定主体的层级来决定，那么省地方性法规则一定应优先于设区市地方性法规来进行适用，不能与其相冲突。这个观点也有一个瑕疵，即在我国人民代表大会制度下，各级人大之间的关系应该如何理解？市级人大是市级的代议机关，它能否决定在本市范围内采取与全省不一致的规定？如果答案是肯定的，那么省级人大作为省级代议机关，也可以决定在本省采取与全国不一致的规定。则推导出的这一结论，将完全不符合我国单一制国家的定位和现有法制体系安排。因此，这一理论问题亟须进行研究解决，这样才能给目前法规审查指导工作中已经遇到的实际问题给予方向。

2. 设区市地方性法规如何应对上位法滞后问题

在从事法规审查指导工作的过程中，也遇到过上位法滞后的问题，比如有个别制定于20世纪90年代的行政法规仍然有效，其中个别条款明确规定了某些具体事项的分管部门。随着社会发展，很多情况已经与当时完全不同，包括社会情况、新设机构和机构职能等，但由于审查批准必须严格遵守上位法，只能作变通规定，可能给地方性法规的落实带来不少难度。这些滞后问题会给地方性法规带来不必要的漏洞，应该有较为高效的解决机制来常态化地处理滞后问题。

(二)关于对地方性法规立法是否需要责任追究制度的问题

地方立法的生命力就在于时效性和地方特殊性，要从制度和理论上给予充分支持，令地方立法在依法治国的道路上发挥最应有的作用。随着全国人大法规备案审查工作的推进，地方立法者的责任和压力都有增加，有人甚至提出应采取责任追究制度，如果出现合法性问题要追究立法者责任。对此，笔者不能认同。一是对于“不抵触”原则的把握缺乏细化标准，有不少问题难以给出一个确定的答案，如果在责任追究制度下，自然倾向于稳妥，在取舍之间可能会选择删除一切有“抵触嫌疑”的地方性法规内容，这就令一些需要及时解决的地方性问题得不到解决。二是由立法者本身来宣布自己制定的法规不合法，会自损权威，不利于维护法律的严肃性。三是上位法滞后问题客观存在，在没有制度保障上位法及时有效修改的现实下，责任追究制度略显苛责。

设区市立法权从无到有，经过近几年的发展积累，在立法内容和程序上都有不少经验和实际问题值得总结提炼，而这些实际问题又无一不与背后的法律理论相关联。要体系化地解决好这些问题，就应有一套经得起推敲的理论来支持实践。本文结合对设区市地方性法规审查指导的实践问题，梳理出有关理论问题并尝试进行了分析，希望能与学界进行沟通讨论，给予这一工作有力的理论支持。

省级人大常委会审批、指导设区的市人大及其常委会法规的实践经验、主要问题及对策分析调查问卷与座谈论纲*

◎郑　磊**

内容提要：自设区的市扩容立法以来，市法规审批指导工作的重要性，随着陡增的市法规数量而增强，在原有较大的市法规审批工作基础上，各地进一步摸索审批工作前置的指导机制。在初步了解学习东部各省份设区的市法规审批指导工作基础上，设计本问卷，以求教一线的省市立法工作者。问卷由两个部分组成："调查问卷部分"，相对概括，由5个左右的开放性问题组成，供受访人书面受访、开放性回答。"座谈论纲部分"，较为详细，由4大部分43个具体问题组成，试图以问卷形式呈现审批指导机制的结构并细致梳理审批指导工作的各项环节。这部分不仅为书面受访者提供参考问题；在课题组专题召开的"设区的市法规审批指导"调研研讨会（2019年7月5日，杭州，9个省20多个设区的市立法工作者到会支持，会议"全程记录"参见本书"附录"部分）上，此部分也充当了座谈会论纲。基于两部分问卷，课题组通过调研研讨会、问卷调研、访谈等形式收到了诸多反馈，这些反馈客观全面地呈现了《立法法》修改4年以来的市法规审批指导一线的实践感受，也检验了问卷结构与内容恰当性。为此，分享问卷于此。

* 本调研问卷系全国人大常委会法制工作委员会委托课题《省级人大常委会审批、指导设区的市人大及其常委会法规的实践经验、主要问题及对策分析》（协议编号：FGW20）阶段性成果。

** 郑磊，浙江大学光华法学院副教授。

尊敬的人大立法工作者:

2015年《立法法》的修改,设区的市扩容立法,2018年宪法修正案进一步为设区的市地方性法规制定权提供了明示的宪法依据。4年来,地方性法规数量井喷,立法经验与问题并存,职是之故,**全国人大常委会法工委专设委托课题"省级人大常委会审批、指导设区的市人大及其常委会法规的实践经验、主要问题及对策分析"**(课题协议编号:FGW20),进行对策性研究,以完善与提升省级人大常委会审批指导设区的市法规的工作机制。

在全国人大常委会法工委领导下,同一课题区别东部、中部、西部三个区域分别委托,作为其中之一,**浙江省人大常委会法工委与浙江立法研究院暨浙江大学立法研究院合作,由浙江大学光华法学院院长助理郑磊副教授担任课题主持人开展研究。**

为此,课题组专门设计了两份问卷,求教贵单位,请拨冗支持,为我们提供贵单位关于设区的市法规审批指导工作的经验、困难、应对措施与思考。

问卷由两个部分组成:

"调查问卷部分",相对概括,由5个左右的开放性问题组成,供受访人书面受访、开放性回答。请省级或者设区的市立法工作人员受访者在该部分各自对应部分书面回答,贡献高见。

"座谈论纲部分",较为详细,由40余个具体问题组成,其作用有二:既可作为访谈或座谈会的论纲,也可作为调查问卷书面受访时参考的问题,因此,随调查问卷一并发放。

问卷受访之外,尤其欢迎同时惠供**相关文件与已有文字材料**。也欢迎受访人在问卷题目之外**直接介绍本单位在市法规审批、指导**过程中的经验、困难、对策思考。

贵单位提供的宝贵回答与资料,将作为课题重要的前期资料积累,课题组将在此基础上概括总结,由点及面,形成可以推而广之的全国性设区的市法规审批指导工作机制研究报告与指导性文件建议,送呈全国人大常委会法工委决策参考。

为保证资料收集的准确性、完整性,辛苦填写人员认真、全面填写。本问卷仅供课题组内部研究之用,不对外公开,所留联系方式仅供课题组在近期进一步请教之用。

再次感谢您的支持!

"省级人大常委会审批、指导设区的市人大及其常委会法规
的实践经验、主要问题及对策分析"课题组

2019年5月30日

【“调查问卷部分”反馈时间与邮箱】

反馈时间:2019年6月28日。

反馈邮箱:823217558@qq.com(秦文峰)

调查问卷部分

第一部分 【省级人大立法工作人员访谈话题】

1.【指导工作的经验】

贵省在设区的市地方性法规指导工作实践中,有何**成功经验或好的做法**?

可从指导主要发生在哪些阶段、指导中的审查重点、指导工作的相关事宜等各方面介绍。

2.【审查批准工作的经验】

贵省在设区的市地方性法规审查批准工作实践中,有何**成功经验或好的做法**?

可从审批程序、审查基准、审批决定等各方面介绍。

3.【困难与问题】

您认为,审查批准、指导工作中分别碰到了哪些困难?目前的制度设计是否存在一些问题,主要问题是什么?

4.【改进建议】

对**改进与完善**设区的市法规审批指导工作,可以从哪些方面推进,尤其其中哪些方面较为重要,您有何建议?

5.【相关文件或文字材料】

贵省关于设区的市法规审批指导工作是否有**相关文件或文字材料可惠供**?例如,指导意见、工作流程、参考标准、会议纪要等相关文件、相关总结性或介绍性文字材料,审批指导工作来往文档台账、典型例子。

第二部分 【设区的市人大立法工作人员访谈话题】

1.【指导工作的情况与改进建议】

请您介绍贵省省级人大关于设区的市地方性法规的指导工作是否到位,您认为,在哪些方面应继续**改进**?

可从指导主要发生的哪些阶段、指导中的审查重点、指导工作的相关事宜等各方面介绍。

2.【审查批准工作的情况与改进建议】

请您介绍贵省省级人大关于设区的市地方性法规的**审查批准工作是否到位**,您认为,在哪些方面继续**改进**?

可从审批程序、审查基准、审查决定等各方面介绍。

3.【设区的市和省级人大沟通情况】

您认为,关于审批、指导工作在**和省级人大沟通过程**中,存在哪些问题?

4.【设区的市对指导意见的处理】

贵市如何处理省级人大的指导意见?

5.【设区的市采纳指导意见的问题与改进】

您认为,贵市在研究采纳省级人大指导意见工作中存在哪些问题?其中的主要原因是什么?有何改进的建议?

6.【改进建议】

从设区的市立法角度来看,对**改进与完善**设区的市法规审批指导工作,可以从哪些方面推进,尤其其中哪些方面较为重要,您有何建议?

7.【相关文件或文字材料】

贵市关于设区的市法规审批指导工作是否有**相关文件或文字材料可惠供**?例如,相关文件,相关总结性或介绍性文字材料,审批指导工作来往文档台账、典型例子。

座谈论纲部分

第一部分　设区的市法规审查批准相关工作

一、审批程序

1. 审查批准程序的结构。

(1)设区的市地方性法规报请省级人大常委会批准,本省规定的程序机制的主要环节是哪几个?

(2)您认为,审查批准程序结构中,哪些环节是最重要的?

2. 报请批准的报送材料。

(1)设区的市地方性法规报请省人大常委会批准,本省规定的或在报送实践中,有哪些要求?(此题可以对照“27. 审议表决前指导的报送材料”)

(2)您觉得,还应该包含哪些材料,或者其中哪些材料可以相应调整?

(3)除了报送资料类型外,报请批准的关键事宜还有哪些?

3. 报请批准法规的撤回。

(1)根据本省规定,报请批准的地方性法规,在哪些情形下可以撤回?各类情形的撤回条件有何不同?

(2)您认为,报请批准法规的撤回程序是否有必要设置?其功能是什么?

4. 省级人大常委会会议审查批准前的征求意见程序。

(1)提请省级人大常委会会议审查批准前,是否设置相关主体征求意见的程序?这个阶段征求意见的作用主要是什么?

(2)征求意见的对象类型主要有哪些?

(3)在本省实务中,这项工作的实际效果如何?

5. 省级人大常委会会议审查批准前省级人大常委会法工委的初步处理。

提请省级人大常委会会议审查批准前,省级人大常委会法工委汇总各方面意见后,确认发现抵触情形的,如何处理?

(1)有哪些类型的处理方式?各类处理方式的适用条件有何不同?请结合相关事例说明。

(2)这些处理方式的效力分别如何?是否可能会影响相关法规在同次省级人大常委会上获得批准?

6. 省级人大常委会组成人员合法性审查意见的应对。

(1)省级人大常委会会议期间,省级人大常委会组成人员针对提请审议的法规提出合法性审查意见的情形主要有哪些?是否会导致审查批准程序的中止,即在本次常委会议程中不再进入表决环节?

(2)关于省级人大常委会组成人员对法规提出的合法性审查意见,具体应对处理的主体和方式是怎样的?

7. 省级人大法制委员会统一审议环节。

省级人大常委会会议期间,设区的市地方性法规审查批准工作,在省级人大法制委员会统一审议环节如何把握"不抵触",其中重点和关键是什么?

8. 审查批准程序的问题与完善。

(1)设区的市提请审查批准工作,或者省级人大常委会审查批准工作实践中,碰到的困难或困惑主要有哪些?

(2)您对完善设区的市地方性法规审查批准程序,有何其他建议或者看法?

二、审查基准

9. 审查批准的审查内容或审查基准的类型或范围。

(1)在审查批准工作中,省级人大常委会审查设区的市地方立法的内容或基准有哪些? 例如,下列事项是否属于审查内容,哪些不适合作为审查内容:

1)立法事项是否在城乡建设与管理、环境保护、历史文化保护等立法事项范围内;

2)立法事项是否属于法律保留事项;

3)立法内容是否与上位法相抵触;

4)立法条文是否大量重复上位法;

5)立法内容是否符合明确性要求;

6)立法程序是否符合上位法规定;

7)立法内容是否具有重大合理性问题,是否具有可行性。

(2)在这些事项之外,还有哪些事项应当纳入审查内容或作为审查基准?

(3)实务中遇到的困惑有哪些? 是否可以结合事例进行说明?

10. 立法事项范围审查。

(1)在制定和审查过程中,立法事项是否在城乡建设与管理、环境保护、历史文化保护等立法事项范围内,具体如何判断? 本省是否制定细化的标准?

(2)是否属于立法事项范围,比较有争议的情形有哪些?

(3)在本省审批指导实务或者本设区的市制定实务中,遇到有争议的事例是?

11. 不抵触审查。

在制定和审查过程中,确保设区的市地方性法规不出现与上位法规定相抵触的情形,主要从哪些方面来进行把关? 例如,是否包含下面这些方面,其他还包含哪些方面:

(1)缩小上位法规定的权利主体范围的;

(2)扩大或加重限制或者剥夺上位法规定的权利的;

(3)扩大或加重上位法规定的义务或者义务主体的;

(4)扩大上位法规定的行政主体职权范围的;

(5)延长上位法规定的履行法定职责期限的;

(6)增设或者限缩上位法规定的适用条件;

(7)改变上位法已规定的违法行为的性质;

(8)与上位法的基本精神相抵触;

(9)与上位法规定相抵触的其他情形。

12. 立法程序审查。

(1)在制定或审批指导实践中,所发现的违反立法程序规定的情形主要有哪些?

(2)本省或本设区的市关于设区的市地方性法规的立法程序,相关的法规或规范性文件的规定主要有哪些?

13. 同省规章是否有相一致或相抵触的审查处理。

(1)设区的市地方性法规同本省政府规章不一致的情形,主要会出现在哪些内容方面?

(2)本省省级人大常委会在对报请批准的地方性法规进行审查时,发现其同本省政府规章不一致或相抵触的,如何处理?

(3)本设区的市对于地方性法规同本省政府规章不一致或相抵触的情形,如何处理?

三、审批决定

14. 审批决定的类型及其效力

(1)贵省实践中对报请批准的设区的市法规**是否作出过"不予批准决定"**?

(2)**"不予批准决定"的法律效果**是什么? 例如,是否引起法律草案重新起草,或者,不同情况不同的法律效果?

(3)除了"予以批准决定""不予批准决定"两者之外,是否还应该有**其他中间形态的批准决定**? 这些中间形态的批准决定,其法律效果如何?

第二部分　设区的市法规指导相关工作

15. 指导工作展开的主要阶段。

(1)本省对设区的市地方性法规的指导工作**主要在哪几个阶段展开**?

(2)**其中,哪个阶段**的指导工作尤其需要加强?

(3)此外,您认为,**还有哪些阶段**有必要开展和加强指导工作?

例如,1)立法调研项目库、年度立法计划项目立项阶段;2)法规起草阶段;3)审批前提前介入阶段;4)立法请示、询问阶段;5)通过后法规实施阶段。

16. 各个阶段的指导工作的时间要求。

(1)本省目前对各阶段的指导工作,是否规定了明确的时间要求? 具体有哪些?

例如,各指导阶段设区的市提交材料的时间要求,省级人大常委会法工委在多长期限内完成指导审查,设区的市对于指导意见作出反馈的时间要求。

(2)相关时间要求是否充足? 实务中遇到过哪些相关问题?

(3)相关时间要求规定的具体考虑因素有哪些?

17. 指导工作中的审查内容或审查基准。

(1)指导工作的审查内容或审查基准有哪些?

(2)对照前题**"审查批准的审查内容或审查基准的类型或范围"**,哪些审查内容是指导工作中所特有的? 哪些是批准审查中所特有的?

(3)实务中遇到的困惑有哪些? 是否可以结合事例进行说明。

18. 省级主管部门的意见。

(1)贵省是否要求设区市在向省级人大常委会报送法规草案前,先将草案送省级主管部门征求意见?

(2)实践中,主管部门的意见主要体现为哪些种类或形式?

(3)省级主管部门的意见效力如何?

(4)是否因省级主管部门的意见引发设区的市立法规划和法规内容被取消或调整?

一、立项阶段的指导

19. 立项阶段指导的实践与必要性。

(1)本省设区的市人大常委会在确定年度立法计划前,是否有将计划草案报送省级人大常委会法工委征求意见的规定或实践?

(2)您觉得,在立项阶段接受省级人大常委会的指导工作,是否具有必要性? 原因有哪些?

(3)立项阶段的指导,较之其他阶段的指导,有哪些突出的功能?

20. 立项阶段指导的具体机制。

立法项目申报过程中,主要可以指导设区的市推进哪些机制:

1)立法项目论证评估;

2)申报前征求省级主管部门意见,将此意见以及对其反馈意见,向省级人大常委会法工委一并报送;

3)向省级人大常委会法工委专题报送立法项目论证材料;

4)其他机制。

21. 立项阶段指导的报送要求与材料。

(1)关于设区的市年度立法计划草案报送省级人大常委会法工委,本省规定哪些要求?

(2)设区的市年度立法计划草案报送中,本省规定了需要报送哪些材料? 除此之外,您认为还应提交哪些材料? 例如,立法项目必要性可行性论证,拟解决的主要问题,立法项目草案主要内容与结构。

22. 立项阶段指导的审查内容或审查基准。

(1)对于立项阶段指导审查,您觉得应该包含哪些审查内容或审查基准?

例如,以下内容的审查是否合适:

1)立法拟解决的主要问题及相应制度设计是否已有准确把握和清晰表达;

2)立法权限审查;

3)省市立法计划协同审查;

4)立法必要性审查;

5)是否超过各市年度立法额度数量;

6)其他还有哪些审查内容或审查基准?

(2)立项阶段指导的前述审查内容或审查基准,是否有哪项或哪些审查内容是该阶段所特有的?是否有哪项或哪些审查内容其他阶段有,而不适合在立项阶段指导中审查?

23. 同题立法问题。

(1)如何判断设区的市立法计划草案是否与省的立法计划相协调?

(2)已列入省级人大常委会立法规划但出台时间并不明确的法规,设区的市急需该类法规,是否可以先行制定?

24. 重复立法审查。

(1)关于地方性法规"一般不作重复性规定"的问题,您觉得在地方性法规立法中是否突出?

(2)如何判定"重复性规定"?有哪些判断角度和判断方法?例如,分别从法律规范的条件假设、行为模式、法律后果角度判断是否重复。

(3)语句的重复是否就是"重复性规定"?

(4)《立法法》规定"一般"不作重复性规定,哪些情形是可以作"重复性规定"的"例外"情形?

(5)您认为关于是否属于"重复性规定"审查还应考虑哪些事宜?欢迎结合具体例子介绍。

25. 各市每年立法数量的限制。

(1)省级人大常委会对于各设区的市地方性法规制定是否有每年立法数量安排?例如,是否有设定各设区的市出台地方性法规数量的上限,具体是多少?

(2)您觉得这个上限数字是否合适?多少合适?或者您觉得设置数字上限的合

理性有哪些?

二、审议表决前的指导

26. 审议表决前指导的必要性与时间要求。

(1)设区的市地方性法规在举行会议审议表决前,本省或本设区的市是否有报送省级人大常委会法工委征求意见的规定或实践?您觉得是否有必要?

(2)这项报送的具体时间要求是什么?您觉得这个时间要求可行且合理的要求是?

这项具体时间包括两个方面:在什么时间报送;报送后省级人大常委会法工委应在多长时间内返回指导意见。

对于前者,怎样的报送时间要求较为合适?例如,在市法规举行会议第一次审议时、在举行会议审议表决前2个月、在举行会议审议表决前1个月。

27. 审议表决前指导的报送材料。

设区的市地方性法规在举行会议审议表决前报省级人大常委会法工委征求意见需报送的材料,本省规定的或在报送实践中有哪些?您觉得,还应该包含哪些材料,或者其中哪些材料可以相应调整?

(1)地方性法规文本及其说明等报请批准所需要提交的材料。

(2)全部条款,逐条列明1)上位法规范(所对应的相关法律、行政法规、省的地方性法规条文);2)参照法规范(所对应的相关部委规章、省级政府规章、参照意义较大的其他省级或设区的市地方性法规、规章条文);3)相关政策、文件规定。

(3)主要条款,逐条列明前述三类对应规范或规定,主要条款包括涉及行政机关权力、公民权利义务和法律责任等条款。

(4)属于创制性规定的,标明并说明理由。

28. 指导意见的反馈与应对。

(1)收到指导意见后,设区的市人大常委会法工委应该采取哪些应对措施?

(2)对于指导意见,如何反馈?若对于指导意见不予采纳的,如何处理?

(3)指导意见未经有效反馈,是否可以发生中止立法程序的效果,即不得提请批准,或者不得进入下一个立法程序环节?

三、其他环节的指导

29. 法规实施环节指导以及省级人大常委会法规备案审查的可行性。

(1)在事前审查批准之外,激活省级人大常委会对于设区的市地方性法规的事后备案审查权,是否具有必要性,是否具有可行性?

(2)设区的市地方性法规进入实施环节,由省人大常委会法工委开展一定形式的指导工作,是否具有必要性,是否具有可行性?

例如,结合法规实施中的具体问题,发现法规有待修改完善的合法性问题,推动制定主体以适当方式修改或完善。

30. 请示、询问中的指导。

设区的市在法规立项、起草、报批前等各环节,提出的有关立法工作的请示、询问,省人大常委会法工委在回复中,如何能借助这一渠道更有效发挥指导功能?

四、指导工作相关议题

31. 立法工作队伍的人员情况。

(1)本省或本设区的市人大常委会法工委的内部机构设置及工作分工情况如何?

(2)负责与省级人大常委会法工委就审批指导工作联络的具体机构是?

(3)各机构的人员编制情况如何?

(4)目前立法工作人员的专业、学历和工作经历等相关信息如何?

(5)就地方立法工作,配备相关研究机构或者与相关高校、科研机构的合作建设情况如何?

32. 立法工作队伍的能力建设。

(1)对于省级人大常委会法工委从事法规指导工作的人员,主要应当从哪些方面推进能力建设?

(2)对于设区的市人大立法工作人员,主要应当从哪些方面推进能力建设?

33. 关于立法工作队伍建设的培训工作。

(1)本省或本设区的市关于立法工作人员的培训工作的开展情况如何? 您觉得需要从哪些方面着力改善?

(2)培训的渠道或类型有哪些?

(3)培训的主要对象有哪些?

(4)培训的主要课程有哪些,不同对象的课程设置有哪些区别?

(5)培训的重点要求有哪些,不同对象的课程重点有哪些区别?

34. 立法工作人才其他培养方式。

(1)在培训之外,立法工作人才的培养渠道主要有哪些?

(2)这些培养渠道,对于推进立法指导工作方面能发挥怎样的功能?

(3)能力培养的内容主要有哪些方面?

第三部分　设区的市法规审批指导总体思考

35. 指导工作的目标定位。

(1)在您看来,省级人大常委会对设区的市法规的指导工作的首要目标是什么?

(2)如以下两项目标定位,在指导实践中的相互关系是怎样的?

1)维护国家法制统一;

2)提高设区的市地方性法规立法质量或立法水平。

(3)除两项之外,您觉得应考虑哪些事宜作为指导工作的目的定位? 例如,1)地方特色原则;2)尊重设区的市地方立法空间原则;3)经济效率原则;4)权责明确原则;5)沟通协调原则;6)效力原则;7)重点突出、区别对待原则。

(4)这些原则事宜在审批指导工作实践中主要会体现在哪些地方?

36. 指导工作的区别对待问题。

(1)基于指导工作的目标定位和资源分配,您觉得,对于贵省原较大的市、新获得立法权的设区的市,是否可以在指导工作中区别对待? 如何区别对待?

(2)以下区别对待的方案是否具有可行性?

1)原较大的市原则上免于各阶段的指导或者部分阶段的指导;

2)原较大的市原则上免于法规生效前的指导与审批,将之转变为省级人大常委会对之进行事后的备案审查,并将该方案通过全国人大常委会试点授权在部分省份先行试点。

37. 审批指导工作的外部分工。

关于设区的市法规的审批和指导的具体工作,省级人大常委会法工委与设区的市人大常委会法工委之间的分工中,重要的方面有哪些?

38. 审批指导工作的内部分工。

关于设区的市法规的审批和指导的具体工作,在法工委同各常委会其他工作机构、人大专门委员会之间的重点和关键是什么?

39. 审批指导工作的日常工作专门机关及其人员。

(1)省级人大常委会法工委专门承担设区的市法规审批和指导的日常性工作的机构是? 该处室设立的时间是?

(2)审批与指导日常性工作承担机构的编制是多少? 您认为合适的人员规模?

(3)您认为,审批与指导日常性工作承担机构的工作人员主要应具备素养有哪些?

第四部分　设区的市法规审批指导的待找资料

说明:法律法规文件、审批指导事例、经验总结文字等实践素材是课题凝练审批指导实践已有经验的核心资料基础,求教贵单位相关线索与建议,**烦请提供电子版本或文字版本。**

请求惠供的相关材料,请参考如下:

40. 关于审批、指导工作的指导意见、工作流程、参考标准、会议纪要等文件,本省或者本设区的市是否有专题的单行文件或者相关文件?

41. 关于设区的市法规审批指导实践经验总结、问题思考、对策研究的相关文字材料。

42. 各设区的市地方性法规审查批准、指导工作实践中的来往文档台账、典型例子。

43. 您认为还应当掌握的重要讲话、规范性文件和事例有哪些? 请列举。

【动态Ⅱ　备案审查】

合宪性审查与对地方人大备案审查工作的监督

◎赵计义*

内容提要:全国人大常委会法工委第二份备案审查年度报告勾勒了“备案审查全覆盖”的格局,其他备案审查机关尤其是地方人大常委会将承担大量的备案审查工作。面对备案审查主体分散化的格局,如何保证审查基准、审查结果的统一是个无法回避的话题。全国人大常委会现有的备案审查制度难以承担这一重任,而广义上的合宪性审查则可以为全国人大常委会监督其他备案审查机关的相关工作提供强制力保障。但是,合宪性审查应当坚持补充性的原则,充分发挥地方人大常委会尤其是省级人大常委会的过滤筛选作用,以尊重地方人大常委会的职权,同时也可以减轻全国人大常委会合法性审查以及合宪性审查的压力。通过合理分工最终有效地实现法制统一的制度功能。

关键词:合宪性审查;备案审查;全国人大常委会;省级人大常委会;法制统一

一、引 言

2015年《立法法》修改之后,备案审查工作稳步推进。2017年党的十九大提出加强宪法实施和监督,推进合宪性审查工作,2018年《宪法》修改之后,合宪性审查工作也逐渐开展。在制度框架基本形成的备案审查制度与亟待进行制度建设的合宪性审查制度的交汇点,如何理顺二者之间的关系成为学界关注的重点之一。在这一问题的研究过程中,全国人大常委会法工委从2017年起向全国人大常委会所做的备案审查工作情况的报告成为观察备案审查制度实践,理顺备案审查与合宪性审查关系的

* 赵计义,浙江大学光华法学院硕士研究生。

一个重要窗口。

2017年12月24日,全国人大常委会首次听取《全国人民代表大会常务委员会法制工作委员会关于十二届全国人大以来暨2017年备案审查工作情况的报告》(以下简称首份备案审查年度报告),正如学者所提出的,首份备案审查年度报告意味着备案审查制度"鸭子浮水"的状况取得突破性进展。[①]2018年12月24日,《全国人民代表大会常务委员会法制工作委员会关于2018年备案审查工作情况的报告》(以下简称第二份备案审查年度报告)[②]提交第十三届全国人民代表代会常务委员会第七次会议审议,在首份备案审查年度报告的基础之上,第二份备案审查年度报告则显现出向全国人大常委会备案审查活动逐步常态化,以及构建备案审查制度框架体系的努力,该报告展现了备案审查体系框架的初步轮廓。

第二份备案审查年度报告围绕党的十八届四中全会提出的"把所有规范性文件纳入备案审查范围"这一目标,通过"有件必备""有备必审""有错必纠"三个环节,并强化与其他备案审查主体的合作,构建备案审查主体间的衔接联动机制,力图实现备案审查的全覆盖。通过全覆盖的备案审查体系,保持全国人大常委会的主导性,全国人大常委会总揽备案审查工作、联通各备案审查主体,并借助公民提出的审查建议等媒介,实现全国人大常委会对各类规范性文件的直接审查与间接监督。而在实现备案审查全覆盖的过程中,不可忽视的是人大系统尤其是地方人大在备案审查工作中的作用。

首先,对于地方人大常委会的备案审查范围,第二份备案审查年度报告中明确提出,"按照法治原则,只要规范性文件的制定主体属于人大监督对象,这些主体制定的各类规范性文件就都应当纳入人大备案审查范围"。在此之下,第二份备案审查报告对规范性文件的关注不再局限在属于全国人大常委会备案范围的行政法规、地方性法规、司法解释、自治条例和单行条例,而是扩展至其他备案审查主体有权审查的规范性文件,其中包括地方人大常委会所应备案审查的规范性文件,明确提出"逐步推动将地方政府规章和其他规范性文件以及地方'两院'制定的有关规范性文件全部纳入人大备案审查范围",提高地方人大常委会对备案审查工作的重视度。

其次,发挥地方人大常委会在备案审查中的监督纠正功能。在全国人大常委会

---

① 郑磊:"十二届全国人大常委会审查建议反馈实践:轨迹勾勒与宏观评述",《中国法律评论》2018年第1期。

② 沈春耀:《全国人民代表大会常务委员会法制工作委员会关于2018年备案审查工作情况的报告》(2018年12月24日在第十三届全国人民代表大会常务委员会第七次会议上)。

推动将人大监督对象制定的规范性文件全部纳入人大备案审查范围的背景之下，地方人大常委会必然将承担起更多的备案审查职责，且不局限于由地方人大常委会备案审查的规范性文件。从第二份备案审查年度报告来看，其所列举的事例中有一部分不是由全国人大常委会直接审查、沟通，而是转交给其他备案审查主体尤其是地方人大常委会进行监督纠正。[①]对于地方人大常委会而言，其承担了监督地方政府推进备案审查的工作。这意味着地方人大常委会在地方规范性文件备案审查工作中的主导作用将得到发挥。

第二份备案审查年度报告聚焦于“备案审查全覆盖”这一目标，通过全国人大常委会和地方人大常委会之间备案审查对象的分工，同时借助于公民所提出的审查建议以及备案审查主体间的衔接联动机制等，使人大在各主体的备案审查工作中发挥主导作用，而全国人大常委会在人大备案审查体系中居于主导地位。但是，伴随着备案审查对象分工，大量规范性文件的备案审查由地方人大常委会负责，出于维护法制统一的要求，全国人大常委会如何对地方人大常委会负责的规范性文件备案审查进行监督是一个无法回避的话题。全国人大常委会所开展的备案审查无法容纳其对地方人大常委会备案审查工作进行监督的需求，而合宪性审查则可以为此提供一个有益的思考点，这也是理顺备案审查制度与合宪性审查制度的一个积极尝试，从而明确全国人大常委会备案审查和合宪性审查的功能定位。因此，本文将从备案审查制度下各备案审查主体的分工谈起，观察合宪性审查制度的谦抑性质和补充备位的作用。

二、监督地方人大常委会备案审查工作的制度需求

第二份备案审查年度报告体现了地方人大常委会在备案审查工作中的重要作用，那么地方人大常委会发挥其备案审查功能的规范性依据何在需要探究，同时现行制度框架能否使人大系统积极有效地发挥备案审查的功能值得深思。此外，地方人大常委会的实践也体现出地方人大常委会在规范性文件备案审查时所面临的一些困境。因此，本部分拟从制度本身以及制度实践两部分论证人大系统内部备案审查

① 主要体现在报告的“推动各有关方面加大备案审查工作力度”这一部分。该部分介绍了全国人大常委会将公民的审查建议交由司法部、湖南省人大常委会、浙江省人大常委会以及最高人民法院、最高人民检察院进行监督纠正的事例。

分工制度的不足以及全国人大常委会对地方人大常委会备案审查工作进行监督的必要性。

(一)备案审查制度的规定及其问题

对于人大常委会所进行的规范性文件备案审查,主要规定在《宪法》《立法法》《各级人大常委会监督法》(以下简称《监督法》)之中,各地方人大(常委会)也出台了相应的条例或工作程序对本区域的规范性文件备案审查予以规范。本文将以《宪法》《立法法》《监督法》为主要对象,并选取广东、黑龙江两省的《人大常委会规范性文件备案审查工作条例》(以下简称《备案审查条例》)[①]为观察对象,对人大备案审查工作的体系进行梳理,并总结其中的问题。

1. 人大备案审查制度的规定

关于人大的备案审查制度,《宪法》《立法法》《监督法》的规定主要集中于对人大所负责的规范性文件类型进行划分。而且《宪法》《立法法》《监督法》在对各级人大所负责监督的规范性文件进行规定时,区分了人大(常委会)享有改变或撤销权限的规范性文件以及需要向人大常委会进行备案的规范性文件,这一点在全国人大(常委会)这一层面显得尤为突出。(见表1)

表1 人大常委会备案审查对象类型

主体	规范性文件类型	是否备案	是否撤销	审查标准
全国人大常委会	行政法规	是	是	同宪法或者法律相抵触(司法解释为“与法律规定”相抵触)
	司法解释	是	是	
	地方性法规	是	是	
	自治区自治条例和单行条例	未明确	未明确	
	自治州、自治县自治条例和单行条例	是	是	
	国务院的决定和命令	否	是	
	省级人大常委会决议和决定	否	是	
	“两高”其他规范性文件	否	未明确	

① 全称为《广东省各级人民代表大会常务委员会规范性文件备案审查条例》(2018年11月29日通过)、《黑龙江省各级人民代表大会常务委员会规范性文件备案审查条例》(2018年8月24日通过),两部《备案审查条例》均是在2018年《宪法》修改之后通过,故而选择其为研究对象。

续 表

主体	规范性文件类型	是否备案	是否撤销	审查标准
县级以上地方人大常委会	本级政府规范性文件	是	是	不适当，其中包括“同法律、法规规定相抵触”
	下一级人大(常委会)规范性文件	是	未明确	
	地方“两院”规范性文件	是	是	
省级人大常委会	省级政府规章	是	是	
	设区的市政府规章	是	否	
设区的市人大常委会	本级政府规章	是	是	

对于全国人大常委会而言，《宪法》第六十七条规定了其有权撤销“国务院制定的同宪法、法律相抵触的行政法规、决定和命令”以及省级人大及其常委会“制定的同宪法、法律和行政法规相抵触的地方性法规和决议”。对于地方性法规，《宪法》第一百条明确规定，省级人大及其常委会所制定的地方性法规需要向全国人大常委会进行备案，未明确规定“决议”是否需要备案。《立法法》则对需要备案的地方性法规的范围进行了扩大，设区的市人大及其常委会所制定的地方性法规也需要向全国人大常委会备案。对于自治条例和单行条例，《宪法》仅规定了自治州、自治县的自治条例和单行条例需要向全国人大常委会备案，并未明确规定全国人大常委会的撤销权，全国人大常委会的这一权限是在《立法法》第九十七条第二项中予以明确规定的。而对于自治区的自治条例和单行条例，由于其本身需要由全国人大常委会批准，因此《宪法》和《立法法》均只规定了全国人大的撤销权。对于国务院制定的行政法规、决定和命令，《立法法》也只是规定了行政法规需要向全国人大常委会进行备案，并未明确决定和命令是否需要备案。而对于最高人民法院和最高人民检察院所制定的司法解释，全国人大常委会对其的备案以及撤销权主要规定在《监督法》和《立法法》之中，对于“两高”制定的其他规范性文件，两部法律也并未明确予以规定。

其次，对于地方人大及其常委会而言，《宪法》规定，地方人大有权改变或者撤销本级人大常委会不适当的决定，而地方人大常委会有权撤销本级人民政府的不适当的决定和命令以及下一级人大的不适当的决议。《监督法》基本完全沿用了《宪法》的这一规定，并将规定两类规范性文件审查、撤销程序的权力授予省级人大常委会，赋予其“参照《立法法》的有关规定，作出具体规定”的权力。而在地方人大常委会对程序进行具体化时，各省即出现了不同的制度实践，其中区别主要体现在备案审查的对象上。在黑龙江省的《备案审查条例》中，人大常委会需备案同级的县级以上政府或授权其办公厅(室)制定发布的规范性文件，县级以上监察委员会制定的规范性文件，县级以上人民法院、人民检察院制定的规范性文件,县级以上监察委员会、人民法院、人民检察院与本级人民政府职能部门联合发布的规范性文件,地方性法规授权制定的配套性规定以及地方性法规实施中具体应用问题的解释,此外还有同级政府制定的规章。上一级人大常委会需备案下一级人大(或其常委会,乡镇则只有人大)制定的决定、决议等规范性文件,政府制定的规章(目前只有设区的市)。广东省《备案审查条例》除未明确把监察委员会制定的规范性文件和地方性法规的配套性规定以及解释纳入备案审查范围外,其余与黑龙江省《备案审查条例》一致。另外需要指出的是,对于地方"两院"(黑龙江包括监察委员会)所制定的规范性文件,两省的条例均规定在其未依照书面意见予以修改或废止时,采取的是向人大常委会作专项报告的方式,而并非撤销的方式。

2. 规定存在的问题

通过上述对县级以上人大常委会备案审查相关法律法规的梳理可以发现,现有的备案审查制度存在一定的不足之处。从全国人大常委会备案审查的角度而言,第一,属于全国人大常委会备案审查范围内的规范性文件类型有限。从《宪法》的规定来看,全国人大常委会可以备案的规范性文件远比《立法法》所规定的行政法规、地方性法规、自治条例和单行条例的范围要广。《立法法》和《监督法》相较而言只是把"两高"的司法解释纳入备案审查的范围,但同时则对国务院制定的决定和命令、省级人大常委会的决定和决议并未表明是否应予备案。从两份备案审查年度报告来看,全国人大常委会并未列举法规、司法解释以外的规范性文件的备案情况。全国人大常委会进行备案审查的规范性文件种类是有限的。第二,虽然全国人大常委会备案审查的规范性文件种类有限,但数量不容小觑,从两份备案审查年度报告来看,十二届全国人大期间共备案4778件,平均每年955件,而仅在2018年,全国人大常委会即收到1238件。从类型来看,地方性法规占据绝大部分,而且呈增加的趋势,全国人大常委会备案审查的压力逐渐增大。第三,全国人大常委会的备案审查并未区分合宪性审查和合法性审查。无论是《宪法》还是《立法法》,对法规等的审查只是笼统地规定了规范性文件与宪法法律相抵触,并未将二者进行区分,有学者即认为在现行的体制之下,合法性审查制度具有吸收甚至抵消合宪性审查的功能。[①]从两份备案审查年度报告来看,除对收容教育制度的审查涉及合宪性审查之外,其他主要是对是否抵触法律进行的审查。但是,此处合法性审查与合宪性审查的区分实际是对规范性文件审

① 林来梵:"合宪性审查的宪法政策论思考",《法律科学》2018年第2期。

查基准的区分。在这个意义上，合宪性审查是以宪法作为统一依据，对规范性文件进行审查，而合法性审查则是以法律为依据，对规范性文件进行审查，二者是两个不同的范围。

而从地方人大常委会的备案审查工作来看，地方人大常委会备案审查规范性文件类型多、有重合，易出现审查结果不一。第一，地方人大常委会承担大量的备案审查工作。从规范性文件备案类型的分布而言，全国人大常委会备案审查的范围仅限于具有立法性质的规范性文件，而对于地方人大常委会而言，其不仅需要负责规章的报备，而且需要负责各类规范性文件的报备。有学者研究发现，仅就重庆市政府而言，截至2018年1月3日，重庆市政府制定规章286件，而行政规范性文件为4240件，相差14倍[①]，而这均属于重庆市人大常委会的备案范围。第二，地方人大常委会所备案的规范性文件存在与其他国家机关备案审查工作重合的部分。以设区的市政府规章为例，负责备案的机关有同级人大常委会、省级人大常委会、省政府、国务院。在这其中，省级人大常委会只享有备案权，《立法法》并未明确规定其撤销权。从黑龙江《备案审查条例》来看，如果省级人大常委会发现设区的市规章存在问题，则会转交省政府法制工作机构或设区的市人大常委会进行处理，并要求反馈结果。但即使如此，仍无法避免多个机关处理同一个规范性文件的问题。如果说合法性审查所依据的是200多部法律，依据不一，审查标准就会高度分散和不统一，那么审查机关不同，则也可能出现不同的审查结果。第三，推而广之，一些地方规范性文件的问题是普遍性的，例如第二份备案审查年度报告中所提到的涉及信用惩戒制度的规范性文件，目前中央和地方国家机关逐步建立信用惩戒制度，但对于该类文件的合法性审查依旧存在疑问。在审查权力分散于31个省级人大常委会的同时，如何使审查标准予以统一是维护法秩序统一的重要关切。

综合以上的内容来看，全国人大常委会虽然在备案审查体系中居于主导地位，但其备案审查的规范性文件有限。而地方人大常委会虽然负责大量规范性文件的备案审查，但审查主体多，所负责的规范性文件有所交叉，容易造成审查结果的不一致。集中审查模式的目的之一在于避免分散审查模式之下因不同机关间的见解分歧而导致违宪制裁行为分歧不一。[②]

---

① 王留一："论行政立法与行政规范性文件的区分标准"，《政治与法律》2018年第6期。

② 凯尔森："立法的司法审查——奥地利和美国宪法的比较研究"，张千帆译，《南京大学法律评论》2001年第1期。

(二)实践中所存在的问题

第二份备案审查年度报告为我们展现出地方人大常委会开展备案审查的一些情况,同时在全国人大常委会法工委的推动之下,不少地方逐渐开始实行向常委会报告备案审查工作情况的制度,这也为观察地方备案审查工作提供了有益的窗口。从全国人大常委会和地方人大常委会的备案审查工作报告来看,地方人大常委会的备案审查工作尚存在一些地方需要完善。

第一,地方人大常委会的备案审查工作存在备案审查能力不足、备案审查积极性不高的情况。据《湖南省人民代表大会常务委员会法制工作委员会关于备案审查工作情况的报告》[①],湖南省部分地方人大常委会备案审查工作机构处于"单枪匹马、孤军奋战"的状况,与人大相关专门委员会或常委会工作机构没有形成审查合力,同时在组织机构上,特别指出仍存在部分县级人大法制委与内司工委机构仍是两块牌子一套人马的情况,个别地方有岗无人,备案审查工作人员的法律素质和专业素质亟待加强。而根据贵州《省人大常委会法制工作委员会关于2018年规范性文件备案审查工作情况的报告》[②],在贵州省,"全省各级审查机构不健全、审查人员量少质弱的现状与当前的形势和任务不相适应",具体表现在组织机构上,"部分县区人大常委会尚未设立备案审查机构,没有专职工作人员;9个市州虽然部分设立了备案审查机构,但只有1名兼职工作人员,审查力量普遍薄弱,不适应备案审查工作的需要"。在从事备案审查工作的人员的备案审查能力上,"全省各级备案审查机构普遍缺乏熟知政策法律的专业人员,初审人员实质上只能担负'传递'任务,很难真正履行起审查职能"。即使在江苏省,也提及"总的来看,备案审查制度和能力建设仍然不足,备案审查工作离党中央、全国人大常委会的要求和人民群众的期待还有差距"[③]。

第二,地方人大常委会的审查可能存在不作为的情形。贵州省的备案审查工作报告披露,在该省的备案审查工作实践中存在审查主体认为备案审查"不必要""得罪人"的倾向,其主要原因在于认为"规范性文件代表着监督对象的集体意志,否定其文件就是否定其能力,会严重影响人大与监督对象的关系"。在另一个层面,审查主体

---

① 吴秋菊:《湖南省人民代表大会常务委员会法制工作委员会关于备案审查工作情况的报告》(2018年11月26日在湖南省十三届人大常委会第八次会议上)。

② 贵州省人大常委会法制工作委员会:《省人大常委会法制工作委员会关于2018年规范性文件备案审查工作情况的报告》(2019年3月27日在贵州省十三届人大常委会第九次会议上)。

③ 王腊生:《江苏省人民代表大会常务委员会法制工作委员会关于备案审查工作情况的报告》(2018年11月21日在江苏省十三届人大常委会第六次会议上)。

还认为备案审查的难度大,“审不好容易产生较大责任和严重后果”,因此出现“报而不备、备而不审、审而不决、决而不纠的现象”。[①]

第二份备案审查年度报告也披露了一些长期以来问题没有得到解决的违法规范性文件,其中典型的例子是“将处理违章作为机动车年检前提条件”,即俗称“捆绑式年检”的规定[②]。最高人民法院曾在《关于公安交警部门能否以交通违章行为未处理为由不予核发机动车检验合格标志问题的答复》[③]中明确:“法律的规定是清楚的,应当依照法律的规定执行。”在法律规定的机动车年检条件之外另行增加条件的,不具有适用效力。在武汉市人大常委会的实施办法明显与上位法相违背时,湖北省人大常委会对该法规予以批准。一些法院并未遵循最高人民法院的答复,仍然适用公安部规章和武汉市的实施办法。[④]十三届全国人大一次会议上,有人大代表提出建议,要求对相关规定进行备案审查。[⑤]由此使该规定进入了全国人大常委会备案审查的视野。在该起事件中,作为公安部规章备案审查机关的国务院未进行审查,而作为地方性法规批准机关的湖北省人大常委会在批准时未发现问题,而有权撤销该地方性法规的湖北省人大也并没有行使撤销权。

第三,理论上存在备案审查机关对规范性文件做出的审查结果有误的可能。前述实践中所存在的两个问题,即审查能力不足以及对存在问题的规范性文件不予纠正的问题。如果说尚且可以通过加强备案审查工作必要性的教育、提高备案审查能

---

① 贵州省人大常委会法制工作委员会:《省人大常委会法制工作委员会关于2018年规范性文件备案审查工作情况的报告》(2019年3月27日在贵州省十三届人大常委会第九次会议上)。

② 《机动车登记规定》第四十九条规定,机动车所有人可以在机动车检验有效期满前三个月内向登记地车辆管理所申请检验合格标志。申请前,机动车所有人应当将涉及该车的道路交通安全违法行为和交通事故处理完毕。武汉市人大常委会2014年通过的《武汉市〈实施中华人民共和国道路交通安全法〉办法》第十八条也规定,公安交管部门在办理机动车相关登记、核发机动车检验合格标志时,发现该机动车有尚未处理的交通安全违法行为或者交通事故的,应当按照国家有关规定一并予以处理。

③ 〔2007〕行他字第20号,2008年11月17日。

④ 在“武汉市东西湖经纬普通货物运输咨询服务部因诉武汉市公安局交通管理局车辆管理所不履行核发机动车检验合格标志法定职责”案中,武汉市中院认为,上述法规规章是《中华人民共和国道路交通安全法》的配套性规定,以《中华人民共和国道路交通安全法》为依据制定。《中华人民共和国道路交通安全法》第十三条规定检验机构不得附加任何条件,并没有对公安机关核发程序做任何禁止性规定,故《机动车登记规定》《武汉市实施〈中华人民共和国道路交通安全法〉办法》的有关规定与上位法的立法精神并不冲突,上诉人称被上诉人对其不予核发机动车检验合格标志的行为违法理由不成立。

⑤ “‘捆绑式年检’还要继续实施? 全国人大代表建议启动备案审查”,http://www.sohu.com/a/225397709_617717,访问日期:2019年2月16日。

力等措施加以解决的话,对于备案审查机关虽然开展审查,但由于对法律理解上的偏差而出现的审查结果与法律“原意”不符的现象则无法避免。根据《宪法》《立法法》等相关法律的规定,全国人大常委会掌握宪法和法律的解释权,这是一种最终判断的权力。地方人大常委会虽然可以对所备案审查的规范性文件进行合法性审查,但基于“制定主体掌握最终解释权”的原则,地方人大常委会至多对自身制定的规范性文件进行最终解释,判断下位规范性文件是否与这些规范性文件相抵触,达到维护本地域范围内的法制统一效果,但无法完整地承担维护法制统一的任务。相反,如果对法律错误理解,反而可能出现危害法制统一的现象。这也是设区的市地方性法规在制定后不仅要由省级人大常委会批准,而且要接受全国人大常委会备案审查的原因之一。全国人大常委会虽然加强了对设区的市地方性法规的监督,但在规范性文件高度膨胀的现代社会,仅仅关注具有立法性质的文件是不够的,如果全国人大常委会对地方人大常委会的其他规范性文件的备案审查结果不予监督,那么很有可能出现放任违法规范性文件持续侵害公民权利的问题,同时也违背维护法制统一的目标。

因此,在备案审查工作下沉、地方人大常委会承担大量备案审查工作,但是地方人大常委会可能存在不作为或者判断错误的情况下,全国人大常委会作为宪法和法律的解释机关,需要对其他备案审查主体尤其是地方人大常委会的备案审查工作进行监督,以达到审查机关的统一、权力行使的统一、审查标准的统一、审查结果的统一,从而实现法制统一。

三、全国人大常委会合宪性审查的补充原则

全国人大常委会对省级人大常委会的备案审查工作开展监督需要有实定法的依据作为支撑。如前文所述,在《立法法》所规定的备案审查制度框架之下,全国人大常委会只负责法规的备案审查,其中包括合法性审查和狭义的合宪性审查。但是对其他规范性文件没有法律明确的撤销权,因此需要在其他制度中寻找监督的可能性。

首先,全国人大常委会如何对地方人大常委会进行监督,本质上涉及全国人大常委会与地方人大常委会之间的关系问题。不同于行政机关、监察机关和检察机关的上下级领导关系,全国人大常委会与地方人大常委会之间并非领导关系。人民代表大会制度是代议制民主的形式之一,对于每一个代议机关而言,其唯一应当服从的是

本地区人民意志和利益，而不是要服从于其他什么意志。[①]但同时地方人大常委会的独立性受到一定的限制，这种限制主要通过宪法法律和行政法规等在本地域的实施来实现，也就是说，上级代表机关如果要把整体意志在地方得到贯彻实施，那么应当采用制定法律法规或作出决定的方式实现，而不能通过指示命令。[②]上级人大和下级人大主要是“法律上的监督关系，选举上的指导关系，工作上的联系关系”。[③]以全国人大常委会与省级人大之间的关系为例，法律上的监督关系主要指，全国人大常委会有权撤销省级人大及其常委会制定的同宪法、法律和行政法规相抵触的地方性法规和决议。

上级人大常委会对下级人大所进行的法律上的监督可以为全国人大常委会监督地方人大常委会尤其是省级人大常委会的规范性文件备案审查结果提供切入口。以广东省《备案审查条例》为例，在规范性文件存在不适当的情形时，如果制定机关未对规范性文件进行废止或修改，应由主任会议提请常委会会议审议，常委会会议经过审议，认为应予撤销的，应当作出撤销该规范性文件的决定。对于省级人大常委会“撤销该规范性文件的决定”，全国人大常委会可以根据《宪法》第六十七条第八项的规定进行监督，如果与宪法、法律和行政法规相抵触的话可以撤销。但是，从目前地方人大备案审查工作的实践来看，地方人大常委会也并未公开撤销过规范性文件，规范性文件的纠正均是通过内部协商途径加以解决。而且，当地方人大常委会对违法规范性文件不予纠正时，也不会做出一个正式的决议或决定，全国人大常委会并没有可以撤销的对象。相较于全国人大常委会对“一府一委两院”的监督手段有多种类型，其对省级人大常委会进行法律监督的手段是有限的。即使备案审查机关不纠正违法规范性文件，全国人大常委会也难以依据《立法法》《监督法》等法律在备案审查制度之下对相关规范性文件进行撤销。

不过，在法律监督之外，全国人大常委会可以通过其合宪性审查的职责取得撤销除法规和司法解释之外的规范性文件的权力。根据《宪法》，全国人大常委会具有解释宪法，监督宪法实施的职责，《宪法》第五条第二款明确规定“国家维护社会主义法制的统一和尊严”。作为合宪性审查机关，全国人大常委会负有维护法制统一的职责，同条第三款规定了法律行政法规和地方性法规合宪的要求，第四款紧接着规定“一切国家机关和武装力量、各政党和各社会团体、各企业事业组织都必须遵守宪法

① 蔡定剑：《中国人民代表大会制度》，法律出版社1998年版，第259页。

② 蔡定剑：《中国人民代表大会制度》，法律出版社1998年版，第260页。

③ 阚珂：“全国人大与地方人大是什么关系？”，《法制日报》2015年7月27日。

和法律。一切违反宪法和法律的行为,必须予以追究”。第三款和第四款是从全国人大常委会备案审查范围向一切行为的转变,全国人大常委会对行政法规、地方性法规等予以重点关注,并不意味着放弃对其他行为的监督权力。于规范性文件而言,各类规范性文件均须达到合宪合法的要求。“即使是普通的一个法律冲突,即仅仅只是普通的下位法违反了普通的上位法,而不存在违反宪法之虞,这也已然涉及宪法性的问题,而非仅仅只属于普通的法律问题。”[①]因此,从理论上讲,合宪性审查能够涵盖到包括法律在内的规范性文件、国家机关的行为、一些社会团体的行为、高级官员的行为等等。[②]当然,对地方人大常委会备案审查工作的监督并非必然是依据《宪法》判断规范性文件是否合宪,即以《宪法》作为判断的基准,而是借由《宪法》获得对各类规范性文件进行撤销的权力。简言之,在对各类规范性文件进行审查时全国人大常委会既有可能进行合法性审查也有可能进行合宪性审查。

正如学者所指出的,虽然合宪性审查的对象范围广泛,但只有合理地确定全国人大常委会合宪性审查的范围,方能使合宪性审查功能有效地发挥,实践也充分证明了这一观点。现有的备案审查制度之下全国人大常委会所负责的法规、司法解释的备案审查已经数量巨大。除此之外,公民所提出的审查建议数量也呈现出增加的态势。以第二份备案审查年度报告为例,2018年公民和其他组织共提出1229件审查建议,其中112件属于全国人大常委会备案审查范围,最终1229件审查建议只有22件进行书面反馈。除依申请审查难以实现年内全部完成反馈外,全国人大常委会还面临着依职权审查以及专项审查的压力。根据第二份备案审查年度报告,2018年制定机关共向全国人大常委会报送备案行政法规、地方性法规、司法解释1238件,而截至2018年11月底,制定机关共向全国人大常委会报送备案现行有效行政法规、地方性法规、司法解释12397件,但并未提起依职权审查的情况。[③]与之相反的是,首份备案审查年度报告中对全国人大常委会依职权审查的情况进行介绍,十二届全国人大期间法工委只对其中60件行政法规、128件司法解释逐件进行主动审查研究,而十二届全国人大常委会接收备案的各类规范性文件共有4778件,依职权审查的覆盖范围不足4%。

---

① 林来梵:“合宪性审查的宪法政策论思考”,《法律科学》2018年第2期。

② 卢义杰:“推进合宪性审查 完善宪法监督制度”,《中国青年报》2017年10月24日,第4版。转引自秦前红:“合宪性审查的意义、原则及推进”,《比较法研究》2018年第2期。

③ 据梁鹰介绍,法工委对2018年报送的行政法规、司法解释逐件进行审查研究,对地方性法规尤其是设区的市制定的法规加大主动审查力度。梁鹰:“全国人大常委会2018年备案审查工作报告述评”,《中国法律评论》2019年第1期。

面对《立法法》所规定的备案审查职责已经工作量巨大的现状，全国人大常委会对于地方人大常委会备案审查工作的监督，应当节制谦抑、重点突出，坚持合宪性审查补充性原则。《宪法》《立法法》《监督法》等法律对规范性文件备案审查的分工布局进行了分配，应当遵守宪法和法律所确定的分工格局，尊重地方人大常委会对所备案的规范性文件进行审查的权力。第一，对备案的规范性文件进行审查是备案审查机关的权限与职责，法律将该权限分配给备案审查机关，就应当由备案审查机关承担主要职责，而不应在备案审查机关未履行职责的情况下就进行干预。从第二份备案审查年度报告中也可以看出，全国人大常委会在收到公民提出的属于地方人大常委会监督范围的规范性文件的审查建议时，采取的是转送有权机关并督促地方人大常委会及时予以纠正的方式，而并非直接代行职权进行纠正。第二，由地方人大常委会对规范性文件进行合法性审查有充分的规范依据。《宪法》规定全国人大常委会负责法律解释，但学界多认为这并不意味着全国人大常委会垄断法律解释权。其他国家机关通过各类规范性文件无时无刻不在对法律进行解释，排斥其他国家机关对法律的解释是不可能实现的。全国人大常委会拥有的只是对法律的最终解释权，在地方人大常委会对规范性文件进行合法性审查的基础上，全国人大常委会可以根据其审查结果判断是否合法、合宪。如果不合法合宪，全国人大常委会可以通过内部协商沟通的方式对相关问题加以解决，但这种内部协商沟通是以合宪性审查这一最终手段的强制力为保证，而不只是一种非正式的机关间交涉，游离在宪法法律之外。第三，地方人大常委会对规范性文件的备案审查拥有比全国人大常委会更广泛的审查基准，其中一项就是“本省地方立法内法制统一基准”[①]，各省内部的规范性文件均不得与省级地方性法规相抵触。另外，不同于全国人大常委会对规范性文件的审查基准限于“与宪法法律相抵触”的标准，宪法和法律明确规定地方人大常委会也可以对规范性文件的适当性开展审查，也明显有比全国人大常委会更广阔的审查空间，对规范性文件开展更深入的审查。第四，将合法性审查乃至合宪性审查的权力部分分配给地方人大常委会有助于地方人大常委会在实践中贯彻实施宪法法律的精神，宪法作为最高法的地位以及地方规范性文件须符合上位法尤其是宪法法律的意识需要省级人大常委会加以落实，避免因全国人大常委会垄断合宪性审查以及法律解释权而出现地方人大常委会漠视合宪性审查等问题。

---

① 郑磊：“省级人大常委会对设区的市地方性法规的备案审查权：制度需求与规范空间”，《政治与法律》2019年第2期。

因此,全国人大常委会可以借由合宪性审查获得对各类规范性文件的撤销权,但作为一种补充与备位性的手段,应当在备案审查机关进行审查之后,对审查结果进行监督。而不应当在审查之初将其意见施加于备案审查机关,以达到尊重备案审查机关的职权、将宪法法律根植于社会的目的。

四、省级人大常委会的过滤筛选功能

作为一项处于补充和备位地位的制度,全国人大常委会可以通过合宪性审查对地方人大常委会备案审查工作进行监督,但全国人大常委会没有能力也不应承担所有规范性文件合法性以及合宪性的审查。在全国人大常委会合宪性审查的补充作用和保障所有规范性文件合法性、合宪性两者之间,需要发挥其他机关对规范性文件审查结果的筛选功能,在这之中,省级人大常委会可以扮演重要角色。

(一)规范上的空间

省级人大常委会负有“在本行政区域内,保证宪法、法律、行政法规的遵守和执行”的职责。《立法法》规定五类国家机关属于可以向全国人大常委会提出审查要求的主体,其中将省级人大常委会列入主体范围的原因在于,“省、自治区、直辖市人大常委会是地方一级权力机关,是保证宪法、法律和行政法规在本行政区域内贯彻实施的重要环节。在以往的工作中,对于宪法、法律、行政法规在本行政区域内贯彻时遇到的具体问题,他们经常向全国人大常委会的工作机构提出,要求予以解答”[①]。无论是省级人大常委会对下级人大的备案审查,还是省级人大常委会对法规、司法解释审查要求的提起,都蕴含着省级人大常委会承担地方法制统一,宪法法律和行政法规在本行政区域内实施的职责。而“地方法制统一”的职责,类似于全国人大常委会保障“全国法制统一”的职责,赋予其对下级备案审查结果进行监督的空间。当然,这种权力不是终局性的,其受到全国人大常委会合宪性审查的制约。

作为“联系省以下地方各级人大与全国人大的纽带”[②],省级人大常委会既接受全国人大常委会的监督,又监督本省地方人大常委会的工作。可以充分发挥省级人大常委会的过滤筛选功能,减轻全国人大常委会实现“备案审查全覆盖”的压力。全国人大常委会对地方人大常委会备案审查结果的监督,主要在于对省级人大常委会的

---

① 武增主编:《中华人民共和国立法法解读》,中国法制出版社2015年版,第350页。

② 王建学:“省级人大常委会法规审查要求权的规范建构”,《法学评论》2017年第2期。

备案审查进行监督。此处分为两个部分,一是省级人大常委会有权备案审查的规范性文件,例如省级政府规章。对于该类文件,原则上应当首先经过省级人大常委会的审查,如果省级人大常委会的审查结果不符合合法性与合宪性的要求,那么全国人大常委会有权进行处理。又如第二份备案审查年度报告所提到的浙江省高院所制定的《关于部分罪名定罪量刑情节及数额标准的意见》等规范性文件,应当转交省级人大常委会进行审查。如果省级人大常委会对审查建议不予审查,即存在不作为的情形,那么应当督促其作为,而不是代替省级人大常委会审查。全国人大常委会最后对省级人大常委会备案审查的结果进行监督。

二是省级人大常委会备案审查监督的结果。这里违反宪法法律的规范性文件并非省级人大常委会所负责备案审查的规范性文件,而是省级人大常委会监督对象所应负责审查的规范性文件。例如第二份备案审查年度报告中所提及的湖南省司法厅《关于"四大类"外司法鉴定事项管理有关问题的通知》。该规范性文件属于湖南省政府备案审查的范围,在全国人大常委会收到审查建议后,应当转交湖南省人大常委会进行督促纠正,即由湖南省人大常委会督促湖南省政府进行纠正。湖南省人大常委会对省政府备案审查的结果进行监督,全国人大常委会在此只是"第三顺位"。这样无疑会大大减轻全国人大常委会的工作量,同时避免全国人大常委会干涉地方权力。

因此,在全国人大常委会收到非属自身备案审查范围的规范性文件的审查建议时,应当进行程序性转交,而非附处理建议的实质性审查,以尊重其他备案审查机关的职权,保持全国人大常委会合宪性审查功能的谦抑性。

(二)省级人大常委会是否有能力承担该职责

全国人大常委会每年需要备案审查1000件左右的法规和司法解释,无论是主动审查还是被动审查均无法实现真正的"全覆盖"。但是对于其他备案审查机关,尤其是省级人大常委会而言,从部分省份披露的备案审查工作报告来看,省级人大常委会承担规范性文件审查的过滤功能具有一定的可行性。(见表2)

表2　部分省份省级人大常委会备案审查情况

地区	备案规范性文件	依职权审查	依申请审查
山西	2011年以来,共备案575件	未公布具体数据	未公布具体数据
江苏	(截至2018年10月31日)省十二届人大以来,410件	对报备的规范性文件都开展了主动审查,实现了主动审查全覆盖	省十二届人大以来共33件审查建议,2018年7件审查建议

续 表

地区	备案规范性文件	依职权审查	依申请审查
湖南	从2007年3月到2018年9月,共1410件	列举三项事例	列举两项审查建议
内蒙古	截止到2018年12月底,1352件	逐件、逐条进行审查研究,并提出审查研究报告	共收到审查要求1件,审查建议7件(其中2件依法交由其他机关审查)
重庆	2018年174件,经形式审查,有173件符合备案要件,作为规范性文件备案登记	对报备文件逐一进行严格审查	审查建议9件
贵州	2018年118件,基本做到应报尽报	对118件报备的规范性文件依职权主动开展了备案审查工作	一年来,没有收到公民、法人和其他组织提出的审查要求和审查建议
湖北	2018年62件,经法规工作室形式审查,予以登记备案的61件	61件规范性文件全部审结,并提出书面初步审查意见	审查建议5件,未收到有关国家机关提出的审查要求
北京	自2013年1月1日至2018年12月31日,257件,2018年20件。报备率100%	2013年至2017年,由常委会有关工作机构对22件政府规章和4件修改规章的决定进行主动审查,提出书面审查意见。2017年12月,以本市备案审查信息平台试运行为契机,进一步加大主动审查力度,扩大主动审查范围,对报送备案的规章、京政发文件全部开展主动审查,切实做到"有备必审"	2013年以来,收到公民提出的审查建议共13件。除不属于审查范围、不符合开展审查条件的以外,对7件审查建议开展了研究或审查
四川	2018年304件	对报备的304件规范性文件的合法性逐件进行常规审查	2018年,法工委收到公民、社会组织提请对规范性文件进行合法性审查的来信来函3件

在规范性文件的备案方面,从各省公布的数据来看,省级人大常委会每年所备案的规范性文件数量要少于全国人大常委会,与全国人大常委会需要备案国务院、最高人民法院、最高人民检察院、31个省级人大、323个设区的市人大所制定的法规(或司

法解释)相比[①],省级人大常委会即使按照全国人大常委会法工委的要求,将地方"两院"规范性文件纳入备案审查范围,以四川省为例,其需要备案省政府、省"两院"以及21个设区的市(含3个自治州)的规范性文件。[②]根据四川省人大常委会法工委2018年备案审查工作报告,其一年接受备案规范性文件304件,远低于全国人大常委会备案数量(1238件)。

在规范性文件的审查方面,首先是依职权审查,大部分省份均宣称"主动审查全覆盖",实现"有件必备"。例如,江苏省披露,在规范性文件报备之后,江苏省人大常委会法工委便会开展审查,并委托专家进行审查,根据江苏省人大常委会法工委的介绍,江苏省人大常委会对报送备案的规范性文件实现了"主动审查全覆盖"。[③]另以浙江省为例,2018年,浙江省人大常委会共收到各制定机关报送备案的规范性文件146件,做到"有件必备"。省人大常委会法工委备案审查处负责人也表示从2013年起浙江省人大常委会已经实现主动审查全覆盖。[④]

在依申请审查方面,省级人大常委会的被动审查呈现出与全国人大常委会不同的态势。一是接收的审查建议数量明显偏少。从各省的数据来看,每个省份每年接收的审查建议基本不超过10件,其中贵州省披露其2018年并未收到公民组织的审查建议。二是地方有权提出审查要求的主体或存在提出审查要求的动力。从全国人大常委会的备案审查工作来看,其未收到过有权机关提出的正式的审查要求。第二份备案审查工作报告中司法部作为国务院负责备案审查的机关,在其发现地方性法规存在问题时,并非通过国务院提出审查要求,而是转送法工委处理,通过"备案审查衔接联动机制"开展相关工作,并未启动正式程序。从地方层面来看,这种现象也普遍存在。但内蒙古自治区披露其曾经收到过1件审查要求,地方国家机关的备案审查活

① 2018年3月11日,全国人大常委会法工委副主任郑淑娜介绍:"经统计,通过这次修改立法法已经在设区的市中有323个设区的市,包括自治州,有立法权了。"参见"全国人大举行'宪法修正案'专题记者会(全文)",http://news.ifeng.com/a/20180311/56647174_0.shtml,访问日期:2019年6月15日。

② 以上数据,均未统计自治州和自治县的自治条例和单行条例。此外,设区的市最多的省份为广东省,共21个设区的市。四川省为18个设区的市,3个自治州。

③ 王腊生:《江苏省人民代表大会常务委员会法制工作委员会关于备案审查工作情况的报告》(2018年11月21日在江苏省十三届人大常委会第六次会议上)。

④ 例如,法制工作委员会主动审查政府规章及其他规范性文件57件,财经委员会、预算审查工作委员会主动审查27件,环境与资源保护(工作)委员会主动审查18件等。参见:"浙江省人大常委会去年备案审查工作情况报告出炉",http://zjnews.zjol.com.cn/zjnews/zjxw/201901/t20190117_9265668.shtml,访问日期:2019年2月16日。

力可以成为关注的对象,而这或可以成为地方人大常委会备案审查相较于全国人大常委会的一个突破性进展。

因此,单纯从数量上讲,无论是依职权审查还是依申请审查,地方人大常委会依申请审查的压力明显小于全国人大常委会。地方人大常委会尤其是省级人大常委会的备案审查功能有待充分运用。第二份备案审查年度报告中,1229件审查建议中只有112件属于全国人大常委会备案审查范围,90%的审查建议指向的是其他机关的备案审查的规范性文件。在其他备案审查机关尤其是省级人大常委会有能力对其备案的规范性文件进行审查的前提下,全国人大常委会应当将不属于其备案审查范围的审查建议移送有权机关进行处理,而不应直接开展审查。将审查建议直接移送省级人大常委会进行审查所带来的积极效应是毋庸置疑的。第一,可以调动地方人大常委会备案审查的积极性,通过备案审查建议提高地方人大常委会备案审查的能力。第二,引导地方人大常委会重视宪法和法律在实际生活中的实施,使依法治国、依宪治国的理想根植于社会。第三,引导当事人选择正确的备案审查机关,而不是全部涌向全国人大常委会,避免全国人大常委会因督促其他国家机关作为的工作量增加,稀释对法规、司法解释等进行审查的能力,消耗全国人大常委会备案审查的资源。充分认识到全国人大常委会补充和备位的作用,谦抑地行使其权力。

五、余 论

本文以第二份备案审查年度报告为引,探讨了人大系统内部备案审查工作的分工与协作的方式。全国人大常委会在备案审查体系中处于联通四方的主导地位,主要应当通过增强对其他备案审查主体备案审查工作的监督来实现。

这一功能的发挥则需要依靠宪法所赋予全国人大常委会的合宪性审查的权力获得强制力的保障。第二份备案审查年度报告提出“备案审查全覆盖”,将所有规范性文件纳入备案审查范围,其目的应在于使各类规范性文件均可以达到合法、合宪的要求。虽然全国人大常委会主要承担维护法制统一的职责,但并不垄断该权力。合宪性审查在理论上无所不包,然而,合宪性审查作为一项补充性质的制度,其功能核心定位在于对法律的合宪性审查,在备案审查制度之下已经被扩展至法规和司法解释。除此之外,宪法和法律已对其他规范性文件的撤销权进行了分配,对于本属于其他备案审查机关的职权,全国人大常委会应当充分尊重。这也是减轻全国人大常委会备案审查压力的必然选择。

于中央与地方而言,应当充分发挥省级人大常委会连接全国人大常委会与地方人大常委会的枢纽地位。通过发挥省级人大常委会备案审查功能,起到维护地方法秩序统一的功能,通过对省级人大常委会备案审查工作的监督,实现全国范围内法秩序的统一。从另一方面讲,全国人大常委会通过合宪性审查节制谦抑地发挥对规范性文件合法性、合宪性的监督,可推动其他备案审查主体能力的提高,激活合宪性审查的实践。

论地方性法规抵触上位法的认定及解决

◎张　瑞　刘宗帅*

内容提要：在我国单一制国家结构形式下，地方性法规抵触上位法标准的设定，应该以有利于实现维护中央立法权威、保障法制统一和发挥地方积极性、主动性之间的平衡为原则。而目前实务部门适用的标准，在一定程度上抑制了地方立法积极性、主动性的发挥，也不利于提高地方治理的能力，有必要加以审视并重新确定。全国人大常委会应该在维护法制统一的前提下，以保障地方立法空间，提高地方治理能力为标准，来判断地方性法规是否抵触上位法。法制统一并不意味着绝对无差别的整齐划一，也不是指具体问题的统一。考察我国立法实践，法制统一是内在包含着复杂性的统一。结合我国地方立法的实际需求，完善立法程序，适当借鉴法律赋予经济特区等立法主体的立法变通权，是解决保障地方立法空间和维护中央立法权威平衡的途径之一。

关键词：地方性法规；抵触；法制统一；中央立法

引言：地方性法规"抵触"上位法认定中的问题

地方性法规"抵触"上位法的审查判断，是维护法制统一和中央立法权威的核心命题。自宪法和法律赋予地方立法权以来，一直为理论界和实务界所关注和讨论。虽然自1979年《地方组织法》和1982年《宪法》赋予省级人大及其常委会制定地方性法规的权力，并规定不得与上位法相"抵触"以来，《立法法》和《监督法》又沿袭这一规

* 张瑞，中原工学院法学院/知识产权学院讲师，华东政法大学宪法与行政法法学博士；刘宗帅，解放军郑州军事法院审判员，华东政法大学宪法与行政法法学硕士。

定，但是对何为抵触，抵触的标准为何等具体问题并没有加以规定。

全国人大常委会在对地方性法规的审查过程中，以及人民法院在决定是否选择适用地方性法规时，都自觉或不自觉地为"抵触"设置一些具体的判断标准；地方立法机关也在主动摸索制定抵触的判断标准，用以指导自己的立法行为。[①]然而，实践中各主体所适用的判断标准因缺乏统一指引，导致它虽然实用但因不具有融贯性而显得混乱，甚至相互矛盾，进而影响"不抵触"原则应有作用的发挥。

理论界对地方性法规"抵触"上位法的具体标准讨论得最热烈，并已取得相当丰硕的研究成果。归纳起来，主要有以下几种观点：一是认为"抵触"是指与上位法的精神、原则和立法目的相矛盾、相背离；[②]二是认为"抵触"不仅指与上位法精神相违背，而且包括与上位法的具体规定相矛盾；[③]三是认为超出地方立法权限，侵犯中央立法权的就构成抵触；[④]四是区分地方性法规的不同情形分别给出标准。具体来讲，为执行上位法而制定的地方性法规，不构成抵触；地方性法规作出创设性规定的，依据其是否与上位法的立法目的相违背，而确定是否构成抵触；地方性法规与上位法冲突的，则构成抵触。[⑤]五是认为抵触是指地方性法规的内容与上位法的规定相竞合，但相互间不相容的情形。[⑥]由此观之，理论界对抵触标准的讨论尚未达成共识。与之相对应，理论界的研究成果对实务界的指导作用也就十分有限。

党的十八大以来，党中央不断强调要更好地发挥中央和地方两个积极性。党的十八届四中全会提出赋予设区的市立法权。党的十九大又提出依法立法的要求。其用意之一，就是鼓励地方更好地行使立法权，以提高地方治理能力。但是，我国目前在维护中央立法权威、法制统一与充分发挥地方立法对社会经济发展的引领、促进作用之间存在不协调、不平衡的问题。一方面，2015年修订后的《立法法》进一步赋予设

① 例如2016年颁布实施的《河南省地方立法条例》第六十五条规定，报请批准的地方性法规的规定有下列情形之一的，为抵触：(一)超越立法权限；(二)上位法有明确规定的，违反该规定；(三)上位法没有明确规定的，违反上位法的基本原则。

② 参见沈关成："对地方立法权的再认识"，《中国法学》1996年第1期；刘雁鹏："地方立法抵触标准的反思与判定"，《北京社会科学》2017年第3期。

③ 参见孙波："地方立法'不抵触'原则探析——兼论日本'法律先占'理论"，《政治与法律》2013年第6期。

④ 参见苗连营："论地方立法工作中'不抵触'标准的认定"，《法学家》1996年第5期；李步云、汪永清主编：《中国立法的基本理论和制度》，中国法制出版社1998年版，第231-234页。

⑤ 参见谢立斌："地方立法与中央立法相抵触情形的认定"，《中州学刊》2012年第3期。

⑥ 参见胡建淼："法律规范之间抵触标准研究"，《中国法学》2016年第3期；袁勇："法的违反情形与抵触情形之界分"，《法制与社会发展》2017年第3期。

区的市以立法权。这是对宪法规定更进一步的落实,赋予地方更大的立法自主权,以促进地方运用法治思维提升治理能力。另一方面,我国单一制的国家结构形式和宪法体制决定了地方所享有的立法权不是其本身所固有的,而是来自于中央的授予。[①]地方应该在遵守中央立法的前提下行使立法权,以保障我国法律规范的秩序。在这种背景下,作为判断地方立法与中央立法是否相统一的关键因素,"抵触"标准的确立和运用就显得尤为重要。然而,就实务部门正在引为操作依据的标准而言,有的部分虽然顺应了事物发展的规律,但面临着是否合法的争议;理论界对地方性法规是否抵触上位法标准的设定,也尚未达成共识,有的观点或许已经不能满足社会发展的需求。

除此之外,在地方性法规抵触中央立法审查制度的运行中,还存在如何更好贯彻落实宪法规定和精神、理论争议较大和实践中难以自洽的问题。一是地方立法实践贯彻落实宪法规定和精神面临困境。我国《宪法》第三条第四款规定,中央和地方的国家机构职权的划分,遵循在中央的统一领导下,充分发挥地方的主动性、积极性的原则。《宪法》和《立法法》赋予设区的市立法权便是对这一宪法规定和精神的贯彻落实。但是,目前实践中判断地方性法规是否抵触中央立法的标准,有过于机械之嫌,不利于发挥地方的主动性和积极性,制定切合地方实际、能够充分发挥调整社会关系和引导人们行为的作用的法,限制了地方立法创新的空间。

二是全国人大常委会应审查地方立法的合法性还是适当性问题,在理论上存在争议,在实践和规范之间存在矛盾。理论上,有的观点认为,根据宪法精神,全国人大常委会与地方人大常委会是指导与被指导、监督与被监督的关系,因此全国人大常委会不适宜就地方立法的适当性进行审查。[②]与之相反的观点则认为,全国人大常委会对地方性法规进行适当性审查没有明确规定在有关的法律文本中,属于"制度漏洞"。将来应当改变这一状况,并明确全国人大常委会进行适当性审查所应秉持的自制立场,使得全国人大常委会对地方性法规的适当性审查更加规范、科学。[③]

实践中,全国人大常委会法规备案审查室有关负责人在谈及备案审查室关于其对部分地方计划生育条例所作的审查时明确提出:"所谓适当性审查,即被审查对象可能不违反宪法法律,对其审查,不一定作出与法律相抵触的判断,但它与中央的政策精神和决策部署不相符,或与改革方向明显不一致,或现在的情况和立法之初相比

---

① 乔晓阳:《中华人民共和国立法法讲话(修订版)》,中国民主法制出版社2008年版,第6页。

② 刘松山:"备案审查、合宪性审查和宪法监督需要研究解决的若干重要问题",《中国法律评论》2018年第4期。

③ 程庆栋:"论适当性审查:以地方性法规为对象",《政治与法律》2018年第3期。

发生重大变化,继续执行可能会侵害一部分人的利益,即可作出不适当的判断。"[①]而在规范上,我国《宪法》和《立法法》都明确规定,全国人大常委会可撤销的是与上位法相抵触的法规,而是否适当的判断标准则适用于同级人大对其常委会、上级政府对下级政府的立法的审查监督,并不适用于全国人大常委会对地方性法规的审查。对于这种实践做法与宪法法律和理论上的冲突现象,需要予以重视并研究,加以澄清。

三是地方立法机关对全国人大常委会认定的与上位法相抵触的地方性法规的审查意见,不予执行修改、纠正的原因尚未引起足够重视。实践中,多数地方立法机关对全国人大常委会审查认定与上位法相抵触的地方性法规会以各种理由坚持自己的意见,而极少予以纠正。[②]而地方立法机关坚持的理由大多是上位法的规定已经难以适应社会实际,不利于发挥法的效力,这种意见在一定程度上是符合实际的。这呈现出的问题是,地方立法机关制定的符合当地实际的地方性法规与中央制定的适用于全国的法相抵触后,如果简单地督促地方立法机关予以纠正,是否能从根本上解决问题,是否会有利于地方立法的主动性和积极性;如果不这样做,该怎么办?

四是省级人大常委会批准与省级地方性法规相抵触的市级地方性法规的行为的性质尚未得到界定。这一现象集中体现在设区的市制定的相比省级人大及其常委会制定的地方性法规而言,增加了公民义务情形的地方性法规,而省级人大常委会则予以批准方面。例如,《三明市城市市容和环境卫生管理条例》规定,对一些影响环境卫生的行为,处以100元以上500元以下罚款,而福建省人大常委会制定的《福建省城市市容和环境卫生管理办法》则规定处以10元至50元罚款。很明显,下位法与上位法的具体条文相抵触。福建省人大常委会基于现实合理性批准了这件地方性法规[③],但理论上却没有对这种批准行为的性质和效力予以清晰的界定,导致人们对这种立法现象产生疑惑:省人大常委会对设区的市明显抵触其制定的地方性法规的法规予以审查通过,那么设区的市制定的与省级人大常委会制定的地方性法规相抵触的条文的效力来源是什么?这会破坏法制统一吗?

以上几个方面的问题看似相互之间是独立的,其实质是相统一的,核心是如何既维护国家法制统一,又发挥地方的主动性和积极性。本文拟基于对上述问题的分析,

① 邢丙银:"全国人大常委会审查地方计生条例:建议修改'超生就辞退'",http://qhyq.qhnews.com/system/2017/10/27/012453341.shtml,访问日期:2019年5月14日。

② 参见王书成:"宪法审查'忧虑'及方法论寻求———合宪性推定之运用",《浙江学刊》2011年第1期;蔡定剑:《中国人民代表大会制度》,法律出版社2003年版,第310-311页。

③ 程庆栋:"执行性立法'抵触'的判定标准及其应用方法",《华东政法大学学报》2017年第5期。

提出解决此问题的方案。也就是说,无论是从整合实务部门所依据的抵触标准,从而更好地维护法治统一的角度,还是从审视社会发展的需求,缓解地方立法权的积极行使和维护中央立法权威之间紧张关系的角度,都应该检视目前所适用的标准,找出其不适应实际的地方予以重构。

一、地方性法规"抵触"标准重构的基础

我国的宪法规定和精神为地方性法规"抵触"中央立法标准的重构提供了正当性基础,而我国改革持续深入的进行以及治理体系和治理能力的现代化则为其重构提供了现实基础。

(一)宪法法律赋予的制度空间

地方性法规不得与上位法相抵触,是宪法法律做出的一种制度性安排。这项制度自身包含多重含义,预示了可操作的空间。

第一,地方性法规不得与上位法相抵触是一种具有宪法意义的制度性安排。我国《宪法》《立法法》《地方组织法》等法律都规定地方性法规不得与上位法相抵触,并设定了抵触后应承担的法律后果,即由全国人大常委会予以撤销,以维护国家法制统一和中央的立法权威。宪法规定地方性法规不得与其抵触,是与授予地方制定地方性法规的权力相伴随的,也可以说,宪法创设这项原则的目的,就是对地方立法权侵犯中央立法权的防范。故此,从宪法和宪法性法律对地方性法规不得抵触上位法及其法律后果的规定的出发点和目的可知,它与维护宪法权威、单一制国家结构形式和法制统一等宪法价值密不可分,因而具有重要的宪法意义。

值得注意的是,这里所称的制度,不仅包含正式制度,而且包括非正式制度。具体来讲,正式制度是指,以国家名义制定并支持国家的各级各部门代理人行使其职能的制度;非正式制度则是指社会人的日常活动,日常生活既是实用性的、边界模糊的,又是例行化的、韧性的制度。[①]非正式制度往往修正、补足或者延拓正式制度,有时候,我们也会用惯例、习俗、传统、习惯这些词来表示它的存在。也正是由于正式制度和非正式制度之间的复杂关系以及它们的实施方式,规范了地方性法规与上位法的

① 肖瑛:"从'国家与社会'到'制度与生活':中国社会变迁研究的视角转换",《中国社会科学》2014年第9期。

关系,并成为实践中判断地方性法规是否抵触上位法的指导。[①]

第二,地方性法规是否抵触上位法是一种价值评判。所谓价值,是指客体的存在、属性及其变化同主体的尺度是否相一致或相接近。[②]价值评判则是指,有资格的主体对某一对象是否满足主体价值追求的鉴定。适用到本文的研究对象,就是指全国人大及其常委会对地方性法规是否与宪法赋予其立法权时所确立的精神、追求的目标和设立的标准相吻合,所作出的判断。全国人大常委会作出的地方性法规与上位法是否抵触的判断,不仅是对是否相抵触这一具体事实做出的就事论事的结论,而且是对地方性法规的一种价值评判。事实上,全国人大常委会在审查地方性法规时,就表明对它的价值进行了评价。[③]如果全国人大常委会作出地方性法规与上位法相抵触的认定,就表明不仅对这一事实做出了客观判断,而且主观上也传递出对这类地方性法规否定和不认同的倾向。

第三,"抵触"是判断地方性法规与上位法关系的标准。关于地方立法机关制定地方性法规应该遵循的原则,除了不得与上位法相抵触外,《立法法》还规定了不得"不一致""违反""违背"等。这些原则的适用范围、要解决的问题和目的并不相同。

其中,"抵触"的适用范围、要解决的问题和欲达到的目的最为明确和固定。它专指地方性法规与上位法,即不同效力等级之间的纵向上的关系。而"不一致"的适用范围则与之相反。它主要解决的是法规范体系中横向法规范之间发生的冲突问题,旨在实现横向法规范相互间的协调。根据《立法法》第九十二条和九十四条的规定,它既适用于同一效力等级法规范之间横向上的判断,也适用于不同效力等级法规范之间纵向上的判断。但是,根据《立法法》第九十五条的规定,不同效力等级法规范出现"不一致"情形时,仅限于地方性法规和规章,以及根据授权制定的法规和法律之间,而不适用于地方性法规与其上位法之间关系的判断。对此,有学者主张,对于相同位阶的立法而言,比如不同省级人大及其常委会制定的地方性法规,其内容的不一致不属于是否抵触的问题,而是另外一个问题,它们所规定的内容可能都是正确的,即符合当地实际需求。[④]《立法法》第九十六条第二项又规定不得"违反",作为判断不同效力等级法规范关系的原则。它的适用范围则更为宽泛,适用于包括法律、行政法

① 参见[美]道格拉斯·C. 诺斯:《制度、制度变迁与经济绩效》,刘守英译,生活·读书·新知三联书店上海分店1994年版,第111—117页。

② 参见李德顺:《价值论》,中国人民大学出版社2007年版,第21页。

③ 参见庄世同:"法律的生命乐章——纪念杨日然老师",《东吴大学法律学报》第16卷第2期。

④ 严存生:"法的合法性问题研究",《法律科学》2002年第3期。

规、地方性法规、自治条例和单行条例、规章等下位法与上位法之间关系的判断上。

由此可见,宪法法律设定的上述原则,各自有不同的设定初衷和要维护的法秩序。如果将“不抵触”与“不一致”“违反”和“违背”原则不加区分地相互转化适用,不仅容易导致概念和制度的混乱,还会削弱国家设置不同制度的意义,影响各自目的的实现。

(二)地方性法规不得“抵触”上位法的独特价值

下位法不得抵触上位法的立法原则区别于法规范之间的冲突的解决方式。前者的目的更加单纯,后者则是致力于解决法律体系中法规范之间存在的多种问题。前者与目前国家正在推行的合宪性审查也存在交叉重合的部分。具体来讲,地方性法规不得抵触上位法主要有如下三个特征:

第一,地方性法规抵触上位法的现象,不同于法律规范之间冲突的现象。前者的目的主要是维护中央立法的权威和国家的法制统一,强调的是法律体系内不同效力等级间的法应该遵守的秩序。后者的关注范围则更加宽泛,强调的内容也更加细致。虽然规范冲突的典型情形存在于同一法律体系之不同位阶的规范之间,例如宪法规范与违背宪法的制定法规范。[①]但除此之外,它还强调法律体系内各个法律规范之间的和谐。换言之,法律体系内的法规范不能出现基于相同的事实得出了不同的法律后果,从而违背追求合理性的立法[②],并且有损法的安定性和公民对司法的信任。[③]凯尔森对规范冲突作出过前后相关但有差别的界定。一是“如果一个规范规定应当实施某个行为,而另一个规范规定应当实施某个不相容的行为”[④]。二是“如果一个规范规定应为之内容与另一个规范规定应为之内容不相容,因而遵守或适用其中一个规范必然或可能会违反另一个规范,那么两个规范之间就出现了冲突”[⑤]。前者强调的是逻辑意义上行为模式的冲突;后者强调的则是人们行为实践意义上的规范冲突。由于法律的实践性,有时候逻辑上并不冲突的规范在实践中却是相互冲突的,因此,笔者赞同后者的界定。

第二,地方性法规不得抵触上位法的制度是合宪性审查制度的重要前提。对于

---

① 雷磊:“法律规范冲突的逻辑性质”,《法律科学》2016年第6期。

② 参见魏德士:《法理学》,丁晓春、吴越译,法律出版社2013年版,第65页。

③ 参见魏德士:《法理学》,丁晓春、吴越译,法律出版社2013年版,第118页。

④ Hans Kelsen.Reine Rechtslehre. 2. Aufl. Leipzig/Wien: Deuticke,1960.

⑤ Hans Kelsen. Allgemeine Theorie der Normen. hrsg. v. Kurt Ringhofer und Robert Walter. Wien: Manzsche Verlags-und Unversit? tsbuchhandlung,1979.

合宪性审查的概念和外延，目前尚未达成共识。有观点认为，所谓合宪性审查，就是特定主体按照法定的程序和方式，对有关规范性文件是否符合宪法进行审查并作出判断的行为和制度，是一种事后纠偏行动，是违宪审查更容易为我们所接受的另一种表述方式[①]；也有观点主张，合宪性审查与宪法监督的含义相同[②]；还有观点提出，合宪性审查还可以包括立法过程中对法律草案做出的是否合宪的审查。[③]但是，合宪性审查旨在实现的目的之一，就是保障地方性法规不抵触上位法，维护国家法制的统一。于此，地方性法规不得抵触上位法这一制度，包含于合宪性审查的运行之中。

第三，判断地方性法规是否抵触上位法的主要途径是备案审查。备案审查制度是一项获得法律明确承认，并处于实践之中的旨在维护国家法制统一的制度。它其中的一项内容就是，全国人大常委会审查地方性法规，以鉴定其是否与上位法相抵触，并依据结果做出处理。有学者根据我国目前对此项制度的运用实践，称之为我国准违宪审查制度的表现形式之一。[④]这表明，备案审查制度的运行对实现地方性法规不抵触上位法的目的具有重要作用。

（三）地方性法规不得"抵触"上位法所承担的宪法功能

那么，地方性法规不得抵触上位法这一制度目的实现的作用和政治意义是什么？这可以从我国宪法规定中找到答案。著名的学者型政治家K.C.惠尔根据政府权力在全国行使的全国性政府和仅在国家部分地区行使的区域性政府之间的分配方法，将宪法分为联邦的和单一的两种类型。所谓单一宪法，是针对立法机关和国内其他法律制定机关之间的关系而言的。具体是指，全国立法机关是国内最高的法律制定机构，它可以决定地方立法机关存在并行使立法权力，但是在法律上它也有权否定后者。地方立法机关的权力则从属于全国立法机关的权力。[⑤]无疑，我国宪法属于单一宪法。

在我国单一宪法下，地方立法机关制定的法，必须与全国立法机关制定的法不相抵触，才能维护全国立法机关的立法权威，保障我国宪法体制稳定运行。而地方性法规不得与上位法相抵触标准的设置，就是国家为了实现上述功能而建构的重要制度之一。

---

① 苗连营："合宪性审查的制度雏形及其展开"，《法学评论》2018年第6期。

② 刘松山："备案审查、合宪性审查和宪法监督需要研究解决的若干重要问题"，《中国法律评论》2018年第4期。

③ 邢斌文："论立法过程中法律草案合宪性的判断标准"，《政治与法律》2018年第11期。

④ 参见程洁："中国的准违宪审查制度初探"，《政法论坛》2018年第3期。

⑤ 参见K.C.惠尔：《现代宪法》，翟小波译，法律出版社2006年版，第18-21页。

二、现有地方性法规抵触上位法标准的主要表现形式

自地方获得制定地方性法规的权力并开始立法实践以后,全国人大常委会在审查其是否与上位法相抵触的过程中,逐渐探索、总结出一些判断标准。考察、总结全国人大常委会的审查实践,主要表现为以下三种形式。

(一)超越地方立法权限

立法权的行使需要遵循的首要原则是法律保留原则,其重要功能是对那些对公民基本权利和国家基本制度有重要影响的事项坚持全国统一标准。具体来讲,我国《宪法》《立法法》《地方组织法》等宪法性法律,明确规定地方立法权的行使范围。其中,根据《立法法》第八条和第九条的规定,地方立法机关无权对法律绝对保留和相对保留的事项制定地方性法规,《地方组织法》则规定了地方国家权力机关的职权范围。

地方立法机关超越规定范围行使立法权,就是违反了法律,抵触了上位法。在实践中,地方立法机关入侵国家专属立法事项,无疑构成抵触。例如,福建省人大常委会1984年颁布的《福建省普及初等义务教育暂行条例》第五条规定:"阻挠女学龄儿童入学的父母(抚养人),情节恶劣构成犯罪的,按虐待妇女、儿童罪论处。"但犯罪和刑罚问题属于法律绝对保留事项,这项规定因侵犯了《宪法》规定的国家专属立法权而于1988年被废止。再如,1997年,全国人大法律委员会在对备案的地方性法规进行审查时发现,某省人大常委会地区工作委员会工作条例超越了法律规定的地方立法机关的职权范围。条例规定,省人大常委会可以决定撤销人民法院、人民检察院分院不适当的决定。这项规定超越了地方组织法规定的地方人大的职权范围①,属于本文所探讨的抵触的情形。

虽然上述立法现象主要发生在我国地方国家权力机关获得立法权初期,立法能力相对不足,随着地方立法主体的认识和能力的提高,这种立法现象越来越少。但是地方立法机关不得僭越中央专属立法事项的原则作为一条红线,依然必须予以重视和维护。

(二)限缩上位法规定的禁止性行为的范围

中央赋予地方国家权力机关以立法权的目的是,在保证国家法制统一前提下,充

---

① 蔡定剑:"法律冲突及其解决的途径",《中国法学》1999年第3期。

分发挥地方性法规实施性、补充性、探索性功能。[①]为此,地方立法机关制定地方性法规的首要考虑是贯彻落实上位法规定的内容和精神。但在实践中,地方为了维护本地区的利益,时常通过限缩上位法所规定的禁止性行为的范围,以达到某些不法目的。

这方面的问题主要表现在环境保护立法领域,其典型是《甘肃祁连山国家级自然保护区管理条例》的制定和修订。经过三次修订,这件地方性法规的部分内容始终与国务院制定的《中华人民共和国自然保护区条例》不一致,而受到中办国办的通报。它将国家规定的10类禁止性行为缩减为3类,而这3类都是基本已经得到控制的行为,其他7类则是发生频繁且破坏环境严重的事项。[②]通报使用的表述虽然是"不一致",实质上就是抵触。

地方环境立法领域出现这种现象,全国人大常委会对生态领域地方性法规进行专项审查研究后发现,有的地方性法规对上位法规定的10类禁止性活动完全没有作出规定,或对绝大多数禁止性活动没有作出规定,还有的地方性法规对禁止性活动表述模糊等与上位法规定不一致的情形。[③]地方性法规限缩、缩减上位法规定的禁止性行为的范围,不仅与上位法的具体规定相抵触,而且与上位法的精神和立法目的相抵触。

(三)增加上位法未规定的不利后果

增加上位法未规定的不利后果是指,地方立法机关制定地方法规时扩大上位法规定的对公民科以义务或不利后果的条件,即变更有权主体行使制裁权或强制权条件,加重公民所承担义务的分量或扩大其范围,或者新设条件、范围,减损上位法所赋予公民的权利。这条标准主要由人民法院在审判实践中予以归纳和发展,全国人大常委会在地方立法机关关于立法问题的询问答复和备案审查中也予以适用。

早在20世纪90年代,这条标准就通过人民法院的司法解释得到体现。有的地方为加强渔业管理制定地方性法规规定,违反法规规定的,执法机关可以没收渔船。而《中华人民共和国渔业法》明确规定,违反法律规定的,没收渔具。显然,渔船并非公认的渔具,地方立法允许没收渔船就是擅自扩大了上位法设定的行政处罚的范围。[④]

---

① 栗战书:"推动地方立法工作与时代同步伐与改革同频率与实践同发展",http://www.xinhuanet.com/politics/2018-09/15/c_1123435661.htm,访问日期:2019年5月24日。

② "中办国办就甘肃祁连山国家级自然保护区生态环境问题发出通报",《人民日报》2017年7月21日第1版。

③ 杨维汉、陈菲:"祁连山环境问题通报后,地方生态法规'大清理'",《中国人大》2017年12月5日。

④ 参见顾昂然、肖扬:《中华人民共和国司法解释总览》,法制出版社1996年版,第871页。

2004年,最高人民法院出台的《关于审理行政案件适用法律规范问题的座谈会纪要》(法〔2004〕96号)明确指出,下位法以参照、准用等方式扩大或者限缩上位法规定的义务或者义务主体的范围、性质或者条件,属于立法抵触情形。这表明,人民法院在判断是否将地方性法规作为审理依据时,已经将这条标准作为重要考量因素。

全国人大常委会在答复地方立法机关有关问题,以及在对地方性法规的备案审查过程中,也对这条标准有所运用。在减损公民权利方面,例如《野生动物保护法》规定,驯养繁殖"国家重点保护野生动物"应当取得许可证,而某省关于《野生动物保护法》的实施办法扩大上位法规定的范围,规定省级重点保护野生动物和非重点保护野生动物也要取得许可证。对此,全国人大常委会法工委认为,这一规定增加了上位法没有规定的义务,属于立法抵触,予以否定。①最近的一个案例是,一位杭州市居民对《杭州市道路交通安全管理条例》向全国人大常委会提出审查建议,认为该法规在法律规定之外增设"扣留非机动车并托运回原籍"的行政强制措施与上位法相抵触。经过全国人大常委会法工委的要求,制定机关已经做出修改。②这表明,最高立法机关认为这种情形属于地方性法规抵触上位法的范围。

综上来看,地方立法机关制定地方性法规增加上位法未规定的公民所承担的不利后果的标准,已经在实践中达成共识,并且得到熟练运用。

三、地方性法规抵触上位法标准存在的问题

上述标准为判断地方立法是否与上位法相抵触提供了依据。但是不仅这些标准自身存在一些不可忽视的问题,而且随着社会经济各方面的发展,它们也难以适应社会的变迁。具体来讲,目前地方性法规抵触上位法的标准主要存在以下几个问题。

(一)未能完全涵盖实践中出现的问题

前述标准存在的问题之一体现在,未能有效解决地方立法实践所遇到的问题,集中表现在地方性法规与上位法具体条文、上位法立法精神和原则之间关系的判断方

① 参见全国人大常委会法制工作委员会编:《法律询问答复(2000—2005)》,中国民主法制出版社2006年版,第103页。

② 参见杨维汉、陈菲:"一辆电动自行车牵动全国人大常委会",http://www.xinhuanet.com//politics/2017-02/26/c_1120531540.htm,访问日期:2018年12月12日;沈春耀:"全国人民代表大会常务委员会法制工作委员会关于十二届全国人大以来暨2017年备案审查工作情况的报告",http://www.npc.gov.cn/npc/xinwen/2017-12/27/content_2035723.htm,访问日期:2018年12月12日。

面。这主要体现在两个方面。一是地方性法规扩大上位法规定的权利范围。如《大连市法律援助条例》扩大了国务院《法律援助条例》所规定的援助范围，将工伤、环境污染、食品药品安全等造成的人身伤害列入法律援助的范围。在这种情形下，地方性法规的规定虽然与上位法的具体条文不同，但是与上位法的立法目的和精神是相同的，因而不宜据此将地方性法规判断为与上位法相抵触。在这一方面，似乎只要地方性法规遵守法律保留原则，尊重中央专属立法权，则适宜做出不抵触的判断。

争议的焦点主要在于第二方面，即地方性法规增加了上位法未规定的处罚等不利后果，增加公民义务。例如，《三明市城市市容和环境卫生管理条例》规定，对一些影响环境卫生的行为，处以100元以上500元以下罚款，而《福建省城市市容和环境卫生管理办法》则规定对这些行为处以10元至50元罚款。很明显，下位法与上位法的具体条文相抵触，却又与上位法治理城市环境的立法精神和目的相一致。面对这样的情形，有观点明确提出，应该恪守严格形式主义立场，判定其为抵触。而立法实践中，福建省人大常委会则基于现实合理性批准了这件地方性法规。[①]是否可以由此推断，福建省人大常委会并不认为这种情形是抵触？

关于这方面的问题，地方立法实践中的另一种典型表现形式是，在上位法仅规定义务性规范，但未作出相应处罚规范的情况下，地方性法规能否自行增加行政处罚规范？根据我国《行政处罚法》[②]和全国人大常委会法工委国家法行政法室对其的释义来看，地方性法规不得自行增加公民义务。[③]而实践中，地方人大常委会则认为，上位法并没有规定对相应行为的处罚，也没有规定处罚的种类和幅度，因而这种情形不属于抵触。[④]其中存在的分歧，自然可见。

由此可见，现有地方性法规抵触上位法的标准，并未为立法实践提供确定的依据，并且似乎与实践中的做法相矛盾。因而亟须转换思路，重新划定抵触标准，以更好地指导立法。

（二）难以适应地方立法机关面临的现实立法需求

按照上述地方性法规抵触上位法的判断标准，类似前述《三明市城市市容和环境

---

① 程庆栋："执行性立法'抵触'的判定标准及其应用方法"，《华东政法大学学报》2017年第5期。

② 《中华人民共和国行政处罚法》第十一条规定，法律、行政法规对违法行为已经作出行政处罚规定，地方性法规需要作出具体规定的，必须在法律、行政法规规定的给予行政处罚的行为、种类和幅度的范围内规定。

③ 全国人大常委会法工委国家法行政法室编：《〈中华人民共和国行政处罚法〉释义》，法律出版社1996年版，第28页。

④ 蔡定剑："法律冲突及其解决的途径"，《中国法学》1999年第3期。

卫生管理条例》关于行政处罚的规定与上位法的关系,就属于抵触。然而,无论是根据国家赋予地方立法权的初衷和目的,还是基于社会现实需求,都不宜判断其为抵触。

赋予地方立法权的目的是发挥地方积极性,更好地实现社会治理,这是早已达成共识的。其中最经典的是彭真的表述:"我们国家大,民族多,各地政治、经济、文化发展不平衡。因此,一切都由中央制定、颁布,并且规定得很死,全国一刀切,那就很难适应千差万别的具体情况,不是挂一漏万,就是主观主义,实践证明不行。"[①]而从社会现实来看,福建省人大常委会批准三明市地方性法规的重要理由是现实合理性。[②]一如有观点指出的,我国许多上位法都是多年前制定的,对于现在而言,对违法行为所设定的处罚责任已经远远低于违法所获得的收益,这在经济发达地区表现得更为明显。在这种背景下,严格按照内容已经滞后的上位法,地方治理效果将会大打折扣。[③]由此可知,法律的全国普遍适用性与我国各地情况特殊性之间的矛盾,加之地方性法规所承载的功能,要求地方立法主体制定更加符合当地实际,能获得良好实效的地方性法规。

此外,2015年修订后的《立法法》新增的内容,也为地方性法规提供了更加富足的立法余地。根据《立法法》第八十条和八十二条的规定,该法仅对规章设定减损公民、法人和其他组织权利或者增加其义务的权力做了限制,而对地方性法规则没有此种限制性规定。

由上可知,地方立法主体制定地方性法规的社会现实、立法环境的改变,以及宪法性法律赋予的充足立法余地表明,现有的抵触标准难以适应社会实际,且不利于地方有效运用国家权力,更好地治理社会。

(三)未能完整体现制度的功能和意义

表面上看,科学的标准应当是明确、客观的,具有指导实践的功能,同时彰显着特定的价值导向。通过标准的制定和运用,向公众传递一种价值导向,并让公众认识到这种价值,从而予以维护和尊重,才能充分发挥标准的作用。

对于我国单一制结构下的地方性法规不得与上位法相抵触的制度而言,其旨在守护并传递的价值导向很明确,即在保障发挥地方积极性和主动性的前提下,维护法

---

① 彭真:《论新时期的社会主义民主与法制建设》,中央文献出版社1988年版,第60页。

② 程庆栋:"执行性立法'抵触'的判定标准及其应用方法",《华东政法大学学报》2017年第5期。

③ 谢勇:"全面深化改革需要细心谋划'配套安排'和'梯次推进'",载中共中央组织部干部教育局、中共中央党校教务部编《武装头脑、指导实践、推动工作》,党建读物出版社2014年版,第287—288页。

制统一和中央立法的权威。与之相对应,标准的设置也必须与这种价值导向相一致,否则,标准的功能和作用在制度实施过程中就会产生南辕北辙的效果。重要的是,这会严重影响不抵触制度在公众心中所留下的观念。因为人们对某一事物的认识能力并不是与生俱来的,也不是独立于一切的世界,其认知世界是在认知者与其环境间的结构耦合史中生成的关系域,也就是说,人们对事物所形成的认知世界是生成的,不是天生的。①

以此来考查上述标准可以发现,它们在维护法制统一和中央立法权威方面有余,而在保障地方发挥积极性和主动性方面则稍显补足,这就不利于地方立法机关发挥职能作用,提高治理能力。

四、地方性法规抵触上位法标准重构之尝试

判断地方性法规抵触上位法的前提是,它与上位法就同一事项共同做了规定,即上下级规范之间出现积极竞合的情形。否则,抵触就无从谈起。结合前文的论述可知,地方性法规与上位法的关系,不仅是我国中央与地方关系的反映,而且集中表现为中央与地方对不同事项行使立法权的权限划分问题。因此,地方性法规抵触上位法标准的设定,应该遵从并有利于践行宪法赋予地方立法权的初衷。即就建立什么样的审查标准而言,不宜只注重这项制度承载的某一功能和价值,而应该在多种价值之间寻求平衡,从而实现宪法的规定和精神。

(一)全国人大常委会应该审查地方性法规的合法性

在重新界定地方性法规是否抵触上位法的标准之前,亟须澄清的一个问题是全国人大常委会有权审查的是地方性法规的合法性还是适当性。这关涉我国的政治体制和背后的法理问题。第一,在我国,全国人大常委会与地方人大常委会是监督与被监督、指导与被指导的关系。而根据我国《宪法》和《立法法》的规定,只有具有领导关系的上下级国家机关之间,或全国人大与其常设机关之间才存在上级国家机关审查下级立法是否适当的问题。例如,国务院审查其部门制定的规章是否适当。因此,全国人大常委会不适宜对地方性法规的适当性进行审查,否则,将会违背我国宪法规定的体制和精神,而且《立法法》所规定的改变与撤销背后所蕴含的价值也会

① F. 瓦雷拉、E. 汤普森、E. 罗施:《具身心智:认知科学和人类经验》,李恒威、李恒熙、王球等译,浙江大学出版社2010年版,第8页;武建峰:“认知生成主义的认识论问题”,《学术交流》2017年第5期。

受到减损。

第二,在实施宪法规定和宪法精神方面,地方人大及其常委会尤其是省级人大及其常委会,具有和全国人大及其常委会同等重要的地位,也即宪法在中央的实施和在地方的实施具有同等重要的作用,没有各地对宪法的实施,宪法在中央的实施以及实行依法治国就会失去基础。[①]因此,地方人大及其常委会发挥积极性和主动性,制定地方性法规正是对宪法规定和精神的积极实施。除此之外,地方性法规是作为代议机关的地方人大及其常委会所制定的,而地方人大及其常委会的组成人员更了解本行政区域的社会经济状况,因而更能正确地反映地方人民的利益和需求,从而代表了本行政区域人民的意志,具有民意的支撑。而按照全国人大常委会的意见,"不适当"意味着不合理、不公平,包括要求公民、法人和其他组织履行的义务与其所享有的权利明显不平衡,以及对某种行为的处罚与该行为所应承担的责任明显不平衡等情况。[②]由此可知,全国人大及其常委会审查地方性法规的适当性显然超出了其职权范围,影响了地方民意机关对本行政区域利益和需求的判断。对此,日本宪法学家芦部信喜认为,从地方立法是民主性立法而言,地方立法机关可以制定不超过本行政区域利害的限制财产权等立法。[③]

第三,从地方性法规的合法性来源以及其被全国人大常委会撤销后失去效力的法律后果来看,全国人大常委会只宜审查其合法性。法律的合法性控制对社会秩序和法秩序的稳定和整合起着十分关键的作用,其发挥作用的前提是,法是合法有效的。这就涉及如何使法律有效,也即法的合法性从何而来的问题。对地方性法规也是如此,即地方性法规的合法性来源是什么。根据凯尔森的规范理论,我们之所以说一件地方性法规属于法律体系的组成部分,是因为其是根据上位法规定的程序制定的,因而是合法的,即上位法的授权赋予了地方性法规效力。在一件地方性法规被其他有权机关排除在法律体系外之前,其效力是恒定的。而有效力是法存在的方式,无效即意味着法不存在。根据规范效力等级理论,上述逻辑预设了法律体系统一性的要求。

因此,在维护法制统一的角度上,全国人大常委会对地方性法规的审查只能是合法性审查。但衡量地方性法规是否合法之"法"与衡量人的行为是否合法之"法"是不

① 刘松山:"地方人大及其常委会保证宪法实施的地位和作用",《法学论坛》2009年第3期。

② 武增主编:《中华人民共和国立法法解读》,中国法制出版社2015年版,第337页。

③ [日]芦部信喜:《宪法(第三版)》,林来梵、凌维慈、龙绚丽译,北京大学出版社2006年版,第324页。

同的。后者所指主要是实证法或实在法，而前者则不然，其超越了一般所指的法，侧重所指的往往是人们内心的价值观念，特别是其中的道德观念和政治社会理想。[①]也就是说，全国人大常委会对地方性法规是否合法的审查，首先指的是用高位阶的法(中央立法)评价低位阶的法(地方性法规)，但并不限于实在法，而更多的是指应然法或理想的法，但不是要对其内容的实质是否合理、正确和是否合于实际、合乎公理等作出评价，更不是对其立法动机进行审察，看它是否有恶意。[②]

(二)全国人大常委会在审查地方性法规是否抵触上位法时注意的几个问题

第一，原则上有利于地方发挥主动性、积极性。

我国现行《宪法》第三条第四款明确规定："中央和地方的国家机构职权的划分，遵循在中央的统一领导下，充分发挥地方的主动性、积极性的原则。"彭真在《关于中华人民共和国宪法修改草案的说明》中，对《宪法》这条规定的初衷给出的解释是："根据发挥中央和地方两个积极性的原则，规定中央和地方适当分权……加强了地方的职权，肯定了省、自治区、直辖市人大和它的常委会有权制定和颁布地方性法规……这样规定，有利于各地因地制宜，发挥主动性、积极性，加速整个国家的建设。"[③]之后，《立法法》的制定和修改都在践行《宪法》的这一原则和精神，逐渐扩大地方立法权。这充分表明，赋予地方立法权是发挥地方主动性和积极性的重要方式，地方行使地方性法规制定权，是履行《宪法》和《地方组织法》赋予其保证宪法实施职权的重要方式。因此，全国人大常委会在判断地方性法规是否抵触上位法时，应该以能否有利于发挥地方积极性和主动性为斟酌考量的因素。

充分发挥地方主动性、积极性的关键是处理好它与中央统一领导的关系，表现在制定地方性法规方面，就意味着要遵守不抵触上位法的底线。但全国人大常委会在判断何为抵触时，不能一刀切，而应该根据国家发展，社会发展实际和地方立法实际，有一定的倾斜态度，以保障中央统一领导和地方主动性、积极性的发挥之间处于真正的平衡，避免出现压制一方、突出另一方的现象，尤其是容易导致抑制地方主动性、积极性的发挥的后果。在赋予地方立法权的情况下，如果严格按照规范文义判断是否与上位法相抵触，不仅容易抑制地方治理积极性和自主性的发挥，而且宪法的规定会因形同虚设而失去意义，从而导致减损宪法权威的后果。

---

① 严存生："法的合法性问题研究"，《法律科学》2002年第3期。

② 严存生："法的合法性问题研究"，《法律科学》2002年第3期。

③ 彭真：《论新时期的社会主义民主与法制建设》，中央文献出版社1988年版，第113页。

目前,我国仍然处于不断改革的过程中,许多事项该如何规范需要逐步摸索,同时社会发展对地方立法的要求越来越高,亟须地方发挥积极性和主动性提高社会治理的能力,为中央决策提供经验。[①]

第二,形式上尊重中央专属立法事项。

地方性法规与上位法相抵触本质上意味着地方立法权的行使侵犯了中央立法权,破坏了法制统一。《宪法》和《立法法》规定中央专属立法权,明确中央专属立法事项的范围,作为保证单一制国家结构形式和维护中央立法权威,保障法制统一的底线。这看似是对地方立法权的行使进行了限定,实质上是为地方立法权的行使赋予了更大的自主权,也就是说,地方尊重中央专属立法权是维护法制统一的底线,是全国人大常委会审查地方性法规是否抵触上位法的首要标准。

所谓中央专属立法事项,是指针对特定事项的立法权只能由全国人大及其常委会行使。特定事项的种类由《立法法》根据《宪法》的规定和精神予以完整、具体的划定。可以明确的是,中央专属立法事项的确定,固然是为了维护中央的权威和国家法制的统一,但客观上也为地方行使立法权划定了较大空间,有利于各地方从本地具体情况和实际需要出发,调动立法的主动性和积极性,更好地依法管理好地方事务。这也是确定中央专属立法事项时所遵循的原则之一。[②]其遵循的另一重要原则是人民主权原则,即通过将限制、影响人民基本权利的立法权限制在中央,保证人民的基本权利能始终掌握在人民手中。这反映在中央和地方的立法问题上,就表现为属于中央的立法事项,地方不得制定。

而中央专属立法权的确定,同时意味着《宪法》和《立法法》对中央和地方立法权分别能予以规范的事项作了划分。中央专属立法事项范围外的,可以推定为属于地方可以进行立法的事项,则地方立法主体基于《宪法》和《立法法》赋予的立法权,享有独立自主的地方性法规制定权,不需要上位法的明文授权。因此,地方在尊重中央专属立法权的前提下,对某一事项制定地方性法规予以规范,在形式上并不造成超越地方立法权限的后果。否则,就构成抵触。例如,某省根据刑事诉讼法制定实施办法,将监视居住做了适度调整,就因省级立法主体对司法制度没有立法权限,侵犯了遵守中央专属立法事项,而被认定为抵触宪法和法律。[③]实践中,地方立法主体也经常用

---

① 参见"人民网评:更好发挥中央和地方两个积极性",http://opinion.people.com.cn/n1/2018/0301/c1003-29841981.html,访问日期:2019年2月19日。

② 参见乔晓阳:《中华人民共和国立法法讲话(修订版)》,中国民主法制出版社2008年版,第52—53页。

③ 张春生、秦前红、张翔:"推进合宪性审查　加强宪法实施监督",《中国法律评论》2018年第4期。

这一理由反驳全国人大常委会对地方性法规抵触上位法的认定。[①]

综上所述,全国人大常委会在审查地方性法规是否抵触上位法时,都应该以地方立法主体是否违背中央专属立法权为审查的首要内容。

第三,实质上保障地方立法空间。

党的十八届三中全会提出,要"推进国家治理体系和治理能力现代化"。而实现国家治理体系和治理能力现代化的主要内容是:"使国家治理者善于运用法治思维和法律制度治理国家,从而把中国特色社会主义各方面的制度优势转化为治理国家的效能。"[②]对于享有地方立法权的主体来说,充分发挥积极性和主动性,通过制定地方性法规,将当地事务纳入法治轨道,是推进治理体系和治理能力现代化的重要方式。而全国人大常委会对地方性法规审查的实质性标准,决定了地方治理本地事务的立法空间。

实践中,全国人大常委会审查地方性法规是否抵触上位法时,审查的范围和程度问题主要集中在具体条文的实质审查方面。这一做法得到理论界不少人的支持。例如,有的观点认为,全国人大常委会不宜就地方立法的适当性进行审查;[③]有的观点则提出,在区分不同类型地方立法的前提下,需要对比地方立法具体条文与上位法具体条文对同一事项制定的规范内容,最终以形式主义的立场作出判断。[④]

事实上,考察其他国家和地区有关地方立法与中央立法关系的大致情形可以得知,一旦地方立法逾越了中央立法的授权范围,则因抵触中央立法而无效。而在地方与中央相竞合的立法中,则需进一步视情形而定,即不同的情形对其审查的密度不同,并不存在单一、不变的审查程度。这从同样实行单一制的日本对地方立法是否抵触中央立法审查密度的历史变迁中,可以汲取经验。基于社会的发展导致的社会问题的涌现,日本地方条例是否违反上位法的判断标准经历了从"法律先占理论"到"最低国法理论"的变迁。[⑤]法律先占理论的基本主张是,当某一事项已经由国家法制定规范,也即先占后,则地方自治团体在没有该国家法明文授权的情形下,就不得对同

---

① 蔡定剑:"法律冲突及其解决的途径",《中国法学》1999年第3期。

② "人民网评:打造国家治理体系和治理能力的现代化引擎",http://opinion.people.com.cn/n1/2018/0313/c1003-29865389.html,访问日期:2019年2月23日。

③ 刘松山:"备案审查、合宪性审查和宪法监督需要研究解决的若干重要问题",《中国法律评论》2018年第4期。

④ 参见程庆栋:"执行性立法'抵触'的判定标准及其应用方法",《华东政法大学学报》2017年第5期。

⑤ 陈鹏:"日本地方立法的范围与界限及其对我国的启示",《法学评论》2017年第6期。

一事项有制定条例的权限。这种判断标准因忽视地方立法主体的自主性和社会实际状况而遭受批判,并予以修正。修正后的理论,把中央立法分为“管制限度法律”和“最低基准法律”,区分中央立法的不同情形,进而判断地方立法是否与之相抵触。这意味着对地方立法的判定从形式转向实质,而不再僵化。

目前,我国发展迅速,但各地发展又不平衡,导致各地方面临的社会问题千差万别。因而面对统一的中央立法,不同的地方立法主体需要针对当地的实际情况制定出各不相同的地方性法规,以期达到更好的治理效果。面对这样的地方立法环境,我们在确立地方性法规是否抵触上位法的标准时,应该以提升地方治理能力、实现良好治理效果为主要考量。

五、地方性法规对上位法的变通处理机制

前文提到的地方性法规与其上位法之间产生的抵触问题,以及地方立法机关面对全国人大常委会处理意见的消极态度,其折射的问题是地方立法机关在本行政区域的实际立法需求和不抵触上位法现实之间矛盾的纠结心态。因此,结合上文所确立的处理标准,亟须立足我国现有制度,转换解决问题的方向,不仅要细化抵触标准,同时也要探索解决问题的具体途径。

(一)变通处理机制的基础:法制统一的复杂性

法制统一是我国立法权配置和行使的底线,这是由我国的政治体制和单一制国家结构形式所决定的。我国《宪法》第五条明确规定,国家维护社会主义法制的统一和尊严。有学者认为所谓法制统一,主要是指法治意义上的一致性或共同性,是指国家将法治确定为治国理政的基本方略,并通过严密的法律体系来安排国家的重要制度体系,依法实施治国理政行为,达到立法、司法、执法以及法律监督行为基本一致的状态。[①]同时国家设置不同的制度来保障法制统一,比如备案审查制度、合宪性审查制度等。

但是,我们不应该简单、机械地理解法制统一。无论是追溯我国历史,还是考察我国当下的具体实践,我国的法制统一从来都不是绝对的,而是相对而言的。从我国的历史经验而言,建立在农耕群体和游牧群体差别之上的中原治理体系,必然是多元治理,并且采取多种手段维持内部的均衡关系。因此,这种文化的差异决定了内部秩

---

① 王作全:“论我国法制统一的内涵、价值及实现途径”,《内蒙古社会科学(汉文版)》2012年第1期。

序上的超级复杂性。[①]

而我国各地域的特殊情况和相互之间的复杂关系一直延续并深化至今。根据实际需要,在遵守一些基本原则的前提下,国家赋予一些地方以立法变通权。在我国,立法变通权是指,部分地方的立法机关根据全国人大及其常委会和法律行政法规的授权,对上位法的内容进行变通,制定仅适用于本行政区域的法的权力,解决地方立法科学性与国家法制统一的矛盾。根据《立法法》的规定,目前我国立法变通权主要包括民族自治地方立法变通权和经济特区立法变通权。根据《立法法》第七十四条和第九十条的规定,经济特区所在地的省、市的人大及其常委会可以根据全国人大的授权决定,制定经济特区法规,并可以对法律、行政法规、地方性法规作出变通规定,在经济特区适用。同样地,根据《立法法》第七十五条的规定,自治条例和单行条例可以对法律和行政法规的规定作出变通,但不得违背法律或者行政法规的基本原则。而《刑法》第九十条关于省级人大针对民族自治地方适用《刑法》问题制定变通规定或者补充规定,就是《立法法》第七十五条的具体体现,即《刑法》第九十条已经授予了省级人大制定变通或者补充规则的权力。

立法变通权的赋予是基于实际需要,其功能是为地方立法基于现实需要突破中央立法个别、具体规定提供正当性;其性质是地方立法主体享有的一项自主性权力,立法权限明显超出一般地方立法权限。[②]民族自治地方的立法变通权来源于《宪法》赋予的民族自治地方的自治权,其正当性来源于我国《宪法》《立法法》等相关法律的授予,有利于解决民族自治地方的特殊需要和特定问题。除了《宪法》《立法法》的授权外,我国《婚姻法》《民事诉讼法》《收养法》《继承法》《妇女权益保障法》等部门法也对民族自治地方的立法变通权做了相关的授权;一些地方性法规也对此作出授权。而经济特区所在地的人大及其常委会的立法变通权则是全国人大基于改革开放实验性、先行性的现实需求而赋予的。

立法变通权不仅在法律规范上得到了确立,其实践运行的经验也十分丰富。就民族自治地方变通立法权的行使而言,自治条例、单行条例和专门的变通规定,例如《西藏自治区施行〈中华人民共和国婚姻法〉的变通条例》等,都是其行使方式;而对于其变通内容而言,则涉及婚姻、继承、选举等多方面。关于经济特区所在地立法变通权的范围和程度,有学者以深圳市变通类立法为样本研究得出结论:经济特区变通类

① 施展:《枢纽——3000年的中国》,广西师范大学出版社2008年版,导言第4页。

② 宋方青:"突破与规制:中国立法变通权探讨",《厦门大学学报(哲学社会科学版)》2004年第1期。

立法范围涉及政治、经济、文化和生态等方面;变通程度则从整部法规、法规原则的变通到具体条文的变通等各层次。[①]

由上述可知,我国法制统一是包含了复杂性和多样性的统一,而不是地方立法与中央立法始终保持千篇一律、机械照搬的统一。除此之外,立法变通权的设置也是形式平等和实质平等之间辩证关系的体现。具体而言,从形式平等角度而言,立法权的配置在全国各个行政区域内应该是一样的,不应该存在特殊性;但从实质平等而言,我国各行政区域之间的实际情况并不是一样的,其对立法的需求也是不同的,因此,根据不同地方的不同情况和现实需求,赋予其相应的灵活的立法权,是一种更高级的平等。

(二)变通处理机制的实施:上位法制定机关的批准

由于立法变通权来源于中央的赋予,并且与其他地方立法权相比,是一种额外特殊的权力,因此它的行使应受到切实有效的制约和监督,即需要遵循不得违反上位法的基本原则,还需要经过批准、特别的备案等监督程序。因此,变通规定是对上位法的具体规定作出变通,而其他地方立法机关面对符合本行政区域利益和需求,但却抵触上位法的现象,具有与民族自治地方和经济特区所在地享有的立法变通权相类似的一面。这就为我们解决地方性法规违反上位法的具体规定问题,在维护中央立法权威的前提下充分发挥地方的积极性,提供了一个解决问题的思路。

变通规定需要报请上位法的制定机关批准,如果得以批准实行,就相当于由上级立法机关对自己制定的法律规范进行了局部修改。这在我国的立法体制下不仅是切实可行的,而且有同类做法可供借鉴。尤其是近年来,随着我国全面深化改革的进展,国务院设立了多个自贸区。为了发挥立法对改革的引领和推动作用,做到改革依法进行,全国人大常委会授权在自贸区内暂停适用部分法律和行政法规。此外,全国人大常委会还在《人民法院组织法》修改前,通过决定的形式设立了知识产权法院、互联网法院等专门法院。一些设区的市的立法机关制定的地方性法规抵触了省级地方性法规,而省级人大常委会则批准了这些法规。目前,虽然尚无实务部门对此类现象作出权威定性,但应该属于立法变通权的现实案例。

这涉及两方面的问题:一是省级地方性法规抵触了中央立法的规定,但由于它们不需要经过全国人大常委会的批准就可以生效,因此,面对这类立法情形,需要省级

---

① 何家华,高頔:“经济特区立法变通权的变通之道——以深圳市变通类立法为样本的分析”,《河南师范大学学报(哲学社会科学版)》2019年第2期。

立法机关主动申请全国人大常委会批准与上位法相抵触的规范。当全国人大常委会批准后，省级地方性法规与中央立法相抵触的规范条文，可以视为对中央立法的变通规定。对于全国人大常委会的批准决定而言，有学者认为这是立法性决定。所谓立法性决定的基本含义是，全国人大常委会在行使立法权和决定权的过程中制定的有关宪法和法律问题的决定、决议和办法等规范性法律文件的统称，用以进一步规定、解释、修改、补充和确认相关宪法和法律问题，并且指出立法性决定是对法律进行补充、变更和解释的具体的规范性法律文件。[①]因为它由某个现存规则授予立法资格的立法者所制定，而且该规则中未包含任何对立法的限制，就不存在任何会影响这个特定法案的规则。[②]这就意味着全国人大常委会做出的立法性决定也属于一种立法行为，只不过它具有针对特定事项和具体问题的有限适用性，不具有如同法律般的普遍适用性。[③]

二是设区的市的立法机关制定的地方性法规抵触了省级地方性法规，但由于设区的市的立法需要经过省级人大常委会的批准才能生效，而根据《宪法》的规定，省级人大常委会也承担着保证《宪法》实施的职责。因此，如果省级人大常委会批准了设区的市制定的抵触了上位法的地方性法规，也应视为是对省级地方性法规的变通规定和修改。如果涉及中央立法，则省级人大常委会应该申请相应的制定机关审查决定。

然而，上述方式只具有特殊性，是为了克服法律自身的滞后性或缺乏针对性的缺点而做出的策略性安排。随着时间推移，可能越来越多的地方性法规需要对上位法的具体规定进行变通，在此情况下，上位法的制定机关可以对该上位法作出修改，或者由硬性规定调整为弹性规定，由具体规定调整为原则性规定，从而实现法律规范的与时俱进。

五、结 语

我国发展的迅速性、国情的复杂性和地区的差异性决定了我国的法治统一是内涵丰富、形式复杂的统一，不是千篇一律、机械的统一。体现在立法方面就是立法主

---

① 金梦："立法性决定的界定与效力"，《中国法学》2018年第3期。

② ［美］哈特：《法律的概念》（第2版），许家馨、李冠宜译，法律出版社2013年版，第64页。

③ 参见江辉："有关法律问题的决定与法律的区别"，《人大研究》2012年第1期。

体的多元性、立法规范的多层级性和特殊地区立法的灵活变通性。我国《宪法》确立的维护法制统一的价值和追求也是如此。尤其是我国改革开放的持续深入推进,各行政区域实际情况的特殊性也愈发凸显,对地方立法的需求也越来越多样化,应充分发挥法的引领和推动作用,以真实反映和解决本地区的利益和需求,切实解决当地的社会问题。目前,地方立法实践中遇到的地方立法与中央立法相抵触的现象,就集中体现了地方立法需求的特殊性和多样性与中央立法的统一性的矛盾。适时调整抵触的判断标准,同时找到纾解矛盾的通道,不仅有利于解决实际问题,而且有助于推动国家治理体系和治理能力的现代化。

附　录

“设区的市法规审批指导”调研研讨会全程记录

“设区的市法规审批指导”调研研讨会，是依托全国人大常委会法制工作委员会委托课题《省级人大常委会审批、指导设区的市人大及其常委会法规的实践经验、主要问题及对策分析》（协议编号：FGW 20）召开的调研式座谈研讨会，东部9个省份20多个设区的市的立法工作者到会支持、畅谈一线感受。由此，此全程记录客观全面、内容饱满地呈现了《立法法》修改四年以来的市法规审批指导最新的一线实践感受，将之作为课题阶段性成果分享于此。本书“立法动态”部分的“设区的市地方性法规审批指导”专栏中的许迎华、杨慎红、刘立可的三篇文章，正是在会议发言内容基础上扩充润色完善而成，为避免内容重复，三位的发言在此全程记录中仅以提纲缩略呈现。

会议信息

时间：2019年7月5日（星期五）9:00—18:00

地点：杭州新侨饭店

主办：浙江（浙江大学）立法研究院

浙江省法制研究所

浙江大学光华法学院

整理过程

本会议全程记录在专业速录员速录基础上，经课题组成员初步校对后发送与会发言人进行校对确认。收到部分发言人校对反馈后，课题组成员进一步校对统稿，遂成此版。**此版全程记录未经所有与会发言人逐一校对确认反馈。**

全程记录课题组校对人

赵计义，浙江大学光华法学院宪法学与行政法学硕士研究生；

王友健，浙江大学光华法学院宪法学与行政法学博士研究生。

开幕式暨课题情况介绍

主持人:郑磊

郑磊:各位立法工作者、立法研究者,第二届之江立法论坛暨“设区的市法规审批指导”调研研讨会,现在开始。

请允许我代表课题组和主办方,对各位的到来表示感谢和欢迎。这次会议在全国人大法工委的指导下,受到东部各省、各设区的市人大立法工作者的大力支持,从东北黑龙江到华南广东,来自9个省20多个设区的市的省市两级法委、工委立法工作者,以及全国各地学者专家的支持。

请允许我简单介绍一下主席台就座的各位嘉宾,以及来自省外的部分与会代表,他们是:浙江省人大法制委员会主任委员丁祖年,浙江大学光华法学院副院长、浙江立法研究院执行院长郑春燕,全国人大法工委研究室处长胡健,全国人大常委会法工委研究室任才峰;来自各省的嘉宾中,有吉林省人大法制委员会主任委员孙首锋,黑龙江省人大常委会法工委副主任温颖,江西省人大常委会法工委副主任杨润华。

时间关系,我们不一一介绍各位嘉宾。

下面,我们有请丁祖年主任致辞!

致辞人:丁祖年　浙江省人大法制委员会主任委员、浙江省宪法与地方立法研究会会长

丁祖年:胡健处长特意从北京远道赶来,专程对浙江省会议和活动进行指导。今天的活动也是托胡健处长的特别关照,对浙江的厚爱,给我们一个重要的任务,对设区的市立法问题进行专项研究。

浙江省作为经济发展走在全国前列的省份,也是改革开放的先行地,中国革命红船起航地和习近平中国特色社会主义思想的重要萌发地之一,很多方面都是在习近平总书记当年在浙江工作期间的带领下,走在全国前列。浙江省地方立法也同样走在全国前列,制定了许多在全国领先的法规,创造了许多先进的立法工作机制方法。浙江除了立法实践走在前列,也要为国家的立法研究和制度完善做出贡献。全国人大法工委一直对浙江高度关注,所以在很多方面都给予了重要的支持,直接指导,这也是我们的荣幸。

这次座谈会能够顺利召开,我也代表省人大法制委、法工委对此表示祝贺。同时,也对来出席本次活动的兄弟省市人大的领导和同行远道而来,提供你们宝贵的建议和智慧,表示衷心的感谢。

我们昨天刚刚开了一个宪法与地方立法研究会议,换届选举,昨天大家都已经议到,浙江省立法研究要立好标杆,着眼于全国视角,进一步提高研究的水平。今天的内容也是研究会论坛之一,体现出研究会的新气象。

设区的市立法是我国立法体系里非常重要的组成部分,特别在2015年全国人大通过修改《立法法》正式确认全面赋予所有设区的市立法权后,设区的市已经开始履行这方面责任了。从目前来看,这方面立法应该说呈现了非常可喜的景象。这个景象表现在两个方面,一个是立法数量上已有一大批法规成果,在引领推动保障当地的改革、发展、稳定和解决当地人民群众普遍关注的问题方面,初步显示出它特有的作用,这也是党中央作出这样一个重大改革的初衷。另一个是设区的市的立法特有的工作机制已初步形成,省人大常委会审查批准的日趋制度化规范化。但是,设区的市的立法中也遇到了许多问题,例如立法事项的理解和把握、立法精准化精细化精干化的问题、对立法同质化雷同化现象的认识问题、省人大常委会审查批准制度的性质和规范问题、设区的市立法权完整性保障问题,等等。所以现在开展这方面研究是非常及时和必要的,既是实践的需要,也是立法理论完善深化的需要。这次研究的题目非常有针对性、及时性,非常有价值。

我衷心希望与会同志能够畅所欲言,把你们的成果、建议、智慧提供出来,为下一步这方面研究成果进一步提升,特别是将全国人大交办我们的课题尽可能做到最好的水准,做出应有贡献。

最后,预祝论坛圆满成功,预祝大家在杭州生活愉快,工作顺利。

我就讲到这儿,谢谢!

主持人:感谢丁主任的致辞,接下来有请郑春燕教授代表主办方致辞。

致辞人:郑春燕　浙江大学光华法学院副院长、浙江(浙江大学)立法研究院执行院长

郑春燕:谢谢各位嘉宾,各位领导,浙大光华法学院在社会各界的关心和支持下,近几年来取得了长足的发展和进步。最近的2019年QS世界大学学科排名,法学院已经进入世界百强法学院。按照境内的排序来看,目前是属于境内前五的位置。

法学院在周院长的领导下取得这些成绩的同时,我们一直在思考,浙大法学院还能在哪些领域再取得一些新的突破。刚好当时的省人大常委会党组王书记非常关心立法相关研究推进。于是在和浙江大学主要领导讨论的情况下,我们于2018年2月成立了浙江立法研究院,浙江大学立法研究院,两块牌子一套人马合作办公。

我们成立浙江立法研究院主要的宗旨有两项:一是紧密服务于地方立法。在前期的工作当中,我们的主要服务对象是浙江省人大常委会的立法项目。目前,每年都会有浙江省人大常委会提供当年度重点研究的立法项目议题。我们也在丁主任大力支持下和省哲社规划办公室联合发出了每年不少于5项的省部级地方立法专项课题。在这些课题的研究支持下,我们现在为浙江省"最多跑一次"改革,为《浙江省家庭教育条例》,以及农村集体土地使用权流转机制设计等地方性法规的出台,贡献了立法研究院平台上的学者和实务界代表们的力量和智慧。同时,立法研究院成立以来,也希望带着浙江的经验能够走向全国,所以我们一直期盼能有机会为全国的立法及全国立法研究贡献力量。目前涉足的包括《行政处罚法》的修订,《行政复议法》的修订,以及《民法典》的编纂。特别要介绍一下,《民法典》编纂,全国人大常委会法工委民法室主任多次带队到浙江大学光华法学院,听取关于《民法典》编纂的学界声音和意见。我们期待从地方立法当中提炼出来的智慧,为全国立法质量提升贡献浙江的力量。也特别感谢全国人大常委会法工委、全国人大常委会法工委研究室把"设区的市法规审批指导"这项课题研究,交给浙江省人大常委会,浙江省人大常委会又信赖浙江立法研究院和浙大立法研究院,因此我们请一直在这方面有所研究的郑磊老师领衔了课题的研究。在他们精心的指导下,我们前期做过一次专项调研,现在又邀请到来自全国范围内的学者和人大系统领导,一起就这个课题的研究汇集相关见解。

我们期待接下来的立法研究院工作能够突破目前所有省级课题,或者自主设计的课题主要是省内学者领衔的状态,请今天来到现场的专家学者,有空没空都来参与,希望大家能更多支持浙江立法研究院以及浙大立法研究院将来的工作。今天在场的还有浙江省各设区市一级的人大常委会法工委领导们,他们也有很多地方立法项目需要学界的参与,需要学界的支持。

我的发言就到这里,希望今天研讨会能够得出成果,谢谢。

主持人:感谢两位致辞人。第二届之江立法论坛有一个重要而专列的主题,就是围绕全国人大常委会法工委委托的"设区的市法规审批指导"课题,专门举行集中式的调研研讨会。

接下来,我们进入关于课题情况的介绍阶段。首先请全国人大常委会法工委研究室胡健处长介绍一下课题的情况。

课题情况介绍:胡健　全国人大常委会法工委研究室处长

胡健:首先只能代表我个人感谢浙江人大常委会法工委,感谢浙江大学光华法学院对这次会议大力支持和周到的组织安排。同时特别感谢所有立法人、立法工作者从祖国各地赶到美丽的西子湖畔,共同讨论一个非常重要,同时也是所有立法工作者十分关注的问题。

刚才郑老师大致介绍了课题的背景,我多讲几句课题相关的情况,然后就课题有关想法再向大家汇报。

第一个方面是和大家汇报一下,这些年全国人大常委会,特别全国人大常委会法工委在立法研究中的一些考虑和动向。2019年7月3日,"中国人民代表大会制度理论"研究会召开了年会和换届,栗战书委员长出席了这次会议并发表重要讲话,特别强调要以习近平新时代中国特色社会主义思想为指导,紧跟时代步伐,回应时代要求,增强人大制度理论研究的实践性和时代性。

应该说从十三届全国人大一次会议以来,本届全国人大常委会高度重视人大制度的理论研究,立法的理论研究。栗战书委员长在不同场合都强调要加强立法、宪法等方面的理论研究和储备,讲好人大故事、宪法故事和立法故事。大家也知道分管全国人大常委会法工委的第一副委员长王晨,前段时间也担任了中国法学会会长,充分体现了要把法学研究和立法理论实务相结合的重要动向。特别是王晨副委员长所联系的中国法学会各个研究会,当中他只选择了一家研究会,就是中国立法学研究会,也充分体现了全国人大常委会领导同志对立法研究的重视。法工委这些年的立法工作应该讲也出现了一些新特点,数量是越来越多,节奏是越来越快,难度也是越来越大。为了跟得上新的形势、新的任务、新的要求,按照常委会领导要求必须使立法的理论研究紧紧跟上。

法工委目前主要采取三种途径来加强立法理论方面的研究,为最新立法工作服务:

1.法工委由沈春耀主任亲自倡导,法工委内部工作人员自主对有关问题进行研究。2018年,我们法工委以改革开放40年立法成就的回顾和研究为大的主题,列出了20多个子课题,由法工委自己的工作人员开展研究,在全委范围内进行交流。最近法律出版社也出版了这本书,《我国改革开放40年立法成就概述》,这是自主研究的情况。而且法工委也要求每年初定出了立法理论研究计划,法工委各个室从不同的方面,民法、刑法、行政法,结合热点问题进行研究。7月3日,法工委刚刚开了第一次交流会,许安标副主任专门就法工委内部推动这项工作作出了明确的要求。今年,我们对于行政处罚制度、行政许可制度,对于合宪性审查问题、备案审查工作,对于设区市法规,对于新中国70周年立法回顾和展望都进行了专题的安排,这是法工委内部的研究情况。

2.委托研究。按照常委会领导要求,本届法工委花了很多精力、大力支持立法理论研究,法工委的立法经费还是比较紧张。今年法工委委务会决定拿出立法经费的10%,专题资助重大课题的研究。其中今年列出了四大项目的委托课题,第一项和具体立法工作有关的是《公司法》修改,分别委托清华大学、中国政法大学和中国人民大学有关教授领衔,就《公司法》修改当中重大问题进行研究。我们研究室今年列出了三个重大课题,其中一项就是省级人大常委会审查指导设区的市法规这个课题。除了这项课题之外,还有关于国家区域协调发展战略的法制保障,还有人工智能和大数据立法研究。

我想把刚才提的两项向大家做一个报告,一个是关于国家区域协调发展战略的法制保障,这个课题涉及京津冀发展战略,长三角一体化,还涉及粤港澳大湾区。分别委托了南开大学法学院、上海社科院法学所和中山大学法学院展开研究,目前也在有条不紊地进行当中。关于省级人大常委会审查指导设区市法规这个课题,应该说从全国人大常委会领导同志到法工委具体的领导,包括下面工作人员,也都非常关注这个课题。因为从2015年修改《立法法》,全面赋予所有设区市立法权以来,应该说在各省级人大,省、自治区人大、常委会推动下,设区市的立法工作交出了一份非常亮丽的成绩单。也为地方治理,充分调动地方的积极性和主动性,解决地方经济社会发展当中的重大问题,发挥了非常重要的作用。

但随之而来在审查批准过程当中也出现了一些新的情况和问题,比如说程序如何进行设置,提前介入应该在什么阶段,合法性审查的标准如何来进行确定,各方面都有一些不同的意见。另外,按照《立法法》的规定,四个月之内进行审批。从我们现在所了解的情况来看,超越四个月批准期限的为数不少,所以说需要研究的问题很多,我们就设置了这么一个重大的课题。这个课题影响面应该说是非常广,各省区都在关注这个问题。为了把这个课题的质量做得更好,我们经过领导同意,把这个课题分成东、中、西部三个子课题,分别委托了东部地区法学重镇,浙江大学光华法学院,中部地区委托给了湖南的中南大学法学院,西部地区委托给了西安交大法学院,共同来开展研究。特别强调,要请浙江省人大法工委、湖南省人大法工委和陕西省人大法工委,加强和这三个委托单位的联系、沟通,共同做好这样一个课题,达到委员长提出的增强立法理论研究实践性的重要目的。

3.法工委这几年立法理论研究还有一个很重要的渠道,就是中共中央宣传部成立的国家高端智库。国家高端智库有20多家智库的成员单位,特别是法工委研究室作为国家高端智库的理事单位,可以对外委托一些课题研究。今年结合立法工作的需要,法工委有13项具体的课题委托给了中宣部国家高端智库,分别安排不同的科研院所对这些重要问题进行研究。其中,研究室委托的一项课题是将互联网、大数据和人工智能融入立法工作,推进科学立法、民主立法、依法立法,提高立法质量和效率。这一委托项目目前由中共中央党校、中国政法大学和西南政法大学来承办,也将在今年10月份、11月份左右召开专门的论坛。希望这一系列活动能得到在座各位,特别要得到丁祖年主任和郑院长、郑磊老师的大力支持。也希望通过这一系列理论研究工作,能够推动立法工作,实现习近平总书记在中央全面依法治国委员会第二次会议上,对立法工作提出的新的要求,那就是加快立法步伐,推动重点领域立法,不断提高立法的质量和效率。我是结合法工委,特别全国人大常委会立法理论研究的情况向大家作一个初步的报告。

第二个方面,我个人对于这个课题有一些不成熟的想法。

今年是一个很特殊的年份,今年是赋予省级人大地方立法权40年。1979年6月修改《地方组织法》,赋予了省级人大地方立法权,这应该说是我国立法体制一次深刻的变动。大家也知道改革开放前,我国的立法权高度集中在中央,特别是集中在全国人大及其常委会手中。当时省一级也没有设立常委会,更没有立法权。赋予省级人大立法权,应该来讲是一个重大的立法体制变动。另外,在这40年当中的重大体制变动就是2015年修改《立法法》,赋予所有设区市地方立法权,从较大的市到所有设区市,这应该又是一次重大立法体制变动。40年当中,这两次重大立法体制变动应该说是对立法体制的完善,对充分调动地方积极性和主动性,落实《宪法》所规定的提高地方积极性和主动性的原则,同时为地方治理提供明确的制度依据,都应该发挥重要的作用。

2015年的这次变动赋予设区的市立法权以来,据我们所了解,新获地方立法权的地方立法主体一共274个。最新的数据少了一个,因为2019年2月份山东省莱芜市撤销,合并到了山东省的省会济南市。新增的设区市立法主体目前是273个。这273个主体当中,只有一个地方还没有确定可以行使地方立法权,就是西藏的那曲,西藏那曲撤区设市也是去年的事情,还没有获得立法权。另外据我们了解,还有几个地方没有制定地方性法规,分别是海南的三沙,西藏的山南、那曲,以及云南的三个自治州。除了这几个地方之外,绝大多数设区市都已经开始在行使地方立法权,制定出一大批富有地方特色的地方性法规。同时也在不断完善立法的体制机制,都制定出台了相应地方立法条例,也推动了设区市立法工作取得新的成绩。同时,积累了非常多、非常好的经验。

设区市的立法工作应该从两个层面来看,第一个层面,和省级人大有非常密切的关系。我们现在归纳,今年是确立省级立法权40年,**省级立法机构在整个国家立法体制当中起着承上启下,协调左右的重要地位**。承上,指的是落实国家法律规定,制定实施性地方法规,确保国家法制统一。启下,指的是现在所有省和自治区还承担着指导设区市立法的重要职责。所谓协调左右,就是贯彻落实国家区域协调发展战略,特别是京津冀、长三角和粤港澳大湾区的国家战略。各个省份也加强和周边省份的沟通联系协同,通过地方立法协同来解决跨流域、跨行政区划的生态环境保护等问题,同时促进共同关注、共同关心的事项解决,应该说省级人大常委会所承担的责任非常重大。因此,在设区市法规审批指导过程当中,省级立法机构也是处于非常核心的地位。

对设区的市而言要发挥积极性和主动性,省一级要加强审查指导,这几年也积累了非常多的经验。我想通过今天的研讨,特别是通过郑磊老师设计了一个非常详尽、完善的调查问卷和讨论的提纲,详细梳理了省级人大审查批准设区市过程中的方方面面。特别恳请在座各位立法工作前辈和同事们,能够畅所欲言,贡献大家的智慧,帮助课题形成更加完善的成果。

最后,我们也是希望通过这个课题的研究形成一些具有指导意义的、具有推动意义的规范性文件出来。这样的话,也对于省人大审查指导设区市法规,和设区的市根据省里和国家的要求行使好地方立法权,提供一个更加明确的、更加准确的依据。感谢大家百忙之中专门到杭州参加这个会,也特别期待今天的会能够形成思想上的碰撞,结出丰硕的成果。

谢谢。

主持人(郑磊):好的,谢谢介绍。接着委托方全国人大常委会法工委两位同志关于课题的介绍,作为课题主持人,我就会议的缘起、会议的形式等事宜,向大家报告一些想法。

课题情况介绍:郑磊　课题主持人

首先,感谢全国人大常委会法工委的信任,把这个课题委托给浙江省人大常委会,委托给浙大光华法学院、浙江立法研究院,也感谢这些单位对我本人的信任,由我来牵头、主持课题,向大家学习,提炼大家的经验。当然,也非常感谢来自各省的诸多立法工作者、研究者,虽然我做人大研究,通过授课形式、研讨会论证会形式,经常和全国各省各级人大同志有交流,但一次同时能够见到如此多来自各省市的人大同志,非常荣幸。

课题的全称是**《省级人大常委会审批、指导设区的市人大及其常委会法规的实践经验、主要问题及对策分析》**,如题目所呈现,课题内容应该分为**两大板块三个层次。**

两大板块的话,一个是审批;另外是随着设区市扩容立法之后,审批不够,需要进一步延伸全过程中重点环节的指导发挥作用。这是两个板块。

三个层次的话,一来,总结40年的地方立法,尤其是1987年第一批设区的市获批、30多年较大的市立法,以及2015年设区的市扩容立法4年多以来,已有的经验;二来,同时也提炼问题;三来,更重要的是,提出系统的对策性分析与机制建构。这个课题并不是希望我们做一个天马行空式的理论思辨,而是就各位已有经验进行提炼,有非常明确的对策性研究指向,或者说实践调研面向,因此,调研很重要、很基础。

然而,这个课题又有**两个关键的时间点:**根据委托方要求,12月底时,课题成果能够基本呈现出来;9月份,抓住每年全国地方立法工作座谈会的机会,能够提交一个初步的成果,在座谈会上供大家拍砖。

本来,应该是我带着课题组成员,挨个拜访大家求教经验,估计时间来不及,因此,我们想了一个偷懒的想法,请大家来到杭州,我们进行一次**集中式、一网打尽的调研,**于是,就有了这次研讨会,非常感谢大家的支持。

虽然看到大家参会很荣幸,但调研研讨会这个会怎么开,是个问题。在座各位学者开过很多研讨会,但如此形式的会议,就我本人来说是第一次。这个课题法工委分东、中、西三个板块委托,今天的研讨会是**以东部八九个省份为主的片会。**会议主题本身应该已经非常具体,到会的同志这么多,我们需要**避免这一天就一个具体话题的探讨流于泛泛介绍、简单重复。**

说得形象一点,把大家请来,贡献大家的高见,贡献各地的经验。胡健处长刚才也介绍了,我们在议程后面附了一个**座谈提纲**,在第6页,是在之前初步学习各地经验基础上,以问卷方式进行了梳理,梳理了4大板块、7个方面、43个问题。会议上把问卷提纲简列出来作为这次座谈提纲。围绕这个提纲,建议各位发言人介绍经验的同时,就某些方面,甚至某个方面,结合本省实践,丰富运用事例,有观点、有事例地进行发言。各单元的主持引导人、提问与谈人、自由讨论人,多多在这个过程中发挥穿针引线作用。主持人不仅是主持,还是引导人;评议人,不仅仅是评议,期待更多发挥提问与谈的作用,把发言人在具体方面意犹未尽、意犹未详的地方发掘出来。

座谈提纲详细的依托,是后面所附的调查问卷,这个调查问卷事先发给各位,目前已经收到十多份非常详细的问卷反馈。如果有进一步的反馈,欢迎各位继续提供。我甚至在想,还没有同委托方商量过,是不是以适当形式把这些问卷,如果必要的话可以把作者与单位处理为匿名方式,吸收到课题成果附录里,呈送全国人大法工委领导同志决策参考。

基于这些考虑和前期这些工作,我们以座谈形式举行了今天这次调研研讨会。所谓座谈会,如果范围小的话,议程上发言人都可以不逐一列出了,大家一个个挨着讲下来就好;为了讨论效率和效果,咱们还是简单列了一个议程。当然,发言人远远不限于列在议程里的这些同志,我们各轮座谈会里都专门列了一个环节,请没有来得及发言的同志、需要进一步补充发言的同志继续讨论发言,主持人在主持引导中也欢迎一同贡献高见。

如果一天的交流时间仍然有限,意犹未尽的内容,仍可以在多种衍生平台继续交流。例如,会议材料第31页,作为这次会议的另一个主办方——浙江省法制研究所,也是我们浙大法学院在立法研究方面各类合作平台之一,每年出版年刊《立法前沿》,我们可以基于"设区的市法规审批指导"话题专门组织一个专题,欢迎大家把研讨会上的精彩发言以及未尽思考,向我们赐稿。

同时,为了讨论更好地进行,我们还设了会议群,会议两个层面并线进行:一方面在会场上讨论,语言上未尽的地方、用文字发言传递更准确的,甚至素材资料,可以直接在会议群里共享,以便更好更充分地交流,以便课题组更好求教于大家。

好,这是关于会议缘起与形式事宜向各位报告的内容。

接下来,我们直接进入第一单元的交流。

第一单元

主持引导人:林彦　上海交通大学教务处副处长、教授

林彦:有请孙主任、温主任、杨主任上台讨论。

第一单元正式开始,非常感谢浙江大学光华法学院,还有浙江立法研究院的邀请,特别是郑磊教授的邀请。我是课题组的成员之一,他当时联系我,我觉得这个课题非常有意义,非常渴望加入到这个队伍当中一起去学习和研究。

确实设区市立法权的赋予,就像胡健处长提到,对于地方治理能力的提升和法治建设,特别是立法体系的完善,具有重大的意义。在这个过程当中,这项工作除了以上这些作用之外,对于设区市本身人民代表大会制度的完善,获得立法权之后的赋能也非常明显。与此同时,对于省级人大常委会而言,除了要发挥自己在立法过程当中的作用,为整个法治建设以及立法体系的完善贡献自己力量外,它增加了一个新的职能,或者说立法指导、立法监督职能会比以前担子更重。因此,我们非常荣幸能够请到吉林省、黑龙江省和江西省三个省的法工委领导畅谈这方面经验。

我了解到这三个省份当中,吉林省是一次性的授权,黑龙江和江西是分两批授权。这个体现了地方特色,不同的具体情况。我自己也有一些私心,请三位主任分享经验的时候,除了郑磊教授提供的长长问卷外,我特别感兴趣的有以下几个方面,如果有时间的话也可以给予一些指导。

比如说:在审批过程当中,实际上一个很重要的事情,就是各地立法能力问题。四年之后,我们反思审批的过程,有没有一些值得其他省市,乃至全国人大常委会关注的情况?如何评价立法能力,以及向后看各个地方立法能力,跟它所表现出来真正立法能力之间有没有落差?我自己也注意到,2015年之后,通过省级人大常委会提交给全国人大常委会法工委的有关设区市立法权的一些询问答复不少,大概七八个方面。比如涉及气候资源开发利用,还有市场中介组织的立法等等。

这个程序或者这个请示告诉我们,省级人大监督指导设区市的人大开展立法工作时还是非常谨慎,它并没有把自己当作一个终审的机构,因为《立法法》上也没有要求它一定要向全国人大常委会请示。非常有意思,特别是如何理解城乡建设和管理,非常重要的不确定性法律概念时,一些省份除了自己给出答案外,还会请示全国人大常委会。不知道你们三位有没有碰到这个情况,你们有没有请示,而不是一锤定音做决定?

另外,总的来看,总结四年多经验,给设区市立法赋能过程中,它达到了哪些非常行之有效的效果,同时存在哪些问题和困惑。

首先有请孙首锋主任。

孙首峰　吉林省人大法制委员会主任委员

孙首锋:特别荣幸作这个发言,主持人的问题很具体,我发言中有所涉及,一些具体问题单独联系,共同探讨都可以。

作为一个立法人,我非常珍惜参加今天会议的机会。作为一个与会人员,我特别珍惜可以有8分钟发言时间。

我主要汇报四个方面的问题。

一、对这项课题的感受。我感到对设区的市法规审批指导进行研讨十分必要。

一是基于党中央强调建设法治中国,立法过程,包括审批设区市地方性法规,也必须坚持法治思维和法治方式。我希望通过这次研讨,特别是后续工作,全国人大法工委能够形成一个具有指导性的意见。

二是2015年修改了《立法法》,进一步完善了我国立法体制或者法律规定,但事实上法规的程序和工作规范还不明确,还不统一。

三是2015年《立法法》实施四年多,省级人大常委会审批设区市的地方性法规认识不尽一致。这几年来我大约走了将近20个省,就这个问题做了学习和调研,特别是考察,感觉到认识不尽一致。做法上百花齐放,法规出台的程序不规范,可能导致法本身不确定和不严肃性。

二、吉林省人大法制委这次积极主动参加研讨会,基于三点。

一是在审批指导设区市法规问题上,我们一直在探索。在这个过程当中能够学习和借鉴兄弟省市经验,能够借鉴专家学者的理论和观点,开阔视野,事半功倍。

二是吉林的一些认识和做法应该具有独特性,我个人认为,对设区市法规审批和指导问题有所帮助。

三是因为浙江省人大立法工作一直走在全国前列,是我们的排头兵,想借这个机会学习一下浙江省人大开展法律研究和地方立法研究的经验。

三、关于设区市地方立法权的几点认识,这是做好审查批准地方性法规的一个重要基础。

第一个认识,从法律意义上讲,设区的市地方立法权属于设区市人大及其常委会。《立法法》第七十二条关于设区的市开始制定地方性法规的时间由省人大常委会决定,**这不意味着设区的市行使地方立法权需要省人大常委会许可。**设区的市制定地方性法规需报省人大常委会批准后公布实行,**这不意味着省人大常委会可以左右设区的市地方立法权。**

第二个认识,省人大常委会对设区的市报请批准的地方性法规审查的内容,法律明确规定为合法性审查。省人大常委会的批准权具有法定性,不可动摇,不可受忽视。对存在合法性问题设区市的地方性法规,省人大常委会的做法是一律不予批准。**对不存在合法性问题的,我们严格按照法律规定,这也是立法人的一项义务,也是批准机关的一项法律责任,**在四个月内,我们保证如数批准。目前为止,4个月之内没有批准的,我们一件都不存在。

第三个认识,设区的市可以制定地方性法规三个方面的内容,范围是比较宽的。

我们要从推进各地方国家治理体系和治理能力现代化的高度,推进依法治理的实际需要,科学准确地理解《立法法》的精神,不能教条约束设区的市和地方立法权。刚才主持人讲到需要请示的问题,我们也请示过,主要就《立法法》第八条关于立法权限范围是否恰当,比如《农村审计条例》做了一些农村审计规定,审计权是不是属于国家立法权。一些介乎于认识边缘的问题,对城乡建设和管理,全国人大法工委领导同志,在上海会议上已经有一个明确的表述,所以我们掌握的是比较宽泛的。

最近有一个市提出要搞《人才促进条例》,后来经过研究觉得可以。

第四个认识,省人大法制委、法工委在审批指导工作的法定职责、职能和工作职责,省人大常委会批准设区市地方性法规的法定程序和工作程序,**不是一项行政权力,不能用行政权力的强制性来做工作**。更不能滥用,要依法办事,我们特别强调这一点,工作人员,包括法制委在审批过程中都特别强调这一点。

第五个认识,这个刚才胡处长提到这个问题,上下级人大按照过去的说法是联系、指导和监督关系。省人大对设区市制定地方性法规和报请批准法规的审批上,立法工作的联系和指导上,应该说这种联系和指导更具体、更经常、更密切。在对法规进行合法性审查问题上,这种指导具有强制性。

四、吉林省人大常委会在这方面做过的工作和正在做的工作。

第一,省人大常委会于2015年7月30日作出了决定,一次性启动全省所有设区市,我们还有一个自治州,开始制定地方性法规的工作。我省一共有9个市州,2015年之前2个市有地方立法权,还有1个自治州人民代表大会可以制定自治条例、单行条例。

在新的《立法法》实施时涉及6市1州,当时我们的判断是三点:

一是《立法法》没有规定必须分期分批开始启动;

二是《立法法》第七十二条规定,考虑人口数量、地域面积、经济社会发展情况,在6市1州当中没有影响制定地方性法规的差异性;

三是立法能力,我们采取了一种倒逼机制,用毛泽东同志曾经讲的"战争中学习战争"。**先给你权力工作起来,在过程中不断锻炼队伍,**要不然也是毛泽东说的一句话,"束之高阁,再好的理论也是没有意义"。

第二,我们于2015年11月底之前,经省人大常委会党组协调省编办、市州党委、人大政府、市州编办,在全省统一解决了市州人大法制委、法工委机构设置和人员编制问题。两委合署办公,人员5~7人,设办公室、法规室、备案审查室三个部门。

2015年12月底之前已经完全落实,各个市州应该说法工委的工作机构和人员非常健全。只是后来由于这些立法人都是人才,被其他机构调走一些,但编制还在。立法能力欠缺一个最主要的特征和最主要表现,是具有立法能力的人员欠缺。

第三,省人大法制委、法工委增设了工作机构,我们的做法是职能上不专设指导设区市地方立法专门处室。而是每个处室分管方面既做好省人大立法工作,同时指导设区市的立法工作。这与我们的认识有关系,增加了工作的科学性、专业性,特别是我们注意去行政化,**防止出现对市州人大立法工作过分干预。**

第四,省人大法制委、法工委对设区市地方立法工作指导分阶段重点进行。

在立项阶段,省人大指导工作重点把握立法权限范围和合理使用立法资源的问题。权限范畴比较好理解,**合理使用立法资源的问题,**国家有法,省里有条例,市、州是否需要再搞,应避免上下一般粗的立法问题。

市州人大制定立法交付表决前的征求意见有这么几个阶段,一是在一审前后、二审前后,表决前和最后表决稿都会报送征求意见。在这个阶段,我们侧重合法性、科学性、可行性、合理性,特别是对充分照顾到人民群众重大关切问题进行指导。

比如有个市搞的《饮用水源保护条例》,有的市搞的《市政设施建设条例》,我们特别注意人民群众对这些问题的关切。然后给有关市、州提出意见,他们采纳。

在市、州报批之后重点把握合法性审查,对可行性、合理性文字表述不再介入。

对常委会会议上提出的合法问题,也包括市、州报批后法制委员会重新审议过程中,法工委在工作过程当中发现的合法性问题,交由报请批准机关修改后,再行批准程序。

我们在指导设区市制定立法条例时,有一个市已经就此程序做了专门规定。对报批后省人大常委会对合法性问题提出意见的修改程序,有专门规定,经过我们研究建议他们在立法条例里做出规定。

关于不是合法性问题,则是以工作建议的方式转给报请批准机关,请他们进行参考,不强制对条例作出修改。

第五,我们在2016年就出台了"加强科学立法、民主立法的指导意见",常委会党组报请省委,以省委办公会文件形式下发各个市州党委执行。在工作当中,市州推进科学立法、民主立法,主要体现在市、州层面和立法过程当中,省人大法制委、法工委对市、州法规中的问题采用组织论证、听证、专家座谈、听取意见等民主程序。

第六,持之以恒地加强立法能力建设,通过组织考察、立法实务培训、市州人大立法工作人员到省人大公办工作、工作交流等多种形式,每年都有一些具体活动,都有一些具体工作,这是我介绍的具体情况。

关于座谈会提纲中涉及的问题，我们已经一一作答提交课题组，谢谢大家。

林彦：谢谢孙主任的介绍，吉林这方面工作结合地方特色的情况，而且也有一些确实值得其他省市借鉴，比如不专设地方立法的处室，以及背后的考虑都非常好。

接下来有请温颖主任。

温颖　黑龙江省人大常委会法工委副主任

温颖：大家好，首先很高兴，也很感谢能收到这次设区市法规审批指导研讨会邀请，把我们省基本情况和做法提供给会议。同时，参加这次会议对我们来说也是一个极好的学习机会。因为从获得审批权以后到现在几年时间里，做了一些基础性的工作，基础性工作是实践性方面，如果理论上能进一步得到提升，包括全国人大常委会、法工委指导性规范性的文件能出台，对提升设区市立法能力和水平，促进地方立法工作是非常有帮助的。

刚才胡健主任已经介绍了全国人大常委会法工委研究室在这方面工作的情况，我们听了以后感到很鼓舞，也感到很欣慰。上级人大一直在做这样的工作，希望将来能够尽快出台一些指导性文件，对我们进行指导。

下面，我把我们省在审查批准设区市法规方面所做的工作简要做个汇报，做个介绍，也希望能够向大家学习，得到批评指正。

我们省是分了两批，批准了地方立法权。原来我们是哈尔滨和齐齐哈尔两个较大的市，还有10个设区的市，在2016年6月一次，12月一次，这两次全部确定了剩下10个市地方立法权。12个设区市有地方立法权以来，应该说立法热情非常高涨，积极主动作为，严格在法定权限内开展立法工作。到今年6月底的时候，我们省人大常委会审查的地方性法规45部，其中属于程序性的立法条例12部，实体性法规33部，总体情况是这样。我们在审查批准设区市这一块主要做了这么几方面的工作，一个是从省人大常委会审查批准制度方面做了制度建设。因为我们在实践当中感觉把实践经验总结之后，上升到制度层面，无论是对于自己规范审查批准设区市地方性法规，还是设区市报请审批法规都有好处，所以我们把实践经验做了一个总结，制定了省人大常委会审查批准设区市地方性法规的办法。2018年12月时提交了主任会议，讨论通过后实行的。这个办法实体性规定16条，规定两方面内容：一方面对设区市地方性法规从立项到审查批准，到生效后备案一并予以规范。另一方面，对省人大自己把工作机构提前介入指导的时间节点、审查形式也做了具体规定，从而保证设区市的立法质量和法制统一。

这里有四个情况:

1. 省人大常委会法工委要求,**设区市每年在1月31号之前把设区市立法计划报省人大常委会法工委**,便于我们掌握全年立法工作情况。

然后,**一审之后我们提前介入**,要求设区市在当地常委会一审7日内,就把法规一审稿报给我们,便于我们提前了解立法情况,包括立法当中合法性的问题、合理性问题、立法技术的问题、指导思想的问题,都在这时候进行研究。

然后我们会**征求省人大各个专门委员会意见,征求省政府各个部门的意见。**意见汇总之后还要研究,如果存在合法性问题,包括一些适当性问题、立法技术的问题,都要和设区市进行反馈,争取让他们在二审之前把这些意见吸纳进去,修改完善,这是一个做法。

从审查批准具体程序来讲,我们是**在设区市法规二审之后10日内报过来,我们开始履行审查程序。**经过常委会审议后,对个别条款存在合法性问题时,我们采取了**附审查修改意见形式批准**,基本上都达到了批准。对于其中有合法性、适当性问题采用附审查修改意见形式批准的,他们回去后修改,修改之后才能通过实施。我们要求设区市法规要以发布公告形式予以公布,常委会在公报上公布后,公报上文本来自于标准文本,包括全国人大备案也是这个文本。之后我们为了更好执行审查批准的办法,配套制定了审查评审流程图,更清晰,便于执行。

再一个,我们又出台了2个配套文件,一个是对设区市提请省人大常委会审查批准,包括请示报告统一格式,格式做了统一规范和要求。再一个,生效之后作为公报的文本,也是单独出了一个通知予以要求规范,这是制度建设角度。

2. 对设区市法规指导的情况,我们总结起来看还是一种行之有效的指导方式。原来对设区市法规这一块是被动的审查,它报来我们审查,有合法性问题就提出。实践过程当中,我们把审查批准关口前移了,把指导做在前面,力争在之前把出现的问题解决掉,消化掉,**变被动审查为主动靠前指导,始终注重加强对设区市立法指导和协调。**对设区市每一部地方性法规从立项开始就提前介入,立法过程全程参与,及时了解立法情况。包括对重要的一些项目,我们参与立法定立,在合法性、适当性问题上严格把关。另外,帮助设区市立法过程中解决实际困难、实际问题,包括立法技术上、立法质量上,其他方面的,力求提前指导时帮助设区市有所提高,推进整体水平的提高。

在指导方面,我们做了六个方面。

一是在指导时要求设区市立项选题要精准。因为我们认为设区市立法既不同于国家立法,也不同于省本级立法,是我国法律体系当中位阶最低的,也是最接地气的立法程序。因此,设区市立法立足点是立足地方实际,找准地方特色,坚持以解决经济社会发展当中迫切需要解决的问题为导向。我们提倡开展“小切口立法”,做到项目小,具体精准解决问题。相较于大而全的立法问题,我们感觉到小切口立法是很明确的,立意很精准,特色鲜明,能够直接解决问题。便于人民群众了解和掌握,另外也有利于部门的执法。

我们一直是提倡设区市要做小切口立法,像伊春市去年制定一个《废弃食用菌包污染环境防治条例》,伊春木耳产业很发达,立足于特色,木耳菌菌袋生产掉之后就扔得到处都是,河里江里都有,对环境是一种很大的污染,这个问题一直没有解决。伊春市立足这一点出台了条例,后来我们看了一下,在我们省包括全国还没有这方面专门对废弃使用菌袋进行立法,它应该是一个样板,一个典范。既实现了富民产业的发展,也和保护环境结合起来,我们感觉到小切口立法就是具有实际的意义。

二是在指导时提出规范的内容要精确。国家行政法规和省级地方性法规是面向全国和面向全省制定的,用这些法律法规来解决一个市的实际问题,往往是过于宏观的。本级政府规范性文件不能设定相关许可、强制、处罚措施,所以在设区市城市管理建设当中出现的一些问题是无力解决的,只有通过制定设区市地方性法规才能得到有效的解决。因此基于这样的认识,设区市立法要注重解决管用和实用的问题,要把解决本地焦点难点问题细化到法规设定许可和处罚当中,保证法规每项制度和措施能够有效地解决实际问题。

牡丹江市制定了《住宅物业管理条例》《餐厨废弃物管理条例》,在这两个条例当中,住宅物业会特别尊重政府相关部门执法进小区,明确了水电热这些管理义务,划清责任,这是从立法上破解了物业小区管理责任不清“老大难”的问题。对于餐厨废弃物投放、收运和处置,这三个环节综合处理,主要从源头上斩断地沟油,对解决当地实际问题都是很准确的。

三是法规框架上要精准。设区市立法要精细化,不能搞面面俱到,也不能照搬照抄,贪大求全。上位法已有规定尽量不要再重复,要以突出地方特色的条款作为重点。有几条定几条,管用几条定几条。在条款表述上要做到精炼准确,没有歧义,不模糊,易于理解和执行。

哈尔滨市针对假冒巡游出租车(正常出租车之外有一个假冒巡游出租车)做了规定,全篇就9章,很严谨。在制度设计上实现了交警和运管部门无缝对接,填补了执法盲区,针对性和可操作性都很强,体现了用小题目解决大问题的形式。

四是在指导当中立法工作推进专班化。因为指导过程当中,感到省里各个设区市交流过程中遇到很大的难题,人大法工委唱独角戏,政府法制办,现在是司法局了,和其他政府相关部门配合上不积极,法工委一家感到工作压力特别大。为了破解这个难题,我们在总结近两年工作实践当中,最后在设区市推广了立法工作专班的形式。这个立法工作要在市里领导下,尤其是市人大常委会牵头抓手,实行双组长制,**人大主管领导加上政府主管的领导,两个组长成立工作专班。从立项开始一直到表决全过程,专班负责到底。**成员组成和立法工作方案都要上报市委,由市委批准之后,按照这个来执行。按照立法任务目标、时间节点来推进,最后完成才有保证。我们感到这样一种方式既能调动各方面积极性,形成整体合力,提高立法效益和质量;另外,也破解了设区市立法工作当中遇到的实际难题。

五是参与设区市立法调研。我们在参与时,一是设区市就他们的立法邀请我们参与他们的立法调研,主动出击选择一些民生、生态环境这样的立法项目,组织省人大法工委组成人员参与他们的调研,一个是发挥委员的专业优势,给设区市提供具有建设性的意见。再是为设区市提供帮助,有利于提高审批质量,也保证了设区市法规在常委会上审批顺利通过。

六是创新审查批准的方式。审查批准的时候,我们对合法性、合理性、重大适当性包括立法技术问题提前把关指导。到2019年4月,对9件报请批准的设区市法规和决定中存在的合法性问题,以及不符合国家"放管服"要求的情况,采取附审查修改意见形式进行审查批准。设区市按照审查修改意见修改以后,予以实施。同时,对省人大常委会审查当中提出的合理性问题,我们是转回到市人大常委会研究处理。

另外,我们也是加强对设区市立法人员指导培训,省里从2014年开始一直到2018年,连续五年依托高校举办了全省立法工作人员培训班。这个培训班,设区市立法工作人员占到一半,50多人都是设区市的立法工作人员。先后依托清华大学、中国政法大学、复旦大学、武汉大学,包括去年我们到了浙江大学,在这儿举办立法培训班。立法培训班,我们觉得走出来学习,对立法能力和立法水平提高还是非常有帮助的。

这就是在设区市审查批准工作中省里所做的工作情况,关于刚才提出的几个问题,我们审查审批过程当中也有一些困惑,我简单提一下。

常委会审查意见转到设区市研究处理的问题,按照《立法法》规定,只是对合法性问题要做把关。但是在常委会上,常委们提出合法性问题由法工委提前介入,由法制委提前审议,基本上合法性问题不会有太大的问题。但是**往往他们在审议当中感觉合理性有问题,合理性问题要不把关的话,审议还有什么意义,所以这个也是我们在**

实际工作当中感到的一个矛盾。另外,合理性问题,我们转交市人大常委会进行处理时,往往二审已经通过了。二审通过了,这是地方的事权了。这些问题如何吸纳进去,都是我们在现实当中遇到的问题。今后法规修改当中立法吸纳进去,但法规出台不是短期就能吸纳的,这是实际工作中遇到的问题。

另外,提高设区市能力和水平的问题,感觉到设区市人员、立法工作者的问题是很重要的。因为是人在做立法工作,没有强有力的设区市法工委人员,设区市立法水平是很难得到提高的。我们在这两年多实践当中,也是一直不遗余力的,包括在会议当中领导讲话,下一步调研推进指导过程中,都在不遗余力和设区市交流,促进他们要把法工委人员配齐配强。甚至是宁缺毋滥,不得挤占人员。因为进到法工委的人员没有过渡期,到岗就要上任能干活。而法工委工作任务又特别繁重,包括从立项起草到调研审查批准,开若干次座谈会的协调。这些意见向市委汇报,有大量的立法工作材料,所以说希望设区市能够在人员配齐配强上有所响应。

我要汇报和介绍的情况就是这些,希望从其他同志那里学习到更多的经验,吸取更多有意义的东西,谢谢。

林彦:谢谢,从黑龙江介绍情况里,我自己个人体会很深的,它的制度建设做得特别完善。接下来有请来自江西的杨润华主任。

杨润华　江西省人大常委会法工委副主任

杨润华:非常荣幸受邀参加这次会议,第一次参加这种规模、这种形式的会议。之前还问了一下,这个会议我们怎么开,说一些什么。听了主持人各方面介绍,心里有一个想法。前面有两位领导都介绍了各自在这方面的做法,我们这一块大同小异,认识也相差不了很多。

时间关系,我就把省里关于指导设区市立法这一块做法做一个简要的汇报。访谈的材料,我们做了问卷调查,已经交给会务组,有需要的话个别交谈也可以,自己去找答案也行。

关于指导设区市立法建设这一块,主要从这么几个方面:

(一)通过督促培训加强建设。2015年《立法法》修改前,就开始考虑关于设区市赋予立法权之后怎么搭班子,怎么拉队伍。《立法法》修改通过后,江西人大常委会非常重视。我们常委会分管领导,原来是政府秘书长过来的,各方面人员非常熟悉,亲自带队赴11个设区市,逐个去跑,逐个去做工作。当时设区市这一块涉及编制问题,编制非常难解决。我们是逐个找市委书记、市长谈,最后编制问题解决得比较好。

省里提的要求是,较小的设区市最少要有6个新增编制,不是调剂编制。编办在序列里拿出专门的编制给人大常委会法工委用,大一点的设区市要有8～10个编制。从目前解决的情况来看,应该说都解决得比较理想。我们的景德镇、九江都解决得比较好,**除了正式的行政编制外,还配了立法研究中心的事业编制**。这是拉队伍。拉队伍之后就是立家规。毕竟都是刚搭的班子,制度这一块开始不是很清楚。我们省法工委与各个设区市就制度建设问题进行充分交流。如哪些东西需要积极解决,哪方面需要帮助。同时,也把省人大法工委关于立法方面的经验,制度方面的材料,还有一些具体操作的东西,我们都提供给设区市法工委,供参考。就解决了操作层面的问题。据不完全统计,大概有20多个关于立法方面的制度。

培训方面,让各个设区市,包括设区市立法部门、法制部门,省里立法人员都参加培训。目前相对固定一年有两次大的培训,一次是省外的,一次是省内的,大家交流各自做法体会。此外,我们要求各个设区市组织跟班培训,培训时间2～5个月不等。

(二)关于立法方面。如何指导设区市立法,孙主任、温主任都介绍了,我们大同小异。

我们有一个做法,重点介绍下,是深度介入。常委会领导对于设区市立法比较重视,深度介入设区市立法。

一是提前介入,年初了解其计划和主要内容。

二是在设区市法规通过之前,省市两级联合改稿,逐条修改。通过这种近距离的交流接触,相互取长补短。通过这种方式,把合法性问题争取在法规通过之前解决掉,保证报批时比较顺利。

(三)存在的问题。黑龙江的同志也说了,**一个是人的问题**。虽然人员解决得比较好,但目前设区市普遍是法工委人员相对精兵强将,好不容易培训出来之后,有的去当领导秘书,有的抽调到别的地方了,或多或少都有这种情况,流动性较大。

(四)项目的问题。几年下来,从最初无米下锅,很多项目都是书记、市长临时点名。到后面,逐步有了个大概,但做得不是很扎实、很详细,仅有个框架思路。我们省里要立项的话有一系列要求,设区市做得落后一点。

还有项目质量问题,有时候提过来的项目,草案初稿还是比较粗,规范性、合法性、合理性都存在问题。**设区市人大立法力量比较强,但政府部门相对很弱**。据了解,设区市政府法制部门,真正搞立法的人员仅一两个人,很少;这方面投入的精力也不是很多,人才比较缺。

今天非常荣幸参加这个聚会,希望最后研究成果能够共享。我们还需要向全国人大学习,以便在今后实践当中共同把省市两级立法工作做好。

谢谢。

林彦:谢谢,接下来有请姚魏老师。

提问与谈:姚魏　上海社科院法学所副研究员

姚魏:谢谢主办方给我这次发言的机会,刚刚几位主任是从实践角度谈设区市在法规、在审批过程当中的一些问题。我作为一名理论工作者,就要从理论上提出一些疑问,接下去议程中如果有实务部门解答就更好了。

第一点内容,省级人大对设区市法规进行审批,性质是什么。我的理解,对设区市地方性法规进行审批是省级人大行使监督权的一个过程,同时也是重大事项决定权的行使过程。**它本身并不是立法权的行使,**所以有人说现在设区市依然是行使半个立法权,我觉得这个话是不对的。在1982年地方组织法时可能是对的,现在是不对的。

指导上,有专家说上级人大对下级人大有法律上的监督关系,有业务上的指导关系,有工作上的联系关系。这种指导关系,我认为既是一种工作上的联系关系,也是一种柔性的监督关系。

第二点内容,审查的标准是什么。后面附的题目上一直问大家,省级人大审不审议合理性问题,合法性是一定要审的,因为这是法律明确规定的。

第一位发言人说我们省在指导过程中要把关一下合理性,审批过程中不再去审合理性。据我所知,我跟厦门大学一些立法学老师有过交流,他们介绍福建省是既审合理性,也审合法性,温主任他们省也是这样的。

法律没有规定的情况下,为什么要审合理性,这就涉及一种制度逻辑和行为逻辑之间张力的问题。我们在研究备案审查制度时也知道,法律规定备案审查只审合法性,但全国人大去年前年审查过程中却审了合理性,是有一些问题在里面。如果涉及合理性问题撤销的话,向后产生影响。对于一些计生条例等,如果一旦撤销,有溯及力的话很麻烦。

我曾经看到一篇文章,如果以合理性方式来撤销的话,可能这个事情就好办一点。我听福建省同志跟我讲的时候,他们省在审批设区市地方性法规时要审合理性。如果不审的话,最后审批过程中很多常委会组成人员提出合理性问题。很多人不是法律出身,只是基于一种朴素的真理观。不审的话,这些委员会有意见,这是行为逻辑问题。

审批决定类型有什么,刚才讲的是审批标准,那么审批结果类型也是这个问题里很重要的一点,只有批准或者不批准吗?可能还会有其他的中间形态。好比我们以行政诉讼判决形式来看的话,有确认判决、给付判决、驳回判决,这个层次是不一样的,逐渐加深的一种监督力量。确认判决只涉及合不合法、合不合理。给付判决,告诉你该怎么改。变更判决,不仅告诉你怎么改,而且直接改掉。

法规审批人员能不能直接改?不可以的,如果直接改的话相当于行使了立法权。刚才第一点就说了这不是立法权,是监督权。

第三点内容,审批决定的效力。这个在提纲里也有,很多人就混淆了,审批决定的效力和审批之后地方性法规的效力是不是一回事,我认为不是一回事。我看了全国人大法工委《立法法》解释中说,因为经过批准后,它的效力相当于省级人大地方性法规。而且这是立法机关经过研究后,相当于准立法解释,我认为这是有疑问的。因为第七十三条第二款里,有一句话表述为发现其同本省自治区人民政府规章相抵触的,应该作出处理决定。一般情况下,后法效力是高于前法的,A与B相抵触往往B位阶是高的。还有《立法法》里有一条,第九十二条,说同一机关制定的地方性法规如果出现不一致,适用什么样的规定。如果省级人大制定的地方性法规和设区市制定地方性法规是同一位阶的话,那么这条是无法解决的,因为不是同一制定机关,说明《立法法》存在巨大漏洞。我个人觉得这个问题还可以再讨论,因为现在在实施过程中还会出现各种各样情况,下一次《立法法》修改时就会定下来。

第四点内容,报请批准法规的撤回。是不是必要存在这样一个制度,我认为这个制度讨论是一回事,一个法规按照人大常委会议事规则来定的话,可以提请的主体是有限的。比如下级人大无法向上级人大提议案,这时候转化为主任会议和专门委员会提请委员会。审批法案的撤回、议案的撤回问题,这两个撤回是不一样的,大家要考虑一下。

第五点内容,遇到重大争议的法规是否可以允许省级人大常委会批准审议两次,因为它必须在四个月内审批完成。四个月恰好可以审批两次,如果出现重大问题的话,是不是可以审批两次,在程序里要设置一下。

第六点内容,设区市法规进行审批,能不能和省级人大对事后审查进行衔接。也就是说,它和备案审查是不是可以衔接,因为郑磊老师曾经在我们《政治与法律》今年年初(2019年第2期)发表过一篇文章《省级人大常委会对设区的市地方性法规的备案审查权:制度需求与规范空间》,他认为即使批准以后,行使了监督权,在之后备案审查当中也是可以进行备案审查的,实行双轨制。

最后再提一些问题，我想了解一下**对于自治州、自治县的单行条例、自治条例批准程序和现在设区市批准法规程序有什么不一样**，因为吉林省有延边自治州，可以设置自治条例和单行条例，这个审批当中有什么不一样。还有1986年以来地方组织法法规当时就要求要进行批准，30多年已经过去了，过程中有多少发展。希望接下来能够听到各位专家对这些问题有所解答，或者回应。

谢谢。

发言人回应

林彦：各位主任对这个问题有没有需要回应的。

孙首峰：关于批准民族自治地方制定自治条例、单行条例，这是《立法法》中遇到的问题，而且《立法法》对这个问题没有规定。我们省有1个自治州，3个自治县，多年来他们都有自治条例、单行条例的权力。新的《立法法》实施后，延边州有了地方性法规制定权，这样存在两个问题，一个问题是怎么样来区分地方性法规和自治条例、单行条例，什么样算是自治条例、单行条例，什么样算是地方性法规。从民族自治地方报请的途径，特别是产生的渠道，代表大会通过的往往定义为自治条例、单行条例。常委会制定的就是地方性法规，是有这么一个问题。我们一直在研究，一次接待外省负责同志，我们俩在车里一直探讨这个问题。**我们认为有一个简单的把握，看是不是有变通的规定。**因为自治条例、单行条例最大权力是结合当地实际做出变通。再一个，我们理解自治条例、单行条例基本上没有处罚，这是我们的理解。

第二个问题，原来对民族自治地方，报请的自治条例和单行条例有一套审批程序。我也了解多数省，有些省都是在外省部门作为工作联系的一项任务，这些年一直在做。现在地方性法规怎么办，我们省的做法是地方性法规按照现在的做法，按照批准设区市地方法规做法新建一种机制来做。对于自治条例和单行条例仍然沿用原来的工作机制，可能说起来比较简单，如果调整的话，做起来很难。涉及部门职责调整，涉及工作意愿调整，涉及领导意识的调整。**现在是老的老办法，新的新办法。**

杨润华：关于设区市立法的合理性、合法性问题，我个人以为，**坚持对设区市法规合法性审查作为唯一的刚性要求。**在实践过程当中，我们省设区市法规很多是合理性问题。目前的做法，有些时候还是常委会副主任这一级的，他的意见不能说是合法性方面的，是合理性方面觉得有比较好的参考价值的。我们在审议过程中会和设区市人大沟通，大家提出比较好的意见，看能不能接受。如果能接受的话，在后面法制委会议，还有常委会主任会议上就把意见修改进去。在会上根据《江西省立法条例》,形成附修改意见表决稿,提交大会表决。请设区市按照常委会某某会议决定修改后进行公布,这个法规就正式生效。我个人认为还是以合法性作为刚性标准为宜。

在审议过程当中,省一级常委会委员纠结一些合理性问题不同意,怎么做工作都做不通,甚至不这样改的话,投反对票。最后在表决的时候,确实有这种反对票。我个人认为,《立法法》写得非常清楚,不违反宪法、法律、行政法规就应当批准,没有理由投反对票,哪怕投弃权票。

林彦:谢谢三位主任及姚魏老师,时间关系这个环节就到这里,谢谢大家。

第二单元

主持引导人:吴江　浙江省人大法工委办公室副主任

吴江:现在开始第二单元,很荣幸担任这个单元的主持人。

时间很紧张,说明这个议题很踊跃,选得很好。第二单元5位同志发言,严格执行会议规定,8分钟。

第一位,请黑龙江省人大常委会法工委备案审查室主任周振富发言。

周振富　黑龙江省人大常委会法工委备案审查室主任

周振富:各位领导、各位同仁、各位老师,大家上午好!

对于设区市法规审查批准,我是基于自己近两年工作实践先谈一下个人体会。

第一,我们省把这项工作职责,**审查批准设区市法规的工作职责放在法工委备案审查处**。为什么放在这里呢,因为法工委主要领导认为,**备案审查和法规审查批准有很大趋同性,所以放在一家了**。

第二,基于这两年工作实践,我们注重在程序上和实体上细化《立法法》和其他立法条例,做出我们省特色的制度。

在程序上,我们制定了《省人大常委会审查批准设区市法规程序办法》,这个程序办法是基于《立法法》《立法条例》,我们对审查和实现每个环节做了细化。

但这里有一个欠缺,**不予审查批准如何退回?**

我们省有两个实际案例:一,双鸭山市2016年提报的《黑蜂自然保护区条例》。这个条例很有特色,因为黑蜂物种是在我国具有唯一性的物种,它面临退化、杂化和异化的危险,所以当地搞了一个保护条例,很有特色。但保护区范围和我们省国有重点林区有2/3的重叠,因为黑龙江是全国最大国有重点林区。这样它的执法主体,包括一些涉及保护的处罚规定、分工产生了很多矛盾。在征求意见、开法委会之前,法工委就决定退回,但没有制度规定。

二,最近哈尔滨市也提报一个《水源地保护条例》,它属于废水地保护,因为哈尔滨市松花江水质改善了,过去老的水源地不用了,废止过程中我们也征求相关意见,相关部门没有提出意见。但是法委会成员提出意见,这个我们也退回了,这个是法委会之后退回的。如何退回形成机制,也希望通过这次会议和大家学习一下。

二是结合自己的工作实际,谈一下审查的标准、基准问题,如何把握合法性和适当性。我们没有制度,只是靠自己的工作经验和总结。

第一个,**合法性**把关上注重什么。就是按照《立法法》规定的范围严格执行,地市基本都能做到。

这里也有一些具体问题和案例,比如说我们省属于高纬寒地,三个地市提出对加注乙醇汽油要禁止。这是国家环保部基于减少碳排量提出的,汽油里加注乙醇。黑龙江什么特点呢,冬季很漫长,加注乙醇之后路面结冰容易造成事故,很多地市提出要搞立法,我们综合研究之后没有同意,因为它的立法范围属于城市管理范围,但和国家环保政策相违背,我们就没有同意。目前还是一个悬案,他们还在争取搞这方面立法。

第二个,就是对**只能制定地方性法规的事项做出规定,**这里面我们**平时把握的,也结合备案审查。**很多地市对应当制定地方性法规的事务,没有制定地方性法规,而是通过政府规范性文件方式,或者以政府规章方式加以规定。

这里有关案例,比如哈尔滨一个《城乡规划条例》,2016年做了修订,修订之后政府根据修订,我们叫棚改项目,对老旧小区改造楼间距做了解释,政府以规范性文件形式做了解释。但这个解释是对《城乡规划条例》的解释。所以我们当时纠正这个规范性文件的时候,我们提出不能以政府文件方式对法规进行解释,只能通过立法。完了之后,哈尔滨市对于日照间距问题专门做了法规解释,走了立法程序。

三是超越法律权限。限制或者减少自然人、法人、非法人组织合法权利,或者增加自然人、法人、非法人组织义务这个行为。说白了,这也是备案审查的标准,**增加公民的义务,减少他的权利,**这个在立法上怎么掌握。

比如哈尔滨出台了《限制城市交通通行的决定》,说白了很简单,它要把单双号限行规定直接写在法规上,我们没有同意。立法上因为侵犯到公民路权,车牌号涉及公民路权问题,我们就把它纠正了,没有同意搞这方面立法。

四是超越法律权限增设新的许可处罚强制。或者没有依据法律规定,超出法律规定行为种类幅度的,也是基于《行政许可法》《行政处罚法》规定。这方面案例也比较多,我们掌控时根据当地实际,因为这方面有的许可需要设立。

比如齐齐哈尔市为了搞好营商环境,市委出台一个文件,对于地方性法规所有许可和行政处罚都要取消。报到我们这儿之后没有同意,很多禁止性许可,基于环保方面,基于生态保护方面都是很重要的,这个把关上也是很严的。

五是同宪法法律、行政法规,或与本省行政法规相抵触的。这方面案例比较多,什么情况下相抵触,什么情况不相抵触。有些具体案例,很有争议。

时间到了,谢谢。

吴江:周主任介绍了很多很好的案例,会后可以继续深入交流。

接下来有请浙江省人大常委会法工委法规审查与指导处许迎华处长发言。

许迎华　浙江省人大常委会法工委法规审查与指导处处长

许迎华:大家好,很高兴与大家在这里相聚。正如前面几位领导所言,今天的交流机会非常宝贵,对审查指导工作来讲尤其如此,我很珍惜。

下面,我向大家汇报一下浙江的情况,三个部分。第一个部分,我们省目前在实际工作当中一些做法;第二个部分,遇到的一些困惑难题;第三个部分,简单汇报一下对策建议。[①]

……

吴江:谢谢,接下来有请辽宁省人大常委会法工委综合规划处刘笑菁处长发言。

刘笑菁　辽宁省人大常委会法工委综合规划处副处长

刘笑菁:尊敬的各位领导、各位专家、同志们,很高兴有这个机会与大家进行关于设区市法规审查工作的交流。我今天向大家汇报的这个具体问题,就是省级人大常委会在设区市报批法规当中存在抵触情形时,批准方式的选择。

2015年之前,辽宁省有5个较大的市,30多年立法工作中,省人大常委会与这5个市指导和审查批准工作衔接比较默契,报批阶段几乎不存在抵触情形的问题,因为前面指导过程中已经把这个问题妥善解决了。2015年之后,由于立法主体的增加,以及立法能力参差不齐,特别是立法理念日趋多元化,造成了报批法规当中逐渐出现了一些抵触情形问题,这个问题引起了省人大常委会的高度重视。我们针对这个问题也

---

① 限于篇幅,此项发言的扩充完善版,请参见本书第158页,“法规审查指导工作主要做法、存在困难及对策建议:以浙江省为例”。

进行了系统研究,目前基本形成了工作当中一个操作标准。

从全国范围内来看,**立法体例以及工作惯例上主要有三种模式:**

一种是严格执行《立法法》第七十二条规定,对存在抵触情形时不予批准,把相关情况告知报批机关。

二是修改后予以批准,然后由报批机关进行公布。

三是附修改意见后予以批准,由报批机关根据修改意见进行修改,予以公报。

我们认为这三种制度设计模式基本涵盖了可能选择的模式,所以我们在工作当中主要是针对这三种模式进行研究、筛选。

下面,我针对这些可能选择的模式进行分析,逐步选出最佳工作标准。

首先分析一下不予批准的模式。根据《立法法》确定合法性审查机制,对于存在抵触情形不予批准,这是一个当然的选择,这是有充分的法律依据,没有问题,不需要过多的分析。但如果是简单单一适用这样的处理方式,可能在实践中存在明显的合理性欠缺。主要从两个方面分析一下。

一是从立法体制价值追求的角度来看。大家知道对国家法制统一原则的追求是法规审查体制机制根本、首要的价值追求,但是法规审查作为国家整个立法体制重要的组成部分,对于立法效率也同样有着内在需求。我们觉得应该在坚持法制统一大前提下,补全它对立法效率价值追求的需要。同时,1986年《地方组织法》进行修改时,修改说明中曾经提到过要简化审批工作的程序,提高立法效率,对体制的设计目的确定了基本的方向。

二是从抵触情形的具体形式来看。实践中,报批法规并不总是简单地整体上存在抵触情形。比如条文数量上,可能是多数条文存在抵触,也可能单一条文存在抵触。立法权限上可能是整个法规规范对象突破了,比如法律保留事项,是整体权限的突破,也可能某一条中的规定突破了法律相关权限的规定。从立法目的上来说,也有典型性例子。比如有很多市在立法开始,初衷就是要突破上位法,根据地方行政管理需求把上位法突破,便于行政管理。也有立法水平、立法意识、立法能力的欠缺,造成部分内容与上位法存在抵触。

通过以上不同角度的认识,我们觉得不同的情形对于法制统一破坏程度是不同的。如果简单划一把它们作为同样性质问题处理的话,我觉得还不是很客观。

基于以上的分析,总体上对于存在抵触情形的报批法规,**应该从抵触涉及法规数量、立法权限、立法目的等,这几个方面做出综合性评价。**如果破坏程度严重的,我们没有问题,可以采取不予批准的处理方式。如果是抵触情形、破坏程度较轻的,还是应该采取“修改+批准”的模式,这样引到下一个需要研究的问题,在立法当中存在先修改再批准,和附修改意见之后批准,再由报批机关修改公布,这两种模式之间如何进行取舍呢?**我建议放弃附修改意见后批准方式。**因为附修改意见,修改意见**执行的效率和刚性并不是很强,**不是我们平常所说的确定性修改,相当于对市人大常委会进行授权,在公布之前阶段可以自主地进行内容的调整、修改,然后再予以公布。在此期间,实际上就形成了立法监督权监控的盲区。出现这样一个盲区、空白区,实际上是与国家立法体制当中设立省一级人大常委会立法监督初衷,或者这种立法精神是相悖的,所以不选择这种模式。我们认为**由省人大常委会先修改再批准的方式,在维护国家法制统一,提升立法效率,以及现实可行性这几个方面,实现了比较好的统一和平衡,这是我们的选择。**

谢谢大家。

吴江:下面请山东省人大常委会法工委法规三处副处长王岩发言。

王岩　山东省人大常委会法工委法规三处副处长

王岩:大家好,非常感谢全国人大法工委、浙江省人大法工委和浙江大学光华法学院为我们提供了一个学习交流的机会和平台。下面,我汇报一下山东省“设区的市法规审批指导”的工作情况。

山东省有设区市16个,数量并不是最多,但审批法规数量连续几年都居于全国首位。主要做法是坚持和改进提前介入审查的工作方式,确保设区市报批法规顺利批准。刚才几位领导都提到这个工作方法,我们一直坚持和改进这个方式,确保把问题解决在各市审查通过前,设区市报批法规都能顺利批准。

一个是分类反馈意见,注重审查意见说理性。我们在征求有关部门意见基础上,经过深入研究论证,形成了应当修改的合法性意见和建议修改的合理性指导意见。就像说理性判决一样,**注重讲法、讲理,讲法理,让设区市自愿接受审查意见,**从而提高法律质量。

二是注重上下沟通。对法规重要的或者原则性问题,通过直接到市里召开座谈会,或者要求市里汇报组织召开专题论证会、专家论证会,以及日常电话交流等方式,共同研究解决,不断加强沟通,增强互信,形成立法合力。

三是强化法制委员会统一审查环节,改进常委会会议审查材料内容。目前,省级立法任务越来越重,省人大常委会会期比较短,但设区市报请法规数量越来越多,最多一次报批法规达到13件,审查时间和质量难以保证。为了更好提高质量和效率,保证常委会组成人员掌握设区市法规的有关情况，从去年开始，我们就对法制委员会统一审查，和对常委会审查工作机制做了改进和完善。

一方面是在法制委统一审查环节，增加了**观看市人大常委会制作的法规影像资料**，每个市都提供8分钟左右的视频。内容包括立法目的、草案起草过程、主要内容、要解决的主要问题、常委会审议的重点及处理情况、常委会表决情况等，然后再以法工委逐件汇报合法性审查意见和处理情况。

另一方面，在主任会议和常委会会议上，**以附件形式向常委会组成人员推送每件法规提前审查的问题和处理情况**，便于常委会组成人员了解掌握，为合法性审查批准做好准备。

汇报的第二个问题，对新问题做出创制性的制度设计和安排。刚才胡健处长也提到了，去年是国务院批复，我省调整了莱芜市和济南市的行政区划，所以对原莱芜市6件法规如何处理，对济南市行政区划调整后现行有效的地方性法规如何衔接适用，这是地方立法遇到的一个新课题。省人大常委会经过慎重研究提出一个处理意见，向全国人大常委会法工委做了汇报，在全国人大常委会法工委指导下，我们妥善处理了有立法权的市撤销后法规的处理和设区市行政区划扩大后法规的衔接适用。《法制日报》就说这些做法和相关操作程序弥补了法律空白，为立法制度做出了创制性发展，并为同类问题处理创造积累了实践经验。

汇报的第三个问题，目前的做法是**加强省市两地立法统筹**。去年以来，省人大常委会积极探索和加强省市立法统筹，调动全省的立法资源，促进省市立法联动。

一个是**各市立法计划要向省人大常委会预先报备**，各市拟定的立法计划报市委批准前，要书面征求省人大常委会的意见。省人大常委会法工委在做好合法性审查的基础工作上，立法计划经市委批准后报省人大常委会法工委备案。

我们有两个具体的案例，比如养老服务的立法。养老服务立法涉及的社会关系比较复杂，政策层面比较强，我们就选取了德州作为试点先行先试。

德州处于我们省经济社会发展的中等水平，它在制度设计和把握上既不会太过超前，也不会过于滞后，能够代表全省养老服务政策的平均水平。通过立法既推动了本市及德州市养老服务事业发展，也为省级立法提供了宝贵经验。

二是落实省委海洋强省工作部署，省人大常委会协调推进全省海洋带保护立法。

海洋带保护立法也没有直接的上位法，如果由省一级立法，时间比较长，而且不能充分考虑沿海七个市不同的经济社会发展程度和自然地理条件。为此，省人大常委会主任会议提出督促督导沿海各市加快海岸带保护立法步伐。目前沿海各市海洋带保护立法陆续进入立法程序,将实现我省海岸带保护立法的全覆盖。加强省市立法统筹和立法联动,是省人大常委会主动介入设区市立法工作的全新考虑。我们认为这项工作有利于集中力量办大事,汇聚各方力量有效推动中央决策部署和省委中心工作分解细化,落实落地,保持省市两地立法共同推进。

同时有几点想法和困惑,借这个机会汇报一下。

目前**全国人大常委会和国务院对地方立法备案审查工作要求越来越严,尺度很严格**,这是很必要的。但是一个实际情况,**设区市立法经验不足,省人大常委会提前介入进行合法性审查工作量大,压力大。**

而且感觉**"不抵触原则"把握难度越来越大。**虽然《立法法》和"行政三法"都对此做了一定规定和限制,但表现在具体法律条文中是千变万化的,很多并没有直接上位法规定,只能依靠立法精神和当前政府判断。希望全国人大常委会出台一个比较详尽的备案审查标准统一尺度,编写立法指导案例,结合具体法规条文阐述"不抵触原则"的把握,再定期就备案审查问题开展交流培训指导工作。

同时,我们还建议应该充分考虑地方立法能力和水平,还有理解掌握上的偏差,**对工作中发现的抵触情形区分情况,妥善处理,保护地方立法的积极性。**

发言完毕。

吴江:下面有请广东省人大常委会法工委法规三处张奥同志发言。

张奥　广东省人大常委会法工委法规审查指导处主任科员

张奥:非常感谢全国人大、浙江人大和浙江大学提供的这次宝贵的学习交流机会。由于时间宝贵,我主要介绍一下广东在法规审查指导工作中一些主要做法。

广东原有4个较大市,广州、深圳、珠海、汕头。2015年《立法法》修改之后,新有立法权的市有17个,加起来一共21个,这在全国来说算是最多的。自2015年《立法法》修改之后,截止到2019年5月,我们一共审查批准了142件,接下来7月份预计还有6件。2015年市里刚有立法权,法规大部分还没有报批准,2015年才批准9件。到了2016年就批准了37件,2017年29件,2018年33件。截止到2019年5月底,已经批准了34件。通过以上几组数字的对比,可以看出我们法规数量非常大,立法主体也多。为做好设区的市法规审查指导工作,我们专门成立了法规审查指导处。长期是3个人,目前充实了力量,有4个人。

面对如此繁重的审查批准任务,我们总结了一些比较行之有效的做法,概括起来说就是,全程介入指导、重点环节审查把关。

第1个环节，立项环节。

我们在市法规立项阶段就主动参与并加强指导，从法规立项源头上把好关。在设区的市编制立法规划、计划时，重点指导解决以下问题：

1. 是否涉及全国人大及其常委会专属立法权的事项。

2. 是否超越城乡建设与管理、环境保护、历史文化保护三个方面设区的市立法权限。

3. 是否与国家和本省最近两年已经出台或者已经列为国家和本省立法计划的项目重复。重复立法不仅会浪费立法资源，而且还会影响法制统一和法规的可操作性。

我们曾经有一个事例，某市将森林火源管理条例列入立法计划，同期省森林防火条例也正在制定起草过程中，为避免出现与省条例不一致的情况，我们建议市里暂缓表决，待省条例出台后再表决通过市法规。市里为按期完成领导交代的立法任务，未采纳我们的意见，早于省条例半年通过市法规。市条例实施后，因在森林防火期和用火要求方面与省条例不一致，部门在实际工作中也是按照省条例的要求去做，导致市条例的规定与实际不符。为维护法制统一，市条例根据省条例的制度规定，对相关具体条款进行了修改。因此，在重复国家和省的立法方面，不是省里不支持，而是重复立法如果后面实施一旦有冲突，对市立法是非常不利的，浪费了有限的立法资源，也不利于法制统一。

4. 是否已经论证立法项目的必要性、可行性，并区分轻重缓急作出合理安排。

5. 是否存在选题过大、立项时机不成熟等问题。

我们遇到一个情况，一个市刚刚拿到立法权的时候，他们将物业管理条例列为第一个法规项目。我们提出，这个项目对于新有立法权的市来说难度太大，因为调整的关系涉及方方面面，建议立法能力成熟之后再进行立法。他们也听取我们的意见，待他们有立法权4年多之后才将物业条例纳入立法计划。此外，结合近年审查指导工作经验，以及新有立法权的市刚刚起步立法能力还有限的实际情况，我们一般建议新有立法权的市年度立法计划项目不宜超过2件。

第2个环节，论证环节。

这个环节是我们广东比较有特色的做法，新制定的市法规一般情况下实行三审制，一审后法规案正式进入市人大常委会的审议修改阶段，这个阶段对于法规案的修改完善和形成主要制度框架具有重要意义。为此，在市法规案一审后二审前，省人大常委会会组织省里专家对新有立法权的市的法规制度设计的必要性、合法性、可行性等问题，特别对专业性较强，需要进行可行性评价的问题进行论证。这一环节的把关，我们是有侧重的，不是对所有条文都进行合法性把关，**重点是侧重于主要制度设**

计是否科学合理,是否和上位法的制度设计相冲突等。因为,如果大的制度性规定到后面要提交表决了或者已经表决了,我们才提出一些大的合法性、制度性问题,市里就很难再进行修改。

第3个环节,征求意见环节。

法规表决通过前,主要的问题已经在之前解决,基本的法规制度已经定型,此时,指导的重点在于把好具体条文内容的合法性问题。**一般在法规案二审后三审前,将法规文本送省人大有关专门委员会、省有关部门,以及前期参加论证会的有关专家征求意见。**实践中发现,光征求意见环节提出意见还不够,因为不知道后面有没有采纳。我们会跟踪了解法规审议情况,在市法规通过前,把表决稿再看一下,尽量把合法性问题解决在表决通过前。

第4个环节,统一审议环节。

市法规通过之后会报省批准,我们提出初步审查意见并附上审查要点,报法工委委务会研究,报法委全体会议进行审议。这个环节,我们会把前期遇到的合法性问题,以及把握不好、拿捏不准的问题向法委全体会议汇报。审议中发现确实仍存在合法性问题的,提请常委会附议定意见批准或者请市人大常委会自行修改后重新再报。

实践中我们也遇到一些问题和困惑。市法规通过后报省人大常委会批准,发现合法性问题的处理程序在实践中存在问题。根据《立法法》第七十二条的规定,省人大常委会对报请批准的地方性法规进行合法性审查,不抵触的,应当在四个月内予以批准。《〈立法法〉释义》进一步明确,如果在审查中发现有抵触,省、人大常委会可以不予批准,也可以发回修改。**但对于发回修改的程序没有明确规定,实践中大家对这一程序的做法和认识也不同。**附意见批准,市里觉得这种方式不是很好,一般不希望附意见批准,实践中都是拿回修改。但拿回修改的程序,市里比较困惑,修改后直接报省批准,还是要报市主任会议或者常委会同意后再报省批准,程序上没有明确规定,希望能够完善市法规通过后发现合法性问题的审查批准程序。

谢谢。

吴江:发言环节结束,进入提问与谈环节,第一位是上海交大的林彦教授。

提问与谈:林彦　上海交通大学教务处副处长、教授

林彦:我就不提问了,上面占用的时间太多,我把时间给到刘老师。

吴江:接下来有请浙江人大法工委刘立可同志提问与谈。

提问与谈:刘立可　浙江省人大常委会法工委法规审查与指导处干部

刘立可:有些问题,刚才的两位老师都提得特别好,特别感谢这个机会。

另外,最大的一个感觉是共鸣,刘笑菁谈到的问题也是我工作中的困惑。这些**困惑主要集中在"不抵触原则"范围和内涵,**还有集中**在省级批准权和设区市法规制定权之间的关系,背后理论层面**没有非常明晰的制度解释。

这个问题主要涉及报批阶段,如果发现合法性问题存在,有关修改程序问题,所以刚才在会的很多同志都提到了。我是试图**从工作的思考和工作原则方面**入手来谈一谈这个问题。①

……

吴江:好,时间关系,第二单元到此结束!

上午会议就到这里!

第三单元——第一轮

座谈引导人:王保民　西安交通大学法学院副院长、教授

王保民:现在开始第三单元的讨论,请大家讨论时围绕着座谈的提纲,郑磊老师做的提纲非常详细。因为提纲很细致,时间很有限,重点围绕着设区市审批程序、审批基准、审批决定的类型,以及它的效率情况及指导的阶段、指导的方式,围绕这几个主要点展开。大家都是围绕这个专题,一样的地方尽量简洁一下,谈一下特色做法,交流经验,分享成果,探讨问题,大家重点谈一下独特的做法,特色做法,特色经验,以及存在的问题。时间有限,请严格遵守时间。

上午主要是省一级人大法工委的同志,下午主要都是市一级的,有请第一位,长春市人大法工委主任乔大勇同志。

乔大勇　吉林省长春市人大法制委员会主任委员

乔大勇:非常荣幸参加这个论坛,首先感谢主办方的邀请,也感谢省人大法制委员会的安排,有这么一个机会和立法同人,还有整个立法专家进行学习交流。

刚才王主任也说了,上午听了第一单元、第二单元的发言,收获较多。上午主要是省人大同志们的发言,我的角度是通过法规报批单位,汇报三个方面。一个是我个人

---

① 限于篇幅,此项发言的扩充完善版,请参见本书第174页,"基于实践需要对设区市地方立法理论问题的简析"。

对地方性法规审查的理解;二是接受省级人大常委会审查的一些做法;三是有几点建议。

一,我个人对审查工作的理解。

《立法法》明确规定,省自治区人民代表大会对于报批的地方性法规,应当对其合法性进行审查,从宪法法律、行政法规,与本省自治区地方性法规不抵触,应该在四个月内予以批准,这是《立法法》明确规定的。对此,省级人大常委会对于设区市地方性法规审批标准应当只有一个,就是合法性。**不需要对其是否符合当地实际,立法技术是否完备,文字表述是否优美等合理性问题进行审查,**这个是《立法法》中表述有关审查的内容。指导在《立法法》中没有具体的规定,应该属于工作层面的问题。怎样去指导,应该视被指导对象而确定。时间段,从立项一直到省人大批准之前都可以进行指导,要视对象进行确定。

再一个就是合法性审查内容,我理解主要就是三个层面,**一个是对立法权限,**《立法法》对设区市的立法权限进行明确规定,包括有无涉及法律保留的11项专属立法事项。再一个层面,**对法规内容合法性进行审查,是否与上位法抵触。**审查其规定的内容是否同宪法、行政法规和本省地方性法规立法宗旨、基本原则、具体规定方面相背离。**三是不得与“行政三法”相抵触,我不展开说了。**

二,汇报一下长春市的一些做法。

大致有这么几个方面,一是在审查阶段,立项环节,我们在制定立法计划时都要向省人大进行请示,增加项目时都要请示。举个例子,我们在制定安全生产条例时,对是否属于三个范围内事项单独向省人大进行请示。还有今年有一个关于禁止中小学教师有偿补课项目,也单独向省人大进行请示。我们做这个请示都是在立项同时进行,如果等条例出来了,可能一些成本就大了。

再一个,起草环节。我们做了法规,**在起草调研整个过程都请省人大参加,**这是指导这一块。

再一个审议,我们是二审,都已经是固定的。**一审后、二审前,到法制委阶段了,这属于一种正式的征求意见。**在表决前,省里需要我们调整内容,就这些主要问题再次征求省人大意见。省里对指导审查内容是全方位的,包括合法性、合理性,包括操作性。关于审查意见的采纳,基本上是合法性意见都采纳。如果要采纳不了,也要和省里汇报清楚。合理性的意见,我们研究采纳。

提纲里说有没有报批法规撤回的,长春市现在还没有,就有一件是《立法法》出台之前,返回修改意见,好像是2000年左右《立法法》没有出台,返回修改后也批准了。其他都和各地差不多,批准后省里给予批复的决定,有一个标准的文本,这就是最后见报的依据。

三,提几点建议:

1. 如何把握地方立法权限。这个内容各地比较关心,在全国研讨会、座谈会上多数地方提到过,现在进一步进行明确了,但总感觉还需要进一步的明确。

2. 对审查程序这一块是否能有明确的规定。《立法法》对审查程序没有具体的规定,尤其是审查过程中合法性问题处理这一块,怎么处理也不明确,建议进一步明确。

3. 建议全国人大实现立法资源共享,把各地地方性法规都最后报到全国人大,包括审批报告、说明、条例。最好是能有信息共享机制,各地需要的话通过什么渠道能查到。我们掌握的信息都不是那种最及时的,都是通过网上查,有的能查到,有的查不到。再一个,地方立法座谈会的资料也推送给设区市。因为从去年开始设区市就不参加了,会上一些资料、领导讲话、最新立法要求精神,我们有的时候从网上搜也搜不全,看看通过什么渠道能多推送一些。

谢谢。

王保民:谢谢乔主任,很简洁,我们也很明确知道从报送单位角度看,他们有哪些特色的做法,以及有哪些希望、困惑。

接下来有请安徽省淮南市人大法工委主任杨慎红。

杨慎红　安徽省淮南市人大法工委主任

杨慎红:感谢浙江大学给我们这样一个学习和交流的机会。1984年淮南市被评为较大的市后开始立法活动。将近40年来,我参与立法工作上20多年,从设区市的角度和法律实务角度,对设区市法规批准基准谈谈自己不成熟的意见。

在多年立法实践中,我们深切感受到设区市法规审查批准不仅是一项法定程序,更是设区市提高立法质量的保障。每一件法规的出台都离不开省级人大常委会的指导和帮助,从立法工作角度来讲,省人大常委会的把关甚至是作为具体工作者的挡箭牌、护身符,可能大家干长了都会有这样切身的体会。当然在法规送交审查批准过程中,与省人大常委会有关工委在个别问题理解上也有过分歧和争议,但都能通过积极沟通和认真梳理,使分歧问题得到很好的解决。[①]

……

① 限于篇幅,此项发言的扩充完善版,请参见本书第166页,“关于设区的市法规审查批准基准的思考”。

王保民:谢谢,杨主任特别提到了现在设区市给了立法权后,大家立法积极性很高,出于发展当地经济社会需要,最后往往出现由地方倒逼上级人大尽快完善,或者尽快更新相关立法的倒逼作用,这是好事情。

接下来有请浙江省宁波市人大常委会法工委副主任肖子策。

肖子策　浙江省宁波市人大常委会法工委副主任

肖子策:大家下午好,很高兴有这个机会与各位同人、各位领导一起交流探讨!

宁波立法从1988年开始,到今年已经31年了。31年里,我们报批的法规,被省人大要求撤回的一件都没有。涉及合法性问题实质性条款修改,被省人大改掉的基本上没有,主要得益于省人大对地方立法大力支持、帮助和指导。同时也得益于报批之前有一套比较成熟稳定的沟通协调交流体制,这么一套机制,把合法性问题、争议的问题解决在报批之前,所以我觉得《立法法》在2015年修改后,省人大常委会新设了一个处,不叫审批处,叫审查指导处,这是非常准确的。因为重还是**重在前面的审查和指导,正因为有了前面的审查指导,后面才顺利批准。**

这个题目涉及非常广,根据课题组给的调查问卷,涉及问题100多个,我们做了认真的答复。时间关系,这里重点讲一个问题,同道们都讲过的,合法性审查。

合法性审查怎么样标准地把握,尺度把握的问题,我觉得还是有些争议,有些模糊的地方。就宁波实际情况来看,报请省人大批准的《立法法》规定,法规在不抵触情况下就可以制定,报请省人大批准。

实际上是有两个方面做法,报批时分两个环节。

其中编制每年年度立法计划时,报给省人大做衔接。当然这个不叫批准,省人大掌握的尺度,是不是属于设区市立法事项范围,省人大提出意见,我觉得也是属于合法性审查范畴。这是年度立法计划编制时就解决了,后面法规内容报批时就不存在了。前面如果说不把年度立法计划报请省人大先去衔接,可能会在后面法规内容报请时暴露出这个问题。

每个项目市人大常委会通过后报请省人大批准,通过之前把法规报请省人大征求意见。我们自己表决通过之前一个月报请省人大常委会,这一个月之内省人大常委会法工委要做很多工作,他们真的很辛苦。他们审查的标准,这个环节审查标准不仅仅是合法性问题,还有合理性问题,包括文字表述规范性问题、技术性问题,全面审查。这个也很重要,这个环节是必要的,对保证设区市地方立法质量是非常重要。

合法性、合理性问题,这里提出,一般涉及合法性问题都会修改。如果是合理性问题,文字表述上肯定最终按省人大意见。合理性问题怎么样把握,到底和合法性有什么关系。合理性问题,根据宁波本地实际改革发展迫切需要的,和上位法没有明确的抵触,还是要坚持。省人大也会理解,一般来说会理解支持。合法性审查尺度怎么把握,从《立法法》规定来理解,就是不抵触。"抵触"怎么样去理解,《立法法》没有明确什么是抵触。**《浙江省地方立法条例》专门有一条对抵触做过界定:一个就是超越立法权限,这是严格把握的;二是违反上位法的规定,哪些规定明确不一致的;三是违反上位法的立法目的和立法精神。**

立法目的和立法精神恰恰是这个地方有争议,立法目的和立法精神不会直接在上位法某个条文里体现。规定没有的,对不上。有人理解成法理上的,或者立法基本原则上的,甚至可以理解成合理性,它没有明确规定,这个边界在哪里。如果立法目的和立法精神也是合法性问题的话,怎么把握尺度问题,和合理性、合法性边界的区分看不出来,这里可能会有点争议,我们碰到过很多情况。怎么把握立法目的和立法精神,众说纷纭,大家理解各不一样,是争议点所在,这是模糊地带。如果可行的话,把立法目的和立法精神做一个明确的规定,和合理性边界在哪里,这是一个重要的指导。

合法性和改革发展实际需要之间的关系,这个问题越来越突出。设区市立法改革对经济社会发展当中暴露出的现实问题,改革发展的需要,对法制建设迫切的需要、实际的需求,我觉得设区市把握得比较直接。但上位法有很多都没有清理过,有些上位法已经滞后于改革发展的实践。这时候,设区市立法一方面照顾到改革发展实际需要。另一方面,把改革发展实际需要体现在立法过程当中,肯定和上位法已经滞后的条款就存在不一致,抵触了。

我们今年的非机动车条例,涉及电动自行车强制性产品认证和公告目录,公告目录审查在《道路交通实施法》里有的。但国家现在改革,全部实行3C认证,在公告管理已经严重不适应3C认证需要,但省人大条例里还有。我们的条例现在处于为难状态,后来做了技术处理。

还有河道管理,宁波现在是"零直排",所有污水都不能直接排到河道。上位法说排污口设置要经水利部门审批同意才可以设置,我们今年修订把这些全部去掉。

从许可向禁止发展还有很多情况,包括河道采砂,上位法写着还是许可采砂,但宁波已经全面禁止了。

从许可向禁止转变过程当中,一方面是改革发展的需要,实际发展的需要。另外是上位法的滞后,怎么样处理问题,我们觉得有必要进一步探讨。

时间关系就讲到这里,谢谢大家。

王保民:肖主任已经把宁波的情况做了介绍,对当地立法条例的困惑,另外也谈了上位法修改滞后的问题,看来这个问题是普遍存在的。

接下来有请浙江财经大学法学院李教授点评一下。

提问与谈:李春燕　浙江财经大学法学院副教授

李春燕:各位领导下午好!

对于审查批准程序、指导程序上,是一个工作程序,我没有相关立法经验,也不是很了解情况,所以今天上午下来获得很多信息,信息量很大,这样我有几个问题向三位领导请教一下。我们注意到今天下午第一组三位不仅仅是来自新赋权设区市,而且已经行使地方立法权30年以上。这三位领导在本岗位工作,肖主任略微短一点,19年,另外两位都是20年以上,经验非常丰富。

我请教几个问题,两个共性的问题,从2015年之后,我们是在2015年前就取得了地方立法权。2015年之后,所属的省人大常委会在审批以及审批指导上有什么变化,有没有变化。如果有变化的话,有哪些明显的变化。

包括上午提到新设区市取得立法权之后,有30多年立法经验,是不是可以区别指导,因为本身省人大工作量也是很大的。第二个共性的问题,立法广义上包括新制定、修改、废止,目前实践中审批也好,指导也好,省人大层面上给设区市提供指导,在三个设区市方面是否有差别和区别对待,是不是宽严不一、标准不一等。

给三位领导不一样的问题,对长春市这边,刚才提到的情况。在起草环节都会请省人大或者常委会工作人员参加,我们请是请了,他们能不能参加。一般来说对于一个地方性法规是不是至少参加了一次,还是说有的甚至参加了两三次。参加之后对后续合法性影响有多大,这是第一个问题,对长春市的。第二个问题,乔主任提到对于合法性审查问题时,省人大常委会提出能够接受的采纳。也有一些采纳不了的汇报情况,乔主任能不能举个例子,哪个采纳不了,怎么样汇报清楚,最后到底批准还是没有批准。在省人大常委会看来不合法,我们看来合法的,是不是就实施了。

安徽淮南杨主任这里对于合法性理解问题上,和省人大常委会曾经有过分歧,也都通过沟通解决了,我非常感兴趣,到底什么样的分歧通过简单沟通就解决了。

肖主任的问题,刚才提到合法性审查当中对于抵触问题,浙江省地方立法条例有一个关于立法目的和立法精神的要求。立法目的、立法精神到底是合理性的问题,还是合法性问题,涉及合理性、合法性边界,他有这么一句话,实践当中碰到很多情况,他也举了很多例子,希望他再举个例子,在他们看来这是符合立法精神的,是不是省人大常委会认为不符合立法精神、立法目的,相关矛盾和分歧是怎么解决的。

发言人回应

乔大勇：

这几个问题，我试着回答一下。

其一是2015年之后出于设区市立法权滞后，省人大批准以前省会市法规没有变化，从指导到审查上都没有变化。

其二，是不是审查批准和其他省会市、设区市有区别。省人大常委会在指导时，对于新获得立法权的市，已经有丰富经验的市要不要区别对待。这个应该由省人大回答，但我感觉应该是有区别的，毕竟从事这个工作30多年了，有立法权30多年，经验各方面能更好一些，能把握得更好一些。

其三，关于指导过程中全程请省人大，省人大是否有时间参加，因为我们是省会市，有地域的优势。省里有时间，我们把省领导请过来研究指导。如果省里没有时间，我们就上省里去，省人大法制委领导在这儿，对长春市高看一眼。1986年以来，一共制定140多部法规，现今有效80多部。报批这一块基本上和宁波肖主任介绍的情况差不了多少，返回的没有，重大问题修改的不多，这样一个情况，对长春市还是非常支持的。审议中也提出很多合理性意见，因为省里这些委员都生活在这个城市，对这个城市有感情，从他的角度提出一些意见，我们都会认真采纳。

其四，刚才我给自己挖了一个小坑，合法性不一致时还能研究，这个可能我表达得不准确。理解上，不能说一定和上位法抵触，和上位法抵触就没有什么疑问了，省里提出必须要修改。

有一些模棱两可的，比如立法精神、立法目的，类似这样的事。省里不是非常武断，必须修改，我们有机会和省里进行交流，省里也是给我们机会。

大致这么一个情况。

李春燕：新制定修改或者废止指导和审批有什么差别对待？

乔大勇：新制定省里投入指导工作量大一些，修订的工作量要小一些。

孙首锋：你的意思，有关修订是非三个事项范围内的，全国人大法工委有明确意见。对现行的不在三个范围内的法规，原制定机关可以进行修改，它还是有这个权力。去年有防止家暴的，这属于指定范围内的。《反家暴法》具体实施意见，程序上做了明确规定，完全是实时性的，不存在问题。

杨慎红：我来回答，从《立法法》修改之后，省人大对我们的指导更多、把关更严。省人大法工委和各有关部门有什么修改意见，以书面方式给我们。而且有时间的话，他们会到我们这儿来当面交流，指导更多、把关更严。这是一个变化，是大趋势。

老的较大市和新的市,省人大一个尺度,立法者也希望法规更严谨,更规范,是我们的护身符、挡箭牌。市这一级领导意志很难去扭转,往往借助省人大扭转这个问题。立法分歧,过去比较多分歧在行政处罚上,上位法都有行政法规,没有设定处罚,但我们在城市管理中要设定处罚。后来全国人大有一个口头精神,指导意见——比照。

有一些行为行政法规没有规定,但其他行政法规或者是对比这个行为还严重的行为设定行政处罚,我们可以按照比照观点处理行政处罚。在个别处罚上,比如吐痰罚款了,随地大小便不罚款,轻的行为设定处罚,重的行为不设定处罚,合理性就没有了,这是类似于比照。

淮南是一个煤城,七八年前还有小煤矿的时候,我们搞了《小煤矿安全管理规定》,很简单的十来条,其中一条规定这个小煤矿一年累计死亡两人,或者一次死亡两人时,这个小煤矿就关闭。对这个问题上理解有不同,按照国家安全生产规定来讲,一次死亡三人是重大事故。一般小煤矿关了,意味着这个企业就没有了。

这个问题,我们把省人大领导请来,当时小煤矿安全生产条件,包括民营为了钱各方面。产煤工人都是聘用偏远地区的,不是安徽的,都是贵州或者其他地区来打工的,就是为了挣钱。我们目的是规范它,它一年产量二三十万吨,结果一年就死人,对人的生命不尊重。再是沟通《安全生产法》,不符合安全生产条件的要给予关闭。煤矿是高危险行业,如果一年累计死亡两人或者一次性死亡两人,说明安全管理上和生产条件上有问题,我们就在不断沟通,报请省人大法工委领导来看,座谈,听各方面意见。后来表述上加了两个字,我们把煤炭,过去国家安全监管总局的文件政策,把不符合安全生产条件的作为一个列举,其中作为列举一项。我们在立法上回避了,前面加了一个帽子——"依法关闭"。

就像今天上午和下午各位同人讲的,就是立法要达到一个目的,管用,针对问题来解决问题。如果是针对问题进行立法,省人大也可以和它沟通,并不是明显增加公民权利,其实换过来是保护公民生命权,这个角度还是容易得到理解。

肖子策:《立法法》修改之后审查的标准有没有变化,如果说有变化的话,立法计划和省人大衔接时,是不是在三大事项范围内,我们要做专门的汇报解释,近几年每年都会出现这种情况。只有宁波市一个项目没有被省人大批准,就是反腐败条例,其他都是比较顺利的。

李春燕:实践中碰到很多情况,具体说说。

肖子策:这正是我困惑的事情,立法目的、立法精神怎么具体界定,要请教大家。

具体说说,碰到的情况是这样,几乎大部分合理性问题都可以和立法目的、立法精神挂起钩来,不是一个例子的问题。包括省人大审查很细,提出问题角度看得很深,是否适当合理要经过时间检验后充分验证。如果上升到立法目的、立法精神上来说的话,所有合理性无非就是有失公正公平,不符合便民、效率、公开,这些原则都和立法目的、立法价值、立法精神联系起来。

对于这个问题,如果要关心具体有哪些例子,会后再请教,或者专门成立一个课题组,就这个问题做进一步具体的探讨。

王保民:简单总结一下,前三位都是设区市,有很多年地方立法权了。刚才讨论比较多的,共性的是这样几点:

一是都非常感谢省一级人大法工委,省一级人大常委会的支持和帮助。不管是审批还是指导,这都是一个共性的东西。

二是大家都讨论了一个问题,审批、指导两个阶段。指导,大致来看有几个环节肯定都是参与了。比如立项,年度计划立项,肯定都在把关。一审之后正式书面的征求意见,其他还强调了更全方位的。**实际有一个度的问题,毕竟有很多工作量。**省人大法工委、省人大常委会支持,这种指导到底有没有一个度,**会不会伤害到设区市本身立法权、自主权,甚至造成某种依赖,**这个确实也有一个问题,大家可以思考。

三是合法性标准问题。大家讨论了很多,从不同的角度,特别是宁波谈到了地方立法条例理解,立法目的和宗旨,有规定的肯定要明确,不容抵触。没有规定,不能违背立法宗旨和目的,主要从立法的第一条宗旨,为了解决什么问题,还有立法基本原则,本身确实也很抽象,不好把握,按一事一请示、一事一沟通的方式去解决。

大家讨论比较多的就是这三个问题,更具体的各有特色做法,我们不详细在这儿说了。

当然也谈到一些地市希望在现有立法条件下,怎么样尽量去创新。搞立法公示,在这样的制度框架下,现有许可范围内最大限度搞一些创新,这也是很好的尝试。但也反映了一个普遍的问题,设区市在制定法律过程中发现上位法的滞后、不合理,导致对设区市立法妨碍,这也是一个倒逼,上位法、省级人大尽快修法,这是大致的内容。

第三单元第一轮就到这里,接下来进入第二轮,有请九江市人大法工委刘主任发言。

第三单元——第二轮

刘明洋　江西省九江市人大常委会法工委主任

刘明洋:非常高兴参加这次研讨会,衷心感谢研讨会主办方给各个设区市提供的周到服务。

九江市和绝大部分市一样,都是从2016年正式开展地方立法工作,到今天为止主要在三个方面做了努力。

一是招兵买马,在队伍、人员、编制上下功夫,每年都能有一些新的动作。按照上一届张德江委员长要求,设区市人员编制不少于10个人的要求,我们已经落实到位。行政编7个,事业编4个,基本上是能满足立法工作需要。

第二块工作,边学边干,探索实践上下功夫。到目前为止,我们已经制定了5部实体性地方法规,基本上一年2部。

三是在凝聚立法工作合力上调动各方支持参与地方人大立法工作积极性上下功夫,总的来说,九江市地方立法工作已经逐步走上常态化发展轨道,地方立法工作对经济社会发展的引领推动作用也在逐步发挥出来。

举个简单例子,我们2016年制定了《九江市城区烟花爆竹燃放条例》,九江历史上有这样的风俗,半夜12点搬家,如果晚上1点钟搬家的话大家就放鞭炮。一炮打响,全城都震动,这种情况非常严重。2019年,市委市政府就整治烟花鞭炮,但经过这么多年都没有用,一直是加大力度有好转,稍微放松,又死灰复燃。我们2017年5月份实施条例后,这个情况发生了翻天覆地的变化。过去每天大概几十上百起,从2017年到今年5月1号为止,我们做了一个自我检查,大概不到300起,平均每天不到1起,作用还是蛮大的。市委市政府领导对我们立法工作高度肯定,这是九江立法工作所取得的成效,我们所做的努力。

这次研讨会的主题,设区市立法的审查批准,围绕这个,省人大对我们地方性法规审查指导批准。

一个是在立项上提供指导,**省里对设区市要求,每个设区市每年不超过2部**。我们自己提出的目标是两年3部,实际上是超过了。

二是省人大在加强立法能力建设方面提供指导,省人大有固定的一些做法。比如上午杨主任已经介绍了,每年组织两批集中的培训学习,一批在省内,一批在省外。另外,每个设区市基本上每年都有一个干部到省人大跟班学习,即为期3～5个月的培训。通过这些学习,我们快速进入了角色。

三是在实务操作上提供指导，我们在报请批准这个环节提供指导。在这个环节里，我们主要做的工作，包括省人大工作在四个方面：一是我们报，我们是主体；二是省人大指导、省人大审议、省人大批准，主体在省人大。

目前我们报的程序是这样，立项以立法计划形式向省人大报。一审之后，我们把草案和有关说明，初审报告向省人大报。二审之前，请省人大来具体指导，大概是2～3天时间。三审之前，再报省人大进行审查。应该说省人大对我们的指导批准是及时全方位，并且是深层次的，也是促使各设区市能快速上路的一种根本方法。

四是在省人大常委会审议时沟通解释上提供一些指导。这个说实在话，省人大各个领导们经历不一样，每一个人看问题的角度都不一样，大家提出不同意见也是非常正常的。在这种情况下，省人大出面帮助我们解释，说明应该更有利于地方性法规资料通过。目前，我们在审批环节，指导方面主要是这几个。

对于提供省人大进行审查批准和指导工作，我是这样看的。**省人大对设区市立法，按照《立法法》主要是合法性审查。但不可避免的也包括规范性、技术性、合理性的审查**，按照《立法法》规定是合法性的审查，但如果再深层次想一下，**地方立法工作基本原则就是立得住、行得通、不抵触、有特色**。这个立法原则也已经在合理性和规范性中体现，我认为省人大合法性审查应该包括这“三性”。与省人大沟通汇报中，我们始终保持着一个观点，**省人大是上级机关，对我们下级机关指导的意见是指示，就要执行，这是合法性问题**。省人大有几十年立法经验，经验就是老师，老师的教诲也是指示，我们作为学生应该遵从。基于这样的认识，我们在工作中是这样看待，**对于省人大提出的合法性审查内容，我们坚决照办，坚决执行。对于省人大提出的关于技术规范性方面的要求，我们也是坚决照办。**

关于合理性的问题，这个问题一分为二。如果根据地方实际有必要坚持的，我们会积极向省人大争取他们的重视，争取他们的意见和支持，多做沟通汇报工作。这几年实践中来看，省人大沟通汇报非常顺畅，我们之间既有良好的工作关系，甚至还有更好的个人感情关系。这几年九江与省人大法制委、法工委的联系非常密切，配合也非常协调。我来人大从事地方立法工作之前，干过记者，干过组织部门干部。来人大之后从事研究室工作，最后担任常委会副秘书长，工作主要是文字材料。

相比其他工作，我觉得立法工作的强度和要求更高，实际工作中还是存在很多困惑。立法工作要求比较高，但与人员队伍要求还是不太适应。我们成立的时候，人员编制基本到位。但随着形势的发展，人员流动比较大。比如有几个同志有的考到广东，有的考到省厅，有的考到事业行政，人员队伍流动比较大。**保持立法队伍稳定性**

不仅是一个设区市的事,包括全国都应该有保障性要求,这是第一个困惑问题。

第二个困惑,**地方立法需求比较旺盛,但手段、空间狭窄缺失**,这个问题确实存在。特别很多领导已经讲到,设区市人大立法权主要是规定权,设定权比较窄。特别在上位法滞后的情况下,老的办法不管用,新的办法又不能用,也制约了地方立法工作的发展。**在审查把关上能不能更加实事求是一点,不一定非要在上位法里找到明确的依据,才认为是符合上位法不抵触。**只要符合法律精神,只要符合立法实质,就不是违背上位法。

第三个困惑,地方立法到底是管人,管老百姓,还是管我们自己,管工作方面的问题。很多部门提出怎样把老百姓管好,一些手段方面可能行政管理中能用,但地方立法中坚决不能用。比如关于进入征信系统问题,国家有严格的具体规定,他们都希望用这种办法。再加上地方人大,包括政府立法目的,立法理念方面也存在这个问题。就拿人大来讲,**很多领导希望体量比较大。站在立法角度来讲,我们希望小切口能够管用。**比如烟花鞭炮一样,一部法规,18条,2381个字就能把这个事管住。但站在部门来讲,因为我们有国家的法,省一级的,还有部委规章,国务院,行政法规那一块。如果管好一个事情的话,要把几个法规同时放在身上,这个矛盾有些片面追求体量过大问题。

时间关系,就讲到这里。

王保民:接下来有请温州市人大法制委主任委员王旭东。

王旭东　浙江省温州市人大法制委员会主任委员、常委会法工委主任

王旭东:感谢本次座谈会给我交流发言的机会,温州作为地方立法的新兵,在省人大四年多来精心指导下,我们通过短短这几年立法实践,从蹒跚学步到了现在扬帆起航。从中,我们深刻体会到省人大的审查和指导这一块对于先获得地方立法权设区市,能迅速掌握立法技术、熟悉立法知识和提高立法质量,起到关键的作用。今天围绕这个主题,具体工作就不谈了。我想基于这么一个主题,**省人大审批和指导,对设区市需要的是什么,**本次也邀请了新获得立法权设区市做一个发言和交流,我估计这也是一个初衷。

时间关系,我直奔主题谈三个观点,尽量每个观点能通过一个案例试图做出说明。

一是关于这次研究课题中的方向,涉及法规审批和法规指导,它的侧重点。我认为**法规能不能获得顺利批准,本身是取决于法规的质量。批准前指导现在尤为重要,**

如果说批准前指导到位，设区市和省人大之间能够达成共识，我相信后面获批就水到渠成。这几年来我们体会到关键的环节，重点还是在指导上。**如果设区市和省人大没有达成共识，审批时不予批准要撤回，显得非常被动。**我们曾经就有过这么一个案例，制定温州市物业管理条例时，温州市安排二审通过制，二审期间我们还没有和省人大对某些事项达成共识，这种情况下宁可临时增加一个审议环节来解决这个问题，而不是强行通过，再被省人大打回来，这个就显得非常重要。

我个人主张，这种课题研究对设区市来说更加侧重，应该侧重于如何来发挥指导的作用，这是第一个观点。

第二个观点，**关于法规指导侧重点在哪儿。**关于法规立项指导和内容指导之间，这两者如何侧重，我个人认为**应该侧重于内容指导，而不是侧重于立项指导。**从目前情况来看，省人大对设区市法规立项指导重点主要是两个方面：一个是立法的权限；二是与省人大同期立法存不存在同质化问题。至于同期各设区市之间是否存在同质化问题，本身省人大在指导时是一个把握的难点，也无法把握。因为各设区市之间随着经济社会的发展，有不同的需求。这种情况下如果省人大立项环节做一个很严格的审查和指导把握是很难的。因此我认为对立项和内容指导方面应该更加侧重于对法规内容的指导，这个意义更大。

对法规内容的指导，它侧重于哪里，从我们的体会来说，**设区市和省人大关于不抵触和有特色之间，这类关系如何来把握的问题，这也是省人大和设区市不能达成共识时最纠结的问题。**当然，不抵触是一个底线，这也是省人大指导时牢牢把握的原则，浙江省这一块把握得非常好。把握这个底线的时候，有些得不到设区市的理解。个人体会，这里主要是两级人大之间对上位法准确的理解，可能会有分歧。但它的关键，我个人以为是设区市本身前期研究不够，研究不透。甚至在研究不够的情况下，想打一些擦边球，甚至想搞突破。

我们目前制定了6部实体法，通过我们和省人大沟通，通过省人大的指导，如果前期研究是透的，我们和省人大之间比较容易达成共识。比如去年我们制定《温州市文明行为促进条例》时，其中涉及僵尸车拖车处置措施。我们交流过了，兄弟市也有，为什么我们通过了，其他地市没有通过，没有被省人大认同？前期我们做了一个比对性研究，首先和省人大达成共识，这种拖车是一种行政强制执行，是行政强制，这个已经达成共识。在这个基础上，行政强制执行不属于地方立法权限，也是共识。为什么要这样做，不是设定强制执行，而是规定重申《道路交通法》第九十三条。强制执行是《道路交通法》设定的，我们只是设了行为规范，和《道路交通交法》第九十三条做了接口。如果前期研究得透,我估计是能够和省人大达成共识。

这就带来第二个问题,既然不能打擦边球,不能抵触,往往设区市和省人大之间会对立起来,我认为不是一种对立关系,这两者之间不抵触和有特色是不对立的,就**需要地方立法发挥拾遗补阙的功能**。如果不能创新,就大量重复上位法,就会造成立法大而全、大而空。当时正值省人大制定《房屋安全条例》,同时,那时候进入一个小切口进行立法,立了10条法规。

对于法规合理性指导问题,我认为还是要指导。目前看来,我个人体会,省人大更重要的是侧重合法性审查,有时候迁就于设区市。比如合法性没问题了,至于合理性能过就过,基本上不太关注,我个人认为还是要关注这个问题。不关注这个问题,**一,合理性和合法性边界并不是那么清晰;二,很多合理性问题,我们有时候会被一线工作人员绑架,他往往以自己务实来自居**。实际上合理性,尤其是制度合理性创制不仅需要扎实的法律功底,还需要丰富的生活阅历和工作经历。

最后,提纲里关于**省人大反馈指导意见合理时间问题**。现在浙江省设区市普遍实行二审制,但很不好用。这个带来什么问题,一审常委会组成人员往往开始功课做得不足,意见很少。到二审时一大堆问题,根本来不及研究,不可能在这之前向省人大提出合理的修改方案。省人大也来不及,这会是一个很大的问题。我们现在采取两个措施暂时性弥补,一是采取"隔次"式弥补,两次审之前隔了一次;二是二审表决前采取解读制,提高精准率。

这里一个建议,省人大对反馈时间最好能够提前15天,便于我们有时间坐下来去研究,去达成共识。

谢谢大家。

王保民:谢谢王主任,把审批指导方面的重点,以及一些问题简单反馈了。

下面有请广州市人大法工委一处刘伯灵。

刘伯灵　广东省广州市人大常委会法工委法规一处主任科员

刘伯灵:非常感谢主办方给我这次发言的机会,我的发言主要有两点:第一点,指导工作和审批工作;第二点,指导工作的区别对待问题。

第一个问题,关于指导工作和审批工作。我先介绍一下我市的基本情况。自1986年广州市人大及其常委会获得地方立法权以来,制定了一批具有地方特色、在全国有较大影响力的法规,这与省人大常委会法工委在立法过程的指导密不可分:**一是法规立项阶段**。长期以来,在将立法规划草案和立法计划草案提交市人大常委会主任会议审定前,市人大常委会法工委都会书面征求省人大常委会法工委的意见。主任会议审定后,市人大常委会会将立法规划、立法计划抄送省人大常委会。2015年《立法法》修订后,我市立法权限收窄,市人大常委会法工委更加注重就法规立项工作征询省人大常委会法工委的意见,加强与他们的沟通,对立法计划外根据需要拟新增的立法项目,均会专门书面征求省人大常委会法工委的意见,主动请其予以指导。省人大常委会法工委对自己把握不准是否属于我市立法权限的项目,还会专门请示全国人大常委会法工委的意见,帮我们把好法规立项关。**二是法规制定阶段。**我市人大常委会制定或者修订法规,一般经过三次审议。立法过程中,我市人大常委会法工委都会主动邀请省人大常委会法工委提前介入,全面、深入了解法规案的有关情况。通常情况下,在常委会对法规案进行第二次审议后,我市人大常委会法工委会及时将提交常委会第二次审议的法规案的对照稿和相关法律法规资料汇编等参阅材料报送省人大常委会法工委,书面征求他们的意见。常委会对法规案进行第三次审议后,同样会将提交常委会第三次审议的法规案的对照稿报送省人大常委会法工委,书面征求他们的意见。对于立法难度大、争议点较多、把握不准的法规案,我市人大常委会法工委还会邀请省人大常委会法工委参加立法顾问论证会、立法听证会等活动,必要时会专程赴省人大常委会法工委,当面汇报法规案的重点难点问题,征询他们的意见和建议。省人大常委会对我市法规合法性审查工作高度重视,其法工委法规审批指导处安排专人跟进需要指导审查的法规项目,会重点审查和把关合法性方面的内容,有时也会提出合理性、规范性等方面的修改意见。对法规案的重点难点问题,省人大常委会法工委还会专门请示全国人大常委会法工委,征询其意见和建议,确保我市法规案不存在合法性问题。

在经过上面充分的沟通和指导情况下,到了报批阶段,应该坚持合法性审查。从维护国家法制统一、充分尊重设区的市地方立法的积极性、主动性、创造性出发,省级人大常委会在批准设区的市地方性法规时应只进行合法性审查,侧重审查是否与上位法相抵触。全国人大常委会法制工作委员会国家法室编著的《中华人民共和国立法法解读》就指出:“省、自治区的人民代表大会常务委员会对报请批准的地方性法规,应当对其合法性进行审查。经审查认为同宪法、法律、行政法规和本省、自治区的地方性法规不抵触的,应当在四个月内予以批准。对于地方性法规的规定是否适当、立法技术是否完美、文字表述是否优美,不作审查。”**我们建议对于遵循合法性、不抵触审查原则,重点是审查三个方面:一是是否超越权限;二是是否违反上位法;三是是否违反法定程序。**

第二个问题,关于指导工作的区别对待问题。赞同座谈会提纲第36点第2个方案,即赞同"原较大的市原则上免于法规生效前的指导与审批,将之转变为省级人大常委会对之进行事后的备案审查,并将该方案通过全国人大常委会试点授权在部分省份先行试点"的方案。原较大市行使地方立法权经过了长期实践,立法工作机制比较健全,立法人才队伍和能力较强,积累了比较丰富的立法工作经验。我市赞同座谈会提纲第36点第2个方案。同时建议授权,在立法权限范围上,建议恢复原较大市地方立法权限范围,即原较大市只要不违反上位法,可以制定地方性法规,没有其他限制。

我的发言完毕。

王保民:谢谢,这一轮发言就到这里,后面请郑教授提问与谈。

提问与谈:郑磊　浙江大学光华法学院副教授

郑磊:谢谢主持人,听了一天非常受启发,我不停地敲字珍藏各位的高见妙语,获益良多。

有限时间的提问与谈,我就围绕一个问题展开:审查标准、审批标准或者指导标准。不提很多问题,也不讲很多观点,就把刚才各位发言过程中,调查问卷中不同观点放到一起,拿出来晒一晒,就此请教各位在此问题的这些方面有没有进一步的高见。

第一,各位都没有谈到一个事,审批的标准和指导的标准有没有区别。比如大家都谈合法性、合理性区别,要不要涉及合理性的考虑。这个东西在审批过程和在指导过程中,是不是会有所区别?审批不够用,要指导跟进。这个指导到底是怎样的定位,有没有不同于审批机制的区别定位问题?调查问卷里有一个观点,指导的标准更为宽泛些;合理性问题的交流,更多放在指导环节进行。对于此,刚才几位也谈到,进入正式审批阶段,一些常委会组成人员基于朴素的公平正义观念提出的恰恰可能是合理性的话题。标准问题在程序上,在指导程序、审批程序之间是否可以区别分工?这个问题,或许背后更根本的一个问题是,对于审查、批准,这两个阶段本身是不是有定位上的区别,以及由此连带的相关话题。

第二,关注合法性标准和合理性标准区分的不同视角。大家都谈得非常聚焦的,合法性标准和合理性标准区分话题。谈这个话题从哪个角度去看,也有一些不同的角度。一般大家都会关注的,从尊重设区市立法主体角度去谈。刚才温州王主任谈到一个角度,合理性审查可能只是一个途径,通过这个平台展开沟通交流,然后更好地提高设区市立法的水平。在这个意义上,甚至要避免以地方立法主体自主性,或者地方实践经验,去绑架合法性问题,这是挺受启发的一个角度。

第三,合法性审查是否包括立法程序方面的合法性审查。浙江的《设区的市地方性法规合法性审查参考标准》里面专门提到“关于立法程序”一块,这方面,各位直接谈到的不多。如果涉及立法程序的合法性审查,如何把握。不同省的立法条例规定不尽相同,例如,有的地方二审通过,有的地方三审通过。刚才王主任也提到了,这直接影响到审查重点放在哪个环节。如果画一条线,开端是立项,终端是批准通过。中间经过起草、一审、二审、三审,指导的重点阶段放在哪个环节,是立项、起草、二审之前、三审之前,还是审批前置一个礼拜,这里汇总比较会带来一些启发。

第四,立法重复和同题立法的话题。同题立法一般省人大立项时都会审。对此,刚才几位发言提出了,比如淮南市杨主任提到,三类事项同题立法,上位法已经有了,就别去立了。对此,调查问卷里设区的市人大也有这样的一个理解,三类事项不仅是说设区市只能立这三样,而是这三项里,设区的市至少在某种程度上,有优先立法权,省人大别去管它。这个理解挺有意思的,不知道对不对。

第五,再涉及一个话题,比较有前沿性、挑战性的话题。我们都感觉到很多抵触上位法,游走边缘问题。不是下位法的问题,是上位法的问题。因为太多立法是大规模立法阶段,为了管住政权用的。现在进入新时代,最典型的是《行政处罚法》,它在有效规范行政处罚设定权的同时,客观上也极大地束缚了地方立法权的展开。在这个问题上,乔晓阳主任在2017年地方立法座谈会上讲的就是这个主题,这个问题怎么去解决。乔主任当时提到用足现有立法空间,同时还讲到一个思路:用足现有立法政策。表达得非常委婉。一些游走在上位法内涵边界的地方,是不是可以相对放宽一点,在审查指导的过程中。不知道大家怎么看。这个问题,一方面是地方立法主体怎么看,尤其是一些需要改革的方面;另一方面,更重要的是,全国人大又怎么看,否则用足立法政策放宽批准的法规会在事后备审中被打回去。关于这个问题,全国人大常委会是否有可能通过试点授权方式,让某些省份先尝试起来。如果这方面可以有所突破的话,不同的法律情况又不一样,《行政处罚法》正在修改。这个问题的背后,涉及合法性要求和改革需求的普遍性话题,九江市刘主任也提到地方立法需求旺盛,但上位法给的空间太有限。

第六,合法性标准的统一展现途径。刚才大家都在讲标准怎么样,我们都有一个想法,如果具体地列出来,由全国人大层面统一给出,例如分成几个要素,就非常清晰。对于当下高效地统一标准,这很重要;然而,这是列不完的。于是,我想到有没有可能借助一些平台,甚至最后形成一种类似于"裁判文书网"这样的司法文书案例库。当然,这不可能一蹴而就;如果一下子不可能的话,全国人大层面有没有可能在某些地方、某些省以试点授权方式做一下这个工作,关于审查标准怎么样把握的素材分享,这些是审查基准话题。

还有一个话题,在这轮讨论里出现了区别对待话题。因为现在一个省人大要对这么多市实在太忙、太辛苦了。为了突出重点,我概括得直白一点,有没有可能新市新办法、老市老办法,区别对待。有的市刚刚开始立法,有的市已经立法20多年乃至30多年。立法经验积累一定的基础,在怎样的情况下,比如指导,较大的市是不是可以少指导一些,甚至不指导了,直接进入批准。当然这个情况,不同省的情况又不一样。九江市刘主任也提到,一个大致的规定,比如每个设区的市一年不能立太多,每个市大致2件的做法,这在很多省份有。这是不是也有区别的对待需要。新市新办法、老市老办法,也涉及公平性问题,有没有可能全国人大做一个试点授权的方式,一些省先做起来。

以上是我的一些罗列、梳理以及不成熟的想法,谢谢。

发言人回应

杨慎红:我来说一下立法优先权的问题,过去我们讲"四世同堂",国家有法律、国务院有实施条例、省人大有条例、市再搞一个条例,"四世同堂"。包括新获得立法权的市这种情况也出现了,包括我们省、其他省,我也比较关注这个话题。现在城市里公共事业,包括供热、供电、供水、供气,包括公共交通,这样的事情各个城市千差万别,一个省都不一样。有的地方有地铁,有的地方没有地铁,有的地方70岁才可以免公交,有的地方60岁。有的7折,有的8折、9折。这样纯粹公益事业,城市管理的事情,省一级应该把立法事项权交由市立法,很简单、很便捷。包括集中供热、燃气也是。因为上位法规定,一个省十几个市,不一致,各有各的特点,又不能统一,最后很多市再搞一个规定,或者一个条例,十来条,又搞一个补充。总共20多条,不到30条,市里再补充七八条,穿衣戴帽十来条,不如把这项事情交给市来立法。而且省人大立法数量很多的,我们省将近280部,太多了。我们立法人心里都清楚,很多法立了之后是束之高阁的。城市公共类事务应该有权力再分配,应该优先,也有统筹。不仅市统筹,省里也应该统筹。

刘明洋:关于指导和审查关系的问题,我是这样看待。指导是过程,是手段,处于前端。批准是结果,是目的,处于省人大审查指导的末端。

关于审查边界问题,我们在具体工作中为了避免产生这类情况,是这样强调的:一是尽可能少在法规中提出,政府制定具体实施办法规定,避免政府或者部门之间搞变通问题。二是随着行政审批改革逐步推进,国务院、省里力度确实非常大。我们在部门里,或者政府草案中有很多都要求有行政许可、行政审批内容。我们尽可能在地方性法规中不涉及,或者少涉及行政审批、行政许可问题。如果一旦写进去了,国务院具体行政手段,搞不好今年就有这项内容,明年就取消了,导致地方性法规经常要修改,不稳定。

具体工作中为了减少地方性法规与上位法重复问题,尽可能少地重复,不重复不可能。一些无关紧要的东西,可有可无的,有时候立法技术规范不一定面面俱到,不一定眉毛胡子全都有。

我就讲这些。

刘伯灵:指导工作和审批工作还是要分开的,前面阶段要充分沟通,充分指导。到了报批阶段应该坚持合法性审查,我觉得应该做一个阶段性区分。

王保民:后面这一轮有3位,明显和前面3位不大一样,至少对审查标准,尤其对省级人大审查标准认可上有一些态度上的变化。我按照郑老师的标准,指导和批准是两个性质的东西,**审批标准就是合法性,基本上没啥问题,只有个别设区市认为包括合理性。**这是法律明确规定的,审批上就是合法性。**指导方面是全方位的,不管是合法性、合理性、立法技术,甚至特色问题都可以。**审批制度是立法监督,甚至有些是立法权行使的环节。因为涉及立法效益的产生和变动,还是立法权的缓解。

因为立法权是综合性权力,包括提案、审议、表决、通过、批准,甚至签署公布,它只是一个环节。这个环节到底怎么定性,它是程序性的环节,还是实质性决定权的环节,在实践中是有争议的。现在根据各地实践来讲,绝大部分地市都是程序性的,更具有立法监督特色的权力。立法审批指导制度更是一种业务上的联系,业务上指导,法律监督性质上。

关于合理性和合法性问题,和第一个问题都是相关的。确实也有很多困惑,比如说到最后批准环节了,结果常委会有人提出来合理性问题。以附意见修改建议方式交给对方,对方可能没有机会再调整了,这里也有一些困惑。

指导重点,这是全方位的指导,根据各个省人大和各设区市之间互动不太一样。但有几个环节是比较清楚的,各个环节都很重要。立项环节侧重在于审核它是不是符合权限范围,和省立法、国家立法是否有重复协调,各有侧重。一审之后从总体架构方面,合法性、合理性、立法技术要有些调整。越到后面,调整越是细小的环节,每个阶段都有侧重。

涉及重复立法问题,按照《立法法》的规定,省有立法权,设区市有三项立法权,实际上都可以在这些区域立法,只不过看在哪个层面立法更有利于解决问题。这个问题真是省人大常委会要协调,确实有相对侧重的问题。后面提出上位法倒逼机制,也是挺有趣的问题,很多抵触原因不是设区市立法,而是上位法出了问题。郑教授也说了,充分利用好立法政策,有很多变相突破上位法味道在里面。

区别对待问题,这个怎么处理确实是很有趣的话题。有些设区市有数十年的立法经验,有些是新批的,肯定不一样。当然怎么区别对待能最大限度节约立法资源,还是值得探讨的问题。总体而言,不管是依赖省级指导,还是靠自身,最终解决这个问题还是要靠设区市,提高自身立法能力,把自己队伍搞得稳定,而且高素质,这才是解决问题本源所在。从我国《立法法》《地方组织法》立法史来讲,最终的大趋势是把设区市立法批准权取消了。审批指导在指导工作中更多带队伍,培养人,提高他们的立法能力,直接过多介入我并不太认同。当然,需要根据发展阶段来定。

最后简单总结这些,这个环节就到这里,谢谢大家。

第四单元——第一轮

座谈引导人:杨清望　中南大学法学院教授

杨清望:接下来进入第四单元,希望你们根据课题组需求,结合你们的实际,多谈一点经验和困惑。地方立法从直接目的来讲,就是要立得住、行得通。设区市立法的意义远远不仅如此,它应该放到国家治理体系和治理能力现代化这个宏观背景之下考虑。通过地方立法小的切口,一个事例,具体哪些点切入能总结经验,指出问题,提供有针对性建议,对推动我国"法治中国"建设具有非常重要的意义。接下来期待各位发言人做出精彩的发言,每人8分钟。

首先有请浙江省金华市人大常委会法工委主任钱静,大家欢迎。

钱静　浙江省金华市人大常委会法工委主任

钱静:大家下午好,非常高兴能参加本次论坛,对我本人来说是一次非常好的学习机会。

2015年3月《立法法》修改之后,金华是2015年7月第一批获得立法权的设区市,到现在为止一共立了8部生效的法律,1部程序法,7部实体法。这8部法律都没有发生与上位法抵触和合法性问题,这个成绩主要归功于省人大法工委非常有力、非常精准、非常有效的指导。从主任到业务指导处处长们和同志们,都倾注了大量的心血。也要感谢全国人大在授予设区市立法权之后,组织了几次培训,这样的业务培训对我们开展这项工作打下了比较好的基础。

根据论坛的要求围绕具体问题展开,围绕不抵触的问题,我把立法当中碰到的几个案例和大家做一个交流和分享。

下午整个论坛已经讲到不抵触的问题,讲了很多。我在想**不抵触是大家都要守的底线,**也不愿意在实际当中发生这样的问题。为什么还作为问题来讨论,可能产生抵触的原因非常多。涉及这么几个方面,一是上位法滞后和改革发展需要方面产生矛盾;二是各种利益的博弈,包括公权力和公民权利之间的冲突;三是对上位法律理解问题。举三个例子。

第一个例子,关于犬类管理。

犬类管理这个问题,我们在审议过程中争议最大的一个焦点,到底是公安机关管还是由综合执法机关管。第一种意见认为公安机关管,它的依据主要是来源于《警察法》里第六条,公安机关除了依法之外,还要负责依法履行法律法规规定的其他法律职责。在《传染病防治法》没有修改之前有明确一条,关于犬类的登记、管理、狂犬捕杀,明确在公安部门。同时卫生部经国务院批准的实施办法中,第二十九条第一项明确公安部门负责县级以上城市养犬审批、违章养犬的处理,包括捕杀狂犬、野犬,这是支持公安机关管的理由。第二种理由认为公安机关主管养犬工作已经没了法律法规依据,它的主要说法是《传染病防治法》在之后修订当中,已经把公安原来有的表述拿掉了。《传染病防治法实施办法》是低于《防治法》的规定,前面是一个行政法规,经国务院批准的,就认为没有这样的权力。

我们最终解决的办法,在规定这个问题的时候,最后表述为公安机关或者依法接受其职权划转的机关。为什么这么表述呢,因为浙江省和全国各地有一点不同,我们行政处罚相对集中,这一块工作开展比较早,差不多2003年前后,浙江省所有城市都在推。其中有两个,衢州和义乌,作为县级市是综合城市管理在推的。这当中涉及养犬管理,登记是一个许可,还有处罚。从管理现实情况来看,浙江省大部分地市,政府都是把这块管理移交到城市管理执法局去了。这次在立法的时候有这么一个争议出来,执法局想把这个活推回去,公安认为这块活已经出去了。从整个法理研究来看,同时结合浙江省改革需要作了这个规定。从不抵触来看,立法考虑也是有不同原因在里面。关于这个问题,省人大法工委指导非常有力,专门召开了省法制办公安厅建设、卫生和编办等单位参加的论证会,觉得这样的表述能够比较好地契合浙江实际。对于金华市来说,9个县市区当中,有1个县由公安管,其他实践中都划归城市管理局。

第二个例子,关于电梯加装的问题。

在《电梯安全条例》制定过程中,加装的呼声非常高,甚至有的同志讲如果这次立法中没有电梯加装内容,立法意义不大。我们也分析这当中的问题,对于加装问题,全国各地立法来讲,基本上涉及不多,衢州市有一个,也是非常慎重的规定。为什么最终加装电梯这块内容没有写进去呢,我们做了考虑。考虑到和上位法不抵触,和《立法法》规定的内容不抵触。《立法法》是很清晰的,涉及民事内容,地方立法无法涉及。关于加装电梯问题,涉及法律关系比较复杂,既有对管理方面的,比如规划、建筑结构、电力供应、消防这些行政管理问题,也涉及民事方面的问题,比如说房产所有权的控制,还有相邻采光噪音通行的民事关系,所以加装问题涉及民事方面问题更多,就不放进去了。

第三个例子,烟花爆竹。

很多地市已经立了法,大家在立法中都非常注意禁燃和禁售两个法律问题。禁燃的话,国务院条例已经授权,县级以上政府就地点、时间、种类有权规定。我们在立法当中碰到的问题有一种冲动,让地方立法去规定全域禁燃。涉及法理上一个问题,**国务院的一个行政法规授权给县级人民政府自由裁量权,地方立法有没有权力去促成它,这是一个合理性问题还是合法性问题。关于禁售问题,国务院行政法规明确第三条作为行政许可设立,地方性法规有没有可能停止实施这类行政法规问题。**这两个问题,我们前期刚刚开了一个立法认证会,时间关系就不展开了,抵触中有很多原因和冲动。

谢谢。

杨清望:谢谢,接下来有请浙江省舟山市人大常委会法工委主任郑耿德发言。

郑耿德　浙江省舟山市人大常委会法工委主任

郑耿德:谢谢,时间关系,我讲两个方面。一个,讲讲法规报批的一点想法;二是小切口立法方面。

很多设区市都讲过,省里做法和我们是一致的。首先借此机会感谢省人大法工委审批指导处,给刚刚取得立法权的设区市很大的指导。有些我们自己把不准,水平能力有限,在省人大指导下,真的很细致。

几个小问题：

一是报送省里征求意见时间是通过前一个月。立法过程中本来计划是二审中，二审前一个月就报上去了。二审之后发现意见问题很多，不是20个，甚至30个。报了之后做了较大幅度修改，征求意见就不是一次了，还需要报一次，还需要省里多多支持。报的太多，对省里压力很大。

二是省里对设区市立法提前介入还是早一点好。我们感到有问题了，特别主要的制度设计和核心条款，把不准时还会向省里学习沟通一下，能不能行。如果这方面不解决，到时候就是颠覆性修改，影响工作效率，还是希望省人大多一些支持。

三是审议环节。我们这几年来很多法规草案报到省里，省里反馈意见少的十几条，多的三四十条。应该说绝大部分第一次都修改了，还有一部分没有修改，和省里再次征求沟通。主要问题是理解，除了能力水平有差距外，更多的是站位角度不同。我们从解决实际问题角度设计一些滞后条款，省里从法制统一的角度，特别法制精神、上位法立法原则。我们在征求意见当中，相关部门都有这种热情，这个要规定进去，这个要管进去，一些刚性的东西，也是角度问题。

四是希望全国人大在这次修改《行政处罚法》，包括“行政三法”中其他能给设区市立法多一些空间。主持人提的“小切口立法”，目前已经通过的法律基本还没有。小切口怎么找，找得准不准，政府部门很重要，因为他们在自己行政管理过程中给了哪些需要的，上位法没有规定，或者规定得不具体、不多，这些工作碰到很多问题需要地方立法加以规范。目前来看，部门立法积极性不是很高，因为几次搞过之后他们感到很苦很累，受到的制约很多，写进去到人大一征求意见，很多东西把他们的责任都加上去，权力减掉了。目前看到立法带来的甜头，政府部门尝到的不多，但苦头吃了不少，这是一个问题。

列入明年的计划，比如《舟山市危险废物管理规定》，相对切口小一点。根据舟山实际，一是医疗废物，上位法有规定医疗废物要在48小时之内都要集中运输出来，人和物不能一起运。舟山很多小岛都住人的，这里很多药疗站，医疗废物平时都是客人和物品混装运输的，希望地方立法把这里开个口子，允许这样。和省里沟通，这个肯定不行的。还有舟山船多，这方面怎么处理呢，立法方向调整了，一个是抵触这个问题。他们本来想搞变通的，我们认为肯定不行，就搁置了。搁置一个月之后找到路了，还是通过立法规范，对相关企业人员提出要求。当然现在还在起草过程，争取明年列入常委会审议内容。

谢谢，更多时间留给其他同志。

杨清望:谢谢,接下来有请江西省景德镇市人大常委会法工委肖岚副主任。

肖岚　江西省景德镇市人大常委会法工委副主任

肖岚:谢谢大家,下午好!

时间关系,我直奔主题,谈两个问题。一是关于省人大常委会对设区市立法过程中,审议阶段的指导问题,主要是审议表决前的指导;二是立项阶段的指导问题。

第一,在审议表决前的指导。从我们立法这几年工作情况来看,我个人觉得非常有必要,我们整个法工委的同志也是这种感觉,甚至觉得它的重要性,或者说我们对这个环节的重视程度已经超出了报批后参加省里各个会议的重视程度。景德镇从有立法权以来,得到了省人大常委会法工委和全国人大常委会法工委很多关心和帮助。我们景德镇市人大常委会是全国人大常委会法工委基层立法联系点之一,在开展基层立法联系工作中,自身立法能力也得到了很大提高,包括地方立法过程中遇到的问题和困惑等等,都有一个很好的请教途径。在参加培训、会议座谈、研讨会等方面,我们作为基层立法联系点,机会相对比较多,也开阔了视野,为我们在地方立法的起步阶段能平稳过渡给了很好的帮助。

景德镇目前通过的地方性法规只有3部,我们步子比较慢,刚刚看到浙江省地市多的有8部,的确是走在前面,值得我们学习。我们3部条例,其中还有1部是立法条例,另外2部是《市容和环境卫生管理条例》和《御窑厂遗址保护管理条例》;另外有一部《高岭—瑶里风景名胜区管理条例》正在报批过程中。

审批环节的指导,从目前来看,省里花了大量精力。**除了合法性以外,更多是合理性的指导,还有包括立法技术方面的指导都有,受益良多。**具体操作方面,时间上只是保持密切沟通,省里也没有要求我们一定要在哪个环节把什么样的稿、哪一稿呈报上去。但在具体沟通当中是非常顺畅的,九江的刘主任也介绍了,和省里沟通非常密切,也非常的和谐。景德镇是三审制,一般是在二审以后草案修改稿比较成熟了,报到省里(征求意见)。这个是正式的报送,在这之前,我们如果遇到具体问题就会和省法工委的经办人员或者分管领导有一个沟通,及时修正些具体问题,在报送时间上没有具体要求。

对于省里反馈意见,我们采纳方面,**一般来说是照单全收,**毕竟我们的立法经验不足。省里提的这些意见基本上都采纳,遇到个别的我们有不同意见的话会请示一下,和省里的同志一起再斟酌一下。

顺便说一下立法队伍的问题。从景德镇立法的队伍来看,还是有很好的保证的。我们总共有6个行政编,另外还有5个事业编,除了当时常委会调剂了一个行政编以外，其余都是因为成立法工委，政府给新增的编制，人员也都到位了。我们在落实编制人员到位时，**常委会以党组会议的形式定了一个原则，法工委人员是实行封闭管理的。一般来讲，不能把编制放到法工委，然后这个人又去干别的活。**所以我们现在压力不是那么大，更何况省里分担了很多立法实体上把关的压力，相对来说我们是比较轻松的。

在我们开展立法工作初期，省里指导时给的合理性、完善性意见比较多，个人觉得在指导过程当中随着能力的提升，相对来说，现在像一些文字表述等很基础的修改意见基本上不多了。

在我们审议的过程当中，人大有一个理念是做得比较好的。刚开始政府过来的提案稿，我们千方百计想弄得完善一点。后来贯穿了一个这样的理念，他提过来多少，**我们尽可能围绕提案稿里所希望实现的立法目的来解决问题。**而不是把我们觉得重要的内容全都添进去。在市容管理条例里涉及辖区责任问题，当时有一个条款，要给每一户临街商户签订辖区责任状，我们还有点担心这个能做吗，后来经过座谈调研，反复讨论，觉得既然你们愿意这么管，愿意管得这么到位，人大就应该支持。所以我们在审议过程中把握的是不忘初心，一定要围绕他们提过来的、希望实现的立法目的来审议。这是审议表决前指导问题，我认为很有必要的。

第二个问题，简单谈一下**立项阶段的指导**，目前省里对我们的指导主要体现在三个方面。**一个是项目数量问题**，刚刚刘主任也讲了，把握每年2个。**二是项目进度问题**，不光是每年报2个项目，而且每个项目什么样的流程进度都要明确，每个月有一个报表，一个项目到了哪个环节了，我们要向省里报告的。**三是项目是否超出法律规定的权限**，目前来讲，那种有争议的暂时不会去涉及，现在解决的比如说烟花爆竹燃放这些都是很显然在设区的市立法权限内的。那些概念模糊的，我们目前还没有遇到，前两年在做立法规划过程中大致解决了这个问题。

在立项阶段，立法项目数量和进度上景德镇也有个理念，就是我们认为还是要效率服从质量，如果一审后感觉草案提请审议不成熟的话，尽可能往后推一点。我们是这么把握的，一般下半年提案1部，差不多审到第二年上半年能表决，报到省里。然后在下半年再上1部新的，大概是这样节奏的把握。

我就讲这么多，谢谢大家。

杨清望：谢谢，接下来提问与谈，有请浙江大学光华法学院博士后冯洋研究员。

提问与谈：冯洋　浙江大学光华法学院博士后研究人员、助理研究员

冯洋:谢谢,今天学到很多关于新的立法知识,学到很多东西。我没有从事地方立法的实践经验,只有学习的经历,结合我学习的经历谈一下我的感受,同时向各位领导学习,提出一些自己的问题。

第一个问题,大家都在强调立法项目在做减法。省人大说立法要减掉,少一点,有没有做加法的可能性。地方立法有立法的积极性,但个别地方比较棘手,所以不想立,不敢立,**省人大有没有鼓励和督促,或者指导它立法的实践**。前段时间我去中部某省份参加一个会议,中部某省份就在推进《大气污染防治条例》的地方立法工作,省人大法工委召集7个地市主要负责同志,指导鼓励他们立法。其中一个市的人大主动响应,用了较短时间就把《大气污染防治条例》制定出来,获得省人大的好评。加法减法都要做,是否有这个考虑。

第二个问题,今天出现最高频率的词汇是合理性问题。合法性,大家共识度比较高。甚至省人大领导同志特别体恤市一级,市一级的人特别尊重省一级。省人大同志要强调以合法性为主要标准,甚至是唯一标准,地级市领导同志说感谢省人大的指导。那么现阶段,是不是合理性能够取消掉呢,可能取消不掉。在于几个方面,一个法律就像一个人一样,来到这个社会上会产生大量人际关系。一个法律出来了,在复杂的法律关系中成为网络的一部分。设区市立法真是只和设区市一家有关系吗,很多时候涉及省和市的关系。如果争取不到省一级主管部门、强势部门的支持,包括人财物的支持,地方立法制定出来可能行不通。这个有很深刻的教训,根据我们的《民族区域自治法》,五大自治区必须制定自治条例,至今为止一个都没有制定出来。走得最远的一部是广西草案,一共修改20多稿,最后拿到中央去,中央民委拿给国务院各部委讨论。最后国务院说不合适,不能区别对待自治区问题,这是合理性的问题,最后出不来。这个问题是不是具有阶段性,未来能不能把这个问题解决掉,毕竟这个制度产生逻辑上的潜在抵触问题,设区市法规是人大代表制定出来的。

涉及展望的问题,展望未来,《立法法》2000年制定,2015年大幅度修改,在数量上扩容了。展望10年、20年,未来会出现怎样的情况。在这个理念之下,我们看待现在的指导和审批可能会具有更好的效果。比如像一些大省,广东、河南、四川,设区市数量很多,真的是指导不过来,所以要设定每年2个。未来每年2个都满足不了,有些省50多个都要指导,实际上是一种变相的帮助它起草的性质。一方面对地方积极性有影响,一方面对省的立法力量不足,产生很大的挑战。未来指导上要有针对性,要聚焦,从全面指导变成重点指导、阶段性指导。一方面激活地方积极性,另一方面保证指导的有效性。

这是我大概的想法,谢谢。

发言人回应

钱静:我想回应一下冯博士两个问题,一个关于加法减法的问题,从浙江和金华立法实际看有这么一个情况,刚开始授予立法权之后,省里任务一下子加大了,省人大法工委给我们的建议是每年1～2部,基本上各个地市都按这个节奏去把握。去年开始,浙江省委对地方立法工作非常重视,去年省法工委组织的培训当中,省人大党组书记就讲到重质量的同时,也要重数量。有这么一个变化,从金华自己的实际来看也是这样,金华搞立法的同志非常少,我刚刚听到景德镇肖主任讲,他们太幸福了,我们没有超过5个人,还在减员。

我们这边还碰到一个问题,市委根据市委市政府的中心工作,会对立法提一些要求。比如“文明城市创建三部曲”当中养犬的规定,还有《文明行为促进条例》,按照之前立法节奏没有那么快,这两部法基本上去年就把工作做了。养犬是2018年3月21日生效了,文明行为是2019年5月1日生效了。**加法和减法没有绝对的,也会有一些变化。**

合理性、合法性问题,我借一点时间对这个问题说一下我们了解到的情况。烟花爆竹燃放问题,国务院行政法规明确授权县级以上政府可以根据本行政区域实际情况,对禁止燃放的时间、地点、种类做一个规定。这次立法当中碰到的问题有一种冲动,地方立法规定全部禁燃。为什么会这样呢,金华几个县市区有6个全禁燃了。当地政府公告这里全域禁了,依据是国务院行政法规。还有2个县市也准备全禁,只剩下一个县比较犹豫,人大内部一些同志希望地方立法中把这一条规定进去。我们考虑到这个问题到底是合理性问题,还是合法性问题。如果是合理性问题,我们还有考虑余地,如果有合法性问题,这个方面肯定不能这么规定。因为国务院行政法规授予县级政府行政自由裁量权,地方性法规有没有权力去剥夺。

另外,涉及禁燃问题,燃放烟花爆竹是公民的一项权利,这是老百姓一项权利,没有法律明确禁止他的权利。无非在实现这种权利时要遵守一定条件,是这个情况。如果采用全禁的话意味着两个问题:1. 对老百姓权利是不是剥夺;2. 对政府公权力是不是涉及限制和解读的问题。合理性和合法性,在具体问题判断中真的不太好判断。

借这个机会,我也很想听听专家们的意见。

郑耿德:围绕这两个问题谈谈个人的想法。

1. 立法项目的数量到底多少是合适。省人大在前两年规定平均每年2件左右,考虑到新获得设区市的立法能力。实际来讲,舟山的话这几年不仅仅依靠人大自身的力量,还包括政府力量,那边初稿都很仓促,今年稍微好一点。去年下半年形成稿子,上半年两三个月征求意见,然后报送到我们这里,质量好不到哪里去。如果一多,后面修改、审议压力太大了,质量保证不了。如果前面政府部门立项申报比较积极,这种草案在起草过程中时间足够,我们到宁波老大哥那都学过,肖主任告诉我们一般正常的话,一部法规在政府那里2年,在人大这里1年,大概这个时间,质量比较好的,当然个别除外。我们现在加起来2年时间不到,不仅仅人大,还包括政府那边。如果立法项目储备够了,起草法规草案质量高了,我们再增加一些,一年搞3个,甚至4个,我想问题不是很大。

2. 合理性审查方面。目前从舟山角度来看,需要省里在合理性过程中多给一些建议。一般省里提意见,我们一看就懂了,就改了。还有一小部分还要和省里再沟通沟通。有些看法角度不同,有些再次沟通。这样指导之后,我们把控更加有底了。

我从舟山的角度讲,认为省里的指导还要再保留很长一段时间。当真正的能力都上来了,审查审批主要是合法性,但指导更多样,全方位的,包括技术规范,合理性。

谢谢。

肖岚:我简要回答一下,地方立法有没有省里项目分解到下面来做,做加法的情况。

我们景德镇真的遇到一个,景德镇御窑厂遗址保护管理这一块。这个立法需求在设区市还没有获得立法权时,已经有很强烈的需求。当时是故宫博物院有三大元老提了这个建议,习总书记和李克强总理都先后作了批示,一定要加快立法保护。这个遗址也一直在申报世界文化遗产,所以当时我们也请求省里能不能尽快开始做这个项目,在这个过程中刚好遇到了《立法法》修改,省里就说让我们做。其实当时我们还是很忐忑的,不知道怎么做。省里说没关系,可以手把手地教,后来是我们自己立法。整个过程历时比较长,在起草过程当中就得到了省人大的支持,所以还是比较顺利的,不知道这算不算是冯老师说的例子。

关于合理性问题,我和郑主任说的意思是一样,目前阶段可能没有办法去回避。再一个,本身合理性、合法性就不是一个很清晰的界限。侧重点方面,指导阶段我们希望不仅是合法性,合理性也一并提出,这样在审批阶段,报批时可能心里更有底气一些。如果表决了之后再涉及有问题要修改,也是有些被动的,因为我们要给常委会委员一个交代。如果是改动比较大的话,确实不好弄,法工委在这一块压力也蛮大的。

关于是不是可以通过阶段性指导解决数量限制问题。目前来看,最近这几年开始行使立法权的设区市,我个人感受来说,立法能力加强这一块还有很长的路要走。别说省里限制,我们自己就给自己限制了,人大一直说一年立不了那么多,要保证质量,出来的法规一定要保长久。不是说明年觉得不行了,又来修改。相对来说,这一块景德镇把控得还是比较紧,领导基本上达成了共识,一般一年就做两个项目。今年涉及一个项目紧急调整,就把原来定的项目拿下来了,大概是这样的情况。

目前来说,我们认为有一些立法需求紧迫的、非要解决的问题。特别涉及城市管理这一块,比如烟花爆竹燃放、电动车管理等,我们就让政府先管,可以通过规章形式,比如今年政府就通过了电动车管理办法,以政府规章形式先管起来。烟花爆竹燃放这一块,去年整个市里做中心城区禁燃,也是政府花了大量时间和精力来做。今年制定条例相对来说压力要小一些,因为涉及法规出台后的执行效果问题,我们担心出来以后能不能顺利执行,能不能执行到位,这些问题在去年都已经解决了,今年在做条例时感觉比较轻松。所以在地方立法上,人大还是需要和政府互相配合,使法规质量和执行效果等方面都能更好地得到保障。

谢谢。

第四单元——第二轮

杨清望:接下来进行第二轮发言,有请浙江省台州市人大常委会法工委主任於艳华主任。

於艳华　浙江省台州市人大常委会法工委主任

於艳华:感谢主办方给我发言的机会。2015年7月,经省人大常委会批准,我市开始正式行使地方立法权,我们开展立法的这几年来,从无到有,在不断摸索中前进,从一点都不懂到现在慢慢积累了一些经验,实现良好开局,这与省人大的悉心指导是分不开的。在具体指导法规过程中我们做到勤沟通、达共识、常请教。由于前期省人大法工委对我们的指导非常到位,沟通非常充分,给予充分的时间修改完善,我市已经出台的7部地方性法规,都得到了省人大常委会的顺利批准,均没有在批准过程中被修改。围绕座谈会的提纲,我就以下方面谈一下看法:

第一,关于立法权限审查问题。对于立法权限的把握也是我们实际工作中经常碰到的一个问题,除了等内还是等外的争论外,三个立法权限范围的内涵和外延是怎样的,特别是“城乡建设和管理”范畴的把握,也是比较具有争议的。对这个问题,在实际工作中我们是如何把握的呢?我们的做法是:**1.属于典型类型的,直接自行判断;2.不典型的类型,**比如说老年人权益保障、文明行为促进、信息应用促进等,**翻阅相关资料,包括全国人大常委会的答复、全国人大相关领导讲话的精神,予以判断;3.确实无办法把握的类型,通过请示的方式进行判断。**比如我们在编制2018年立法计划时,对《企业信用促进条例》是不是属于立法权限存有疑虑。从题目上看,企业信用在哪个角度上都与三个权限事项并不直接相关。我们翻阅相关资料,张德江委员长在第二十三次全国地方立法工作座谈会上的讲话中说,国家立法和地方立法都要积极将社会诚信等融入法律法规,充分发挥立法在社会价值取向方面的引领和推动作用。我们认为,企业信用可能是属于社会诚信的范畴。我们又查看了全国人大常委会法工委对地方人大的有关答复,“城乡管理”的范畴包括妇女权益保障、旅游业促进、义务献血、绩效管理、职业技能培训、养老服务促进、社区教育促进等法规项目。这个答复对“城乡建设和管理”范畴的界定已经是非常广泛了。我们认为企业信用促进可能属于我们设区的市立法权限,于是向省人大书面请示。省人大请示全国人大后,全国人大的答复是制定台州市企业信用促进条例是可以的,地方立法应当严格把握具体的内容,不能与有关的上位法相抵触。因此,我们就把它列入2018年立法计划了。

对立法权限把握也是经历了从严到宽的过程,我们于2016年编制立法调研项目库时,对立法项目的把握都是严格按照三个权限,列入项目库的均属于典型类型,不敢逾越。现在看来,全国人大法工委的答复提到的比如信息技术、科技促进,其实已经不仅仅在这三个权限范围内了,看起来接下来我们需要对项目库的立法项目进行进一步的扩充。

2018年《宪法》的修改也没有对设区的市立法权限作限制,随着社会发展和设区市立法能力提高,通过修改法律扩充权限范围也是极有可能的。

为了让设区市更准确把握立法权限,建议通过立法解释等方式对立法事项范围予以不完全列举,同时,在法律保留的专属立法权以外,尽量赋予地方更大的立法空间,以利于我们在实践中能更准确地把握立法权限,都能从实际出发,制定出符合本地实际、具有实效性的地方性法规。

第二,关于合法性审查原则。刚才郑磊副教授谈到审批的合法性审查和指导的审查标准有没有区别的问题。我的观点是审批审查标准还是要遵循合法性审查原则,省人大的做法也是坚持合法性审查的原则,具体包括:立法事项是否在权限范围内、立法事项是否属于法律保留事项、立法内容是否与上位法相抵触、立法程序是否符合上位法规定等。

为什么说合理性不能作为审查的标准? 所谓合理性,其内涵多样,由于个人所站角度不同,利益考量不同,是否合理的认识和看法是不同的。合理性较合法性标准更为抽象,也具有一定的主观色彩,建议不要作为审查标准。但是设区的市立法能力有限,省人大常委会法工委同志专业水平高、立法经验丰富,希望在把握合法性审查的同时,**将合理性作为法规指导的重要内容,**更多地对法规的合理性问题提出指导、修改的意见建议,有利于我们在修改过程中更好地完善,提高地方性法规的质量。

谢谢!

杨清望:接下来有请来自于广东省江门市人大常委会法工委法规科何中林科长。

何中林　广东省江门市人大常委会法工委法规科科长

何中林:大家下午好!

中唐诗人白居易说:"江南好,风景旧曾谙!"诗人的梦里,始终深情地沉睡着江南的好。杭州,这真是一座精致精彩的城市,古有骚人墨客祭献墨宝,讴歌赞誉,抒发情怀,令人叹为观止;今有各位同行济济一堂,对话设区的市法规审批指导专题,各抒己见,百花齐放,妙趣横生,别有一番风味。于我而言,十分荣幸,意义非凡。

下面,我结合本次座谈会主题,汇报一下我们的工作情况,并就有关问题与大家探讨。不当之处,请批评指正。

一、要自强自立,努力承接好省级人大常委会的指导和审查

在这里,我想结合广东省江门市的立法工作实际,用两句话来谈谈这个话题。

第一句:**广东省人大常委会的指导和审查批准工作已经足够到位。**

1. 言传身教强素质。自2015年5月以来,广东省人大常委会坚持每年举办1～2期立法培训班,对全省人大系统、政府系统以及高校等领域内立法者或者科研者进行轮训。由省人大常委会、省政府司法厅在立法一线的业务骨干和高校内长期从事立法理论研究的老师担任授课老师。同时,还实行跟班制度,全省21个地级以上市分批次进入省人大常委会法工委工作,领会立法理念,学习立法技术。

2. 提前介入深指导。广东省人大常委会专门制定了《广东省设区的市法规审查指导工作规范》,分三步进行指导:**一是指导立项。**对设区的市编制立法规划和计划的立项环节时是否属于全国人大及其常委会专属立法权的事项、是否超越设区的市立法权限、是否存在立项时机不成熟等问题提出指导意见。**二是组织论证。**在法规案一审后二审前,组织省里专家对法规制度设计的必要性、合法性、可行性等问题进行论证。**三是征求意见。**在法规案二审后三审前,协助设区的市征求省人大有关专门委员会、省政府有关部门、法院、检察院、有关行业协会等单位,以及省人大法制委员会委员、有关立法咨询专家的意见。

3. 一丝不苟抓审批。收到设区的市人大常委会报请批准法规的报告后,法规审查指导处应当及时进行研究,提出初步审查意见,交由省人大常委会法制工作委员会委务会研究,由省人大法制委员会全体会议统一审议,再报送省人大常委会主任会议,根据主任会议的意见,准备上报省人大常委会会议的文件。

在这里,我想说的是,为了帮助并推进设区的市立法工作步入正轨,省级人大常委会已经做得够多、够细,不仅扶上马,还要送一程。我在省人大跟班学习半年,见证过他们夜以继日地加班,对他们严谨的工作态度和高度的责任感深感敬佩,我要郑重而真诚地说一声谢谢。

第二句:**设区的市,你们准备好了吗?**

立法是一门充满艺术和智慧的工作,具有非常强的专业性、技术性和操作性。依法赋予设区的市地方立法权,给地方人大带来了新的挑战。各地积极开展地方立法实践,形势喜人,成效初显,但也面临着一些新问题、新情况,比如**理念不够先进、特色不够突出、可操作性不够强及立法能力不足**等,这些问题需要认真面对、引起重视。

在省级人大常委会已竭尽全力帮助我们的情况下,我们是否已准备好充分而有效地行使地方立法权,该怎么做呢?在这里,不敢对各设区的市指手画脚,我仅以江门为例,汇报一下我们的努力和探索。

第一,树立立法主体责任意识,坚持自强自立开展立法。我们一直的指导思想是,坚定认为做好地方立法是自己的事情。首先,依法立法。必须正确把握《立法法》规定的立法权限,要研究清楚要立什么法、能立什么法和怎么立,在本地特色上下功夫,在有效管用上做文章,自觉守住维护国家法制统一的底线。其次,强化内功。注重调研培训,始终将提升常委会委员和人大代表的审议能力作为立法工作中的重中之重;狠抓机构建设,加强法制委、法工委机构建设和工作人员业务能力提升,引进1名法学博士担任法工委主任,另有4名硕士在岗;突出制度建设,建立立法配套制度12项,促进地方立法程序化、规范化、法制化轨道;与本地高校合作创办江门市地方立法研究院,致力于我省、市社会和经济发展进程中的地方立法问题研究,打造本地立法理论高地;建立立法专家库,打造地方立法"智囊团";建立15个基层立法联系点,建造"社情民意直通车",发挥打通民意"最后一公里"的重要作用。

第二,努力承接好省级人大常委会的指导和审查。坚持提前将立法项目报送省级人大常委会研究论证,听取其意见,确保立法项目合法适当;坚持积极参加省里的跟班学习及培训安排,切实提升业务素质和能力;坚持加强与省人大常委会的沟通、联系,及时了解国家、省的立法动态,避免重复立法,避免浪费立法资源。我市自开始行使地方立法权以来,截至目前,已制定6部地方性法规,数量居全省前列;6部法规均获省人大常委会会议高票或全票批准通过,没有发生被退回或不予批准的情况,质量得到认可。江门市委提出了我市地方立法工作争创"全省一流"立法工作水平的目标。我们还要不断努力奋进、勇往直前。

在座的和不在座的全国各兄弟市许多工作比我们领悟得更透彻、做得更扎实,希望以后有机会向你们请教和学习,也请不吝赐教。

二、设区的市法规指导和审查中存在的问题

随着设区的市立法实践的不断开展和深化,我们在开展地方立法过程中也逐渐碰到了一些问题,产生了一些疑惑,在这里提出来,与大家共同探讨。

(一)不抵触标准问题

《立法法》第七十二条第二款规定,省、自治区的人民代表大会常务委员会对报请批准的地方性法规,应当对其合法性进行审查,同宪法、法律、行政法规和本省、自治区的地方性法规不抵触的,应当在四个月内予以批准。即合法性审查的标准是"不抵触"。关于"不抵触",目前比较多的理解是分为三个层次:法条不抵触,即不得同宪法、法律、行政法规的具体条文的内容相抵触;法意不抵触,即不得同宪法、法律、行政法规的立法精神、基本原则相抵触;法权不抵触,即不能超越宪法、法律授予地方人大及其常委会或政府的立法权限。这些较为抽象、笼统。

这个问题不解决,就会派生出一个问题:**难以区分省人大常委会给出的意见是指导性意见,还是"抵触性"意见。**如是指导性意见,可以充分采纳,也可以根据实际不予采纳。如是"抵触性"意见,涉及合法性问题,必须予以采纳。设区的市感到迷茫。

(二)重复立法问题

《立法法》第七十三条第四款规定,制定地方性法规,对上位法已经明确规定的内容,一般不作重复性规定。那么,在制定地方性法规中,对上位法已经明确的内容作重复性规定,是否属于违法立法呢?事实上,重复立法尽管造成了大量的立法资源浪费,但重复立法仅仅是下位法对上位法的重复规定,并不违反上位法的规定。而且在实施性地方立法中,**如果要求实施性地方立法不得重复立法,则难以做到,因为实施性地方立法本身就是对上位法的细化,有内容重复属于自然状况。**

(三)审查批准的程序问题

存在如下几个问题:**一是报请审查的时间未定。**《立法法》只是规定了省、自治区人大常委会审查批准的时间,即4个月内,而没有规定设区的市人大及其常委会报请审查批准的时间。**二是关于报请审查批准的材料未定。**《广东省地方立法条例》第七十二条规定,报请批准地方性法规、自治条例和单行条例的报告应当附法规文本及其说明。但实际上,仅有这些材料是不足以满足审查需要的。**三是审查程序未定。**《广东省地方立法条例》和《广东省设区的市法规审查指导工作规范》有较详细规定,但目前各省并不统一。

(四)审查之后的处理问题

《立法法》第七十二条第二款和第三款对省、自治区人大常委会审查设区的市地方性法规之后的处理办法作了规定,但只规定省、自治区的人民代表大会常务委员会对报请批准的地方性法规进行合法性审查不抵触的,应当作出批准的决定。但如果设区的市地方性法规与上位法存在相抵触的情形,该如何处理,不明确。

这里还有一个问题,设区的市地方性法规报请省级人大常委会审查时,**如被不予批准或被退回修改,设区的市应该怎样处理?** 是否还需要设区的市人大常委会会议审议?不明确。

三、健全设区的市地方性法规审查批准制度

设区的市地方性法规审查批准制度存在的上述问题,凸显了设区的市地方性法规审查批准制度的不足。因而,我们应探讨并采取相应措施,健全设区的市地方性法规审查批准制度。

(一)建议通过立法解释或由各省、自治区人大常委会制定配套性法规、规范性文件的途径明确如下事项。

1. 明确"不抵触"或"抵触"的具体标准,尽可能地罗列出具体情形,使其更具可操作性。

2. 对属于或不属于重复立法的情形也予以罗列,比如将实施性立法的重复情形予以排除在外。

3. 明确设区的市法规报请审查的时间和应报请审查的材料(含详细说明、参考资料、专家意见,以及其他相关材料等)。

4. 明确审查和批准的程序。

5. 明确设区的市地方性法规报请省级人大常委会审查时被不予批准或被退回修改后的处理程序。

(二)建议省级人大常委会提出意见时,明确何为指导性意见,何为合法性问题。在这一点上,需要说明的是,广东省人大常委会基本已经做到了。

杨清望:有请浙江财经大学法学院陈无风副教授发言。

提问与谈:陈无风　浙江财经大学法学院副教授

陈无风:谢谢主办方的邀请,今天收获非常大,因为我本人主要做的事情是行政法方面的研究,最近一年在市人大挂职,学到非常多东西,开始慢慢关注立法方面的研究。

今天早上第一个单元,姚老师就非常开宗明义提出了一系列相关的问题,包括今天研究的省级人大常委会对设区市地方性法规审批的性质是什么,以及和此相关联的审查标准是什么,如何开展审查这几个问题,一点感想和大家做个汇报。

回顾这个制度设计,省级人大常委会对法规审批权,首先基于地方立法权扩容的现实,又基于法制统一性的要求,必须要保证这么多立法主体开展立法,社会主义法制体系仍是内在统一的体系,鉴于各个新取得立法权主体能力不足的考虑,所以设置了这个权力。这个权力到底是属于监督权,还是更接近于我们所说的领导,或者行政审批权力。这两个权限,大家觉得实践当中体现出来的区别是介入程度不太一样,范围不太一样,时点不太一样。实践当中有各种不同的做法,很早期从论证,前期征求意见阶段就介入了,也有比较晚的,比较后面的。不同观点,我个人的理解,**实际上还不能把它和法院对于行政机关行政诉讼监督做类比。**我们知道不管是行政诉讼当中监督还是法院上下级之间审级监督都是事后的。我们审批行为作为事前批准行为,从各级人大审议通过角度来说是两个分开的行为。而从整个立法行为全环节来看,它又是立法行为当中必备的程序和环节。如果地方性法规要产生最终的效力,没有经审批就无法获得完整的效力,无法实施。**它的事前性、介入性、内置程序性,决定了这个制度设计有非常强的干预性和干涉性,和事后监督不太一样。**

再加上实践当中的逻辑,希望能提前介入,希望早点关口前移,防止后续有颠覆性意见出现。从实践逻辑来说,**制度设计导致一个普遍现象是强干预的权力。**

第二个问题是,我们审到什么样的程度?是合法的,还是合理的标准。基于今天讨论的场域,**大家对合理性的理解,是否抵触的,是否属于权限范围,是否程序合法,这三类问题之外的,都是合理性的问题。**实际上合理性问题有非常多内涵,广义角度理解是否有操作性,权责是否一致,包括立法本身基础条件是不是成熟,这些都是合理性的问题。能不能对它做合理性审查,我们回过头来看审批权,如果只基于法制统一的要求去做审批,我们认为应该就是合法性审查。为什么代表全省人民意志的机关,它的意见能够优先于代表本市人民意志的机关,我们认为唯一的理由是法制的统一性。法制统一性,不抵触,推导出来逻辑结果是合法性审查。

从实践逻辑来看,我们知道立法者都有完美主义的倾向,审的时候发现技术角度,或者认为这个可能不成熟,或者操作性有问题。基于我本人的经验提出这样的指导,以及有些问题杂糅了合法性、合理性的问题。在工作沟通当中有兼顾合法合理的指导,我认为也是非常自然、非常正常的事情。

《立法法》对这个问题定位没有问题,我们作为审批的程序和环节,做合法性审查,基于法制统一要求没有问题。现实当中操作方式,因为带有一种家长制色彩,基于现在能力不足等等考量,我觉得也是没有问题的。等到小孩都长大了,成熟了,家长自然也就放手了。只是大家基于共同理念,最终定位,审批介入理由是法制统一,基于阶段性的考虑,我们可能会做两方面的把握。

今天我听到合法性的问题,是否抵触的问题,是否违反上位法的问题,仍然是有待解决的非常大的问题。因为省人大常委会在审批过程中要把握是否抵触的问题,自己在做地方立法时同样也面临这个问题。如果说认为有些问题是不清晰的,可能整个立法过程中,我们对于上位法理解不同。**实际上立法也是需要一些个案的累积,**比如不抵触是不是意味着和上位法完全一致,上位法有规定,我们就要和它一样,甚至机械化理解语句,语言表达也要完全一致。在不抵触领域之外,协调性的部分也做这样的扩张性理解,一定要一致。上位法如果是空白的,地方能不能规定也是存疑。对于这类问题仍然有非常大的争议,这方面共识凝聚非常重要。下一阶段,一些平台的建设,答复机制常态化建设非常重要。

感受很深的一个问题,淮南人大杨主任提出“四世同堂”的问题,**是不是有可能存在准确划分地方立法权本身省级和市级立法问题。**比如杭州市垃圾分类命名,因为它比较早,有自己的命名。后来国务院层面的文件对这个命名做出统一规范,它是跟我们不一样的。以至于修法时为了保持一致,要把餐厨垃圾改成易腐垃圾。审议时,一位委员当时就提出,这可能涉及很大成本问题,因为所有垃圾桶标志都要修改。

这类问题,如果省级层面立法权或者领域和市级层面没有明确区分的话,它就会不断出现类似问题,我们先立法的,下位法不停受制于后到的上位法,不停更正,这样立法成本是非常高的。

这是我的几点感想,提问部分,包括合理性问题、抵触问题,都有一些意犹未尽的地方,可以继续做一些介绍和交流。

谢谢。

第四单元——第三轮　补充发言、自由座谈

杨清望：我们这个单元时间非常充分。

於艳华：接着陈教授讲的不抵触原则和地方立法空间问题，我讲一下对"不抵触"原则的看法。**座谈提纲部分罗列的不抵触审查内容，我认为范围还是过于狭窄，**主要针对实施性立法和有直接上位法的地方性法规，而且这些内容的限定太严，留给地方的立法空间太窄。

我个人理解，我们**地方立法"不抵触"的含义，**按照省人大的指导意见，应当包括：1. 制定的地方性法规的内容是否符合宪法；2. 是否符合上位法的基本原则、立法目的和精神；3. 是否与上位法的直接规定相冲突；4. 是否符合行政三法设置行政处罚、行政许可、行政强制；5. 是否符合改革的发展要求。

"不抵触"是法制底线，不得逾越，但**在坚持不抵触原则的同时，尽量给地方更大的立法空间，**结合本地具体情况和实际需要，因地制宜，既不抵触，又能针对性解决地方事务。我想中央授予地方立法权的出发点，也是考虑地方立法的差异性，让每个地方制定出有特色、管用实用的法规。我们设区市立法要充分发挥主动性和积极性，尽量在坚持"不抵触"原则的基础上，制定出更多创制性、具有地方特色的规定，这是我们下一步要花大力气去做的，也是考验我们地方立法能力的问题。

谢谢！

杨清望：谢谢，何科长还有什么补充吗？

何中林：刚才时间有点紧，有两个问题没有说明白，在这里补充一下：

一是关于重复性规定是不是属于合法性审查范围。《立法法》规定，设区的市制定法规原则上不得重复上位法的规定。那么，该如何理解原则上不得重复规定的含义：设区的市制定法规时，还能否重复上位法规定，能重复多少，怎么重复。这是立法过程中比较常见的一个问题，就是说在上位法有规定的情况下，地方立法能不能抄，能抄多少，该怎么抄的问题。鉴于《立法法》的规定，不能原则上重复，那么省人大进行合规性审查时，如果设区市地方性法规重复了上位法的规定，是否需要进行合法性审查。

二是关于设区的市法规报请省审批后，**省级人大常委会提出的意见建议，应以什么形式反馈给设区的市？**是附在批准通知中，还是单独另行文？还有就是，省里的意见有的是合法性问题，有的是合理性问题。这些意见出来之后，设区市该怎么走程序

修改法规。是直接修改,还是再次召开常委会审议;如再开会审议,该如何处理与之前已表决通过的会议之间的立法程序关系等等。这是很现实的问题,相信很多设区的市都遇到这个问题。

谢谢大家!

张奥:刚刚各位已经提到了合法性没什么问题,其实不是的,因为时间紧,而且没有展开谈。

我们在审查过程当中,是不是标准一样的?标准不一样。有立法权的是广州,它已经有30多年立法。有些是刚刚起步,我们采取的方式是截然不同的。

像广州的话,上午有介绍过,论证会环节一审后、二审前请省里专家开论证会,**原来四个较大的市不做要求,也不会协助,因为相信它们有这个能力进行论证听证。**广州在网上听证已经走得非常前端,做的问卷调查非常好,这些方面不需要我们去协助,也没有说所有力量去帮助21个市,把前期制度设计这一块主要精力放在新有立法权的市。

标准上也是不太一样,做多了之后就有感觉,像广州原有立法权的市,它报来的法规主要解决的是遇到的难点热点问题,好立的法都立完了,剩下的都是难啃的硬骨头。

因为法规里遇到的问题、难点到我这里也是审查合法性的一个热点、难点。市里法规刚刚起步,很多重复性的,借鉴了兄弟省市的做法,或者是选题上有些外省市有的法规,这样审查时如果做多了的话,难度上没有像广州碰到那么难的问题。合法性标准,只是我们在审查时下的力度不一样。**广州这种主要是侧重在表决前一次,一定要把合法性意见尽量表达。**因为他们也明确提出,如果通过之后再有合法性问题,在程序上是很难处理的。这个情况在市里先有立法权的,反应和呼声不是那么大。先有立法权会依赖于省里,希望多提一些意见,包括通过之后。

刚刚一些教授提到**广东是不是一条条帮着改,我们没有这样做。**

我们主要侧重不同环节把关,可能有些工作方式方法的确要有转变,因为市里刚刚起步,有了一定经验,他们的需求和原来最开始是不同的。

因为我发现一些市里自主权想大一点,有些市里反而产生了依赖性。我们碰到一种情况,为了完成市领导交代的任务,就会在没有很好沟通情况下急于表决,这样就完成任务了,交给省里说没有问题了,说怎么改就怎么改。这样的话,不利于他们的成长。

在接下来审查的时候,针对这种情况转变一些,它毕竟已经起步了,有一定能力,该放手的时候要放手,从长远看才能利于它的成长。

而且从立法严肃性角度考虑,随意地报过来让我们修改特别不严肃。因为立法的话毕竟要走程序,我们也是尊重市里常委会通过后集体的意见表达,不能说出于个人原因要做出修改。

合法性审查时遇到很多困惑,不是说合法性问题很简单,比对一下上位法:这里不一致,这个有合法性问题;这个不一致,有合法性问题。只要一眼能看出来的非常好办,市里指出哪一条是怎样规定的,他们都不用多说什么就会做出修改。往往合法性问题,存在的就是有争议。这种有争议的原因多种多样,打个比方,像《行政处罚法》,除了数额和上位法不一致外,其他很多方面都是存在争议。行政处罚的行为、种类有没有扩大。行政强制,一些地方在制定市容环境卫生立法时就会喜欢用扣押,就会觉得市里有立法权,因为《行政强制法》有规定,上位法没有规定的,属于地方性事务的可以设查封扣押。这时候就存在问题了,**什么情况下是上位法没有规定,而且属于地方性特色的,往往在行政强制这一块,也是市里决定的时候经常会碰到的难点问题。**

还有一些是合法性问题还是合理性问题,其实在审查指导实践当中是分不开的。拿《市容条例》来说,前面规定了建筑物外立面不得破损,破损的话要进行一些维护、修补,前面的倡导或者针对性规定都没有问题,难就难在处罚,它设了罚款。假如说居民楼外立面破损了,广州很多老城区三四十年的楼都有,外立面都是破损的,住户没有进行修复外立面,要挨家挨户进行处罚吗?根本做不到。这是合法性问题吗?能不能设?能设。这是你能设的,但设的话合理性就是存在问题,不可能挨家挨户去收老百姓的钱。如果设了之后这条没有用,影响法的权威。

审查只是做合法性审查,完全区分开,不能做合理性审查,不是这样的。只是说有侧重点,一般在前期合理性方面可能会提得多一点,最后表决通过的时候完全都是侧重于合法性的。的确审查指导实践当中会碰到很多灰色地带,很难区分到底是合法性还是合理性。

还碰到一个市立了历史建筑保护法规,里面会有规定建立一个保护名录。但它又想细化,细化时在保护名录里列出来,这个没有问题。列出来后,一个西方有名的传教士命名的墓,在法规里出现一个西方传教士的名字,而且是特别有名的,宗教色彩特别浓的,这种合不合适,很难判断。你要说它是合法性问题,肯定也不是。要说合理性问题,有时候又很难判断。

这种情况我们碰到很多的,**建议明确一个合法性审查标准**。就像广东省出立法规范,这种方式就非常好,原来立法就没有规范,公说公有理,婆说婆有理。规范之后沟通协调起来非常便捷,大大节约了立法时间,也提高了立法质量、立法效率。如果能出台一些合法性审查标准,把大家在审查指导工作当中经常碰到遇到的问题进行业务上指导,我相信会大大提高设区市立法质量,也能更好维护法制统一,大大减少后面备案审查出现的案例。

这次全国人大2018年案例里有指出,上海如果有3次逾期未缴记录就要暂扣行驶证。像前期进行指导的话,相关省市在这方面就不明白,原来这个问题是有合法性问题。有些省市立的时候觉得没有合法性问题,他们理解暂扣证照属于《道路交通法》行为处罚的一个种类,实际上暂扣证照不能光从字面上理解,要从行为后果上理解,不仅仅是行政处罚,还有可能是行政强制,理解上存在不同的认识问题。

同样是省里审查时也会碰到这个问题,不同的人去审查法规,他的认识、标准都会有不同。就会导致市民觉得为什么没有前期把所有合法性问题都给到,我们已经尽力了,但没有办法,因为标准不一样,个人看法也不一样,个人对这个问题的认识程度也不一样。

还有对于设区市立法权限这一块,主要在城乡建设与管理上,大家认识不太相同。我理解,全国人大在几次讲话里也提到,权限上还是比较宽泛的。

举个例子,像这次《外商投资法》,草案征求各个省的意见。我看了那个草案,全篇里没有提到“地方性法规”字眼。我们提了书面的意见,像广州、东莞在外商这一块是非常多的,这方面肯定有立法需求的。我们当时就提了一个意见,地方性法规在外商投资方面也可以列出权限,针对政策促进类的,这就是属于设区市的立法权限。后来在《外商投资法》通过之后的文稿里,第十八条没有明确写地方性法规可以制定,但写的是县级以上人民政府可以根据法律行政法规,加了“地方性法规规定”,在法定权限下制定这些促进政策。

我就理解这个范围还是比较宽泛的,广州市会经常请教我们,这个法规是不是属于设区市立法权限。打个比方,他们这次将广州市一个《科技创新促进条例》列入立法计划,从促进市里经济发展角度考虑,政策促进人才这一块都是属于设区市立法权限。

我们经常碰到一些难点问题拿不准,就会请教一下全国人大。全国人大法工委会非常热心,答疑解惑。这种私下里电话请示也好,短信请示也好,**在请示机制程序这一块希望全国人大能提供一个更好的规范性平台**,因为我们现在都是私下里请示。

谢谢大家。

王旭东：关于设区市地方立法数量问题，定量问题，我个人认为定量是很不科学的。目前获得新的地方立法权设区市面临，从原来一开始无米之炊，到了现在是井喷，是这么一个状况。当前要防止立法的冒进，这是关键。从中央角度提出加快立法的步伐，两者之间是没有冲突的。从地方立法角度主要选题是按需来选，是坚持问题导向，而不能因立法而立法。没有问题，我认为就不需要立法。现实中这种井喷式提出立法需求，很多问题是执法的问题，不属于立法的问题。然后会把执法问题提交，希望通过立法解决。我们也曾经遇到这个问题，比如说电动自行车问题，领导主张要立，我们始终不肯松这个口。电动自行车到底是执法问题还是立法问题，我们感觉是执法问题，不是立法问题。无论从机动车管理角度也好，或者非机动车管理角度也好，上位法非常齐备。到底纳入机动车管理还是非机动车管理，执法环节上往往是超标的，90%多是超标的，超标并没有进入机动车管理范畴，所以就管不好。

这是第一个问题，**不能以数量论英雄**。一个法规的质量好不好，需要保证，必须有时间的。没有充裕的时间，很难保证一部法规的质量。数量必须服从质量，定量是很不科学的做法。

第二，冯洋老师刚才提到关于地方立法选题立项有没有做加法，实际上有。**这个加法是加塞问题，更多是领导点题**。这样就带来一个问题，因为一个法规的选题实际上是有过程的，前期有一个选择。这种选择需要一定论证，有它的科学性，立法有它的立法规律。这种加塞，加进来以后如何处理选题，和科学论证之间关系很难把握。这个处理很难，我们也曾经遇到过一些法规领导点题时拿掉了，没有放进去，比如电动车这一块。但有些也是有考虑的，比如说我们做的最短的1部法规，《危险住宅处置规定》，10条。这个来源是什么呢，也是一个加塞的项目，领导点题。领导点了一个很大的题，这个题和省人大正在立的《房屋安全条例》有交叉，甚至基本上是涵盖。我们如何应对这个问题，选择了非常小的切口，基于温州危险住宅中危险程度最高的，第一级危房，温州很普遍。它又是住宅，也很普遍。针对这种情况，问题组织很难，问题的鉴定就很难。鉴定出来之后如何腾空，腾空之后如何安置，也很难，这些问题都缺乏一定依据。

我们如何避免和省人大之间立法上的重复，出现同质化的问题，在制度设计上如何避免和省人大法规之间产生竞合问题，我们花了一些心思，做了一些功课，所以会把领导意图贯彻到立法中。领导点题的不是都不可改变，我们要想办法改变，所以会做一个非常小的切口。这样的话，才能把领导点题和科学立法、科学选题结合起来。

叶建平:我是温州人大的叶建平,我谈一些自己的总体想法。

首先,审前指导审后批,指导宜宽审批窄。

指导可有微观中观宏观指导,可于事前事中事后指导。除了具体法规立法工作的指导外,还要指导帮助获取有效立法需求,合法确定立法计划,把握地方特色,设计管用制度,保证立法效益,以及立法能力、立法品格。

地方立法的种类都可成为省级人大指导的对象:立(制定)、改(修改)、废(废止)、释(解释)、授(授权)、清(清理)、备(备案)。

地方立法的质量要求也都可以成为省级人大审批指导评价的标准:法(合法性)、理(合理性)、用(适用性)、协(协调性)、效(实效性)、范(规范性)、特(特色性)。概称为合法性+合理性,准确表述为不抵触+适当,形象地说是保命+防病,本质目的是保底线+去瑕疵。

地方立法的审议方法也都可以成为省级人大指导的方法:去(删除)、留(保留)、改(修改)、加(添加)、合(整合)、疑(质疑)、优(优化)。

另外,提一些粗浅的问题供大家参考。

一、课题名称问题。课题名称“省级人大常委会审批、指导设区的市人大及其常委会法规的实践经验、主要问题及对策分析”,“审批、指导”调整顺序更符合逻辑关系;“设区的市人大及其常委会法规”较烦琐、不常用,可简化为设区的市法规;“指导、审批”对应修饰“法规”似有不妥,“审批”可以连接“法规”,但“指导”一般对应“立法工作”“活动”,有无必要适当优化?

二、指导审批方式。省人大常委会的指导如何妥善应对市人大审议、表决过程的变化?发现重大不适当如何处理?是否治肿瘤也治感冒,及时防治并发症?报批后发现抵触、不适当的,设区的市该如何妥当处理?

一个建议:为了既能切实尊重审议的程序和意见,又能避免仓促变化所带来的一系列应对问题,建议设区的市立法实行“两审三表决”的程序。

三、课题价值延伸。能否考虑进一步提升课题研究价值?**建议提出一个具有指导意义的较完备的指导、审批工作规定(规范)草案,或者尝试制定一个便利工作,具有指导效仿意义的铺垫性、基础性的指导审查批准法规工作程序的示范法。**

杨清望:我们这个单元全部发言与谈到这里结束了,我利用主持人身份谈三点看法。

一、感谢。我表达一个小小的感谢,最后大大的感谢由郑磊教授表达。为什么表达一个小小的感谢呢,因为全国人大法工委把这个课题分别委托了东部、中部、西部,东部由浙江大学郑磊教授负责,西部由西安交大王院长负责,中部由我来负责。这个课题里我非常感谢,一是感谢全国人大法工委的信任,二是感谢各位专家提供的意见,让我们今天一天尽管很紧张,但受益匪浅。

二、感想。通过参加这个座谈会,我有更紧迫的感觉,要推动法学研究,尤其是立法理论与立法实践相结合。接下来,我会更多向大家请教,希望大家多多进行指导。

三、期盼。第一个期盼,这个研究要继续推进下去的话,一定少不了大家的鼎力帮助。希望从国家层面,从省级、市级各个层面里,大家一起把课题做好,我们和郑磊教授、王院长、全国人大领导中午坐在一起,也是表达了一份非常急切的期待。第二个期盼,盼望大家有时间可以到长沙走一走,我们长沙很漂亮很美丽,大家可以去考察一下,顺带来传授一下经验。当然也可以主要来传授经验,我顺便带大家去走一走,看一看。

谢谢大家。

闭幕式

余军:进入闭幕式环节,经过一天热烈艰辛有趣的讨论,我们终于迎来了闭幕式环节,有请郑磊教授发言。

郑磊:没有什么发言了,就接着刚才杨清望老师的意思,在这里我非常简短表达一下感谢。

首先是要感谢各位整整一天的坚持,虽然大家大大小小的会开过很多,相信如此一天连续坚持,而且各位这么多省的主任、市的主任,济济一堂,一天不间断地讨论,我非常感动,非常感谢。由此可以看出这个话题的确有它的意义,有实践的意义。

除了感谢之外,也表达一下期待,期待大家一如既往的支持。今天整个课题组都在不停记录大家提供的宝贵经验、思考,收获了非常多的素材,非常多的问题。或者说还不是完整的素材、完整的问题,我们只是记下一些关键词。很多引发的思考,或者一些完整的资料,我们后期继续和各位交流。在会场上已经有交流的,问大家索要一些资料和发言稿。

最后,感谢会务组,大家一定感受到他们周到的服务。会务组由立法研究院的单睿老师领衔带队,同学牵头人是秦文峰同学。参加我们地方立法研究院活动比较多的话,对单老师会比较熟悉。还有会场这边记录团队的工作人员和同学,还有很多还在场外的同学。

这些同学的名字我不一一报了,会议手册第29页,一一列明了各位会务同学的信息。这些同学不仅会务做得好,其实,他们对地方立法也都非常有研究。现在设区的市扩容立法正是需要招兵买马的时候,大家如果有需要,可以优先看一下,把他们全收了!(笑声)

好,接下来的宣布就交给余军老师。

余军:我宣布本次论坛闭幕,期待下次再见,谢谢大家!(掌声)